民法典担保制度司法解释适用指南

专题解读 · 适用难点 · 风险防范 · 类案指引

申惠文／主编
陈延忠　龙云丽　王晓利／副主编

法律出版社 LAW PRESS · CHINA

编写人员

（以下按姓名拼音首字母排序）

曹守晔　陈延忠　范　一　方斯远

何　建　胡伟峰　黄子晋　刘禺涵

龙云丽　乔　娇　任容庆　申惠文

史智军　唐豪臻　王尚瑄　王晓利

王晓翔

法律、司法解释缩略语表

全　称	简　称
《中华人民共和国民法典》	《民法典》
《中华人民共和国民法通则》（已被《民法典》废止）	《民法通则》
《中华人民共和国民法总则》（已被《民法典》废止）	《民法总则》
《中华人民共和国物权法》（已被《民法典》废止）	《物权法》
《中华人民共和国合同法》（已被《民法典》废止）	《合同法》
《中华人民共和国侵权责任法》（已被《民法典》废止）	《侵权责任法》
《中华人民共和国婚姻法》（已被《民法典》废止）	《婚姻法》
《中华人民共和国继承法》（已被《民法典》废止）	《继承法》
《中华人民共和国担保法》（已被《民法典》废止）	《担保法》
《中华人民共和国土地管理法》	《土地管理法》
《中华人民共和国农村土地承包法》	《农村土地承包法》
《中华人民共和国城市房地产管理法》	《房地产管理法》
《中华人民共和国民用航空法》	《民用航空法》
《中华人民共和国道路交通安全法》	《道路交通安全法》
《中华人民共和国文物保护法》	《文物保护法》
《中华人民共和国公司法》	《公司法》
《中华人民共和国合伙企业法》	《合伙企业法》
《中华人民共和国企业破产法》	《企业破产法》
《中华人民共和国票据法》	《票据法》
《中华人民共和国商业银行法》	《商业银行法》
《中华人民共和国保险法》	《保险法》

续表

全　称	简　称
《中华人民共和国信托法》	《信托法》
《中华人民共和国民事诉讼法》	《民事诉讼法》
《中华人民共和国经济合同法》（已废止）	《经济合同法》
《最高人民法院关于适用〈中华人民共和国民法典〉有关担保制度的解释》	《民法典担保制度司法解释》
《最高人民法院关于适用〈中华人民共和国民法典〉物权编的解释（一）》	《民法典物权编解释（一）》
《最高人民法院关于贯彻执行〈中华人民共和国民法通则〉若干问题的意见（试行）》	《民通意见》
《最高人民法院关于适用〈中华人民共和国担保法〉若干问题的解释》（已废止）	《担保法司法解释》
《最高人民法院关于适用〈中华人民共和国物权法〉若干问题的解释（一）》（已废止）	《物权法解释（一）》
《最高人民法院关于适用〈中华人民共和国合同法〉若干问题的解释（一）》（已废止）	《合同法解释（一）》
《最高人民法院关于适用〈中华人民共和国合同法〉若干问题的解释（二）》（已废止）	《合同法解释（二）》
《最高人民法院关于审理民间借贷案件适用法律若干问题的规定》	《民间借贷司法解释》
《最高人民法院关于审理融资租赁合同纠纷案件适用法律问题的解释》	《融资租赁司法解释》
《最高人民法院关于适用〈中华人民共和国公司法〉若干问题的规定（三）》	《公司法解释（三）》
《最高人民法院关于适用〈中华人民共和国公司法〉若干问题的规定（四）》	《公司法解释（四）》
《最高人民法院关于适用〈中华人民共和国民事诉讼法〉的解释》	《民事诉讼法解释》
《最高人民法院关于人民法院民事执行中查封、扣押、冻结财产的规定》	《民事执行中查封、扣押、冻结财产规定》
《最高人民法院关于人民法院办理执行异议和复议案件若干问题的规定》	《执行异议和复议案件规定》

续表

全　称	简　称
《全国法院民商事审判工作会议纪要》(2019 年)	《九民纪要》
《最高人民法院关于适用〈中华人民共和国民法典〉担保部分的解释(征求意见稿)》	《民法典担保部分司法解释》(征求意见稿)
《最高人民法院关于适用〈中华人民共和国企业破产法〉若干问题的规定(三)》	《企业破产法司法解释(三)》
《中华人民共和国海商法》	《海商法》
《最高人民法院关于审理票据纠纷案件若干问题的规定》	《票据法解释》
《最高人民法院关于审理独立保函纠纷案件若干问题的规定》	《独立保函司法解释》
《最高人民法院关于审理买卖合同纠纷案件适用法律问题的解释》	《买卖合同司法解释》
《最高人民法院关于适用〈中华人民共和国民法典〉时间效力的规定》	《民法典时间效力规定》

目录 contents

绪　论

担保在实践中存在诸多复杂疑难问题，需要加强对担保制度理论研究和对担保制度司法解释的解读，立足于法治实施体系，加强担保制度的系统思维、理论思维，准确把握在新的发展格局中担保现代化的发展趋势①。与党的十一届三中全会以后中国经济发展的三个阶段——社会主义有计划的商品经济、党的十四大以后的社会主义市场经济和党的十八大以后在新发展理念指引下社会主义市场经济体制的加速完善等相适应，我国担保制度也相应经历了萌芽初创、独立和入典三个阶段。②

一、《民法典》之前担保解释的回顾

（一）我国担保制度初创阶段的司法解释

我国担保制度伴随商品经济起步，萌芽于20世纪70年代末80年代初期。计划经济时代，经济运行主要靠经济计划强制和政治觉悟驱动，订立经济合同也是为了“保证计划执行”，就社会经济发展整体而言，“一大二

---

① 2006年《法国民法典》修改增加了第四卷“担保”——“人的担保”和“物的担保”，开启了担保制度现代化的新征程；以购买价金担保、投资财产担保等为代表的美国动产担保制度，是美国中小企业融资的重要路径。

② 王泽鉴先生认为：“中国民法系建立在传统民法（德国民法、日本民法及我国台湾地区“民法”）的基础上，并有所改造创新，以适应中国社会发展，彰显中国民法的特色。”其实这里遗漏了更重要的基础，即五千年的中国文化和新中国的民事法律制度。王泽鉴先生很有见地提出了研究中国民法的一种方法，即从比较法（包括案例比较）去寻找中国民法规定的来源出处，认识其所采的不同规范模式及立法理由，进而发现中国民法的特色，及其与中国社会发展的互动关系。“研究中国民法的重点在于发现民法的中国特色，探究其规范功能、其面对的社会问题及未来的发展方向。”参见王泽鉴：《中国民法的特色及解释适用》，载微信公众号“燕大元照法学教室”（2021年3月31日）。

公”，没有商品、没有合同、没有市场，也就不怎么需要担保。至于当时民间生活中零碎些微的担保需要，靠人格、靠良俗、靠诚信、靠信任、靠信用、靠信赖等，基本可以满足需要。

一般认为，我国担保制度起始于1981年12月13日颁布的《经济合同法》，该法第15条规定：“经济合同当事人一方要求保证的，可由保证单位担保。保证单位是保证当事人一方履行合同的关系人。被保证的当事人不履行合同的时候，由保证单位连带承担赔偿损失的责任。”其第24条规定了十大有名经济合同之一的借款合同。《经济合同法》未区分一般保证与连带保证，一律是连带保证。为了加强信贷资金的管理，提高资金的使用效益，保护借款合同当事人的合法权益，保证国家信贷计划的执行，根据《经济合同法》的有关规定，国务院1985年制定了《借款合同条例》，该条例第7条第1款将债务人所拥有的特定财产的担保称为“保证”，其效力在于“借款方无力偿还贷款时，贷款方有权要求依照法律程序处理借款方作为贷款保证的物资和财产”。

最高人民法院1987年7月21日颁布的《关于在审理经济合同纠纷案件中具体适用〈中华人民共和国经济合同法〉若干问题的解答》有以下几方面特点：一是将定金定性为担保，“定金是对合同履行的一种担保，是否采用这种担保方式，由合同当事人自行决定”。二是定金的数额实行合同当事人意思自治，承认约定可以作为规定的补充，“定金的数额，条例有具体规定的，按规定办理；允许合同双方当事人约定的，从其约定”。前者如建设工程勘察设计合同，后者如加工承揽合同。三是明确不完全履行合同也适用定金罚则，只是限于不完全履行部分的预付定金。四是明确定金与违约金可以并用。因为定金与违约金的性质不同。定金是一种担保方式，而违约金是对违约的一种制裁和补偿手段。所以合同的一方可以在对方违约时既要求对方偿付违约金，又要求按定金罚则处理定金问题，只要法律和法规没有相反规定，就应当予以保护，但并用的结果应以不超过合同标的价金总额为限。

继1985年3月21日颁布的《涉外经济合同法》笼统规定可以约定担保①之后，1986年4月12日颁布的《民法通则》第89条规定了人的担保方式即保证和物的担保方式（抵押物担保、定金担保和留置物担保）。其中该条第1项规定保证的效力是："保证人向债权人保证债务人履行债务，债务人不履行债务的，按照约定由保证人履行或者承担连带责任；保证人履行债务后，有权向债务人追偿。"据此，保证人究竟是履行，还是承担连带责任，需要"按照约定"，体现了对当事人意思表示的尊重以及私法自治精神。1988年4月2日最高人民法院颁布《民通意见》，其第106～111条规定了保证担保，第112～117条对抵押担保和留置担保作了规定。其中第113条规定了无权处分（抵押他人财产）的无效，第115条规定转让抵押物或者重复抵押的无效，规定了抵押权竞存时先抵押的先受偿，第116条规定了有抵押权的债权人优先于普通债权人受偿。② 1991年8月13日最高人民法院颁布《关于人民法院审理借贷案件的若干意见》，其中第16条第1款规定了保证的内容："有保证人的借贷债务到期后，债务人有清偿能力的，由债务人承担责任；债务人无能力清偿、无法清偿或者债务人下落不明的，由保证人承担连带责任。"

党的十四大确定建立社会主义市场经济体制，人民法院为适应我国经济体制的重大变革，民事审判尤其是经济审判工作迅速适应这一转变，树立为社会主义市场经济服务的新观念，树立统一市场观念、平等保护观念，进一步增强合同观念、效率效益观念，树立正当竞争意识、商业风险意识和司法

---

① 《涉外经济合同法》（1985年7月1日开始实施，1999年10月1日失效）第15条规定："当事人可以在合同中约定担保。担保人在约定的担保范围内承担责任。"有学者据此认为该法首次承认"物的担保"，参见孙宪忠、朱广新主编：《民法典评注》（物权编4），中国法制出版社2020年版，第67页。

② 《民通意见》第113条规定："以自己不享有所有权或者经营管理权的财产作抵押物的，应当认定抵押无效。以法律限制流通的财产作为抵押物的，在清偿债务时，应当由有关部门收购，抵押权人可以从价款中优先受偿。"第115条规定："抵押物如由抵押人自己占有并负责保管，在抵押期间，非经债权人同意，抵押人将同一抵押物转让他人，或者就抵押物价值已设置抵押部分再作抵押的，其行为无效。债务人以抵押物清偿债务时，如果一项抵押物有数个抵押权人的，应当按照设定抵押权的先后顺序受偿。"第116规定："有要求清偿银行贷款和其他债权等数个债权人的，有抵押权的债权人应享有优先受偿的权利；法律、法规另有规定的除外。"

公正意识，改革审判方式，提高开庭水平，正确适用法律，提高办案质量。①

根据1986年《民法通则》和1981年《经济合同法》的有关规定，结合审判实践经验，最高人民法院自1988年开始起草，经过长期深入调研制定了《关于审理经济合同纠纷案件有关保证的若干问题的规定》（法释〔1994〕8号），对审理经济合同纠纷案件有关保证的六个问题作出规定：一是保证合同成立的认定，二是有效保证合同保证人的责任，三是无效保证合同的认定及保证人的责任，四是在诉讼中为当事人提供的保证，五是被保证人破产后保证人的责任，六是保证合同的诉讼时效。该解释比较彻底地贯彻了担保意思自治原则，具体有两点：一是有效保证合同保证人的责任，限于“保证合同约定的范围、方式和期限承担保证责任”（第4条）；“保证合同没有约定保证范围或者对保证范围约定不明确的，保证人应当对被保证人的全部债务承担保证责任”（第8条）；“债权人与被保证人未经保证人同意，在主合同履行期限内变更合同其他内容而使被保证人债务增加的，保证人对增加的债务不承担保证责任”（第12条）；被保证人将债务转移给他人，未经保证人同意的，保证人不再承担保证责任（第14条）。二是首次区分保证方式，认定连带保证还是一般保证，充分尊重当事人的意思表示。保证合同明确约定连带保证的，“当被保证人到期不履行合同时，债权人既可向被保证人求偿，也可直接向保证人求偿”（第6条）。而保证合同没有约定保证人承担连带保证责任，或者约定不明确的，按照一般保证认定，“视为保证人承担赔偿责任。当被保证人不履行合同时，债权人应当首先请求被保证人清偿债务。强制执行被保证人的财产仍不足以清偿其债务的，由保证人承担赔偿责任”。② 当然也有贯彻担保意思自治原则不够彻底的，具体体现在未经保证人同意主合同期限擅自变更，突破保证合同从属性，仍然维持保证

① 参见《全国经济审判工作座谈会纪要》（法发〔1993〕8号）。

② 1995年《担保法》第19条颠覆了该司法解释的上述立场，2020年《民法典》第686条又否定了《担保法》第19条的立场，回归该司法解释的上述立场。为解决司法解释、立法在这一问题上否定之否定的变化对司法适用的消极影响，避免同案不同判司法冲突，最高人民法院就此发布《最高人民法院关于涉及担保纠纷案件的司法解释的适用和保证责任方式认定问题的批复》（法释〔2002〕38号）。

合同期限上，即债权人与被保证人未经保证人同意，变更主合同履行期限的，如保证合同中约定有保证责任期限，保证人仍在原保证责任期限内承担保证责任；如保证合同中未约定保证责任期限，保证人仍在被保证人原承担责任的期限内承担保证责任（第12条）。这一点为《民法典》第692条与第695条所吸纳，并且进一步明确保证合同中没有约定保证期间或者约定不明确的，保证期间为6个月。[①]

自此，我国民法担保物权制度得以初步建立，可称为初创阶段。

（二）我国担保制度独立阶段的司法解释

为促进资金融通和商品流通，保障债权的实现，发展社会主义市场经济，1995年6月30日《担保法》颁布，共计七章96条，规定了在借贷、买卖、货物运输、加工承揽等经济活动中，债权人需要以担保方式保障其债权实现的，可以依照该法规定设定担保，担保方式为保证、抵押、质押、留置和定金。抵押分一般抵押和最高额抵押，质押分动产质押和权利质押。保证的方式有一般保证和连带责任保证。当事人在保证合同中约定，债务人不能履行债务时，由保证人承担保证责任的，为一般保证。一般保证的保证人在主合同纠纷未经审判或者仲裁，并就债务人财产依法强制执行仍不能履行债务前，对债权人可以拒绝承担保证责任。当事人在保证合同中约定保证人与债务人对债务承担连带责任的，为连带责任保证。连带责任保证的债务人在主合同规定的债务履行期届满没有履行债务的，债权人可以要求债务人履行债务，也可以要求保证人在其保证范围内承担保证责任。其第19条规定："当事人对保证方式没有约定或者约定不明确的，按照连带责任保证承担保证责任。"

---

① 《民法典》第692条是对保证期间的规定，第695条第2款规定：债权人和债务人变更主债权债务合同的履行期限，未经保证人书面同意的，保证期间不受影响。第695条来源于《担保法》第24条，与《担保法》规定的保证人不承担责任相比，第695条突破了保证的从属性，抛弃了保证责任的"意思说"（债权人与保证人的合意），采纳了变更后果的"责任说"，细分为内容变更与期限变更两款，无视保证合同当事人原来的意思表示，第1款从主合同变更对保证责任后果考虑，第2款则是无视主合同变更坚守保证期间。这两条结合起来值得思考的问题是：主合同变更履行期限，理论上保证期间可以不受影响，实践中保证期间能够做到不受影响吗？法条上第692条第2款、第3款规定的保证期间做到不受主合同变更影响了吗？

为正确适用《担保法》，统一法律适用标准，结合审判实践经验，最高人民法院 2000 年 12 月 8 日发布《担保法司法解释》（法释〔2000〕44 号），遵循《担保法》的体例，分总则、保证、抵押、质押、留置、定金和其他问题七个部分解释，共计 134 条。

鉴于《担保法》对保证方式没有约定或者约定不明确时的认定作出了与以往司法解释完全不同的规定，《最高人民法院关于涉及担保纠纷案件的司法解释的适用和保证责任方式认定问题的批复》规定：一是《最高人民法院关于审理经济合同纠纷案件有关保证的若干问题的规定》（法发〔1984〕8 号），适用于该规定施行后发生的担保纠纷案件和该规定施行前发生的尚未审结的第一审、第二审担保纠纷案件。该规定施行前判决、裁定已经发生法律效力的担保纠纷案件，进行再审的，不适用该规定。《担保法》生效后发生的担保行为和担保纠纷，适用担保法和担保法相关司法解释的规定。二是《担保法》生效之前订立的保证合同中对保证责任方式没有约定或者约定不明的，应当认定为一般保证。保证合同中明确约定保证人在债务人不能履行债务时始承担保证责任的，视为一般保证。保证合同中明确约定保证人在被保证人不履行债务时承担保证责任，且根据当事人订立合同的本意推定不出为一般保证责任的，视为连带责任保证。

司法实践中特别值得注意的是保证方式回归传统民法，《担保法》第 19 条被《民法典》第 686 条保证合同对保证方式的规定再次颠覆，回归到《担保法》之前的保证司法解释：与国际上通行的规则接轨，没有约定或者约定不明确的，为一般保证；《担保法》第 12 条关于共同保证的规定，被《民法典》第 699 条颠覆，没有约定保证份额的，债权人可以请求任何一个保证人在其保证范围内承担保证责任，保证人之间不再承担连带责任，相互之间不再享有追偿权；《民法典担保制度司法解释》第 29 条相应跟进，其核心要义在于，在同一债务存在两个（包括）以上保证人时，即在共同保证情形中，债权人在保证期间向多个保证人行使权利的范围应当全覆盖，只向部分保证人行使权利的，将面临部分债权无法获得保证的风险。

二、《民法典担保制度司法解释》的适用

为正确适用《民法典》有关担保制度的规定，切实规范担保交易秩序，

保障债权实现，缓解中小企业融资难、融资贵等问题，最高人民法院针对《民法典》具体的法律条文，立足于符合立法的目的、原则和原意，于2020年12月29日颁布《民法典担保制度司法解释》，主要包括一般规定、保证合同、担保物权、非典型担保和附则五个方面。该司法解释基本上是对《民法典》关于保证合同以及担保物权条文的解释，是在认真梳理近40年来《民通意见》《担保法司法解释》等司法解释和司法政策（会议纪要、指导意见、指导案例、请示答复等）、针对司法实践的疑难问题、总结司法实践经验基础上制定的，当然施行后其自身也面临着实践适用和如何理解解释问题。

《民法典担保制度司法解释》是根据《民法典》制定的。《民法典》中的担保制度，除了担保物权的设立（第241条）和以国有资产擅自担保造成国有财产损失应当承担法律责任（第259条）的规定以外，典型的体现在物权编的担保物权和合同编的保证合同，是我国担保制度的主要组成部分；非典型的主要体现在合同编中的买卖合同、融资租赁合同、保理合同等。相对于《担保法》阶段，《民法典》总体上更科学，更符合法理，更切合实际。譬如，担保合同的从属性进一步彰显、担保方式没有约定或者约定不明时推定为一般担保、保证期间没有约定或者约定不明时认定为6个月、一般保证债务的诉讼时效起算点自拒绝承担保证责任权消灭之日起算等。担保合同的效力受主合同直接影响：主合同有效，则有关担保独立性的约定无效不影响担保合同的担保效力；主合同无效，则担保合同当然无效（第388条）。[①] 再如，保证责任不受债务加入的影响、保证人可以援引债务人对债权人所享有的抵销权或者撤销权而拒绝承担相应的保证责任。这些规定对担保制度司法解释提供了科学、充分的法律依据。

（一）一般担保解释

《民法典担保制度司法解释》第7～11条关于公司担保的解释解决了长

---

① 担保合同无效的，如果认为担保人应当承担的是缔约过失责任，也只能是广义上的。其实这里与其说是缔约过失责任，不如说是合同无效过错责任。参见林文学、杨林清、麻锦亮、吴光荣：《〈关于适用民法典有关担保制度的解释〉的理解和适用》，载《人民司法》2021年第4期。

期困扰审判实践的难题。第 7 条是对越权代表公司担保的效力的解释。公司法定代表人未经法律规定的决议程序，超越代表权限以公司名义提供担保，根据《民法典》第 61 条、第 504 等规定确定越权担保的效力：相对人善意的，构成表见代表，担保合同对公司发生效力；相对人非善意的，不构成表见代表，担保合同对公司不发生效力。实践中存在较大争议的是在相对人非善意时，公司是否对相对人的损失承担缔约过失责任？鉴于《民法典》关于越权代表和表见代表的规定不同于无权代理和表见代理的规定，考虑到公司也存在过错，按照无效担保处理，公司对合同无效给相对人造成的损失也应当承担一定的赔偿责任，公司因承担赔偿责任而受到损失，有权向法定代表人追偿。该解释第 8 条列举了公司对外担保必需决议程序的例外情形，修改了《九民纪要》关于无须公司决议的规定，缩小了范围，主要表现在：一是删除了《九民纪要》第 19 条第 3 项有关“公司与主债务人之间存在相互担保等商业合作关系”的规定；二是将《九民纪要》第 19 条第 2 项“公司为其直接或者间接控制的公司开展经营活动提供担保”修改为“公司为其全资子公司开展经营活动提供担保”；三是明确规定上市公司对外提供担保，不适用关于“公司为其全资子公司开展经营活动提供担保”和“担保合同系由单独或者共同持有公司三分之二以上对担保事项有表决权的股东签字同意”的规定。

《民法典担保制度司法解释》第 13 条关于共同保证的解释，既尊重民法原意，又直面问题。担保人之间是否具有追偿权，不论是在《民法典》编纂还是司法解释制定过程中，都存在争议。该解释一方面坚持合法性，尊重立法原意，明确担保人之间原则上不能相互追偿，除非担保人之间有明确约定可以追偿。另一方面直面司法实践问题。实践中数个担保人有为同一债务提供担保的情形：一是同时同地提供担保，即数个担保人共同在同一份合同书上签章或者按指印；二是同地不同时提供担保，即数个担保人并不见面，只是在同一份合同书上先后签章或者按指印；三是分别提供担保，即数个担保人分别在不同的合同书上签章或者按指印。对于担保人之间虽然没有约定追偿权，但因共同签章关系而形成连带债务意思联络的，司法解释作了适当扩大解释，如果数个担保人在同一份合同书上签字、盖章或者按指印，推定构成连带共同担保，已经承担担保责任的担保人可根据《民法典》第519条的规定，向其他担保人请求分担其应当承担的份额。而对于形不成连带债务意思联络的，不宜支持其向其他保证人的追偿请求。

《民法典担保制度司法解释》第17条关于担保合同无效法律后果的解释，在《担保法司法解释》基础上作了进一步修改完善，更趋合理：一是增加了债权人有过错而担保人无过错时，担保人不承担责任的规定；二是担保人有过错而债权人无过错时，担保人对债务人不能清偿的部分承担赔偿责任，以补充责任取代原解释的连带赔偿责任。

《民法典担保制度司法解释》第20条关于担保合同纠纷案件可以适用保证合同的有关条款的解释，实践意义重大，填补了民法施行法缺失的遗憾，有利于指导审判统一法律适用。

《民法典担保制度司法解释》关于担保物权抵押的解释，体现了《民法典》抵押担保条款的核心要义。为鼓励物的有效流转和利用，《民法典》适当限制了抵押物权效力，合同效力从宽；坚持抵押权自抵押合同生效时设立；将流押无效规则修改为抵押权人优先受偿；修改了《物权法》第191条关于抵押财产转让的规则，明确抵押物转让无需取得抵押权人同意，只需通知抵押权人，同时赋予抵押物权以物上追及力，确立了抵押权跟随抵押财产所有权的转移而转移的基本规则，从而维持保护抵押权人利益与鼓励交易的平衡。《民法典担保制度司法解释》很好地体现了上述创新修改内容。

《民法典担保制度司法解释》根据担保合同的从属性作出的第22条和第26条的规定颇受质疑。《民法典》坚持担保合同的从属性，“但是法律另有规定的除外”（第388条）。这里的但书表明担保合同的从属性不是绝对的，而是相对的。譬如独立保函中担保人的独立、无条件担保责任[①]。债务人破产的，担保人对债权人的担保债务是否应当同时停止计息？《民法典担保制度司法解释》第2条第1款、第3条和第22条，都是从担保合同从属性角度作出的解释，第23条第3款则是从保护债权人利益角度作出的解释，“债权人在债务人破产程序中未获全部清偿，请求担保人继续承担担保责任

① 见《民法典担保制度司法解释》第2条第2款。

的，人民法院应予支持”。这里的“未获全部清偿”，正常理解应当包括利息，[①] 但从司法解释系统理解，不包括利息，因为其第22条规定：“人民法院受理债务人破产案件后，债权人请求担保人承担担保责任，担保人主张担保债务自人民法院受理破产申请之日起停止计息的，人民法院对担保人的主张应予支持。”对该条停止计息支持的理由在于如果不停止计息，则担保范围大于主债务范围，违反担保从属性。[②] 该条是在争议中诞生的，争议的焦点在于是从担保的从属性出发，还是从担保的目的性出发。停止计息与否，涉及担保从属性的边界，涉及《民法典》与《企业破产法》在法律适用方面的关系，涉及债权人、债务人、担保人之间的利益平衡，涉及破产程序与普通诉讼各自的射程，涉及当事人的意思表示和合理预期。司法实践中多年来存在争议，虽然法律没有明断，但《民法典担保制度司法解释》进行规定，可以统一裁判尺度，减少同（类）案不同判。至于学术理论上的争议，想必不会因为司法解释的定弦而自然止息。[③]

《民法典担保制度司法解释》第26条第1款规定：“一般保证中，债权人以债务人为被告提起诉讼的，人民法院应予受理。债权人未就主合同纠纷提起诉讼或者申请仲裁，仅起诉一般保证人的，人民法院应当驳回起诉。”该条款与《民事诉讼法解释》（法释〔2020〕20号）[④] 第66条关于一般保证“债权人仅起诉保证人的，人民法院应当通知被保证人作为共同被告参加诉讼”的解释态度迥然不同：一个要驳回起诉，一个要依职权通知追加

---

① 见《民法典》第691条保证范围的规定。

② 反对该条“停止计息”的声音至今没有因为司法解释的出台而停歇，主要理由是于法无据、违背担保目的。实务反对的参见最高人民法院（2019）最高法民终1710号民事判决书，实务支持的参见最高人民法院（2018）最高法民终673号民事判决书、最高人民法院（2019）最高法民申6453号民事裁定书。

③ 崔建远教授认为，《民法典担保制度司法解释》第3条的规定，应予反思，这是没有厘清法律关系、错用担保从属性的表现。第3条第1款的规定存在瑕疵。参见崔建远：《论保证规则的变化（下）》，载《中州学刊》2021年第1期。王欣新教授认为，主债务人破产程序中债权停止计息的效力不应及于保证人，载“中国破产法论坛”公众号2020年11月30日。

④ 该解释2020年修正以前为法释〔2015〕5号，但其第66条没有受2020年修正影响而维持未动。

被告。有学者认为二者矛盾，[①] 如何解决其不一致呢？显然用法律适用的特别法普通法原理不可行，因为二者处于同一位阶，用新法旧法原理也不可行，因为二者虽然发布相差两日，但施行同日。这里不妨首先采用历史思维看待，最高人民法院早在1992年发布的《关于适用〈中华人民共和国民事诉讼法〉若干问题的意见》（法发〔1992〕22号）与《民事诉讼法解释》的立场是一贯的，即从诉讼程序上维护一般保证人的先诉抗辩权，坚持主合同从合同合并审理的思路。其次采用法律分工思维看待，《民法典担保制度司法解释》是对民法担保部分的解释，民法属于实体法，与其配套的司法解释重在维护当事人的实体利益，其第26条旨在维护一般保证担保人的顺序上的后位利益。显然，驳回起诉与否，属于民事诉讼典型的程序问题，只是是否保护诉权问题，似应属于民事诉讼法及其解释“管辖”范围。其实该第26条解释也未见得错误，只是在涉及实体与程序跨界问题上表述过于简略。如果将驳回起诉的前提“仅起诉一般保证人的”中的“仅”，解读为只起诉一般保证人，未起诉被保证人，也拒绝法院追加被保证人为共同被告的，则可避免误解误判。实际上，更周延地说，在债权人能够举证证明具有《民法典》第687条第2款规定的先诉抗辩除外情形之一的，也应该作为驳回起诉的例外情形。

（二）担保物权解释

《民法典担保制度司法解释》第54条[②]是对《民法典》第403条关于动产抵押权效力的解释，体现了建立统一清晰、可预判可预期的优先权规则的

---

① 学者认为：“两者之间就此问题的司法态度不一致，还有待最高人民法院进一步明确。”见程啸、高圣平、谢鸿飞：《最高人民法院新担保司法解释理解与适用》，法律出版社2021年版，第167页脚注。

② 《民法典担保制度司法解释》第54条规定：“动产抵押合同订立后未办理抵押登记，动产抵押权的效力按照下列情形分别处理：（一）抵押人转让抵押财产，受让人占有抵押财产后，抵押权人向受让人请求行使抵押权的，人民法院不予支持，但是抵押权人能够举证证明受让人知道或者应当知道已经订立抵押合同的除外；（二）抵押人将抵押财产出租给他人并移转占有，抵押权人行使抵押权的，租赁关系不受影响，但是抵押权人能够举证证明承租人知道或者应当知道已经订立抵押合同的除外；（三）抵押人的其他债权人向人民法院申请保全或者执行抵押财产，人民法院已经作出财产保全裁定或者采取执行措施，抵押权人主张对抵押财产优先受偿的，人民法院不予支持；（四）抵押人破产，抵押权人主张对抵押财产优先受偿的，人民法院不予支持。”

要求。理解这一条，只要抓住《民法典》第 403 条中第三人是善意第三人这个“牛鼻子”，也就抓住了本条司法解释的关键。《民法典》就动产抵押权采取登记对抗主义，即使未经登记，只要动产抵押合同生效，动产抵押权亦设立。所谓“对抗”，是指抵押权人对他人的权利主张予以反驳或排除的权利。[①] 在所有权保留买卖、融资租赁合同等非典型担保中，出卖人、出租人的所有权未经登记不得对抗的善意第三人的范围、效力，《民法典担保制度司法解释》第 54 条对未经登记动产抵押权的效力作的列举解释具有参照意义。未经登记的动产抵押权，不同于未经登记的不动产抵押权。当事人依合意设立动产抵押权，登记与否对当事人不产生实质影响，对于第三人也并非绝对无效，只是该抵押权人不得对第三人主张抵押权的效力。抵押人将抵押财产转让，受让人如果是善意取得该物的第三人，则抵押权人面临债权缺乏保障的风险。

《民法典担保制度司法解释》第 43 条是对《民法典》第 406 条关于抵押财产处分的解释。第 406 条第 1 款规定：“抵押期间，抵押人可以转让抵押财产。当事人另有约定的，按照其约定。抵押财产转让的，抵押权不受影响。”该条修改了《物权法》第 191 条关于“抵押期间，抵押人未经抵押权人同意，不得转让抵押财产”的规定。自 2021 年 1 月 1 日起，抵押人转让抵押财产不再需要抵押权人的同意，未经抵押权人同意转让抵押财产不再构成无权处分。登记对抗规则与善意取得制度之间，未经登记不得对抗的是善意第三人，但是可以对抗抵押人的是无担保债权人。立法如此规定，一是因为动产抵押权虽未登记，亦属物权，具有物权效力。根据物权的排他性、支配性以及物权与债权的基本性质差异，在一物之上既有物权又有债权时，一般物权优先于债权。二是因为无担保债权人在此不属于法律保护的善意第三人。这一点已经为《民法典物权编解释（一）》第 6 条所规定：“转让人转让船舶、航空器和机动车等所有权，受让人已经支付合理价款并取得占有，虽未经登记，但转让人的债权人主张其为民法典第二百二十五条所称的

① 我国台湾地区学者王泽鉴先生认为，“就文义言，对抗云者，系以权利依其性质有竞存抗争关系为前提”。

‘善意第三人’的，不予支持，法律另有规定的除外。”“当事人另有约定的，按照其约定”，是指抵押权人如果判断抵押物转让对自己债权实现的风险过大，可以在订立抵押合同时专门约定抵押期间，抵押财产不得转让或者限制转让，以降低抵押物转让对抵押权人的风险。为降低对抵押权人的风险，《民法典担保制度司法解释》第43条引导鼓励当事人将禁止或者限制抵押物转让的约定办理登记，不登记，抵押人违约转让的，人民法院将不支持抵押权人请求确认转让合同无效的主张；转让人违反禁止转让约定而将抵押财产转让，虽然不影响合同效力，但可导致物权不能发生变动，受让人不能因此取得所有权。①

（三）让与担保

《民法典》没有明确规定让与担保，但第401条、第428条对流押、流质条款的修改，可产生让与担保的制度功能。我国司法实务不应按照传统思维定式简单认定该担保形式无效，尤其不应依据有关流押或流质之禁止规定认定担保合同无效。即使合同未约定债务不能清偿时具体的清算办法，人民法院亦可依照《民法典》第401条、第428条认定债权人对相应标的物的优先受偿权。《民法典担保制度司法解释》第68条分别情形对让与担保作出了明确解释，与《民法典》规定不冲突，有利于优化营商环境。

（四）非典型担保

非典型担保以经济和功能标准判断合同是否为担保合同、标的物是否为担保物、债权人权益是否为担保权益，并借助登记公示制度辅之以通知制度发挥担保作用。担保合同包括抵押合同和质押合同之外其他具有担保功能的合同。《民法典担保制度司法解释》第63条规定：债权人与担保人订立担保合同，约定以法律、行政法规尚未规定可以担保的财产权利设立担保，当事人主张合同无效的，人民法院不予支持。当事人未在法定的登记机构依法

---

① 王利明：《担保物权制度的现代化与我国民法典的亮点》，转自微信公众号“法律出版社”2020年11月23日。

进行登记，主张该担保具有物权效力的，人民法院不予支持。该条解释赋予非典型担保合同项下登记以担保物权的效力。对比《九民纪要》规定的“因无法定的登记机构而未能进行登记的，不具有物权效力”，上述解释删除了“因无法定的登记机构而未能进行登记”的限制，因为实践当中是否进行登记一般不影响合同的效力。

《民法典》统一了担保物权竞存时的受偿优序规则，缓和了流质流押担保的刚性效力。在动产抵押领域，新增动产购买价款抵押权并赋予其优先效力，将“正常经营活动中的买受人”的适用范围从浮动抵押扩大到所有动产抵押。《民法典》虽承认所有权保留买卖、融资租赁、保理合同等合同交易的担保功能，但并未统一其与动产担保物权的受偿优序规则，亦未规定让与担保，为担保创新、法律解释留下了空间。

1. 配偶一方民间借贷与夫妻共同财产制。日常家事代理和夫妻共同财产制，实际是对夫妻日常生活债务和家庭营商的实质担保。夫妻债务得以大量发生，得益于夫妻共同财产制。如何在维护家庭个人利益和共同利益的同时保护交易安全和交易效率？

《民法典》第1060条、第1064条增加了日常家事代理权和夫妻共债共签的规定，加大债权人的举证责任，有利于事后保护夫妻共同利益和配偶个人利益。然而，按照法经济学的分析，事后机制会产生事前效果，事后机制会影响人的行为和预期，从而产生事前效果。由于夫妻债务基于夫妻共同财产这个隐形担保的弱化，交易安全相对弱化，可以预见的后果是，夫妻举债的成本与难度必然相应加大。

2. 民事借贷担保效力与非法集资犯罪。在民间借贷领域，多个借贷行为集合在一起可能构成非法集资犯罪，但单个民间借贷合同并不一定因此而无效。一些案例认可非法集资犯罪中的单个民间借贷合同及其担保合同的效力，效果良好。《民间借贷司法解释》对这一司法经验进行了总结。该解释第12条规定：“……担保人以借款人或者出借人的借贷行为涉嫌犯罪或者已经生效的裁判认定构成犯罪为由，主张不承担民事责任的，人民法院应当依据民间借贷合同与担保合同的效力、当事人的过错程度，依法确定担保人的民事责任。”

3. 区块链数字资产与担保。在现代社会，除了有形财产外，还有大量无形财产，例如数据资产、虚拟财产等。这些无形财产也是现代财富的重要形式，将其纳入可担保的财产范围，不仅拓展了担保财产的范围，也能充分释放这些无形财产的网络时代交换价值，特别适应电子商务交易效率高、成本低的需要，满足交易实践的需要。加密货币与 NFT（非可替代通证 Non fungible token）可以成为物权客体，其购买者可享有所有权。在《民法典》物债二分体系下，将区块链数字资产纳入物权保护范围是可行的。权利人对其区块链数字资产享有所有权，包括占有、使用、收益、处分等。在动产不动产二分体系下，区块链数字资产可作为动产定性保护。在担保现代化背景下，可在区块链数字资产之上设立抵押权、质权、留置权等担保物权。物权的支配、排他、优先、追及、请求权等效力，也可适用于区块链数字资产担保。①

（五）《民法典》担保制度的时间效力

《民法典担保制度司法解释》自 2021 年 1 月 1 日起施行。根据《民法典时间效力司法解释》的规定，如果《民法典》的规定具有溯及力，则针对该规定的司法解释也应有溯及既往的效力。对于《民法典》完全继受原 9 部法律的情形，② 如果待决案件应当适用原 9 部法律，《民法典担保制度司法解释》的有关规定可以在裁判说理时作为依据加以援引。在司法解释旨在填补制定法漏洞的情形下，因带有规则创制的性质，为保护当事人的合理预期，不宜将此类解释溯及适用。以上市公司对外提供担保相对人审查义务为例，由于《公司法》第 16 条只有一般公司担保的规定，并无关于上市公司提供担保的特别规定，因此关于上市公司对外提供担保的司法解释属广义的具有创设性法律解释，似不应溯及既往。空白溯及，必然加重相对人的举证义务，无端增加其败诉的风险。

《民法典时间效力规定》第 27 条规定："民法典施行前成立的保证合

---

① 参见司晓：《区块链如何在数字世界中重塑所有权?》，载微信公众号"腾讯研究院"2021 年 4 月 8 日。

② 参见《民法典》第 1260 条。

同，当事人对保证期间约定不明确，主债务履行期限届满至民法典施行之日不满二年，当事人主张保证期间为主债务履行期限届满之日起二年的，人民法院依法予以支持；当事人对保证期间没有约定，主债务履行期限届满至民法典施行之日不满六个月，当事人主张保证期间为主债务履行期限届满之日起六个月的，人民法院依法予以支持。"第 1 条第 2 款规定，《民法典》施行前的法律事实引起的民事纠纷，适用当时的法律、司法解释的规定，但是法律、司法解释另有规定的除外。①

总之，"加强对民事法律制度的理论研究"，切实实施《民法典》，兼顾法意与自由，尊重立法原意，尊重当事人合意，准确理解和适用《民法典担保制度司法解释》，尽量减少法律适用冲突和同（类）案不同判现象，引导形成社会合理预期，营造好的营商环境，提升司法公信力，服务于新时代我国经济高质量发展，服务于人民群众对美好生活的新期待，已经成为民商法学术界肩负的光荣使命和民商事法律实务界面临的重大任务。

---

① 2013 年 5 月 7 日，原告钱某某诉被告相某军借款 40，000 元合同纠纷，被告相某亭为借款提供担保，双方对担保方式未约定。法院认为，自然人之间的借款合同，自贷款人提供借款时生效。借款到期后，被告相某军未按约定期限偿还，构成违约，应偿还原告钱某某借款本金 40，000 元及逾期利息。被告相某亭作为担保人在借条上签字捺印，双方对于保证方式没有约定，如依据《民法典》，应认定为一般保证；如依据《担保法》，应认定为连带责任保证。案件发生在《民法典》生效之前，故仍应适用《担保法》第 19 条的规定："当事人对保证方式没有约定或者约定不明确的，按照连带责任保证承担保证责任。"

专题一

担保从属性

一、担保合同效力的从属性

相关法条

《最高人民法院关于适用〈中华人民共和国民法典〉有关担保制度的解释》

第二条 当事人在担保合同中约定担保合同的效力独立于主合同，或者约定担保人对主合同无效的法律后果承担担保责任，该有关担保独立性的约定无效。主合同有效的，有关担保独立性的约定无效不影响担保合同的效力；主合同无效的，人民法院应当认定担保合同无效，但是法律另有规定的除外。

因金融机构开立的独立保函发生的纠纷，适用《最高人民法院关于审理独立保函纠纷案件若干问题的规定》。

第二十一条 主合同或者担保合同约定了仲裁条款的，人民法院对约定仲裁条款的合同当事人之间的纠纷无管辖权。

债权人一并起诉债务人和担保人的，应当根据主合同确定管辖法院。

债权人依法可以单独起诉担保人且仅起诉担保人的，应当根据担保合同确定管辖法院。

《中华人民共和国民法典》

第三百八十八条第一款 设立担保物权，应当依照本法和其他法律的规定订立担保合同。担保合同包括抵押合同、质押合同和其他具有担保功能的合同。担保合同是主债权债务合同的从合同。主债权债务合同无效的，担保合同无效，但是法律另有规定的除外。

第五百四十七条 债权人转让债权的，受让人取得与债权有关的从权利，但是该从权利专属于债权人自身的除外。

受让人取得从权利不因该从权利未办理转移登记手续或者未转移占有而受影响。

第六百八十二条第一款 保证合同是主债权债务合同的从合同。主债权债务合同无效的，保证合同无效，但是法律另有规定的除外。

新旧变化

当事人能否以约定排除担保的从属性，《担保法》和《物权法》有不同规定。《担保法》第5条第1款规定："担保合同是主合同的从合同，主合同无效，担保合同无效。担保合同另有约定的，按照约定。"《物权法》第172条第1款规定，"主债权债务合同无效，担保合同无效，但法律另有规定的除外"。一种观点是依据《担保法》的规定，认为应当尊重当事人意思自治，担保合同效力有约定的从约定。另一种观点依据《物权法》，认为担保合同的效力从属于主合同，当事人无权自行约定主合同无效时担保有效，担保独立性的约定无效。

最高人民法院于2019年11月8日颁布的《九民纪要》充分注意到了《物权法》和《担保法》及其司法解释在担保从属性问题处理上的冲突，在多个条文中明确了担保的从属性。其中第54条规定："从属性是担保的基本属性，但由银行或者非银行金融机构开立的独立保函除外。独立保函纠纷案件依据《最高人民法院关于审理独立保函纠纷案件若干问题的规定》处理。需要进一步明确的是：凡是由银行或者非银行金融机构开立的符合该司法解释第1条、第3条规定情形的保函，无论是用于国际商事交易还是用于国内商事交易，均不影响保函的效力。银行或者非银行金融机构之外的当事人开立的独立保函，以及当事人有关排除担保从属性的约定，应当认定无效。但是，根据'无效法律行为的转换'原理，在否定其独立担保效力的同时，应当将其认定为从属性担保。此时，如果主合同有效，则担保合同有效，担保人与主债务人承担连带保证责任。主合同无效，则该所谓的独立担保也随之无效，担保人无过错的，不承担责任；担保人有过错的，其承担民事责任的部分，不应超过债务人不能清偿部分的三分之一。”需要指出的是，《九民纪要》第54条“如果主合同有效，则担保合同有效，担保人与主债务人承担连带保证责任”的规定，已经不符合《民法典》第686条的要求。

规范解读

1. 关于担保从属性的理解

担保的从属性是担保最为突出的特性，也是众学者没有争议共同认可的特征。担保设定的目的为担保主债务的履行，担保的成立、效力、担保范围、当事人的权利义务强度、担保移转、消灭均从属于主合同，这就是担保的从属性。

担保的从属性主要表现在以下五个方面：第一，担保发生的从属性是指，担保是为主债权存在或将来存在而存在。担保以主债权的成立为前提，一般主债权成立在前，担保成立在后。第二，担保效力的从属性是指，主债权合同无效的，担保合同必然无效。主债权合同有效，担保合同不一定必然有效，但金融机构的独立保函例外。第三，担保范围的从属性，指担保的范围不能超出主债权范围。一般而言，针对担保责任约定专门的违约责任、担保责任的数额高于主债务、担保责任约定的利息高于主债务利息，均属于超出主债权范围的担保，应当认定无效。第四，担保处分的从属性是指，当主债权发生处分、移转时，除法律另有规定或者当事人另有约定外，担保随主债权一并转让。第五，担保消灭的从属性是指，主债权消灭的，担保权随即消灭。此外，从担保纠纷案件管辖上看，也体现出担保的从属性。

《民法典担保制度司法解释》第2条继续沿用了《九民纪要》的精神，重申担保合同的从属性，担保的独立性仅能由法律规定。主合同无效的，担保合同无效，且独立保函仅能由银行或非银行金融机构出具，由此全面否定了当事人约定排除担保从属性的条款效力，除非法律另有规定。有关担保人对主合同无效的法律后果继续承担担保责任的条款约定，直接被认定为无效。

2. 独立担保无效约定后的效力转化

《民法典》第 156 条规定："民事法律行为部分无效，不影响其他部分效力的，其他部分仍然有效。"在认定排除担保从属性的"独立担保"约定无效之后，应依据《民法典》第 388 条第 1 款和第 682 条第 1 款所规定的原则确定当事人之间的责任分担机制。

第一，在主合同有效、担保合同有效的情形下，按照从属性担保处理。《九民纪要》第 54 条中规定，"此时，如果主合同有效，则担保合同有效，担保人与主债务人承担连带保证责任"。这一司法态度已经不符合《民法典》规范的基本要求。首先，主合同有效，担保合同不必然有效。否定排除担保从属性约定的效力，仅表明担保合同不因该独立性约定无效而导致担保合同全部条款无效，但并未排除担保合同可能还有其他无效的情形。其次，"担保人与主债务人承担连带保证责任"的表述，应是对从属性保证方式的推定规则。《民法典》第 686 条第 2 款规定："当事人在保证合同中对保证方式没有约定或者约定不明确的，按照一般保证承担保证责任。"而《担保法》第 19 条规定："当事人对保证方式没有约定或者约定不明确的，按照连带责任保证承担保证责任。"因此，在《民法典》实施之后，依法应认定担保人承担的是一般保证，而非连带保证。

第二，在主合同有效、担保合同无效的情形下，适用《民法典》第 388 条第 2 款和第 682 条第 2 款。《民法典担保制度司法解释》第 17 条第 1 款细化规定："主合同有效而第三人提供的担保合同无效，人民法院应当区分不同情形确定担保人的赔偿责任：（一）债权人与担保人均有过错的，担保人承担的赔偿责任不应超过债务人不能清偿部分的二分之一；（二）担保人有过错而债权人无过错的，担保人对债务人不能清偿的部分承担赔偿责任；（三）债权人有过错而担保人无过错的，担保人不承担赔偿责任。"

第三，在主合同无效导致担保合同无效的情形下，适用《民法典》第 388 条第 2 款和第 682 条第 2 款，根据担保人是否存在过错，来决定担保人是否承担相应的过错责任。《民法典担保制度司法解释》第 17 条第 2 款规定："主合同无效导致第三人提供的担保合同无效，担保人无过错的，不承担赔偿责任；担保人有过错的，其承担的赔偿责任不应超过债务人不能清偿部分的三分之一。"担保人的过错不是担保人对主合同无效的过错，而主要体现为担保人明知主合同无效仍为之提供担保或担保人对无效主合同的成立起过中介、促使的作用。①

3. "法律另有规定的除外"的理解

依据《民法典》第388条第1款和第682条第1款，当事人之间约定排除担保从属性被认定无效。前述法条中所指"法律另有规定的除外"，是指包括最高额抵押合同、最高额质押合同、最高额保证合同在内的最高额担保的相对独立性规定。在最高额担保法律关系中，最高额担保与连续发生的具体债权之间并无一一具体对应关系。其中某一笔具体的主合同被认定无效，并不影响最高额担保合同的效力。在最高额担保最后确定之时，可将该笔主合同无效债务人所应承担的损害赔偿责任，一并纳入最高额担保的主债权范围。

4. 独立保函构成从属性的例外

从属性是担保的基本属性，但独立保函除外。独立担保是经济发展到一定阶段的产物，其最大的优点是可以保障债权人快捷、安全地实现债权。在传统附随性担保中，以保证为例，保证人不仅可以享有保证人专有的先诉抗辩权（连带保证除外），更可以援用主债务人的抗辩权，这使债权人实现债权可能造成障碍与拖延。为了满足商业快捷性要求，独立担保应运而生，以对主债权人利益倾斜性保护为设计初衷。尽管独立保函对保证人施加了更为苛刻或是危险的义务，但是其保证人作为追求利益最大化的理性人，可以自由衡量风险。保证人可能具有更强的风险控制能力，如在独立担保被广泛运用的银行出具的见索即付保函中，银行可能采用了充分的反担保措施、监管措施及其他分散风险的方式。实践中"见索即付保函"业务，并不被认为是一高风险的业务种类，银行收取的经办费用也并不高。独立担保也是一柄

① 参见李国光等：《最高人民法院〈关于适用《中华人民共和国担保法》若干问题的解释〉理解与适用》，吉林人民出版社2000年版，第48页。

“双刃剑”，最大的问题是主债权人的权利滥用和欺诈。

我国独立保函的适用范围，经过从严格到相对宽松的演变。尽管我国《担保法》第5条承认了独立保证的有效性，但是在长期司法实务中，法院对独立保证区分国内和国际。法院承认独立保证在对外担保和外国银行、机构对国内机构担保上的效力；但对于国内企业、银行之间的独立保证则否定其效力。最高人民法院屡次以判决的形式否定了独立保证在国内运用的有效性。如在“湖南机械进出口公司、海南国际租赁公司与宁波东方投资公司代理进口合同纠纷案”① 中，最高人民法院认为，担保函中虽然有“不因委托人的原因导致代理进口协议书无效而失去担保责任”的约定，但在国内民事活动中不应采取此种独立保证方式，因此该约定无效。无效的理由主要是独立保证存在欺诈和滥用权利的弊病，容易引起更多的纠纷。同时最高人民法院认为独立保证具有“国际性”，与国内经济交往不相适应。如在“湖南洞庭水殖股份有限公司与中国光大银行长沙华顺支行等借款担保纠纷案”② 中，法院认为：“考虑到独立担保责任的异常严厉性，以及使用该制度可能产生欺诈和滥用权利的弊端，尤其是为了避免严重影响或动摇我国担保法律制度体系的基础，独立担保只能在国际商事交易中使用，不能在国内市场交易中运用。”

然而，随着经济活动的开展，我国企业参与国际贸易日益增多，同时也带动了国内独立保函业务的发展。在此背景下，若仍坚持否定独立保函在国内交易的运用，将不利于交易推进。有鉴于此，最高人民法院于2016年发布的《独立保函司法解释》，开宗明义地写明“为正确审理独立保函纠纷案件，切实维护当事人的合法权益，服务和保障‘一带一路’建设，促进对外开放……制定本规定”。其中《独立保函司法解释》第23条规定：“当事人约定在国内交易中适用独立保函，一方当事人以独立保函不具有涉外因素为由，主张保函独立性的约定无效的，人民法院不予支持。”《九民纪要》第54条进一步明确国内可有限使用独立保函。

---

① 最高人民法院（1998）经终字第184号民事判决书。

② 最高人民法院（2007）民二终字第117号民事判决书。

关于独立保函开立主体的限制。根据国际商会《见索即付保函统一规则》，保函可由银行、保险公司或其他机构或者个人开立。而我国《独立保函司法解释》及《九民纪要》中均规定，独立保函的开立主体仅指银行或非银行金融机构。最高人民法院民二庭负责人在《九民纪要》新闻发布会上答记者问时，强调"要将独立担保限于独立保函司法解释规定的银行和非银行机构出具的独立保函的范围，不能任意扩大独立保函的适用范围"。之所以将独立保函的开立主体限定于银行或非银行金融机构，主要是基于交易安全考虑。若任由其他主体开立独立担保，一则其对独立保函的功能及风险可能尚不完全了解，二则其履约能力也难以保障。

适用难点

1. 担保公司出具的担保函是否为独立保函

《独立保函司法解释》第 1 条第 1 款规定："本规定所称的独立保函，是指银行或非银行金融机构作为开立人，以书面形式向受益人出具的，同意在受益人请求付款并提交符合保函要求的单据时，向其支付特定款项或在保函最高金额内付款的承诺。"据此，独立保函是由银行或非银行金融机构所开立。《中国银保监会非银行金融机构行政许可事项实施办法》第 2 条规定："本办法所称非银行金融机构包括：经银保监会批准设立的金融资产管理公司、企业集团财务公司、金融租赁公司、汽车金融公司、货币经纪公司、消费金融公司、境外非银行金融机构驻华代表处等机构。"

对于担保公司是否为金融机构、能否开立独立保函，目前司法实践上存在争议。如在"深圳市融乐通投资担保有限公司与深圳市旭生骏鹏建筑工程有限公司保证合同纠纷案"① 中，法院认为深圳市融乐通投资担保有限公司即涉案保函的开立人并非金融机构，故由其出具的涉案保函不属于独立保函。在"湖北荆门掇刀包商村镇银行股份有限公司与湖北丹豪融资担保有限公司保证合同纠纷案"② 中，一审法院认定："关于担保合同独立条款的

① 参见广东省深圳市中级人民法院（2017）粤 03 民终 10556 号民事判决书。
② 参见湖北省荆门市掇刀区人民法院（2019）鄂 0804 民初 162 号民事判决书。

效力，因从属性是担保的基本属性，除非银行或者非银行金融机构开立的独立保函才具有独立的效力……本案中，被告并非银行或者非银行金融机构，双方当事人在担保合同中有关排除担保从属性的约定，应当认定无效。”而在“重庆长江轮船公司与台州市银合投资担保有限公司海事担保合同纠纷案”① 中，涉案保函为台州市银合投资担保有限公司所出具，但法院将其认定为独立保函。

融资担保公司指国家特许经营的为借款、发行债券等债务融资提供担保的法人。融资担保公司的设立、运营，是由《融资担保公司监督管理条例》以及《融资担保业务经营许可证管理办法》、《融资担保责任余额计量办法》、《融资担保公司资产比例管理办法》和《银行业金融机构与融资担保公司业务合作指引》等制度予以规范。中国银行保险监督管理委员会、国家发展和改革委员会、工业和信息化部、财政部、农业农村部、中国人民银行、国家市场监督管理总局组成的融资性担保业务监管部际联席会议，负责拟订融资担保公司监督管理制度，协调解决融资担保公司监督管理中的重大问题，督促指导地方人民政府对融资担保公司进行监督管理和风险处置。省、自治区、直辖市人民政府确定的部门负责本地区融资担保公司的监督管理。根据《中国银保监会非银行金融机构行政许可事项实施办法》第 2 条，融资担保公司并未被划入非银行金融机构范围。

2020 年 12 月 29 日，最高人民法院发布了《关于新民间借贷司法解释适用范围问题的批复》（法释〔2020〕27 号），就 2020 年《民间借贷司法解释》的适用范围作出规定，“经征求金融监管部门意见，由地方金融监管部门监管的小额贷款公司、融资担保公司、区域性股权市场、典当行、融资租赁公司、商业保理公司、地方资产管理公司等七类地方金融组织，属于经金融监管部门批准设立的金融机构，其因从事相关金融业务引发的纠纷，不适用新民间借贷司法解释”。上述规定确认融资担保公司为金融机构且不适用 2020 年《民间借贷司法解释》，引起融资担保行业对于独立保函适用范围的解读。有观点认为该批复意味着《独立保函司法解释》的适用主体范

① 参见湖北省武汉海事法院（2016）鄂 72 民初 698 号民事判决书。

围也可扩大到融资担保公司。

综上所述，由于融资担保公司不具备开立独立保函的主体资格，故融资担保公司即使开具了名为"见索即付"性质的独立保函，在司法实践中仍可能被认为不具备独立担保的法律效力。融资担保公司是国家特许经营的以融资担保为主营业务的机构，赋予融资担保公司开立独立保函的合法有效性，有助于促进融资担保行业的健康发展，更好地发挥其促进资金融通、服务实体经济的重要作用。因此，建议通过中国融资担保行业协会、行业监督管理部门以及司法机关共同努力，通过司法解释等的进一步释明，认可融资担保公司开立独立保函的资格。

2. 关于独立保函的认定问题

《独立保函司法解释》第3条规定："保函具有下列情形之一，当事人主张保函性质为独立保函的，人民法院应予支持，但保函未载明据以付款的单据和最高金额的除外：（一）保函载明见索即付；（二）保函载明适用国际商会《见索即付保函统一规则》等独立保函交易示范规则；（三）根据保函文本内容，开立人的付款义务独立于基础交易关系及保函申请法律关系，其仅承担相符交单的付款责任。当事人以独立保函记载了对应的基础交易为由，主张该保函性质为一般保证或连带保证的，人民法院不予支持。当事人主张独立保函适用担保法关于一般保证或连带保证规定的，人民法院不予支持。"据此，独立保函应当满足以下要求：（1）主体要求。开立人为银行或非银行金融机构。（2）形式要求。保函必须以书面形式作出。（3）限额要求。需载明保函项下的最高付款金额。（4）单据要求。必须明确据以付款的单据。（5）独立性。（6）跟单性，即见索即付。

在保函文本中并未载明"见索即付"以及"适用国际商会《见索即付保函统一规则》等独立保函交易示范规则"的情况，其保函文本应能够足以体现其独立性以及跟单性，具体要求包括：第一，保函本身效力上的独立性。保函中应当载明"保函是独立的，一经开立，其效力不因合同的无效、撤销、变更而改变"等相应内容，以此区别于保证的从属性。第二，据以付款的单据应当是明确的、仅进行形式上的要求，不得借单据穿透保函的独立性，并进一步依赖于对基础合同的审查。第三，付款义务的跟单性。为此，保函应当依据《独立保函司法解释》第 1 条第 2 款的规定明确开立人据以付款的单据并表明“开立人在收到受益人提供的形式上符合保函要求的单据后应当无条件地履行付款义务，基础合同的履行情况以及保函申请人的反对和异议等不得影响开立人义务的履行”，不得对开立人履行付款义务设置与基础合同有关的前提条件。

在“大连高金投资有限公司、中国工商银行股份有限公司大连星海支行企业借贷纠纷、金融借款合同纠纷案”① 中，涉案保函载明“如德享公司（保函申请人）出现违约事项，工行星海支行（开立人）在收到高金公司（受益人）索偿通知后的 7 个法定工作日内无条件支付款项”，虽然保函写明收到单据后开立人应当无条件付款的内容，但是保函设置了“保函申请人出现违约事项”这一前提条件，此前提表明开立人的付款义务与基础合同的实际履行情况有关，不符合“独立性”以及“跟单性”的要求。不过，可将违约事项的声明作为单据内容的一部分仅作形式化要求，如在“成都市第四建筑工程公司与四川国栋建设集团有限公司、中国建设银行股份有限公司深圳南山支行建设工程施工合同纠纷案”② 中，法院认为涉案保函载明索偿通知须说明成都四建（保函申请人）没有履行合同中约定的义务，但是只要说明形式上未按约履行义务即可，并不要求具体审查基础交易关系中违约原因及违约责任大小，因此，开立人付款义务独立于基础交易关系。

3. 保函开立人对保函欺诈的举证责任

《独立保函司法解释》第 12 条规定：“具有下列情形之一的，人民法院应当认定构成独立保函欺诈：（一）受益人与保函申请人或其他人串通，虚构基础交易的；（二）受益人提交的第三方单据系伪造或内容虚假的；（三）法院判决或仲裁裁决认定基础交易债务人没有付款或赔偿责任的；（四）受益人确认基础交易债务已得到完全履行或者确认独立保函载明的付款到期事件并未发生的；（五）受益人明知其没有付款请求权仍滥用该权利的其他情形。”第 20 条规定：“人民法院经审理独立保函欺诈纠纷案件，能

① 参见最高人民法院（2017）最高法民终 647 号民事判决书。

② 参见四川省成都市人民法院（2016）川 01 民初 1021 号民事判决书。

够排除合理怀疑地认定构成独立保函欺诈，并且不存在本规定第十四条第三款情形的，应当判决开立人终止支付独立保函项下被请求的款项。”据此，独立保函欺诈的认定应当达到能够足以排除合理怀疑的证明标准，高于一般民事诉讼案件中法院认定案件事实所要求的证明标准。结合目前司法实践，开立人需要承担较重的举证责任以证明基础交易的履行情况以及违约事实，而其并非基础交易的当事人，在举证责任方面存在较大的困难，因此一般保函欺诈止付争议由保函申请人提起，开立人提起的情况较少。

根据现有公开裁判文书，开立人提起的独立保函欺诈止付案件中，开立人主要基于以下具体事由：（1）基础合同存在纠纷目前尚在审理中；（2）基础交易虚假；（3）受益人单据欺诈；（4）非基础合同项下事项的变更；（5）受益人滥用付款请求权，如基础合同项下的项目已建成表明承包人已完全履约等其他情形。在司法实践中，由于开立人所提供的证据很难形成完整的证据链以及达到排除合理怀疑的证明程度，因此法院认定保函欺诈的情况极少。

4. 约定对主合同被撤销、不成立等法律后果承担担保责任的效力

当事人约定担保人对主合同无效的法律后果承担担保责任，该有关担保独立性的约定无效。除此之外，实践中亦有约定担保人对主合同被撤销或者不成立的法律后果承担担保责任的，这种约定是否有效？《民法典》及其司法解释否定通过约定方式排除担保合同从属性。因此，担保人约定为主债权债务合同不成立、被撤销等承担担保责任，仍超越了担保的从属性，应当是无效的。

5. 关于担保管辖从属性的适用

根据《民法典担保制度司法解释》第21条的规定，主合同或者担保合同约定了仲裁条款的，人民法院对约定仲裁条款的合同当事人之间的纠纷无管辖权。债权人一并起诉债务人和担保人的，应当根据主合同确定管辖法院。债权人依法可以单独起诉担保人且仅起诉担保人的，应当根据担保合同确定管辖法院。

在处理主合同与担保合同管辖约定冲突时按照担保合同的从属性，以主合同确定管辖法院。但需要注意的，处理仲裁管辖与法院管辖的原则并不相同，仲裁要以当事人之间达成仲裁管辖协议为前提，根据《民法典担保制度司法解释》第21条第1款的规定："主合同或者担保合同约定了仲裁条款的，人民法院对约定仲裁条款的合同当事人之间的纠纷无管辖权"，强调的是当事人之间，而不是主合同与担保合同之间，不能用担保合同的从属性直接以主合同的仲裁条款约束担保人等其他非主合同当事人。

风险防范

为有效降低保证人的风险、保障保证人的合法权益，笔者认为包括融资担保机构在内的保证人应重点关注以下风险防范措施：

（1）保证人在签订保证合同前应对其进行谨慎审查、风险评估。保证人应对担保的主债权债务进行充分了解，对主债务人的资信状况、风险情况、反担保措施的有效性进行充分评估，并做好相应的风险控制安排。

（2）保证人应重视包括保证合同、反担保合同在内的合同起草、审查与签署。合同条款是确定当事人权利义务、解决合同纠纷的基本依据，保证人应充分利用《民法典》及其司法解释赋予的保证人权利保护条款，进行更加细致化的约定。针对具体项目的风险，可以将影响该项目的风险因素作为主债务人或反担保人的承诺与保证条款，通过合同设计、风控手段等来降低保证人风险。

（3）保证人应加强合同履行的管理及反担保措施的风险监管。合同履行是一个动态的过程，过程中可能涉及合同变更或转让、合同保全、合同抗辩等诸多环节。担保人应加强对合同履行的管理，防范法律风险。在合同履行过程中，担保人应具有证据意识，注意收集、保存相关当事人资信信息、财产线索等，以便为未来的诉讼或仲裁的司法救济做好准备。此外，担保人应关注主债务人与反担保人在担保期间的主体资格、经营范围、经营状况、资信能力、纳税、涉诉与纠纷情况等的动态风险变化；对于反担保物的重复抵押/质押、出租、毁损、保险、涉诉等情况同样应予以动态监管。

（4）融资担保公司应当谨慎审查被索赔承担独立保函担保责任的申请。融资担保公司开具的保函有可能在司法实践中不被支持认可为独立保函，故融资担保公司不能简单按独立保函审查标准审查保函受益人提交的单据是否仅达到表面单单相符即可赔付。建议融资担保公司应在收到保函受益人提交的索赔申请后，及时核实债务人是否存在违约事实、主债务是否有不成立、无效或可撤销的效力瑕疵、是否存在可以主张担保人抗辩权的事由等情形，以此避免担保人权利受到损害。

（5）正确行使保证人的抗辩权和追偿权。保证人应善于行使《民法典》及其担保司法解释赋予担保人的包括担保从属性在内的各种抗辩权、追偿权的等相关权利，担保人承担的责任超出主债务人应当承担的责任范围的，担保人可以进行积极抗辩，也可向债权人主张返还超出部分。

类案指引

1. 中铁十八局集团有限公司（以下简称中铁十八局）与信德唯实投资担保有限责任公司（以下简称信德唯实公司）保证合同纠纷案①

裁判要旨：融资担保公司所开具的独立保函不具有独立担保的效力，要依据从属性担保的规则对其效力及保证责任进行认定。

法院认为：《独立保函司法解释》第1条第1款规定，“本规定所称的独立保函，是指银行或非银行金融机构作为开立人，以书面形式向受益人出具的，同意在受益人请求付款并提交符合保函要求的单据时，向其支付特定款项或在保函最高金额内付款的承诺”，而案涉预付款保函和履约保函的开立人信德唯实公司却并非银行或非银行金融机构，不符合《独立保函司法解释》的适用条件。故中铁十八局主张案涉预付款保函和履约保函具有独立保函性质并要求信德唯实公司承担独立担保责任的诉讼主张缺乏法律依据。同时，本案中的《钢结构分包合同》履行不能的相关责任尚不明确，故此时中铁十八局要求信德唯实公司按照“见索即付”的要求向其径行赔付相应款项的主张亦缺乏事实依据。

① 参见北京市第一中级人民法院（2019）京01民终2754号民事判决书。

2. 深圳市融乐通投资担保有限公司（以下简称融乐通公司）与深圳市旭生骏鹏建筑工程有限公司保证合同纠纷案①

裁判要旨：投资担保公司并非金融机构，故由其出具的保函不属于独立保函。

法院认为：《独立保函司法解释》已明确出具独立保函的主体系银行或非银行金融机构。本案中，融乐通公司既非银行性质，亦非非银行金融机构，故融乐通公司出具的不可撤销支付保函显然不属于独立保函，该不可撤销支付保函不产生独立担保的法律后果，仍属于从属性的担保责任。

3. 湖北荆门掇刀包商村镇银行股份有限公司与湖北丹豪融资担保有限公司保证合同纠纷案②

法院认为：本案保证人为荆门市民兴投资担保有限公司，其经营范围包括贷款担保、票据承兑担保、贸易融资担保、项目融资担保、信用证担保、其他融资性担保业务等。并取得了由湖北省经济和信息化委员会颁发的融资性担保机构经营许可证，其许可的业务范围就包括了贷款担保、票据承兑担保、贸易融资担保、项目融资担保、信用证担保、其他融资性担保业务等。一审法院认为，担保公司并非银行或者非银行金融机构，双方当事人在担保合同中有关排除担保从属性的约定，应当认定无效。二审法院改判，认可"约定独立担保"的效力。

二、担保范围的从属性

相关法条

《最高人民法院关于适用〈中华人民共和国民法典〉有关担保制度的解释》

第三条 当事人对担保责任的承担约定专门的违约责任，或者约定的担

① 参见广东省深圳市中级人民法院（2017）粤03民终10556号民事判决书。

② 参见湖北省荆门市中级人民法院（2020）鄂08民终276号民事判决书。

保责任范围超出债务人应当承担的责任范围，担保人主张仅在债务人应当承担的责任范围内承担责任的，人民法院应予支持。

担保人承担的责任超出债务人应当承担的责任范围，担保人向债务人追偿，债务人主张仅在其应当承担的责任范围内承担责任的，人民法院应予支持；担保人请求债权人返还超出部分的，人民法院依法予以支持。

《中华人民共和国民法典》

第三百八十九条　担保物权的担保范围包括主债权及其利息、违约金、损害赔偿金、保管担保财产和实现担保物权的费用。当事人另有约定的，按照其约定。

第六百九十一条　保证的范围包括主债权及其利息、违约金、损害赔偿金和实现债权的费用。当事人另有约定的，按照其约定。

新旧变化

《担保法司法解释》第43条规定："保证人自行履行保证责任时，其实际清偿额大于主债权范围的，保证人只能在主债权范围内对债务人行使追偿权。"《民法典担保制度司法解释》第3条对担保范围从属性的规定，更加精细化。

规范解读

债权人和担保人是否可以在担保合同中约定大于主债权的担保范围，《民法典》未明确予以规定。但基于担保的从属性，决定担保人承担担保责任的范围和强度不得大于或重于主债务。若债权人与担保人约定担保的范围与强度大于或强于主债务，担保范围应缩减至主债务的限度内。

《九民纪要》第55条规定："担保人承担的担保责任范围不应当大于主债务，是担保从属性的必然要求。当事人约定的担保责任的范围大于主债务的，如针对担保责任约定专门的违约责任、担保责任的数额高于主债务、担保责任约定的利息高于主债务利息、担保责任的履行期先于主债务履行期届满，等等，均应当认定大于主债务部分的约定无效，从而使担保责任缩减至主债务的范围。”

《民法典担保制度司法解释》第 3 条将担保责任限缩至债务人应当承担的责任范围，是担保从属性的必然要求。担保责任范围的限制，也是担保人向债务人追偿的范围限制。债权人对于超出债务范围的部分，不享有法律上的利益，大于部分无效，属于不当得利，担保人向债权人可以主张返还。

适用难点

担保范围和强度大于或强于主债务，属于例外情形。在债务人破产时，对于债权人通过破产程序未能实现的债权，保证人仍然承担清偿责任。根据《企业破产法》第 124 条的规定，债权人对保证人享有的权利不受重整计划或和解协议的影响。《企业破产法司法解释（三）》第 5 条第 2 款规定：“债权人向债务人、保证人均申报全部债权的，从一方破产程序中获得清偿后，其对另一方的债权额不作调整，但债权人的受偿额不得超出其债权总额……”这些规定都说明在债务人企业破产、重整、和解程序中，保证债务的范围或数额可以例外地大于主债务。

风险防范

根据《九民纪要》第 55 条及《民法典担保制度司法解释》第 3 条，超范围担保在实践中通常有如下表现形式：（1）针对担保责任约定专门的违约责任；（2）担保责任的数额高于主合同债务；（3）担保责任约定的利息高于主债务利息；（4）担保责任的履行期先于主债务履行期届满。

为了防范担保人超范围担保，要注意三个问题：首先，注意检查担保合同中的担保范围是否存在超范围担保的约定。若存在，建议与债权人合同谈判，以法律明文规定为由，删除此类超范围担保条款。其次，若因谈判地位等原因导致无法删除此类超范围担保条款，则在债权人要求担保人就全部担保范围承担担保责任时，担保人应充分行使法律赋予的担保人的抗辩权，就超过主债务的部分拒绝承担担保责任。最后，若担保人已向债权人超过主债务的范围外承担了担保责任的，对于超范围担保部分，担保人可要求主债权人予以返还。

类案指引

1. 联储证券有限责任公司（以下简称联储证券公司）、东方金钰股份有限公司（以下简称金钰公司）合同纠纷案[①]

裁判要旨：依据担保从属性，应当将担保责任限缩至债务人应当承担的责任范围。担保责任范围的限制同时也是担保人向债务人进行追偿的范围限制。债权人对于超出主债务范围外的部分，不享有法律上的利益，属于不当得利，担保人可以向主债权人要求予以返还。

法院认为：首先，根据《担保法》第21条的规定，虽然保证人承担保证责任的范围优先适用保证合同的约定，实行意思自治，但因保证合同是主合同的从合同，保证责任是主债务的从债务，基于担保从属性的必然要求，保证责任的范围不能大于主债务的范围。当事人约定的保证责任的范围大于主债务的，应当缩减至主债务的范围。其次，根据《合同法》第5条"当事人应当遵循公平原则确定各方的权利和义务"的规定，若本案联储证券公司与兴龙公司、赵宁、王瑛琰约定的违约金条款可获支持，联储证券公司将从保证人处额外获得从主债务人处不能得到的巨额利益。而根据《担保法》第31条"保证人承担保证责任后，有权向债务人追偿"的规定，由于债权人与保证人在保证合同中特别约定的违约金只针对保证人，不属于主债务的范围，故保证人承担保证合同约定的责任后将无法向主债务人追偿，这将使当事人之间的利益关系严重失衡。因此，原审判决基于担保从属性原则并综合考虑兴龙公司、赵宁、王瑛琰就金钰公司应支付的一次性违约金及迟延违约金等已经承担连带责任的情况，对联储证券公司关于兴龙公司、赵宁、王瑛琰支付违约金34,711,215.15元的诉请未予支持，适用法律并无不当。

---

① 参见最高人民法院（2019）最高法民终1353号民事判决书。

2. 乌兰察布市白乃庙铜业有限责任公司、甘肃建新实业集团有限公司保证合同纠纷案①

法院认为： 保证人向反担保人主张的违约金，是否应当得到支持的问题，存在争议。根据本案《反担保合同》的约定，反担保人应于保证人向主债权人金融机构履行保证责任后立即向保证人偿还其履行保证义务所付出之全部款项。任何一方没有履行或遵守合同中的任何一项义务或规定的，应向相对方支付相当于债务标的金额20%的违约金。本案中，反担保人未能按照《反担保合同》的约定向保证人承担反担保保证责任。然而，担保人承担担保责任范围不应当大于主债务，当事人约定的担保责任范围大于主债务的，应当认定大于主债务部分的约定无效。本案系保证人履行了部分担保责任之后，就其代偿费用起诉请求反担保人承担反担保责任的纠纷，就保证人已代偿的费用及相应利息，一审判决已予以支持。虽案涉保证人与反担保人双方在合同中约定了违约金，但该部分费用如再予以支持，则反担保人的反担保责任的范围明显大于保证人的已代偿费用范围，与担保的从属性不符，故一审判决支持保证人向反担保人主张违约金主张欠妥，本院予以纠正。反担保人认为利息与违约金重复计算的上诉理由成立，本院予以支持。

---

① 参见最高人民法院（2020）最高法民终156号民事判决书。

专题二

共同担保

一、共同担保的担保权实现

相关法条

《最高人民法院关于适用〈中华人民共和国民法典〉有关担保制度的解释》

第十三条 同一债务有两个以上第三人提供担保，担保人之间约定相互追偿及分担份额，承担了担保责任的担保人请求其他担保人按照约定分担份额的，人民法院应予支持；担保人之间约定承担连带共同担保，或者约定相互追偿但是未约定分担份额的，各担保人按照比例分担向债务人不能追偿的部分。

同一债务有两个以上第三人提供担保，担保人之间未对相互追偿作出约定且未约定承担连带共同担保，但是各担保人在同一份合同书上签字、盖章或者按指印，承担了担保责任的担保人请求其他担保人按照比例分担向债务人不能追偿部分的，人民法院应予支持。

除前两款规定的情形外，承担了担保责任的担保人请求其他担保人分担向债务人不能追偿部分的，人民法院不予支持。

第十四条 同一债务有两个以上第三人提供担保，担保人受让债权的，人民法院应当认定该行为系承担担保责任。受让债权的担保人作为债权人请求其他担保人承担担保责任的，人民法院不予支持；该担保人请求其他担保人分担相应份额的，依照本解释第十三条的规定处理。

第十八条 承担了担保责任或者赔偿责任的担保人，在其承担责任的范围内向债务人追偿的，人民法院应予支持。

同一债权既有债务人自己提供的物的担保，又有第三人提供的担保，承担了担保责任或者赔偿责任的第三人，主张行使债权人对债务人享有的担保物权的，人民法院应予支持。

第二十九条 同一债务有两个以上保证人，债权人以其已经在保证期间内依法向部分保证人行使权利为由，主张已经在保证期间内向其他保证人行使权利的，人民法院不予支持。

同一债务有两个以上保证人，保证人之间相互有追偿权，债权人未在保证期间内依法向部分保证人行使权利，导致其他保证人在承担保证责任后丧失追偿权，其他保证人主张在其不能追偿的范围内免除保证责任的，人民法院应予支持。

《中华人民共和国民法典》

第三百九十二条 被担保的债权既有物的担保又有人的担保的，债务人不履行到期债务或者发生当事人约定的实现担保物权的情形，债权人应当按照约定实现债权；没有约定或者约定不明确，债务人自己提供物的担保的，债权人应当先就该物的担保实现债权；第三人提供物的担保的，债权人可以就物的担保实现债权，也可以请求保证人承担保证责任。提供担保的第三人承担担保责任后，有权向债务人追偿。

第六百九十九条 同一债务有两个以上保证人的，保证人应当按照保证合同约定的保证份额，承担保证责任；没有约定保证份额的，债权人可以请求任何一个保证人在其保证范围内承担保证责任。

新旧变化

《民法典》第 392 条是关于保证和物的担保并存时担保权的实现规则，该条沿用了《物权法》第 176 条的规定，仅将“要求”改为“请求”，并无实质变化。《民法典》第 699 条是关于共同保证的担保权实现规则，与《担保法》第 12 条对比，存在以下变化：一是统一用语，同样将“要求”改为“请求”；二是删去了“没有约定保证份额的，保证人承担连带责任”的表述；三是将没有约定保证份额的，债权人可以要求任何一个保证人承担“全部”保证责任改为债权人可以请求任何一个保证人“在其保证范围内”承担保证责任。

规范解读

1. 共同担保的概念和特征

所谓共同担保，是指两个或两个以上担保人为同一债务而向债权人所提供的担保。根据上述定义，共同担保具有如下法律特征：第一，就形式而言，共同担保的担保数量必须为两个以上，包括本数；第二，共同担保的被担保人须为同一人，被担保的债务须为同一笔债务；第三，成立共同担保不都以担保人之间存在意思联络为要件，分为真正的共同担保和不真正的共同担保。前者是有意思联络的共同担保，各担保人之间按照约定形成按份或者连带责任担保，后者是无意思联络的共同担保，各担保人仅事实上成立对同一债务的共同担保，即使担保人在为他人提供担保时并不知晓有其他担保人的存在，亦不影响共同担保的成立。

2. 共同担保的类型

实践中，共同担保的类型纷繁复杂，既可以由债务人自己提供物的担保，亦可由第三人提供物的担保或者人的担保，而人的担保又包括一般保证和连带责任保证，由此形成多种不同排列组合，即同一债务上存在人的担保与物的担保、人的担保与人的担保以及物的担保与物的担保并存三大类情形。在人的担保与人的担保并存即共同保证中，多个保证人之间存在按份和连带两种可能，结合保证人和主债务人之间的两种关系，会产生四种保证责任承担方式：第一，连带共同连带保证，债务人和保证人之间的关系为连带责任保证，多个保证人之间也为连带共同保证。第二，连带共同一般保证，债务人和保证人之间为一般保证关系，保证人享有先诉抗辩权，多个保证人之间为连带共同保证。第三，按份共同连带保证，债务人和保证人之间的关系为连带责任保证，多个保证人之间为按份共同保证。第四，按份共同一般保证，债务人和保证人之间为一般保证关系，保证人享有先诉抗辩权，多个保证人之间为按份共同保证。在人的担保和物的担保并存时，又可细分为保证与抵押权并存，保证与质押权并存以及保证与抵押权、质押权共同并存等不同情形。在物的担保和物的担保并存时，亦可细分为多个抵押权并存、多个质押权并存以及抵押权与质押权并存等不同情形。

3.《民法典》颁布前的担保权实现规则

在《民法典》颁布前，《担保法》、《担保法司法解释》以及《物权法》规定了共同保证、共同抵押以及保证和物的担保并存时债权人担保权实现的规则。

第一，关于共同保证的担保权实现。

对于共同保证，《担保法》第 12 条中规定：“同一债务有两个以上保证人的，保证人应当按照保证合同约定的保证份额，承担保证责任，没有约定保证份额的，保证人承担连带责任，债权人可以要求任何一个保证人承担全部保证责任，保证人都负有担保全部债权实现的义务。”《担保法司法解释》第 20 条第 1 款亦规定：“连带共同保证的债务人在主合同规定的债务履行期届满没有履行债务的，债权人可以要求债务人履行债务，也可以要求任何一个保证人承担全部保证责任。”因此，在共同保证中，首先是尊重当事人的意思自治，按照保证人之间的约定，承担相应担保责任。在保证方式约定不明或没有约定时，保证人承担的是连带责任保证。对于连带共同保证，债权人享有选择权，既可以请求债务人承担全部或部分责任，也可以选择任一保证人实现全部或部分的保证责任。

第二，关于共同抵押的担保权实现。

对于共同抵押，《担保法司法解释》第 75 条第 2 款规定：“同一债权有两个以上抵押人的，当事人对其提供的抵押财产所担保的债权份额或者顺序没有约定或者约定不明的，抵押权人可以就其中任一或者各个财产行使抵押权。”因此，在共同抵押中，当事人有约定的，按照约定实现抵押权；没有约定或者约定不明的，债权人亦享有选择权，可就任一或者各个抵押财产实现抵押权。

第三，关于保证和物保并存的担保权实现。

在保证和物的担保并存时，关于担保权的实现顺序，比较法上主要存在三种立法模式：其一，保证人绝对优待主义模式。债权人应首先向物上保证人主张权利，不能完全清偿时，就余额再向保证人主张，保证人承担的是在物的担保不足以清偿债权时的补充责任。从立法上看，我国《担保法》第28条第1款即属于此模式。其二，保证人相对优待主义模式。债权人享有选择权，可选择行使保证担保或物上担保，但保证人在承担保证责任之后可以向债务人求偿，并代位行使债权人享有的担保物权，因债权人原因导致保证人可代位行使的担保物权消灭的，保证责任相应消灭。① 德国、法国和俄罗斯均采此立法例。② 此模式体现了保证责任的相对优越地位，因为保证人承担责任后可代位债权人向提供物的担保人追偿，而物上担保人承担责任后却不得向保证人求偿。其三，平等主义模式。此模式下，各担保人的法律地位平等，债权人享有选择权，已承担责任的担保人可向其他担保人追偿其应承担的份额，对于担保人是保证，还是物的担保，不作区分。在立法例上，日本采此模式。③

在我国，保证和物的担保并存时，债权人的担保权实现规则经历了“保证人绝对优待主义”到“平等主义”的演变。其中，《担保法》第28条采取的是保证人绝对优待主义模式，规定：“同一债权既有保证又有物的担保的，保证人对物的担保以外的债权承担保证责任。债权人放弃物的担保的，保证人在债权人放弃权利的范围内免除保证责任。”其中，对于物的担保是否需要区分是债务人自己提供的，还是第三人所提供的，该条未予明确。该模式主要基于“物权优于债权”理论，认为债权人因保证担保所享有的请求权为债权，但是基于物的担保产生的是物权，当二者并存时，物权具有优先效力。实际上，此时并无“物权优于债权”适用的余地。“物权优于债权”理论只适用于在同一标的物上物权与债权并存的情形，这里的保

---

① 参见叶金强：《共同担保制度：利益衡量与规则设计》，载吴汉东主编：《私法研究》（第2卷），中国政法大学出版社2002年版，第300页。

② 参见《德国民法典》第776条，《法国民法典》第2029条、第2037条和《俄罗斯民法典》第365条。

③ 参见《日本民法典》第501条。

证和担保物权是并存于同一债权，但并非同一标的物。[1] 具体而言，保证指向的标的物是保证人的所有责任财产，而物的担保指向的却是特定的动产、不动产或者其他财产权利，二者标的物并非同一。同时，“物权优于债权”理论中的物权和债权分别属于不同权利人所有，该理论要解决的是同一标的物上物权和债权发生冲突时何者权利优先的问题。如果权利人为同一人，根本不可能产生冲突，也就不存在谁的权利优先的问题。对于保证和物的担保并存的情形，二者均是为了保障债权人债权的实现，其权利人只有一个，即债权人。因此，保证人绝对优待主义模式并无法理依据，且其不当地限制了债权人的选择权，有损债权人利益。

综观《担保法司法解释》第 38 条以及《物权法》第 176 条之规定，二者似乎均采取了平等主义的立法模式，但其并不彻底，有别于一般意义上的平等主义模式，实质上采纳的是有限平等主义模式。上述两条文已将物的担保区分为债务人自己提供的物保和第三人提供的物保，当保证与第三人提供的物保并存时，债权人可以选择保证人或者物的担保人承担担保责任；当保证与债务人自己提供的物保并存时，由于担保本身属于第二位的责任，债务人才是最终的责任承担主体，因此立法限制了债权人的选择权，规定此时应当先就债务人的物保实现债权，不足部分才可以向第三人主张。此外，《物权法》第 176 条在承认债权人选择权的同时，仅规定提供担保的第三人在承担担保责任后有权向债务人追偿，未规定是否可以向其他担保人追偿。

4.《民法典》关于担保权的实现规则

《民法典》规定了共同保证以及保证和物的担保并存时债权人如何实现担保权的规则。具体而言，《民法典》第 699 条规定了未约定保证份额的共同保证中债权人可以请求任何一个保证人在其保证范围内承担保证责任。对于保证和物的担保并存的情形，《民法典》第 392 条则基本承继了《物权法》第 176 条的规定，仅将“要求”改为“请求”，并无其他变化。《民法典担保制度司法解释》虽未明确规定共同担保中债权人实现担保权的规则，

---

① 参见高圣平：《混合共同担保之研究——以我国〈物权法〉第 176 条为分析对象》，载《法律科学（西北政法学院学报）》2008 年第 2 期。

但其第 13 条、第 14 条和第 18 条规定了共同担保的追偿规则，而追偿的前提是担保人承担了担保责任，也即债权人实现了担保权。此外，《民法典担保制度司法解释》第 29 条是关于共同保证中债权人权利行使的效力规定，对债权人的权利主张提出了要求，明确债权人须在保证期间内向全体保证人行使权利，否则将承担无法实现全部债权的风险。

适用难点

1.《民法典》第 392 条中“约定”的理解

首先是“约定”的内容。《民法典》第 392 条规定了保证和物的担保并存时债权人实现担保权的规则。在此条文中，共出现了四个“约定”，但四个“约定”的含义并非等同。就语法结构而言，第一个“约定”是和“债务人不履行到期债务”并列的，故该“约定”指向的对象应是“担保物权实现的条件”。据此，担保物权实现具体存在两种情形：一是债务人不履行到期债务；二是发生当事人约定的可以实现担保物权的其他情形。至于该条的后三个“约定”，含义则相同。根据该条第一句的第二和第三分句“没有约定或者约定不明确，债务人自己提供物的担保的，债权人应当先就该物的担保实现债权；第三人提供物的担保的，债权人可以就物的担保实现债权，也可以请求保证人承担保证责任”，其内容均是对债权人实现担保顺序的规定。因此，《民法典》第 392 条后三个“约定”均应指向“担保的履行顺序”，即决定由谁先承担担保责任。如果当事人对担保的履行顺序没有约定或者约定不明确的，须依据该条规定区分物的担保是否由债务人提供而分别进行处理。

司法实践中，对于当事人没有约定担保履行顺序的，鲜有产生异议。对于约定不明确的情形，特别是此种“约定”须达到何种程度方为明确，则存在较大争议。有观点指出，当事人“约定”的目的在于限制或者确定保证和担保物权并存时债权人的选择权，只要当事人之间约定的内容达到了这一程度，即应认定为约定明确。① 担保行为属于民事法律行为范畴，担保的

---

① 参见高圣平：《混合共同担保的法律规则：裁判分歧与制度完善》，载《清华法学》2017 年第 5 期。

意思表示包括明示和默示，对于默示的意思表示解释，仍应当按照所使用的词句，结合相关条款、行为的性质和目的、习惯以及诚信原则，确定意思表示的含义。《民法典担保制度司法解释》第 13 条第 2 款规定，同一债务有两个以上第三人提供担保，担保人之间未对相互追偿作出约定且未约定承担连带共同担保，但是各担保人在同一份合同书上签字、盖章或者按指印，承担了担保责任的担保人请求其他担保人按照比例分担向债务人不能追偿部分的，人民法院应予支持。由此观之，只要能解释出当事人有担保的意思表示，或相互间有作出约定的意思表示，应当本着意思自治优先原则，按照当事人的约定，确定担保权的实现顺序。因此，不管是对债权人选择权限制的约定，抑或明确赋予债权人选择权的约定，均应属于约定明确的情形，没有必要机械地以担保实现顺序中明确约定具体顺位才认定为约定明确。实践中多数当事人约定债权人对担保实现顺序享有选择权，如合同约定债权人可就物的担保实现债权，也可要求保证人承担保证责任。此类约定赋予了债权人实现担保顺序的选择权，属于上述约定明确的情形，债权人可依照约定行使担保权。

其次，"约定"的主体。《民法典》第 392 条中"债权人应当按照约定实现债权"的"约定"，一般是指债权人和全部担保人之间的约定，如此才可对全部当事人发生法律效力。实践中更为常见的情形却是债权人和个别担保人约定担保的履行顺序，这种债权人和部分担保人之间的约定，基于合同的相对性，原则上对其他担保人不具有拘束力，只在债权人和约定的担保人之间发生法律效力，但如果该约定并未减损其他担保人的利益，该约定仍为有效。例如，在第三人提供保证与债务人或第三人提供物的担保并存之情形，债权人和保证人约定债权人有权向保证人就债权优先实现保证责任，鉴于该约定并不损害其他担保人的利益，故该约定有效，债权人可对该保证责任行使优先顺序。同理，债权人和担保物权人关于优先就物的担保实现其债权的约定亦有效。

2. 共同担保的担保权实现顺序

由于《民法典》仅规定了共同保证以及保证和物的担保并存时担保权实现的规则，对实践中共同担保的其他情形未予规定。对此，仍有必要根据现有的规定，结合立法的精神和基本价值取向，确定共同担保中债权人实现担保权的一般规则。

其一，无论何种类型的共同担保，主要涉及债权人与数个担保人之间以及各担保人相互间的法律关系，此属于私法领域的范畴，基于私法意思自治原则，当事人可以通过自由约定的方式实现债权。只要该约定不违反法律、行政法规的强制性规定，司法就没有介入的理由，应充分尊重当事人的意思自治。当事人明确约定优先实现物的担保或者优先实现保证责任，均无不可。《民法典》第 392 条和第 699 条的规定都体现了这一精神。因此，共同担保中当事人对担保的履行顺序有约定的，债权人理应按照约定实现债权。

其二，当事人对担保的履行顺序没有约定或者约定不明的情况下，应当参照《民法典》第 392 条的规定，区分共同担保中是否存在债务人自己提供的物上担保予以分别讨论。当共同担保中存在债务人自己提供的物的担保时，应当限制债权人的选择权，债权人应优先就债务人的担保物实现债权，不足部分才可以向第三人主张。理由主要有二：一是基于担保的从属性，担保人的责任和债权人的责任并不相同，担保人相对于债务人而言承担的仅是第二位、补充性的责任，真正的责任承担主体是债务人，故在有债务人自己提供的物上担保时，理应优先就担保物实现债权人的债权。二是出于节约交易成本和诉讼经济考量，减少第三人承担担保责任后再向债务人追偿的成本和费用。当共同担保中不存在债务人提供的担保物时，基于债的平等原则，不同类型的担保均为债权人实现债权的手段。各担保人法律地位平等，人的担保责任和物的担保责任亦应平等，债权人自然可依自由意志选择何种担保以实现其债权，法律也没有理由限制债权人的选择权。

风险防范

共同担保主要涉及债权人与各担保人之间以及各担保人相互间的法律关系，属于私法领域的范畴，当事人可基于意思自治决定以何种方式实现债权。对债权人来说，为最大限度保障自身债权的实现，其可以与各担保人约定优先实现何种担保，亦可以约定债权人对担保的实现顺序享有选择权。债权人和担保人的上述约定，均属于约定明确的情形，债权人可依照约定行使担保权。

类案指引

1. 中国建设银行股份有限公司榆林新建南路支行（以下简称建行新建南路支行）与榆林聚能物流有限责任公司（以下简称聚能物流）等金融借款合同纠纷案①

裁判要旨：物的担保和人的担保并存时，基于私法自治原则，担保的实现顺序由当事人自由约定。被担保的债权既有物的担保又有人的担保的，当事人约定在任何情形下担保人都应当承担担保责任的，属于约定明确的情形。

法院认为：本案中，建行新建南路支行（乙方）与泰发祥公司（甲方）、隆昌公司（甲方）分别签订了《保证合同》。建行新建南路支行（乙方）与泰发祥公司（甲方）签订的《保证合同》约定，保证方式为连带责任保证。“无论乙方对主合同项下的债权是否拥有其他担保（包括但不限于保证、抵押、质押、保函、备用信用证等担保方式），不论上述其他担保何时成立、是否有效、乙方是否向其他担保人提出权利主张，也不论是否有第三方同意承担主合同项下的全部或部分债务，也不论其他担保是否由债务人自己所提供，甲方在本合同项下的保证责任均不因此减免，乙方均可直接要求甲方依照本合同约定在其保证范围内承担保证责任，甲方将不提出任何异议。”建行新建南路支行（乙方）与隆昌公司（甲方）签订的《保证合同》约定的内容与上述合同的内容完全相同。根据《物权法》第176条，结合新建南路支行与聚能物流签订的《抵押合同》，案涉三合同关于担保条款的真实意思表示为，泰发祥公司、隆昌公司单独或者共同对聚能物流欠建行新建南路支行的款项承担连带保证责任，且建行新建南路支行有权向泰发祥公司、隆昌公司、

① 参见最高人民法院（2017）最高法民终170号民事判决书。

聚能物流之一或任意组合提起诉讼要求承担担保责任。

2. 李杰与重庆银行股份有限公司贵阳分行（以下简称重庆银行贵阳分行）等金融借款合同纠纷案①

裁判要旨：在保证和物的担保并存时，如果物的担保由债务人提供，其他担保人对债务人享有顺序利益，债权人应当首先就债务人的物保实现债权；如果物的担保由第三人提供，则没有实现顺位的限制，债权人可自由选择实现保证责任或者担保物权。

法院认为：关于担保权的实现顺位问题，根据《物权法》第176条的规定，当债务人提供物的担保和保证人的保证并存时，债权人应当首先就该物的担保实现债权，当第三人提供物的担保和保证人的保证并存时，则没有实现顺位的限制。本案中，既有保证人提供的连带责任保证，又有第三人提供的股权质权担保，重庆银行贵阳分行既可以要求保证人承担保证责任，也可以对质权行使优先受偿权。

二、共同担保的追偿权行使

相关法条

《最高人民法院关于适用〈中华人民共和国民法典〉有关担保制度的解释》

第十三条　同一债务有两个以上第三人提供担保，担保人之间约定相互追偿及分担份额，承担了担保责任的担保人请求其他担保人按照约定分担份额的，人民法院应予支持；担保人之间约定承担连带共同担保，或者约定相互追偿但是未约定分担份额的，各担保人按照比例分担向债务人不能追偿的部分。

同一债务有两个以上第三人提供担保，担保人之间未对相互追偿作出约定且未约定承担连带共同担保，但是各担保人在同一份合同书上签字、盖章

① 参见最高人民法院（2015）民二终字第306号民事判决书。

或者按指印，承担了担保责任的担保人请求其他担保人按照比例分担向债务人不能追偿部分的，人民法院应予支持。

除前两款规定的情形外，承担了担保责任的担保人请求其他担保人分担向债务人不能追偿部分的，人民法院不予支持。

第十四条 同一债务有两个以上第三人提供担保，担保人受让债权的，人民法院应当认定该行为系承担担保责任。受让债权的担保人作为债权人请求其他担保人承担担保责任的，人民法院不予支持；该担保人请求其他担保人分担相应份额的，依照本解释第十三条的规定处理。

《中华人民共和国民法典》

第三百九十二条 被担保的债权既有物的担保又有人的担保的，债务人不履行到期债务或者发生当事人约定的实现担保物权的情形，债权人应当按照约定实现债权；没有约定或者约定不明确，债务人自己提供物的担保的，债权人应当先就该物的担保实现债权；第三人提供物的担保的，债权人可以就物的担保实现债权，也可以请求保证人承担保证责任。提供担保的第三人承担担保责任后，有权向债务人追偿。

第五百一十八条 债权人为二人以上，部分或者全部债权人均可以请求债务人履行债务的，为连带债权；债务人为二人以上，债权人可以请求部分或者全部债务人履行全部债务的，为连带债务。

连带债权或者连带债务，由法律规定或者当事人约定。

第五百一十九条 连带债务人之间的份额难以确定的，视为份额相同。

实际承担债务超过自己份额的连带债务人，有权就超出部分在其他连带债务人未履行的份额范围内向其追偿，并相应地享有债权人的权利，但是不得损害债权人的利益。其他连带债务人对债权人的抗辩，可以向该债务人主张。

被追偿的连带债务人不能履行其应分担份额的，其他连带债务人应当在相应范围内按比例分担。

第五百二十条 部分连带债务人履行、抵销债务或者提存标的物的，其他债务人对债权人的债务在相应范围内消灭；该债务人可以依据前条规定向其他债务人追偿。

部分连带债务人的债务被债权人免除的，在该连带债务人应当承担的份额范围内，其他债务人对债权人的债务消灭。

部分连带债务人的债务与债权人的债权同归于一人的，在扣除该债务人应当承担的份额后，债权人对其他债务人的债权继续存在。

债权人对部分连带债务人的给付受领迟延的，对其他连带债务人发生效力。

第五百七十六条　债权和债务同归于一人的，债权债务终止，但是损害第三人利益的除外。

第七百条　保证人承担保证责任后，除当事人另有约定外，有权在其承担保证责任的范围内向债务人追偿，享有债权人对债务人的权利，但是不得损害债权人的利益。

新旧变化

《民法典担保制度司法解释》第 13 条、第 14 条和《民法典》第 392 条、第 700 条都是关于共同担保的追偿规则。《民法典》第 392 条沿袭了《物权法》第 176 条的做法，对于保证与物的担保并存时，仅规定提供担保的第三人承担责任后有权向债务人追偿，而未明确能否向其他担保人追偿，但又有别于《担保法司法解释》第 38 条担保人可以要求其他担保人清偿其应当分担的份额的规定。《九民纪要》第 56 条否定了担保人相互间的追偿权，规定："被担保的债权既有保证又有第三人提供的物的担保的，担保法司法解释第 38 条明确规定，承担了担保责任的担保人可以要求其他担保人清偿其应当分担的份额。但《物权法》第 176 条并未作出类似规定，根据《物权法》第 178 条关于'担保法与本法的规定不一致的，适用本法'的规定，承担了担保责任的担保人向其他担保人追偿的，人民法院不予支持，但担保人在担保合同中约定可以相互追偿的除外。"

对于共同保证的追偿规则，《民法典》第 699 条删去了《担保法》第 12 条末句"已经承担保证责任的保证人，有权向债务人追偿，或者要求承担连带责任的其他保证人清偿其应当承担的份额"的规定，并在《民法典》第 700 条规定承担了保证责任的保证人可在保证责任范围内向债务人追偿，而未明确能否向其他保证人追偿。

《民法典担保制度司法解释》第 13 条和第 14 条则延续了《九民纪要》第 56 条关于保证与物的担保并存时担保人相互间不具有追偿权的规则，将之扩张及于共同担保的其他情形，明确了在共同担保中承担了担保责任的担保人原则上不享有对其他担保人的追偿权，并设置了相应的例外情形。

规范解读

1.《民法典》颁布前共同担保的追偿规则

在《民法典》颁布之前，共同担保的追偿权最先在《担保法》第 12 条中规定，即“已经承担保证责任的保证人，有权向债务人追偿，或者要求承担连带责任的其他保证人清偿其应当承担的份额”。《担保法司法解释》第 20 条第 2 款进一步规定了连带共同保证人的追偿权，即“连带共同保证的保证人承担保证责任后，向债务人不能追偿的部分，由各连带保证人按其内部约定的比例分担。没有约定的，平均分担”。因此，在连带共同保证情形下，履行了保证责任的保证人享有双重追偿权，其既可以向具有本位责任承担主体的债务人行使，又可以对超出自己应承担部分向其他连带共同保证人追偿。

在共同抵押情形时，《担保法司法解释》第 75 条第 3 款规定，“抵押人承担担保责任后，可以向债务人追偿，也可以要求其他抵押人清偿其应当承担的份额”，明确了共同抵押人在承担担保责任后，享有对债务人和其他抵押人的追偿权。

在混合担保中，当保证和第三人提供的担保物权并存时，《担保法司法解释》第 38 条中规定“当事人对保证担保的范围或者物的担保的范围没有约定或者约定不明的，承担了担保责任的担保人，可以向债务人追偿，也可以要求其他担保人清偿其应当分担的份额”；而《物权法》出台后，该法第 176 条末句仅规定了“提供担保的第三人承担担保责任后，有权向债务人追偿”，对于各担保人相互间能否追偿则未置可否。立法对此语焉不详，使理论界对该问题的认识分歧较大。一种观点认为，《物权法》第 176 条未规定担保人相互间的求偿权属于法律漏洞，应适用《担保法司法解释》第38条的规定，允许各担保人之间可以相互追偿；另一种观点则认为，《物权法》第176条未规定各担保人相互间的求偿权是立法有意为之，而非法律漏洞。依据《物权法》第178条有关“担保法与本法的规定不一致的，适用本法”的规定，《担保法司法解释》第38条关于承担了担保责任的担保人有权向其他担保人追偿的规定因与《物权法》第176条的规定存在冲突，故不再适用。[①] 理论的争议加剧了司法实践对该问题的裁判尺度不统一。例如，在“顾正康与十堰荣华东风汽车专营有限公司追偿权纠纷案”[②] 中，法院从法律特征、法律功能、公平原则以及恶意危险防范四个角度证成了担保人相互间的追偿权，认为法律尤其是《物权法》并未禁止担保人请求其他担保人承担清偿责任的规定，保证与物的担保并存的担保人之间互有清偿请求权的制度设置，更符合公平原则和诚实信用原则。当然，亦有相反的判决，否定担保人之间具有相互求偿权。如在“南京东部路桥工程有限公司与王军、杨捷等担保合同追偿纠纷案”[③] 中，法院认为担保人承担担保责任后，仅能向债务人追偿，而无权向其他担保方追偿。从《物权法》的立法本意而言，其并不承认保证人与担保物权人之间的求偿关系。

从全国人大常委会法工委编写的《中华人民共和国物权法释义》一书中可见一斑。尽管该释义在性质上属于学理解释，但在一定程度上反映了立法机关对该问题的态度。该释义认为各担保人之间不能相互追偿，大致有四点理由：第一，理论上讲不通，除非当事人另有约定，各担保人之间不存在任何法律关系，若承认相互之间可追偿，实质是法律强行在各担保人之间设定相互担保。第二，程序上讲费时费力、不经济，担保人承担责任后应直接向债务人追偿，如果可以向其他担保人追偿，意味着其他担保人承担责任后，还须向作为最终责任人的债务人追偿。第三，相互间不能追偿恰是公平原则的体现，因为当事人在设定担保时，都明白自己面临的风险，即承担责

---

① 参见高圣平：《担保法前沿问题与判解研究——最新担保法司法政策精神阐解》（第4卷），人民法院出版社2019年版，第49～53页。

② 参见最高人民法院（2017）最高法民再137号民事判决书。

③ 参见江苏省南京市中级人民法院（2016）苏01民终3182号民事判决书。

任后只能向债务人追偿，这种风险是担保人设定担保时最为正常且可以预见的风险。第四，相互间追偿的可操作性差，追偿份额难以确定。① 2019 年 11 月，最高人民法院发布了《九民纪要》，其中第 56 条关于混合担保中担保人之间的追偿问题，采纳了原则上不承认保证人与担保物权人之间具有求偿权的做法，认为“承担了担保责任的担保人向其他担保人追偿的，人民法院不予支持，但担保人在担保合同中约定可以相互追偿的除外”。

2.《民法典》关于共同担保的追偿规则

《民法典》施行后，对于共同保证的情形，《民法典》第 699 条仅规定了共同保证中债权人可以请求任何一个保证人在其保证范围内承担保证责任，但未规定求偿问题。《民法典》第 700 条规定了保证人承担保证责任后有权在承担责任的范围内向债务人追偿，对各保证人相互间的求偿问题亦未置可否。对此，有观点指出，《民法典》删去了《担保法》第 12 条有关共同保证人之间追偿权的内容，解释上应认为立法者对此持否定立场，且根据类似问题类似处理的原则，在《民法典》第 392 条和《九民纪要》第 56 条否定混合担保的担保人之间的追偿权情况下，共同保证人之间关于追偿权如无约定，应无追偿权。② 亦有学者认为，从价值判断和体系协调上进行综合考量，承认连带共同保证中保证人之间的追偿权更具合理性。③ 关于共同抵押，《民法典》亦未明确承担了担保责任的抵押人内部之间能否相互追偿。至于保证和物的担保并存的情形，《民法典》第 392 条重复了《物权法》第 176 条的表述，对于共同担保中各担保人之间能否追偿的问题未予明确规定。而在《民法典》施行后，《九民纪要》仍生效实施的情况下，应理解为立法原则上否定了混合担保中担保人有权向其他担保人追偿，除非各担保人之间约定可以相互追偿。立法机关在《中华人民共和国民法典物权编释义》一书对于《民法典》第 392 条的解释，明白表明“该条没有规定担保人之间可以互相追偿，只规定了提供担保的第三人承担担保责任后，有权向债务

---

① 参见胡康生主编：《中华人民共和国物权法释义》，法律出版社 2007 年版，第 381 ~ 382 页。

② 参见最高人民法院民法典贯彻实施工作领导小组主编：《中华人民共和国民法典合同编理解与适用（二）》，人民法院出版社 2020 年版，第 1395 页。

③ 参见王利明：《我国〈民法典〉保证合同新规则释评及适用要旨》，载《政治与法律》2020 年第 12 期。

人追偿”[①]。

尽管《九民纪要》第56条明确了混合担保中承担了担保责任的担保人原则上不能向其他担保人追偿，但此难以有效应对共同担保实践中的其他复杂情形。基于此，《民法典担保制度司法解释》坚持问题导向和实际需求，该解释的第13条和第14条在吸收《九民纪要》第56条内容的基础上，对该内容予以进一步完善，明确了共同担保中各担保人相互间的追偿规则。《民法典担保制度司法解释》第13条和第14条的规定有助于统一《民法典》施行后司法实践对该问题的认识，确保裁判尺度一致，也有利于节约司法资源、提高司法效率。

适用难点

1. 共同担保的担保人间的追偿规则

依据《民法典担保制度司法解释》第13条的规定，同一债务存在两个以上第三人提供担保的，担保人承担担保责任后的追偿问题，可具体分为以下四种情形：第一，担保人之间约定相互追偿及分担份额的，按照约定追偿。民法本着尊重当事人意思自治的原则，对于当事人之间有约定的，应当以其约定优先；只要该约定不违反法律、行政法规的强制性规定，就是有效的，法律就不应外加干涉。第二，担保人之间约定承担连带共同担保或者仅约定相互追偿但未约定份额的，应当按照比例分担向债务人不能追偿的部分。第三，担保人之间未约定相互追偿且未约定连带共同担保，但共签一份合同书同时提供担保，或者可以通过意思表示解释当事人具有共同担保的意思，承担了担保责任的担保人有权请求其他担保人按照比例分担向债务人不能追偿的部分。该合同书可以是单独订立的书面保证合同、抵押合同、质押合同等，也可以是包括当事人之间的具有担保性质的信函、传真或主合同中的担保条款。第四，除了上述三种情形外，承担了担保责任的担保人仅能向债务人追偿，而无法向其他担保人行使追偿权。

---

① 黄薇主编：《中华人民共和国民法典物权编释义》，法律出版社2020年版，第469页。

由此可知，《民法典担保制度司法解释》亦持混合担保中担保人之间不享有追偿权之立场，秉持了尊重立法原意原则。一以贯之地延续了自《物权法》以来包括《九民纪要》《民法典》等对该问题的认识，明确共同担保中承担了担保责任的担保人原则上不享有对其他担保人的追偿权，除非担保人之间明确约定或者能够推定相互具有追偿的意思表示。

2. 共同担保的追偿顺序

在上述可以相互追偿的三种情形中，承担了担保责任的担保人是否必须先向债务人追偿，然后才能就向债务人不能追偿的部分向其他担保人追偿？依据私法自治原则，首先应当尊重当事人的约定，明确当事人约定优先的地位。如果各担保人之间对追偿顺序和分担份额有约定的，依照约定履行，自无疑问；如果担保人之间对追偿顺序未约定或者约定不明的，为了避免向其他担保人追偿后，再向最终责任主体即债务人追偿，造成追偿程序的繁杂，故宜应先向债务人追偿，对于向债务人不能追偿的部分，再向其他担保人追偿。此外，从文义上解释，《民法典担保制度司法解释》第 13 条第 1 款和第 2 款规定的“各担保人按照比例分担向债务人不能追偿的部分”也表明应先向债务人追偿，对“向债务人不能追偿的部分”才可要求各担保人按照比例分担。司法实践中，出于诉讼经济原则的考虑，承担了担保责任的担保人在行使追偿权时，可以将债务人和其他担保人列为共同被告，人民法院在裁判文书中明确具体的清偿顺序即可。①

3. 各担保人之间约定的具体形式

前已述及，依据《民法典担保制度司法解释》第 13 条的规定，各担保人之间可以相互追偿的情形有三种，其中第三种情形的具体表现形式为“各担保人在同一份合同书上签字、盖章或者按指印”。当时《民法典担保部分司法解释》（征求意见稿）将这种情形规定为“可以认定构成连带共同担保”，但连带责任必须基于法律规定或当事人之间的明确约定，司法解释不能随意创设。《民法典》第 178 条第 3 款和第 518 条第 2 款分别规定“连带责任，由法律规定或者当事人约定”“连带债权或者连带债务，由法律规

① 参见刘贵祥：《民法典关于担保的几个重大问题》，载《法律适用》2021 年第 1 期。

定或者当事人约定”，因此，最高人民法院正式发布的《民法典担保制度司法解释》调整了征求意见稿中对该问题的表述，未将各担保人共同签署同一份合同书的情形定性为连带共同担保，但其处理规则仍与连带共同担保的规则相同，即承担了担保责任的担保人有权要求其他担保人按照比例分担向债务人不能追偿的部分。在司法实践中，承担了担保责任的担保人以各担保人共签一份合同书为由主张向其他担保人行使追偿权时，应当推定为各担保人之间存在相互追偿的意思表示，但是被追偿的担保人有证据证明不存在该意思表示的除外。

至于各担保人之间可以相互追偿的前两种情形，依据《民法典担保制度司法解释》第 13 条的文义，各担保人之间可以约定，但未限定担保人约定的具体形式或内容。因此，各担保人之间约定相互追偿或者约定承担连带共同担保的形式多种多样，其既可以在同一份担保合同中约定，也可以在不同份担保合同中约定，还可以在各自与债权人签订的担保合同之外另行签订合同予以约定。只要约定的内容能够清楚表达出各担保人相互间可以追偿或者承担连带共同担保的意思表示，且解释上不发生歧义即可。需注意的是，某一担保人与债权人单独签订的担保合同中约定可向其他担保人追偿的，对其他担保人不发生效力；但如各担保人与债权人单独签订的各担保合同中均约定可向其他担保人追偿的，可以认定担保人之间形成了相互追偿的意思表示。① 承担了担保责任的担保人在向其他担保人追偿时，应当举证证明各担保人之间存在相互追偿或者连带共同担保的约定，否则就应承担不利的诉讼后果。

4. 共同担保的担保人受让债权的效力

鉴于《民法典担保制度司法解释》第 13 条明确规定共同担保中的担保人原则上不享有对其他担保人的追偿权，而市场中每一个理性的经济人往往以经济利益为上，这会在实践中产生以下问题：担保人为了保障自身权益，实现追偿的目的，可能通过债权转让的方式向债权人收购债权，从而变成债

① 参见高圣平：《担保法前沿问题与判解研究——最新担保司法政策精神阐解》（第 4 卷），人民法院出版社 2019 年版，第 44 页。

权人，行使债权人对其他担保人的权利，要求其他担保人承担全部的担保责任，进而使自己免于承担担保责任。为了防止不享有追偿权的担保人通过受让债权的形式变相取得对其他担保人的追偿权，使《民法典担保制度司法解释》第13条规定的目的落空，故该解释特别增加了第14条规定，即共同担保中的担保人受让债权的行为应定性为承担担保责任，该受让债权行为的法律效果为原债权债务关系消灭，其上负担的担保亦随之消灭。担保人经受让债权而承担担保责任后，无法代位取得债权人对其他担保人享有的权利，无权向其他担保人主张担保责任，但仍可依照《民法典担保制度司法解释》第13条的追偿规则请求其他担保人分担相应份额。换言之，担保人取得债权，其上提供的担保和债权同归于自己一人，该混同导致债权债务消灭，原为债权人所负担的担保当然也随之消灭。

风险防范

《民法典担保制度司法解释》第13条明确了共同担保中承担了担保责任的担保人原则上不享有对其他担保人的追偿权，除非担保人之间明确约定或者能够推定相互具有追偿的意思表示。因此，在实践中，担保人在决定实施担保行为前，要对不能追偿的风险有充分的认识，进而视情况决定是否要和其他担保人约定相互追偿权。如果担保人希望取得对其他担保人的追偿权，则可与其他担保人在同一担保合同上签字，约定相互追偿，并对分担份额、履行顺序等内容予以明确约定，否则担保人将可能承担最终无法向债务人追偿的风险。

类案指引

1. 华商智汇传媒股份有限公司（以下简称华商公司）等与徐喆等追偿权纠纷案①

裁判要旨：共同担保的各担保人相互间没有约定连带共同担保或者

① 参见北京市高级人民法院（2020）京民申4580号民事裁定书。

约定互为追偿、分担份额的，各担保人之间彼此独立、不发生关联，各担保人仅各自与债务人发生连接。担保人在承担担保责任后，只能向债务人追偿，无权向其他担保人追偿。

法院认为：华商公司在承担担保义务后，仅能向债务人追偿，而无权向其他担保方追偿。理由如下，第一，从理论上讲，各反担保人之间无合同关系，要求其为债务人提供担保外，另为其他担保人提供担保，不符合法理。本案中，华商公司、赵恒、徐喆等各方反担保人分别出具反担保协议及承诺函，各协议独立，并无各反担保方之间可相互追偿的相关约定，故华商公司承担担保责任后，可向其他担保方追偿缺乏合同依据及理论基础。第二，违反诉讼经济原则。债务人是最终偿债义务人。在存在多个担保方时，如允许担保方承担担保责任后可相互追偿，可能导致多个相互追偿的诉讼程序发生，最终亦导致更多向债务人的追偿的诉讼。故从诉讼经济原则考虑，不应允许担保人之间享有追偿权。第三，如上所述，若有多个追偿权案件发生，在存在多个担保方，特别是在保证与担保物权并存的情况下，在确定追偿份额上缺乏可操作性。第四，基于公平原则考虑。各担保方在设立担保时，对于承担担保责任后只能向债务人进行追偿的规定明确、具体。若允许各担保方在没有约定相互追偿的情况下可以相互追偿，则降低了担保人在设立担保时可以预见的风险。综上所述，华商公司已经履行担保义务，其可向债务人安迈公司求偿，但其不享有对包括赵恒、徐喆在内的其他反担保方的追偿权，故其要求向赵恒、徐喆追偿的本金及利息的诉讼请求缺乏依据。

❖ ❖ ❖ ❖ ❖ ❖ ❖ ❖ ❖

2. 南京东部路桥工程有限公司（以下简称东部路桥公司）与王军、杨捷等担保合同追偿纠纷案①

裁判要旨：《担保法司法解释》第38条第1款规定“承担了担保责任的担保人，可以向债务人追偿，也可以要求其他担保人清偿其应当分

① 参见江苏省南京市中级人民法院（2016）苏01民终3182号民事判决书。

担的份额”，但《物权法》第 176 条并没有明确规定当债权既有物的担保又有人的担保时，提供担保的第三人承担担保责任后，还有权向债务人以外的其他担保人进行追偿。因此，在当事人没有约定的情况下，担保人之间不能相互追偿。

法院认为：东部路桥公司在承担担保责任后，无权对王军、杨捷、施彦平、王京行使追偿权。具体理由如下：首先，担保关系的设立应以当事人意思自治为基础，在人保与物保并存的情形下，除担保人之间有特别约定或保证人与物上担保人共同与债权人设定担保关系外，各担保人之间并无共同担保的意思表示，担保人之间追偿缺乏法律基础。且现行法律已为分散担保人的风险设计了反担保制度，没有必要再以牺牲私法自治为代价对人保、物保并存情形下的相互追偿权提供特别优待。从本案来看，东部路桥公司与王军、杨捷、施彦平、王京之间并无关于相互追偿权的协议，亦未共同向债权人设定担保关系，故东部路桥公司关于追偿权的诉请无合同和法律依据。其次，除法律规定或当事人特别约定外，不得适用连带之债。担保之债属于约定之债，在人保与物保并存时，由于各担保人并无共同担保的意思表示，相互之间并非当然的共同担保关系，故不能推定担保人之间存在连带担保责任。再次，《物权法》将保证人和提供物保的第三人的担保责任置于平等地位，是为了充分保证债权人的选择权和放弃权，并不表示其他担保人必须实际平等分担已承担了担保责任的担保人的损失。如认可二者之间存在追偿权，不仅强行改变了担保人担保责任的性质，也必将在事实上限制或剥夺债权人的选择权。最后，《物权法》第 176 条将当事人的约定置于优先地位。因此，在人保和第三人提供的物保并存时，承担了担保责任的担保人能否向其他担保人追偿，应当取决于当事人的约定。如没有约定或约定不明，则只能向债务人追偿。

3. 莫普福与梁茶清、江素琴海事海商纠纷案[①]

裁判要旨：同一债务有两个以上第三人提供担保，担保人之间约定承担连带共同担保的，担保人承担责任后有权向债务人主张和行使追偿权，并有权请求其他担保人按照比例分担向债务人不能追偿的部分。

法院认为：本案系船舶营运借款合同保证人追偿所引发的海事海商纠纷。莫普福作为涉案保证借款合同的连带责任保证人之一，已实际偿付贷款人民泰银行椒江支行案件执行款合计1,318,636.25元，依法有权就该款项向共同借款人即梁茶清、江素琴主张和行使追偿权，并要求其承担相应利息损失。关于涉案保证借款合同的另一连带责任保证人娄志春的责任认定问题，因涉案保证借款合同中已明确约定同一债务有两个或两个以上保证人的，保证人共同承担连带偿还责任，根据《担保法》第12条并参照《民法典担保制度司法解释》第13条第1款的规定，莫普福要求娄志春承担上述代偿款项不能获得清偿部分的二分之一付款责任，合法有据，予以支持。

三、共同保证的债权人权利行使的相对性

相关法条

《最高人民法院关于适用〈中华人民共和国民法典〉有关担保制度的解释》

第二十九条　同一债务有两个以上保证人，债权人以其已经在保证期间内依法向部分保证人行使权利为由，主张已经在保证期间内向其他保证人行使权利的，人民法院不予支持。

同一债务有两个以上保证人，保证人之间相互有追偿权，债权人未在保证期间内依法向部分保证人行使权利，导致其他保证人在承担保证责任后丧失追偿权，其他保证人主张在其不能追偿的范围内免除保证责任的，人民法院应予支持。

---

① 参见浙江省宁波海事法院（2020）浙72民初1664号民事判决书。

《中华人民共和国民法典》

第六百九十九条 同一债务有两个以上保证人的，保证人应当按照保证合同约定的保证份额，承担保证责任；没有约定保证份额的，债权人可以请求任何一个保证人在其保证范围内承担保证责任。

第七百条 保证人承担保证责任后，除当事人另有约定外，有权在其承担保证责任的范围内向债务人追偿，享有债权人对债务人的权利，但是不得损害债权人的利益。

新旧变化

《最高人民法院关于已承担保证责任的保证人向其他保证人行使追偿权问题的批复》指出，根据《担保法》第 12 条的规定，连带责任保证的保证人承担责任后，有权向其他保证人追偿，“不受债权人是否在保证期间内向未承担保证责任的保证人主张过保证责任的影响”，明确了债权人向连带保证人之一主张权利，效力及于其他保证人。《民法典担保制度司法解释》第 29 条则改变了上述规定，规定共同保证的债权人权利行使仅具有相对效力。

规范解读

共同保证是共同担保项下的一种具体类型，是指同一债务上存在两个以上保证担保的情形。根据各保证人和债权人之间对保证份额是否予以明确约定，共同保证可细分为按份共同保证和连带共同保证。按份共同保证是指各保证人与债权人在保证合同中明确约定各保证人应承担的保证份额，每一个保证人只是按照合同约定的份额各自承担担保责任，债权人也只能在约定的份额限度内请求保证人承担保证责任。连带共同保证则是指各保证人与债权人没有约定各自应承担的保证责任的具体份额，连带对债权人承担担保责任，债权人可选择就任一保证人实现全部担保责任。须注意的是，连带共同保证和连带责任保证并不相同，而实践中经常将二者混淆。连带共同保证中的“连带”，是指各个担保人之间的“连带”，而非保证人与债务人之间的

“连带”。[1] 连带共同保证与按份共同保证相对，其“连带”的内容是各保证人共同对债权人负连带保证责任；连带责任保证则与一般保证相对，其“连带”的内容是保证人和债务人共同对债权人负连带责任保证。在连带共同保证中，各保证人的保证方式可以是一般保证或者连带责任保证，且一般保证的各保证人享有先诉抗辩权。

连带共同保证可以分为不真正连带共同保证和真正连带共同保证。前者是指各保证人之间没有意思联络，各保证人仅事实上成立对同一债务的共同保证；后者则指各保证人之间存在意思联络，且明确约定对同一债务共同承担连带责任。

适用难点

1. 共同保证中债权人权利行使的相对性

《民法典担保制度司法解释》第 29 条第 1 款规定了共同保证的债权人在保证期间内向部分保证人行使权利的效力规则。该规定指出，共同保证的保证期间相互独立，债权人在保证期间内向部分保证人行使权利，效力并不当然及于其他保证人，且其并未区分共同保证的不同情形。鉴于上文已将共同保证细分为三种不同的类型，有必要针对该三种情形予以分别讨论，厘清债权人行使权利的效力问题，以明确裁判标准，促进释法统一。

在按份共同保证情形中，各保证人按照合同的约定仅对自己的份额独自承担担保责任，各保证人相互间并无交集。因此，债权人在保证期间内向部分保证人行使权利的，自然不可能对其他保证人产生效力。债权人未在保证期间内向部分保证人主张权利的，相当于债权人放弃了对该部分保证人的保证担保，当保证期间届满，未被主张权利的保证人得以免除该部分保证责任。

在不真正连带共同保证情形中，各保证人仅事实上成立对同一债务的共同保证，各保证人之间并无意思联络，其甚至可能不知道尚有其他保证人的

[1] 参见最高人民法院民法典贯彻实施工作领导小组主编：《中华人民共和国民法典合同编理解与适用（二）》，人民法院出版社 2020 年版，第 1380 页。

存在。因此，债权人在保证期间内向部分保证人行使权利，其他保证人可能根本不知情，其效力也当然仅限于相对人之间，无法及于其他保证人。

在真正连带共同保证情形，各保证人之间存在意思联络，并对连带共同承担同一债务达成了合意，此时债权人是否仍须在保证期间内向全体保证人主张权利方能实现全部债权？《民法典担保制度司法解释》第 29 条规定的共同保证中债权人行使权利的相对效力，并未区别共同保证的不同类型而作不同处理。这是否意味着该相对效力对真正连带共同保证也应一体适用？对此应当予以一体适用，理由如下：第一，保证期间制度设立的目的在于适当限制债权人行使权利的自由度，在连带共同保证情形，不宜将债权人对部分保证人行使权利的效力扩张及于其他保证人，保证人承担保证责任的基本前提，即为债权人在保证期间内向保证人行使了权利。[①] 保证期间是确定保证人承担保证责任的期间，债权人只有在该期间内依法向保证人主张权利，才能要求保证人承担保证责任。如果债权人未在保证期间内依法向全体保证人主张权利，意味着债权人对自身权利的放弃，保证期间届满后实体权利消灭，未被主张权利的保证人自然免除保证责任。第二，根据《民法典》第 520 条的规定，在连带债务中，只有履行、抵销、提存、免除、混同、给付受领延迟 6 种行为而导致债务消灭才对其他债务人发生效力；依反面解释，在共同保证中，债权人向其中部分保证人依法主张权利的行为，其效果亦不及于其他保证人。[②] 第三，从立法的价值理念出发，相对于债权人利益的保护，立法更倾向于保护担保人的利益，从《民法典》第 686 条第 2 款“当事人在保证合同中对保证方式没有约定或者约定不明确的，按照一般保证承担保证责任”可见一斑。这一规定颠覆性地改变了《担保法》第 19 条在保证方式没有约定或者约定不明时推定为连带责任保证的规定。具体而言，《担保法》第 19 条着眼于保障债权的实现，当事人对保证方式未约定或者约定不明推定连带保证有利于加强保证人的责任意识。而《民法典》第 686

---

① 参见法义君：《共同保证中保证人免责规则的体系化解读》，载微信公众号“法义君”2021 年 1 月 13 日。

② 林文学等：《〈关于适用民法典有关担保制度的解释〉的理解与适用》，载《人民司法》2021 年第 4 期。

条则倾向于保护保证人的利益，保证本身具有单务性，推定连带保证的方式会过分加重保证人责任，从而使交易主体畏于提供保证，进而影响担保制度保证功能和融资功能的发挥。[①]《民法典担保制度司法解释》第 29 条将债权人行使权利的效力限于相对人之间亦是立法保护保证人利益的具体体现，符合保证制度的发展趋势。第四，债权人向部分保证人行使权利的相对效力有利于防范道德风险的发生。如果保证人在保证期间内向部分保证人行使权利的效力具有涉他性，那么作为理性经济人的债权人会出于自身利益的考量，在保证期间经过后与某一保证人恶意串通，通过倒签书面协议的方式证明其曾在保证期间内主张过权利，进而向其他连带保证人主张保证责任。

综上所述，不管是何种类型的共同保证，债权人在保证期间内向部分保证人行使权利仅具有相对效力，该效力并不当然及于其他保证人。

2. 《民法典担保制度司法解释》第 29 条第 2 款的适用

《民法典担保制度司法解释》第 29 条第 2 款规定，保证人在不能追偿的范围内免除保证责任。该款适用的前提不仅是“同一债务有两个以上保证人”，还应包括其后一句“保证人之间相互有追偿权”。只有在各保证人之间可以相互追偿的共同保证中，才能适用此规定。因此，该款“同一债务有两个以上保证人，保证人之间相互有追偿权”的表述不应理解为共同保证中各保证人相互间均有追偿权，否则会与《民法典担保制度司法解释》第 13 条各担保人之间原则上不能相互追偿的规定相冲突，而应理解为限定在各保证人之间相互有追偿权的共同保证情形。根据上述对共同担保中追偿权内容的分析，共同保证中的保证人仅在三种情形下可以相互追偿。

3. 共同保证的保证人因保证期间而免责的情形

依据《民法典担保制度司法解释》第 29 条的规定，在以下两种情形下，共同保证的保证人可以免责：第一，债权人在保证期间内仅向部分保证人行使权利，由于其仅具有相对效力，对其他保证人并不当然发生效力。当保证期间届满时，保证债务消灭，未被主张权利的保证人可因此免除保证责

---

① 参见最高人民法院民法典贯彻实施工作领导小组主编：《中华人民共和国民法典合同编理解与适用（二）》，人民法院出版社 2020 年版，第 1312～1313 页。

任。第二，在各保证人之间相互有追偿权的共同保证情形下，债权人未在保证期间内向部分保证人行使权利，使其他保证人在承担担保责任后无法向因保证期间届满而免除责任的保证人追偿，鉴于该追偿权无法行使的过错在于债权人怠于行使权利，故无法追偿的法律后果也不应由保证人承担，被主张权利的保证人可在不能追偿的范围内免除其保证责任。

风险防范

《民法典担保制度司法解释》第 29 条明确了共同保证中债权人在保证期间内向部分保证人行使权利仅具有相对效力；如果保证人之间互有追偿权，债权人因未在保证期间内向部分保证人行使权利使其他保证人丧失追偿权的，其他保证人有权在不能追偿范围内免责。因此，从债权人角度看，债权人应当在保证期间内向共同保证的所有保证人行使权利，否则保证期间经过后未被主张权利的保证人可因此免除责任，债权人将面临部分债权无法实现的风险；从保证人角度看，若在保证期间内保证人未被要求承担保证责任，则其可因期间的经过而免除保证责任。

类案指引

吴序廉与章雪真、林贤善、缪李哪民间借贷纠纷案①

裁判要旨：连带共同保证人分担不能追偿部分的前提条件是，在债权人向连带共同保证人主张权利之时各保证人保证期限均未届满。当债务人到期未履行还款义务，债权人长时间内怠于行使权利，导致保证期限短的保证人因保证期间届满而免除责任，此时由保证期限长的保证人承担全部保证责任，会明显加重后者的担保责任，秉着公平原则，后者只需承担 50% 的保证责任。

---

① 参见浙江省温州市中级人民法院（2013）浙温商终字第 444 号民事判决书。

法院认为：作为本案债权人的上诉人怠于行使权利，致使林贤善的保证期限届满。如果在此情况下仍由另一保证人缪李哪承担全部保证责任，缪李哪承担超过50%的保证责任之后，不能就超过50%部分的款项向林贤善行使追偿的权利，有违公平原则。因此，法院判决缪李哪对涉案相关款项承担50%的连带保证责任，缪李哪在承担保证责任后，有权向债务人章雪真追偿。

专题三

公司担保

一、法定代表人越权担保的效力

相关法条

《最高人民法院关于适用〈中华人民共和国民法典〉有关担保制度的解释》

第七条 公司的法定代表人违反公司法关于公司对外担保决议程序的规定，超越权限代表公司与相对人订立担保合同，人民法院应当依照民法典第六十一条和第五百零四条等规定处理：

（一）相对人善意的，担保合同对公司发生效力；相对人请求公司承担担保责任的，人民法院应予支持。

（二）相对人非善意的，担保合同对公司不发生效力；相对人请求公司承担赔偿责任的，参照适用本解释第十七条的有关规定。

法定代表人超越权限提供担保造成公司损失，公司请求法定代表人承担赔偿责任的，人民法院应予支持。

第一款所称善意，是指相对人在订立担保合同时不知道且不应当知道法定代表人超越权限。相对人有证据证明已对公司决议进行了合理审查，人民法院应当认定其构成善意，但是公司有证据证明相对人知道或者应当知道决议系伪造、变造的除外。

第八条 有下列情形之一，公司以其未依照公司法关于公司对外担保的规定作出决议为由主张不承担担保责任的，人民法院不予支持：

（一）金融机构开立保函或者担保公司提供担保；

（二）公司为其全资子公司开展经营活动提供担保；

（三）担保合同系由单独或者共同持有公司三分之二以上对担保事项有表决权的股东签字同意。

上市公司对外提供担保，不适用前款第二项、第三项的规定。

第十二条　法定代表人依照民法典第五百五十二条的规定以公司名义加入债务的，人民法院在认定该行为的效力时，可以参照本解释关于公司为他人提供担保的有关规则处理。

第十七条　主合同有效而第三人提供的担保合同无效，人民法院应当区分不同情形确定担保人的赔偿责任：

（一）债权人与担保人均有过错的，担保人承担的赔偿责任不应超过债务人不能清偿部分的二分之一；

（二）担保人有过错而债权人无过错的，担保人对债务人不能清偿的部分承担赔偿责任；

（三）债权人有过错而担保人无过错的，担保人不承担赔偿责任。

主合同无效导致第三人提供的担保合同无效，担保人无过错的，不承担赔偿责任；担保人有过错的，其承担的赔偿责任不应超过债务人不能清偿部分的三分之一。

《中华人民共和国民法典》

第六十一条　依照法律或者法人章程的规定，代表法人从事民事活动的负责人，为法人的法定代表人。

法定代表人以法人名义从事的民事活动，其法律后果由法人承受。

法人章程或者法人权力机构对法定代表人代表权的限制，不得对抗善意相对人。

第五百零四条　法人的法定代表人或者非法人组织的负责人超越权限订立的合同，除相对人知道或者应当知道其超越权限外，该代表行为有效，订立的合同对法人或者非法人组织发生效力。

《中华人民共和国公司法》

第十六条　公司向其他企业投资或者为他人提供担保，依照公司章程的规定，由董事会或者股东会、股东大会决议；公司章程对投资或者担保的总额及单项投资或者担保的数额有限额规定的，不得超过规定的限额。

公司为公司股东或者实际控制人提供担保的，必须经股东会或者股东大会决议。

前款规定的股东或者受前款规定的实际控制人支配的股东，不得参加前款规定事项的表决。该项表决由出席会议的其他股东所持表决权的过半数通过。

规范解读

1. 《公司法》第16条构成对法定代表人对外代表权限的法定限制

关于公司的对外担保能力，我国于1993年颁布、1994年施行的《公司法》仅在第60条第3款规定，董事、经理不得以公司资本为公司股东或者其他个人债务提供担保。2005年《公司法》修订后，不再限制公司对外担保的权利能力，但在第16条对公司担保意思的形成作出了严格限制，公司对外担保行为不是法定代表人所能单独决定的事项，而必须以公司股东（大）会、董事会等公司机关的决议作为授权的基础和来源。然而，《公司法》第16条并未规定未经决议程序对外担保的法律后果。司法实践中，主要有以下两种解释路径：第一，从《公司法》第16条的规范性质出发，认为《公司法》第16条属于管理性强制规定，而非效力性强制规定，规制的是公司内部程序，不能约束公司之外的债权人，担保合同不因未履行公司内部程序而无效。第二，《公司法》第16条应理解为对公司法定代表人代表权限的限制，应当根据相对人是否知道或者应当知道法定代表人超越权限考察相对人是否善意，进而判断担保合同的效力。

《九民纪要》和《民法典担保制度司法解释》实际上都采纳了代表权限制的解释路径，将《公司法》第16条理解为代表权限制规范。对于担保交易行为，《公司法》第16条剥夺了法定代表人的概括代表权限。法定代表人本身具有代表公司从事经营活动的概括授权，无须公司章程的特别授权。然而，公司为他人债务提供担保本身并不是公司正常的经营活动（担保公司例外），可能使公司产生或有负债，而公司并不能从该担保交易中获益。

因此，《公司法》第 16 条对于一般的非关联担保，授权章程规定限制法定代表人的代表权；对于关联担保，通过设置法定的公司机关决议程序来限制法定代表人的代表权。

将《公司法》第 16 条理解为代表权限制规范，是研究法定代表人越权担保问题的逻辑起点。在此基础上，即可结合《民法典》法定代表人代表权限制的对外效力的相关条文，确定违反《公司法》第 16 条的法律后果。

2. 法定代表人未经相关公司决议程序对外担保的效力

关于法定代表人代表权限制的对外效力，《民法典》中有关的条文主要是第 61 条和第 504 条。《民法典》第 61 条源于《民法总则》第 61 条，表述亦沿用了原表述；第 504 条源于《合同法》第 50 条，除将《合同法》"该代表行为有效"的表述修改为"订立的合同对法人或者非法人组织发生效力"外，无其他实质性变化。《民法典》第 61 条第 3 款规定，法人章程或者法人权力机构对法定代表人代表权的限制，不得对抗善意相对人。其理由在于，法人章程或者法人权力机构对法定代表人代表权的限制属于意定限制，系法人内部治理问题，第三人于外部往往难以知悉。如果认定该限制对法人外部的善意第三人有对抗效力，显然有损交易安全。《民法典》第 504 条进一步规定了法定代表人超越权限订立合同的法律后果，以相对人是否知道或者应当知道法定代表人越权代表作为判断该行为效果归属的关键，除相对人知道或者应当知道其超越权限外，该代表行为有效，订立的合同对法人发生效力。

《九民纪要》虽然认识到了《公司法》第 16 条为代表权限制规范，但在表述上仍将越权代表效果归属的问题和担保合同本身的效力问题混为一谈，而《民法典担保制度司法解释》则直接规定，越权代表情形下，"人民法院应当依照民法典第六十一条和第五百零四条等规定处理"，并表述为"对公司发生或不发生法律效力"，明确了法定代表人越权担保效力问题的核心首先在于该行为后果是否应由公司承担。而其效力能否归属于公司的问题，应区分相对人是善意或非善意进行判断。相对人善意的，担保合同对公司发生效力；相对人非善意的，担保合同对公司不发生效力。

关于善意的判断，主要应从相对人是否尽到了审查义务来认定。而关于相对人有无审查义务，在以往的司法实践中，最高人民法院的认定亦有所反复。2001 年，最高人民法院在“福建省中福实业股份有限公司等与中国工商银行福州市闽都支行借款担保纠纷案”① 中，第一次阐明了担保合同相对人对上市公司章程负有审查义务。2006 年，最高人民法院在“中国进出口银行与光彩事业投资集团有限公司、四通集团公司借款担保合同纠纷案”② 中，认可了经公司股东会、董事会批准后公司的担保行为，但没有对担保合同相对人的审查义务问题作出回答。2008 年，在“中国光大银行深圳分行与创智信息科技股份有限公司、深圳智信投资有限公司、湖南创智集团有限公司借款保证合同纠纷上诉案”③ 中，最高人民法院再次确认了担保合同相对人的形式审查义务。此后，最高人民法院在不同判决中对于相对人是否负有审查义务仍然存在认定相左的情况。④ 至《九民纪要》出台，公司对外担保中相对人负有审查义务的裁判思路才予以统一。虽然从信息获取和内部便利的角度来看，债权人作为第三人无法轻易知晓公司的内部程序，但债权人在担保关系中处于主导地位，完全可以要求债务人和担保人提供担保决议、公司章程等相关资料，故债权人审查的成本将会降低。而公司作为法人机构，防止内部人员利用公司为个人债务违规提供担保成本不低。故由相对人（债权人）承担审查义务，更为合理。

对于相对人的审查义务，《九民纪要》表述为“形式审查”，⑤《民法典担保制度司法解释》则表述为“合理审查”。相对而言，《民法典担保制度司法解释》的规定更具弹性，赋予了人民法院更大的自由裁量权。在举证

---

① 参见最高人民法院（2000）经终字第 186 号判决书。

② 参见最高人民法院（2006）民二终字第 49 号判决书。

③ 参见最高人民法院民事审判第二庭编：《民商事审判指导》（第 14 辑），人民法院出版社 2008 年版，第 170 ~ 183 页。

④ 如在“周亚与青海新城矿业股份有限公司、西宁市国新投资控股有限公司等民间借贷纠纷上诉案”[（2014）民一终字第 270 号] 判决中持相对人不负审查义务的观点；在“徐有赞与许萍、扬州瘦西湖酒店有限公司等民间借贷纠纷再审案”[（2018）最高法民申 4048 号] 裁定书中，认为相对人负有审查义务。

⑤ 《九民纪要》第 18 条第 2 款规定：“债权人对公司机关决议内容的审查一般限于形式审查，只要求尽到必要的注意义务即可，标准不宜太过严苛。公司以机关决议系法定代表人伪造或者变造、决议程序违法、签章（名）不实、担保金额超过法定限额等事由抗辩债权人非善意的，人民法院一般不予支持。但是，公司有证据证明债权人明知决议系伪造或者变造的除外。”

责任的分配上，首先由相对人举证其尽到了合理审查义务，同时公司可进一步举证相对人知道或应当知道决议系伪造或变造的情形。

3. 公司相关民事责任的承担

法定代表人越权担保情形下，如相对人为善意，担保合同对公司发生法律效力时，公司自然应当承担相应的担保责任。问题在于，在相对人为非善意，担保合同对公司不发生效力时，公司是否应当承担责任？如需承担责任，应当承担何种责任？《民法典》第 504 条仅仅消极地将相对人非善意（知道或应当知道法定代表人超越权限）的情形排除在有效代表之外，并未积极指明其到底是何种效力。有观点认为，法定代表人越权代表的后果亦应参照民法典关于无权代理的规定处理，在不构成表见代理的情形下，法定代表人的代表行为虽然对公司不发生效力，但对法定代表人发生效力，应由法定代表人对相对人的损失承担相应的责任，公司则不应当承担任何责任。然而，我国主流学说一直否认法人与其代表人的关系属于代理，且从《民法典》的现行体例看，法人和代理分属总则编不同的章节，故在越权代表情形下类推适用无权代理的规定存在障碍。实务中也几乎没有让法定代表人承担责任而公司不承担责任的判决。

《九民纪要》规定，相对人非善意时，法定代表人越权代表签订的担保合同无效，故公司的民事责任可以按照相关担保无效的规定处理。《民法典担保制度司法解释》则规定，在相对人非善意时，担保合同对公司不发生效力，同时规定，相对人请求公司承担赔偿责任的，参照适用有关担保无效的规定，基本上沿袭了《九民纪要》的规定，即在担保合同对公司不发生效力的情况下，准用担保合同无效的相关规则，在公司和债权人之间进行责任分担。以往的司法实践表明，这样的处理可以保证结果大致公平，并与既有的裁判思路大体保持一致。至于公司承担的责任性质，似可比照缔约过失责任来理解。在对外担保事项上，法定代表人虽然不能直接以公司名义对外担保，但可以就担保事项与债权人进行磋商性质的接触。换言之，法定代表人可以为公司开启一项先合同债务关系，则公司具有保障相对人不因法定代表人的代表权而被误导的义务，在相对人被误导的情况下，公司对法定代表人的选任监督具有管理过失，故应承担缔约过失责任。如在“韩翠芬、王欣与大连胜利广场发展有限公司、大连胜利商业管理有限公司商品房买卖合同纠纷案”① 中，最高人民法院认为，鉴于债权人与提供担保的公司对案涉担保的效力瑕疵均有过错，原判认定担保人对债务人不能清偿部分的二分之一承担赔偿责任并无不当。

4. 虽未经公司机关决议，但仍推定为公司意思的情形

基于我国公司治理的现状，《九民纪要》第 19 条规定了四种虽未经公司决议，但推定为公司意思的情形，包括：（1）公司是以为他人提供担保为主营业务的担保公司，或者是开展保函业务的银行或者非银行金融机构；（2）公司为其直接或者间接控制的公司开展经营活动向债权人提供担保；（3）公司与主债务人之间存在相互担保等商业合作关系；（4）担保合同系由单独或者共同持有公司三分之二以上有表决权的股东签字同意。结合司法实践中的运行情况，综合平衡公司运营安全和交易安全两种价值，尤其为了防止发生上市公司的法定代表人利用公司对外提供担保输送利益的情况，《民法典担保制度司法解释》将无须决议的公司对外担保限缩为三种情形，删除了《九民纪要》第 19 条第 3 项的规定，并将《九民纪要》第 19 条第 2 项修改为“公司为其全资子公司开展经营活动向债权人提供担保”，同时，明确规定上市公司对外提供担保，不适用关于“公司为其全资子公司开展经营活动向债权人提供担保”和“担保合同系由单独或者共同持有公司三分之二以上对担保事项有表决权的股东签字同意”均无须公司决议的规定。

综观《民法典担保制度司法解释》规定的三种无须公司决议的情形，金融机构开立保函或者担保公司提供担保属于这类公司的正常经营范围，亦属于法定代表人的概括授权范围，故无须经过决议程序；为全资子公司开展经营活动提供担保，实际上可视为为自己利益提供担保；担保合同系由单独或者共同持有公司三分之二以上对担保事项有表决权的股东签字同意的情况下，同意担保的股东所持表决权已经达到法定比例，要求书面决议已无必要。规定以上三种无须公司决议的情形，一方面不会损及公司利益，另一方面兼顾了交易效率。

---

① 参见最高人民法院（2019）最高法民申 1277 号民事裁定书。

5. 法定代表人越权担保对公司的赔偿问题

无论是公司因承担担保责任还是赔偿责任而受到损失，都有权向有过错的法定代表人追偿。依照我国《公司法》相关规定，公司法定代表人应当由董事长、执行董事或者经理担任，即我国公司的法定代表人必然属于公司董事、高级管理人员之列。根据《公司法》第149条之规定，公司董事、高级管理人员执行公司职务时违反法律、行政法规或者公司章程的规定，给公司造成损失的，应当承担赔偿责任。故法定代表人越权担保给公司造成损失后，公司可以请求法定代表人承担赔偿责任。如果公司自身没有起诉追究法定代表人的赔偿责任，股东可以依据《公司法》第151条的规定提起股东代表诉讼，以自己的名义为了公司的利益向法院起诉，请求法定代表人向公司承担赔偿责任。

6. 债务加入的法律适用问题

司法实践中，法定代表人以公司名义加入债务的情形并不鲜见。债务加入，又名并存的债务承担，是指第三人加入债的关系之中，与原债务人一起向债权人承担同一债务的情形。在债务加入中，加入债务的第三人与原债务人为连带债务关系，债权人既可以要求原债务人履行债务，也可以要求新债务人履行债务，故债务加入对债权人而言具有担保作用。在保证方式为连带责任保证时，保证人应对债务人的债务承担连带责任，故在一般情况下，债务加入与连带责任保证在处理结果上并无实质差别，均是由第三人对原债务人的债务承担连带责任。《民法典担保制度司法解释》也是基于债务加入与保证的相似性，明确规定，“法定代表人依照民法典第五百五十二条的规定以公司名义加入债务的，人民法院在认定该行为的效力时，可以参照本解释关于公司为他人提供担保的有关规则处理”。

适用难点

1. 关于相对人审查义务的标准

从《九民纪要》到《民法典担保制度司法解释》，相对人审查义务的标准从“形式审查”演进为“合理审查”。对于形式审查，《九民纪要》界定为债权人须尽到“必要的注意义务”。换言之，债权人作为商业理性人，须无重大过失。顾名思义，形式审查是指仅对材料的形式要件进行审查，即审查材料是否齐全，是否符合法定形式，对于材料的真实性、有效性则不作审查，而实质审查则须审查核实材料的内容是否真实、合法、有效。如对于股东大会决议文件的股东签字，形式审查只是要求签有该股东名字即可，至于是否真正由某一股东签字则在所不问；实质审查须核实股东名字是否真正由该股东所签并审核该签名是否具有法律效力。形式审查在债权人和担保人利益的保护之间作了平衡，《民法典担保制度司法解释》规定的“合理审查”标准主要是指形式审查。当然，不排除在某些情况下，采用形式审查标准可能会使一些恶性巨大的投机行为得以蒙混过关。将审查标准界定为“合理审查”，赋予了法官更大的自由裁量权，在个案审查中，法官应在形式审查的基础上，综合考虑个案的特殊性，确定符合个案正义的审查范围。如相对人是否系金融机构，会影响到审查义务的程度。一般而言，金融机构具有审查贷款的专业人士和专业流程，具备更高的审查能力。在“河北敬业担保有限公司与永年县圣帝隆房地产有限公司、邯郸市兆亿贸易有限公司等追偿权纠纷案”① 中，相对人系专业担保公司，最高人民法院认为，相对人作为专门从事担保业务的专业机构，应尽到更为谨慎的审查义务，但其并未进行形式上的审查，因此不构成善意。

需注意的是，在相对人履行了其审查义务，而后发生担保决议被撤销或者无效的情形，根据《公司法解释（四）》第 6 条之规定，公司依据该决议与善意相对人形成的民事法律关系不受影响，即担保人（公司）不能因此否认其担保效力。

2. 关于相对人审查义务的范围

第一，关联担保与非关联担保情形下，相对人审查义务的范围。《公司法》第 16 条对关联担保和非关联担保的决议机关作出了区别规定，相应地，相对人审查义务的范围也有所不同。《九民纪要》对此作出了区别规定。

---

① 参见最高人民法院（2016）最高法民申 2633 号民事裁定书。

在公司为其股东或者实际控制人提供关联担保情形下，《公司法》第16条明确规定必须由股东（大）会决议，未经股东（大）会决议，构成越权代表。在此情况下，债权人主张担保合同有效，应当提供证据证明其在订立合同时对股东（大）会决议进行了审查，决议的表决程序符合《公司法》第16条的规定，即在排除被担保股东表决权的情况下，该项表决由出席会议的其他股东所持表决权的过半数通过，签字人员也应符合公司章程的规定。

在公司为其股东或者实际控制人以外的人提供非关联担保情形下，《九民纪要》规定，“根据《公司法》第16条的规定，此时由公司章程规定是由董事会决议还是股东（大）会决议。无论章程是否对决议机关作出规定，也无论章程规定决议机关为董事会还是股东（大）会，根据《民法总则》第61条第3款关于‘法人章程或者法人权力机构对法定代表人代表权的限制，不得对抗善意相对人’的规定，只要债权人能够证明其在订立担保合同时对董事会决议或者股东（大）会决议进行了审查，同意决议的人数及签字人员符合公司章程的规定，就应当认定其构成善意，但公司能够证明债权人明知公司章程对决议机关有明确规定的除外”。此处的规定暗含了相对人应对决议的相关要素与章程规定进行比对的义务。根据《九民纪要》的规定，似应理解为，审查章程的目的是审查决议的形式真实性，故对章程的审查范围、审查程度应视确定决议形式真实性所必需而定。在以往的司法实践中，有的判决认为担保合同相对人对公司章程无审查义务。[①] 主张在公司对外担保事项上不应当审查公司章程的理由，除获取章程的交易成本较高之外，更为重要的是，章程限制本质上属于意定限制，相较法定限制，章程限制最大的特点就是公示程度低并难以维持稳定，即使查阅了公司章程，也并不意味着相对人能够获得准确的信息。下文将对此作进一步分析。

第二，非关联担保情形下对决议和章程的审查要素。对决议的审查不仅包括审查有无决议，还应进一步审查决议内容，包括决议机关、参加决议的

---

① 参见“中建材集团进出口公司诉北京大地恒通经贸有限公司、北京天元盛唐投资有限公司、天宝盛世科技发展（北京）有限公司、江苏银大科技有限公司、四川宜宾俄欧工程发展有限公司进出口代理合同纠纷案”，载《最高人民法院公报》2011年第2期。

人员及表决情况。

关于决议机关。根据《九民纪要》的规定，相对人对章程规定的决议机关无审查义务。根据公司法的一般法理，是否为他人债务提供担保，属于股东会的当然职权。同时，股东会可借由公司章程把本属自己的权利授权董事会概括行使。因此，在公司法未对非关联担保的决议形式进行强制性规定的情况下，公司法定代表人起码应向相对人提供对外担保的相关董事会决议。对相对人而言，其只需审查对外担保的董事会决议即可。当然，法定代表人与相对人签订担保合同时所持的是股东会决议的，即使公司章程规定的决议机关为董事会，且相对人明知章程的规定，仍应认定为公司具有担保意思，该担保对公司发生效力。

关于参加决议的人员。对于董事会决议，根据《公司法》第 48 条第 2 款及第 112 条第 2 款之规定，可能出现董事会决议只加盖公章而没有董事签字的情况。此时，相对人应进一步要求公司提供有董事签名的董事会会议记录，并与董事名单进行比对核实。对于股东会决议，根据《公司法》第 37 条第 2 款、第 41 条第 2 款以及第 107 条的规定，并非任何情况下股东（大）会决议必须有股东签字。在股东会决议没有股东签字时，相对人应进一步要求提供有股东签名的股东会会议记录，并与章程中的股东名单进行比对核实。

关于表决情况。在审查股东会或董事会的表决情况时，如果章程对决议的表决通过比例要求高于法定比例①，相对人是否应当按照章程的约定予以审查存在疑问。实践中，公司章程的规定纷繁复杂，对于非关联担保的表决机制很多不是以"一刀切"的方式统一规定的，而是根据担保金额、交易性质等对不同情况分别处理，那么相对人难以进行审查。

3. 关于公司抗辩相对人非善意的事由

第一，股东会决议或董事会决议存在程序瑕疵。根据《九民纪要》的规定，公司以机关决议程序违法抗辩相对人非善意的，人民法院一般不予支持。股东会、董事会的程序瑕疵是指会议召集程序、表决方式违反法律、行

---

① 股东会、董事会的法定表决通过比例参见《公司法》第 103 条、第 111 条。

政法规或者公司章程。而相对人对公司决议的审查主要是形式审查，只要公司提交的决议形式上符合规定即可，实际存在的召集程序、表决方式等程序上的瑕疵不属于相对人审查义务的范围。公司以该事由抗辩相对人非善意的，不能成立。

第二，决议签章不实。司法实践中，决议文件上的公章、签字真实性经常被公司作为抗辩担保无效的理由。然而，公司同时使用多枚印章的情况并不少见，相对人对于公司股东、董事的签章真实性一般也无从核验。如要求相对人核验，会大大增加交易成本。故一般而言，公司机关决议的签章真实性不应属于相对人审查的范围。

第三，担保数额超限。司法实践中，经常有公司以《公司法》第16条规定的“公司章程对投资或者担保的总额及单项投资或者担保的数额有限额规定的，不得超过规定的限额”为由主张相对人非善意，担保合同无效。《九民纪要》规定，公司以担保金额超过法定限额等事由抗辩债权人非善意的，人民法院一般不予支持。但因《公司法》第16条已经对“不得超过担保限额”予以明确规定，在公司章程对担保限额予以明确限制，而相对人对此明知的情形下，宜认定相对人非善意。

第四，相对人审查存在瑕疵或错漏。相对人的审核差错或失误一般不应成为认定其非善意的直接理由，相对人的审查义务仅仅是表面的文义与逻辑审查。在“招商银行股份有限公司大连东港支行与大连振邦氟涂料股份有限公司、大连振邦集团有限公司借款合同纠纷案”① 中，股东会担保决议上盖有的股东印章名称缺少“有限”二字，与股东名称明显不符，公司主张交易相对人未尽审核义务。最高人民法院认为，股东会担保决议中存在的相关瑕疵必须经过鉴定机关的鉴定方能识别，相对人必须经过查询公司工商登记才能知晓，必须谙熟公司法相关规范才能避免因担保公司内部管理不善导致的风险，如若将此全部归属于担保债权人的审查义务范围，未免过于严苛，亦有违《合同法》《担保法》等保护交易安全的立法初衷，故认定交易相对人已经尽到合理审查义务。

---

① 参见最高人民法院（2012）民提字第156号民事判决书。

4. 关于董事、经理等公司内部人员代表公司订立担保合同的效力认定

董事、经理等公司内部人员经公司机关决议代表公司订立担保合同，成立职务代理，如其未经公司机关决议对外担保则构成无权代理。在“游斌琼与福建省万翔房地产开发有限公司、翁炎金等民间借贷纠纷案”① 中，代表公司签署担保合同的是公司的董事长，而非法定代表人，故应适用代理的相关规则认定其行为成立表见代理还是无权代理。在“寿光广潍汽车销售服务有限公司等民间借贷纠纷案”② 中，公司聘用的经理以公司名义为其个人债务提供担保。最高人民法院认为，公司与相对人之间能否有效成立担保合同关系，取决于该经理加盖公章的行为是否构成表见代理，亦即取决于相对人是否有理由相信其有代理权。

《九民纪要》和《民法典担保制度司法解释》均在公司对外担保的效力和责任认定上，对代理制度和代表制度予以严格分野，对于法定代表人越权代表，并未类推适用无权代理的规则。按照我国通行的法人实在说的观点，法定代表人是法人的代表机关，与法人享有同一的法律人格，其从事的行为就是法人的行为，由法人承受其法律效果，法人与法定代表人是整体与部分的关系；而代理人的行为非法人本身的行为，应基于法律关于代理制度的规定由法人作为被代理人承受其法律效果，代理人与被代理人始终是两个不同的主体，享有各自的法律人格，两者是平等主体关系。在法定代表人越权担保中，相对人应主要审查公司通过担保的决议无外观瑕疵，审查义务较弱。而对于法定代表人之外的其他公司内部人员以公司名义对外担保，相对人除应当审查公司通过担保的决议无外观瑕疵外，还应当审查职务代理人的身份证明文件，审慎确定相关代理关系和代理人权限，进而根据无权代理或表见代理的规则认定担保合同是否对公司发生效力。

---

① 参见最高人民法院（2016）最高法民申733号民事裁定书。

② 参见最高人民法院（2016）最高法民再207号民事判决书。

风险防范

如前所述，在法定代表人越权担保情形下，无论相对人系善意或非善意，公司（非上市公司）一般均须承担相应的民事责任。因此，公司应当做好事先防范，审慎选择法定代表人的合适人选，并在公司章程中对法定代表人的职权予以明确规定。在对外担保事项上，公司应当在章程中明确规定对外担保的决议程序，包括决议机关是董事会还是股东会、表决比例是普通多数决还是特别多数决等，同时明确规定法定代表人越权担保应当承担的法律责任。

从债权人的角度看，债权人在与公司订立担保合同时，还应要求公司提供对外担保的内部决策文件，防止因未尽到合理审查义务而使要求公司承担担保责任的意愿落空。虽然“合理审查”标准主要是形式审查，但从防范风险的角度，债权人宜审慎、实质地进行审查，以防被人民法院认定为非善意的相对人。具体而言，除要求提供公司的内部决策文件外，还应要求提供最新的公司章程。对公司章程，应重点审查有关公司对外担保的决议机关、决议程序、担保限额等；对内部决策文件，至少应当审查决策文件上的签名是否为有权签署人的签名、决议程序是否符合公司章程的规定。如债权人是金融机构等专业性机构，能够取得提供担保的公司的其他文件的，可进一步比对在其他文件中使用过的印章、签名，以便确认内部决策文件中签名的有效性。

类案指引

1. 上海躬盛网络科技有限公司（以下简称躬盛公司）与上海斐讯数据通信技术有限公司（以下简称斐讯公司）、广西慧金科技股份有限公司、顾国平股权转让纠纷案①

裁判要旨：根据《公司法》第16条之规定，公司法定代表人不具有独立代表公司作出对外提供关联担保意思表示的权限。相对人在接受

① 参见最高人民法院（2019）最高法民终456号民事判决书。

法定代表人以公司名义提供的关联担保时，未对股东会决议进行审查的，不应认定为善意相对人，该关联担保对公司不发生效力。

法院认为： 斐讯公司为其股东顾国平提供的担保无效。《公司法》第16条第2款规定，公司为公司股东或者实际控制人提供担保的，必须经股东会或者股东大会决议。该条款为公司对外提供关联担保所设置的特别决议程序的目的在于：避免公司作为独立民事主体，与公司股东或实际控制人在利益上完全趋同，成为承担公司股东或实际控制人个人债务的工具；避免与因关联担保受益的股东或实际控制人间有密切联系的公司法定代表人、高级管理人员、职员等公司人员随意代公司作出对外提供关联担保的意思表示，损害不知情的公司其他股东及公司债权人的利益。因此，根据上述规定，公司法定代表人不具有独立代表公司作出对外提供关联担保意思表示的权限。本案中，顾国平作为斐讯公司法定代表人及股东，在未经过股东会决议同意的情况下，超越权限，代斐讯公司为其债务提供担保，构成无权代表。《合同法》第50条规定："法人或者其他组织的法定代表人、负责人超越权限订立的合同，除相对人知道或者应当知道其超越权限的以外，该代表行为有效。"《担保法司法解释》第11条亦规定："法人或者其他组织的法定代表人、负责人超越权限订立的担保合同，除相对人知道或者应当知道其超越权限的以外，该代表行为有效。"在相对人不知法定代表人超越权限订立合同，亦即相对人为善意时，其越权代表行为构成表见代表，对公司发生效力。在公司法已对公司对外提供关联担保规定有特别决议程序的情形下，相对人善意的认定，在于其是否对公司法规定的公司决议文件尽到形式审查义务。案涉《借款协议》、股权转让备忘录签订过程中，躬盛公司并未要求顾国平提供斐讯公司的股东会决议，未对顾国平是否具有代表斐讯公司为其债务提供担保的权限作出审查，未尽到合理的注意义务，不属《合同法》第50条、《担保法司法解释》第11条规定的善意相对人。故该担保无效。

2. 瓮福集团农资有限责任公司（以下简称瓮福农资公司）与黑龙江昆丰农业发展集团有限公司（以下简称昆丰集团公司）、克山县兴隆农业有限责任公司企业借贷合同纠纷案①

裁判要旨：法定代表人以公司名义加入债务的，参照公司为他人提供担保的有关规则，认定法定代表人该行为的效力。

法院认为：昆丰集团公司时任法定代表人刘宏彦在会议纪要上签字确认昆丰集团公司欠付案涉借款5000万元，该行为在性质上属于债务加入。该债务加入相比为他人提供担保，可能会对昆丰集团公司及其股东的权益造成更为不利的影响，故该债务加入的意思表示同样需要参照《公司法》第16条第1款规定的精神，按照该公司的章程的规定，由公司股东会或者董事会决议。刘宏彦以昆丰集团公司法定代表人名义作出上述债务加入的意思表示，属于越权代表；基于上述法律规定，瓮福农资公司知道或应当知道刘宏彦在会议纪要上签字确认加入债务系超越代表权限，故该会议纪要亦应认定为无效。

3. 山东鲁港融资租赁有限公司与济南广汇之星汽车销售服务有限公司（以下简称济南广汇之星公司）保证合同纠纷案②

裁判要旨：公司为其股东提供关联担保，虽然有关该担保的股东会决议存在形式瑕疵，但如有证据表明被担保股东之外的其他所有股东均同意该担保时，亦应认定该担保对公司发生效力。

法院认为：为了防止法定代表人随意代表公司为他人提供担保给公司造成损失，损害中小股东利益，《公司法》第16条对法定代表人的代表权进行了限制。根据该条规定，担保行为不是法定代表人所能单独决定的事项，而必须以公司股东会、董事会等公司机关的决议作为授权的基础和来源，其中公司为公司股东提供担保的，必须经股东会或者股东大会决议，而被担保的股东不得参加担保事项的表决，该项表决由出席

① 参见最高人民法院（2019）最高法民终1451号民事判决书。
② 参见山东省高级人民法院（2020）鲁民终949号民事判决书。

会议的其他股东所持表决权的过半数通过。但对于担保合同系由单独或者共同持有公司三分之二以上有表决权的股东签字同意的，即便债权人知道或者应当知道没有公司机关决议，也应当认定担保合同符合公司的真实意思表示，合同有效。本案借款的主债务人庞大集团系保证人济南广汇之星公司的股东，根据《公司法》第16条的规定，济南广汇之星公司为公司股东庞大集团提供担保，必须经公司股东会决议。但本案借款发生之时，济南广汇之星公司的另一股东为唐山庞大之星公司，唐山庞大之星公司是庞大集团的全资子公司，唐山庞大之星公司、济南广汇之星公司的时任法定代表人均为张涛。故虽然涉案担保未经股东会决议，但根据上述股权关系，济南广汇之星公司唯一有表决权的股东对担保事宜是明知且同意的，济南广汇之星公司法定代表人张涛以公司名义签订担保合同符合公司真实意思，该担保行为符合民事法律行为有效要件，合法有效。

二、上市公司对外担保的效力

相关法条

《最高人民法院关于适用〈中华人民共和国民法典〉有关担保制度的解释》

第九条 相对人根据上市公司公开披露的关于担保事项已经董事会或者股东大会决议通过的信息，与上市公司订立担保合同，相对人主张担保合同对上市公司发生效力，并由上市公司承担担保责任的，人民法院应予支持。

相对人未根据上市公司公开披露的关于担保事项已经董事会或者股东大会决议通过的信息，与上市公司订立担保合同，上市公司主张担保合同对其不发生效力，且不承担担保责任或者赔偿责任的，人民法院应予支持。

相对人与上市公司已公开披露的控股子公司订立的担保合同，或者相对人与股票在国务院批准的其他全国性证券交易场所交易的公司订立的担保合同，适用前两款规定。

第八条　有下列情形之一，公司以其未依照公司法关于公司对外担保的规定作出决议为由主张不承担担保责任的，人民法院不予支持：

（一）金融机构开立保函或者担保公司提供担保；

（二）公司为其全资子公司开展经营活动提供担保；

（三）担保合同系由单独或者共同持有公司三分之二以上对担保事项有表决权的股东签字同意。

上市公司对外提供担保，不适用前款第二项、第三项的规定。

《全国法院民商事审判工作会议纪要》（2019 年）

第二十二条　债权人根据上市公司公开披露的关于担保事项已经董事会或者股东大会决议通过的信息订立的担保合同，人民法院应当认定有效。

规范解读

1. 关于上市公司对外担保效力的判断标准及责任承担

《民法典担保制度司法解释》第 9 条对上市公司对外提供担保进行了特别规定。因为上市公司属于公众公司，涉及众多中小投资者利益，应遵守严格的信息披露制度。故上市公司对外提供担保，不仅须依据《公司法》第 16 条由董事会或股东大会决议，而且还要对决议公开披露。但如果债权人仅仅是根据披露的对外担保已经经过决议的信息与上市公司签订担保合同，无论事实上对外担保是否经过决议程序，人民法院均应认定担保有效，上市公司应承担担保责任。这是《民法典担保制度司法解释》第 9 条第 1 款的内容。该款内容与《九民纪要》第 22 条规定的精神一致。在此基础上，《民法典担保制度司法解释》第 9 条第 2 款进一步规定，如果债权人不是根据上市公司公开披露的对外担保的信息签订担保合同，人民法院应认为担保合同对上市公司不发生效力。换言之，在此种情况下，即使上市公司对外担保已经经过了内部决议程序，该担保合同仍对上市公司不发生效力。

在责任承担上，如果债权人不是根据上市公司公开披露的对外担保的信息签订担保合同，担保合同对上市公司不发生效力时，上市公司既不承担担保责任，也不承担其他赔偿责任。显然，上市公司在责任承担上要比一般封闭性公司严格得多。一般公司在担保合同对公司不发生效力情况下，虽不承担担保责任，但要承担一定的赔偿责任；而上市公司在担保合同对其不发生效力的情况下，不承担任何责任。对于债权人未根据信息披露内容与上市公司签订担保合同的情况，《九民纪要》未作明确规定。根据反面解释原则，该种情况下，应当认定担保合同无效，在无效的后果上，上市公司与一般公司没有差别。根据《最高人民法院关于适用〈中华人民共和国民法典〉时间效力的若干规定》第 2 条的规定，《民法典担保制度司法解释》的这一规定不具有溯及力。即《民法典》施行之前债权人与上市公司订立的担保合同被认定无效的，上市公司应当视情况承担不超过二分之一或者三分之一的民事责任。《民法典》施行之后债权人与上市公司订立的担保合同被认定对上市公司不发生效力的，上市公司不承担任何民事责任。

关于适用对象，《民法典担保制度司法解释》第 9 条第 3 款将适用范围扩大至上市公司已公开披露的控股子公司及股票在国务院批准的其他全国性证券交易场所交易的公司。《公司法》《证券法》均没有对公司控股子公司进行界定，按照《深圳证券交易所股票上市规则》和《上海证券交易所股票上市规则》的规定，上市公司控股子公司指上市公司持有其 50% 以上的股份，或者能够决定其董事会半数以上成员的组成，或者通过协议或其他安排能够实际控制的公司。按照《民法典担保制度司法解释》第 9 条的规定，条款指向的“上市公司控股子公司”系以上市公司披露范围内的控股子公司为准。从保护债权人对上市公司公告信息的信赖利益角度，债权人仅以上市公司公告信息确定相关担保人是否为其控股子公司，进而判断是否需要根据上市公司公告信息与该子公司订立担保合同。

2. 关于上市公司对外担保的限制规则

现行法律、行政法规中对上市公司对外担保的限制主要体现在《公司法》、《证券法》及《上市公司信息披露管理办法》中。《公司法》第 121 条规定，“上市公司在一年内购买、出售重大资产或者担保金额超过公司资产总额百分之三十的，应当由股东大会作出决议，并经出席会议的股东所持表决权的三分之二以上通过”。《证券法》第 81 条规定，“公司新增借款或者对外提供担保超过上年末净资产的百分之二十”时，公司应当立即向国务院证券监督管理机构和证券交易场所报送临时报告，并予公告。同时，“对外提供重大担保”亦属于《上市公司信息披露管理办法》第 30 条规定的上市公司应当立即披露的“可能对上市公司证券及其衍生品种交易价格产生较大影响的重大事件”。

此外，我国证监会对境内上市公司形成了一套较为成熟的对外担保监管机制。2005 年 11 月 14 日，证监会、银监会联合发布《关于规范上市公司对外担保行为的通知》（证监发〔2005〕120 号，以下简称《120 号通知》），旨在强化对上市公司担保的监管、保护公司合法权益。该通知于 2006 年 1 月 1 日起与新修订的《公司法》《证券法》同步施行。《120 号通知》对上市公司对外担保规定了严格的决议程序和严格的信息披露制度。在对外担保决议方面，《120 号通知》规定：上市公司章程应规定公司对外担保的决策机构，且上市公司对外担保必须经过董事会或股东大会审议通过；同时，上市公司应由股东大会审批的对外担保，必须经董事会审议通过后，方可提交股东大会审批。此外，《120 号通知》明确列出了四种必须由股东大会审议通过的对外担保的情形：（1）上市公司及其控股子公司的对外担保总额，超过最近一期经审计净资产 50% 以后提供的任何担保；（2）为资产负债率超过 70% 的担保对象提供的担保；（3）单笔担保额超过最近一期经审计净资产 10% 的担保；（4）对股东、实际控制人及其关联方提供的担保。在信息披露方面，《120 号通知》规定：上市公司董事会或股东大会审议批准的对外担保，必须在中国证监会指定信息披露报刊上及时披露，披露的内容包括董事会或股东大会决议、截至信息披露日上市公司及其控股子公司对外担保总额、上市公司对控股子公司提供担保的总额。同时，上市公司在办理贷款担保业务时，刊登该担保事项信息的指定报刊也属于应向银行业金融机构提交的材料之一。《120 号通知》还特别要求，上市公司控股子公司应在其董事会或股东大会作出关于对外担保事项的决议后及时通知上市公司履行有关信息披露义务。证监会与国务院国有资产监督管理委员会联合发布的《关于规范上市公司与关联方资金往来及上市公司对外担保若干问题的通知》（2017 年修订）进一步规定，上市公司章程应当对对外担保的审批程序、被担保对象的资信标准作出规定。对外担保应当取得董事会全体成员三分之二以上签署同意，或者经股东大会批准；不得直接或间接为资产负债率超过70%的被担保对象提供债务担保。此外，《深圳证券交易所股票上市规则》和《上海证券交易所股票上市规则》也对上市公司对外担保作了相应规定。

综上所述，根据我国现行上市公司监管法律法规和相关监管规定，上市公司对外担保需要经过严格的决议程序，且只要进行合规担保，都会进行公告。《民法典担保制度司法解释》以是否根据公告订立担保合同作为判断担保效力的标准正是为了落实法律、行政法规中关于上市公司信息披露的规定。以公告作为判断标准，亦具有相应合理性。对上市公司违规担保的责任承担的新规定亦是为了落实国务院《关于进一步提高上市公司质量的意见》（国发〔2020〕14号）中提出的“依法依规认定上市公司对违规担保合同不承担担保责任”的要求。新的规定有利于根治上市公司违规担保这一资本市场的“顽疾”和“毒瘤”，有利于维护广大股民的合法权利，对于促进股票市场健康发展、增强交易所和上市公司的国际竞争力，意义重大。

适用难点

1. 关于上市公司对外担保中相对人的审查义务

根据《民法典担保制度司法解释》的规定，对于上市公司对外担保，相对人只要审查担保事项相关的决议公告信息即可符合“合理审查”的要求。

在关联担保情形下，根据《公司法》第16条第2款的规定，公司为公司股东或者实际控制人提供担保的，必须经股东会或者股东大会决议。《上市公司股东大会规则》第5条明确规定，“公司召开股东大会，应当聘请律师对以下问题出具法律意见并公告：（一）会议的召集、召开程序是否符合法律、行政法规、本规则和公司章程的规定；（二）出席会议人员的资格、召集人资格是否合法有效；（三）会议的表决程序、表决结果是否合法有效；（四）应公司要求对其他有关问题出具的法律意见”。既然律师参加了股东大会，上市公司不可能不公告。理论上说，如果上市公司不公告，交易所和证券监管部门也会下达监管函，督促其公告。也就是说，上市公司对外担保中，“有股东会决议、无公告”的情形，实际上不存在。[①]

在非关联担保情形下，如果对外担保事项属于上市公司章程规定的仅需经过董事会决议的事项，而上市公司向相对人提供了董事会决议，但该决议尚未公告时，相对人可以要求上市公司进行公开披露，并对披露内容进行实质审查，而相对方若没有提出这一符合上市公司规定的合规要求，则不能认为相对人已经尽到了审查义务。因为上市公司不披露决议并不符合监管要求，亦违反常规，甚至不排除相关决议系伪造的可能。

《民法典担保制度司法解释》规定的判断上市公司对外担保效力的“公告”标准，暗含的前提是上市公司的公告信息充分、完整、准确，公告方式和要素符合证监会和上市交易所的要求，不存在明显违反证监会《120号通知》、公司章程和交易所股票上市规则规定的情形。假设上市公司的公告存在违规或瑕疵，而相对人依据该不规范的公告信息与上市公司订立担保合同，未对公告信息与上市公司章程、证监会相关监管规定是否一致等进行审查，是否应当认定相对人已经尽到合理审查义务仍存在疑问。相较一般公司的对外担保，由于相对人能够通过公开渠道且以便捷途径获取上市公司的对外担保信息，因此相对人在接受上市公司提供的担保时，其审查义务应当高于接受非上市公司提供的担保。故倾向于认为，相对人审查义务的范围应当包括上市公司披露的担保决议与章程规定是否吻合。

2. 上市公司的控股子公司未经上市公司层面决议对外担保的效力

证监会《120号通知》并未明确上市公司控股子公司对外担保是否需要履行上市公司层面的决议程序。《深圳证券交易所股票上市规则》《上海证券交易所股票上市规则》均明确：上市公司控股子公司发生相关规则规定的对外担保等重大事项，视同上市公司发生的重大事项，适用各相关规定。根据前述规定，如果上市公司虽公告其控股子公司的对外担保事项，但公告并未提及相关担保事项已经上市公司层面决议通过，则该公告尚不足以令债权人合理信赖。

---

① 参见最高人民法院民事审判第二庭编：《〈全国法院民商事审判工作会议纪要〉理解与适用》，人民法院出版社2019年版，第196～200页。

根据《民法典担保制度司法解释》第 9 条第 3 款之规定，上市公司已公开披露的控股子公司对外担保适用上市公司对外担保的相关规定，能否据此推导出上市公司的控股子公司对外担保除其自身的决议机关通过外，还应经过上市公司层面的决议程序？从严格落实关于上市公司的监管规定，实现司法规则与监管规则的衔接，保护上市公司中小股东利益的角度，宜认定上市公司的控股子公司经过其本身和母公司双重决议，并予以公告后，对外担保方得有效。

风险防范

实践中，常常会出现上市公司仅公告“担保预计”的情况，即仅公告拟担保的最高额度、担保额度有效期和被担保对象，但未准确定位到具体债权人。根据沪深交易所关于上市公司为他人提供担保公告的格式指引，对外担保的公告内容中应当包括具体债权人。因此，在“担保预计”情况下，债权人应进一步要求上市公司提供就本笔债务承担担保责任的决议，并在上市公司公告后，根据公告与上市公司订立担保合同，防止被认定为未尽到合理审查义务。

实践中，上市公司经常采用差额补足或回购承诺等增信措施。根据《民法典担保制度司法解释》第 36 条的规定，该等增信措施可能被认定为保证或债务加入。此时，应当适用上市公司对外担保的相关法律规定认定其效果归属。债权人应当注意根据《公司法》《民法典担保制度司法解释》的规定对该类担保措施是否经过有权机关决议进行审查。

类案指引

1. 安通控股股份有限公司（以下简称安通公司）与安康、郭东泽、仁建国际贸易（上海）有限公司营业信托纠纷案①

裁判要旨：上市公司的法定代表人以公司名义对外提供关联担保的，

① 参见最高人民法院（2019）最高法民终 1524 号民事判决书。

相对人不能仅以担保合同记载相关担保事项已经有权决议的公司机关通过为由主张已经尽到合理审查义务。

法院认为：本案中，郭东泽在签订案涉《担保合同》时是安通公司的第一大股东、法定代表人，其以安通公司名义为自己的债务提供担保，属于关联担保，道德风险很高。因此，相对于其他担保，关联担保的相对人应当承担更高的注意义务。而且，《公司法》第16条亦对关联担保和非关联担保作了区分，关联担保"必须经股东会或者股东大会决议"。因此，关联担保的相对人应当审查担保合同是否经公司股东会或者股东大会决议，且决议的表决程序符合《公司法》第16条的规定。安通公司属于上市公司。相对于关联担保的相对人，上市公司的中小股东克服信息不对称、防范上市公司大股东、法定代表人等高管道德风险的成本更高，从公平的角度看，上市公司对公司股东、法定代表人提供关联担保的，相对人应当负担更高的注意义务。此外，上市公司作为公众公司，其章程、关联担保等重大经营事项均应依法公开，相对人可以通过很低的交易成本了解到上市公司法定代表人是否有权自行决定对外担保以及公司股东大会重大决议事项。因此，无论从利益平衡的角度还是从注意义务分配的角度看，上市公司的法定代表人以公司名义对外提供关联担保的，相对人应当审查该担保是否经过股东大会决议。虽然案涉《保证合同》第1.1条和第1.2条中明确约定："保证人可以对外提供保证担保，并有能力承担保证责任"，"保证人为债务人提供保证担保完全出于自愿，并经过内部有权机关通过，不违背公司章程，保证人在本保证合同项下的全部意思表示真实有效"，但该意思表示系由安通公司时任法定代表人郭东泽代表安通公司作出，由于对外担保并非安通公司法定代表人所能单独决定的事项，故上述意思表示亦非郭东泽有权在未经安通公司股东大会决议的情况下单独代表安通公司作出。综上所述，安康未提交充分有效的证据证明其对郭东泽签订案涉《担保合同》经过安通公司股东大会决议进行了审查，未尽到应尽的注意义务，不属于善意相对人。

2. 上海富控互动娱乐股份有限公司（以下简称富控公司）与中国华融资产管理股份有限公司江西省分公司（以下简称华融公司）、上海中技桩业股份有限公司（以下简称中技桩业）等借款合同纠纷案①

裁判要旨：债权人应当根据上市公司公开披露的担保事项是否已经董事会或者股东大会决议通过的信息与上市公司订立担保合同，未对上市公司提供担保的决议文件进行审查的，不构成善意相对人。

法院认为：富控公司系上市公司，债权人应当根据上市公司公开披露的关于担保事项是否经过董事会或者股东大会决议通过的信息订立担保合同。本案中，富控公司法定代表人未经股东会或股东大会、董事会等公司机关决议对外签订担保合同，担保亦未经过公司追认。华融公司作为上市公司，应当知晓《公司法》及上市公司行业规范对于公司对外担保的相关规定，亦应当知道富控公司法定代表人超越权限订立担保合同。且根据收购重组湖南中技等对中技桩业持有的非金不良债权项目载明，本案其他担保公司已实际提供股东会决议等文件，华融公司未举示证据证明其在订立担保合同时对富控公司董事会或股东大会文件进行了审查，不构成善意相对人。因此，华融公司与富控公司签订的案涉《保证协议》无效，富控公司不应承担保证责任。

三、一人公司为其股东提供担保的效力

相关法条

《最高人民法院关于适用〈中华人民共和国民法典〉有关担保制度的解释》

第十条 一人有限责任公司为其股东提供担保，公司以违反公司法关于公司对外担保决议程序的规定为由主张不承担担保责任的，人民法院不予支持。公司因承担担保责任导致无法清偿其他债务，提供担保时的股东不能证明公司财产独立于自己的财产，其他债权人请求该股东承担连带责任的，人

① 参见最高人民法院（2019）最高法民终867号民事判决书。

民法院应予支持。

《中华人民共和国公司法》

第十六条　公司向其他企业投资或者为他人提供担保，依照公司章程的规定，由董事会或者股东会、股东大会决议；公司章程对投资或者担保的总额及单项投资或者担保的数额有限额规定的，不得超过规定的限额。

公司为公司股东或者实际控制人提供担保的，必须经股东会或者股东大会决议。

前款规定的股东或者受前款规定的实际控制人支配的股东，不得参加前款规定事项的表决。该项表决由出席会议的其他股东所持表决权的过半数通过。

第六十一条　一人有限责任公司不设股东会。股东作出本法第三十七条第一款所列决定时，应当采用书面形式，并由股东签名后置备于公司。

第六十三条　一人有限责任公司的股东不能证明公司财产独立于股东自己的财产的，应当对公司债务承担连带责任。

规范解读

1. 一人公司有权为股东提供担保

对一人公司为股东担保的问题，《公司法》与《担保法》及相关司法解释均未作出规定，在理论和实践中存在较大争议，《民法典担保制度司法解释》第10条采取了肯定立场。其中，如何理解“违反公司法关于公司对外担保决议程序的规定”不影响担保的效力，涉及与《公司法》相关规定的衔接问题。

《公司法》将公司对外担保决议的程序规定于第16条，[①] 其中第2款规

① 须注意的是，我国有部分学者将《公司法》第16条第1款的公司为他人提供担保称为“对外担保”，将同条第2款的公司为股东或实际控制人提供担保称为“对内担保”，然而这一表述并不准确，因第1款与第2款构成一般法与特别法的关系，第1款的“他人”包含“股东或实际控制人”，更为准确的表述为，第1款是公司对外提供普通担保的规定，第2款是公司对外提供关联担保的规定。参见高圣平：《担保法前沿问题与判解研究》（第1卷），人民法院出版社2019年版，第19～20页。

定公司为股东或实际控制人提供担保，必须经股东（大）会决议。由于一人有限责任公司不设股东会，且《公司法》并未对一人公司为股东提供担保作出特别规定，从文义和体系的角度来看，似乎可以认为一人公司不设股东会，无法满足法定的程序要求形成有效决议，不能为股东提供担保。[①] 如果考虑到一人公司所有权与经营权大多合一，股东意志与公司意志难以区分，缺乏相应的监督机制，允许公司为股东提供担保可能会损害债权人利益，前述结论也有经济上的合理性。[②] 在司法实践中，有法院将一人公司为股东担保直接认定为构成人格混同，严重损害债权人利益。[③] 然而，主流意见认为，不应禁止一人公司为股东担保。第一，公司为他人担保属于正常的经营决策范围，从合同自由的角度出发，不应对一人公司作例外规定；[④] 第二，要避免一人公司为股东提供担保后，又以担保合同违反《公司法》第16条第2款的规定，主张确认合同无效的机会主义行为；[⑤] 第三，尽管《公司法》第16条综合考虑了公司、股东与债权人的利益保护，即“对外投资和为他人提供担保，是公司的重大经营行为和民事活动，有较大的风险：如果决策不当，将会给公司、公司的股东和债权人造成损失……引导公司对这类重大行为做出科学的决策、保证公司行为的恰当性、避免风险”，[⑥] 但第16条第2款的规范意旨是保护中小股东免受大股东压迫，主要适用于股份公司，这点亦可结合本条第3款对表决回避的规定得到验证，而在一人公司并不存在保护中小股东的问题，《公司法》第16条第2款自然没有适用空间。

---

① 代表性的否定观点，参见周伦军：《公司对外提供担保的合同效力判断规则》，载《法律适用》2014年第8期；四川省遂宁市中级人民法院（2012）遂中民再终字第10号民事判决书［但四川高院在再审中肯定了一人公司得为股东提供担保，参见四川省高级人民法院（2014）川民提字第334号民事判决书］。

② 参见曾大鹏：《公司关联担保三大类型的效力解释》，载《法律科学（西北政法大学学报）》2020年第6期。

③ 参见海南省琼海市人民法院（2017）琼9002民再2号民事判决书。

④ 参见曹士兵：《公司法修订前后关于公司担保规定的解读》，载《人民司法》2008年第1期。

⑤ 参见广州市中级人民法院（2017）粤01民初64号民事判决书。

⑥ 参见宋燕妮、赵旭东主编：《中华人民共和国公司法释义》，法律出版社2019年版，第25～27页。

对此，2018年最高人民法院曾在相关司法解释文件的起草阶段采取否定态度，认为："一人有限责任公司为其股东、国有独资公司为其出资人提供担保，公司主张担保合同对其不发生效力的，人民法院应当予以支持。公司能够举证证明相对人在订立担保合同时，知道或者应当知道公司系为其实际控制人提供担保的，适用前款规定"。但《民法典》制订后，这一立场并未被最高人民法院采纳，《民法典担保部分司法解释》（征求意见稿）与正式文件均肯定一人公司可为其股东提供担保。

但需要注意的是，《公司法》第16条第1款与第2款之间构成一般法与特别法的关系，第1款仍然可以适用于一人公司为股东担保的情形，此时一人公司的股东即为第1款规定的"他人"。[①] 由于股东行使股东会的全部职权，因此应当依据章程规定，由股东或董事会决议，并遵守章程规定的担保限额。如公司章程没有规定，鉴于我国《民法典》将权力机构作为营利法人的最高权力机关，应当认为此时担保决策权归于股东。股东应当根据《公司法》第61条，采取书面形式决议，并在签名后置备于公司。

2. 法人格否认制度的适用

尽管为股东提供担保属于正常的公司商业决策，但由于一人公司所有权与经营权分离程度有限，缺乏股东之间的制衡，很容易造成人格混同，损害债权人的利益，为此需要相应的救济机制，在我国现行法上主要依靠法人格否定制度。

根据实证研究，在我国适用法人格否认制度的案例中，一人公司股东因无法证明财产独立而被判决承担连带责任的比例极高，最新的数据显示，从2012年到2019年，涉及一人公司人格否认的案例将近3000起，由此可见我国一人公司滥用法人格的现象严重程度。[②] 有鉴于此，《民法典担保部分司法解释》（征求意见稿）第11条曾规定，"一人有限责任公司因承担担保责任导致无法清偿其他债务，其他债权人请求提供担保时的股东承担连带责任的，人民法院应予支持。该股东以一人有限公司具有法人独立地位或者股

---

① 参见最高人民法院（2019）最高法民终877号民事判决书。

② 参见黄辉：《中国公司法人格否认制度实证研究》，载《法学研究》2012年第1期；吴艳、曹薇：《刺穿一人公司面纱特别规则实证研究》，载《经济研究导刊》2020年第36期。

东仅承担有限责任为由提出抗辩的，人民法院不予支持”。这一做法不给股东提供救济手段，彻底否认了一人公司的独立性，即只要一人公司为股东担保，承担担保责任后无力清偿其他债务，则直接由股东承担连带责任，股东不能以公司人格独立主张抗辩。实质上会将一人公司为股东担保直接等同于人格（财产）混同，一方面在事前直接否定了一人公司的独立性，另一方面也与《公司法》第 20 条和第 63 条产生体系冲突，客观上会导致一人公司为股东担保在事实上不可行，因此未被采纳。

对于一人公司法人格否认制度的适用，《公司法》第 20 条第 3 款与第 63 条构成一般法与特别法的关系，也就是说，适用第 60 条规定的举证责任倒置前提是系争情形符合第 20 条第 3 款的要件。[①] 与《公司法》第 63 条相比，《民法典担保制度司法解释》第 10 条第 2 句针对关联担保的情形作了细化，明确此时承担连带责任的是“提供担保时的股东”。

适用难点

1. 《公司法》第 16 条第 1 款的适用方式

从《民法典担保制度司法解释》第 10 条第 1 句的文义来看，违反法定对外担保决议程序并不会影响担保的效力。但公司仍应当依据《公司法》第 16 条第 1 款，遵守公司章程对关联担保的规定。[②] 如违反章程规定对外担保，构成越权担保，根据《民法典担保制度司法解释》第 7 条，《九民纪要》第 17 条，应当依据《民法典》第 61 条与第 504 条，区分债权人是否善意（在订立合同时是否对公司决议进行了合理审查），分别认定担保合同效力。

2. 《公司法》第 61 条的性质与适用方式

在一人公司担保决议是由股东作出的情况下，原则上应当依据《公司法》第 61 条，采取书面形式并置备于公司。但实践中一人公司股东往往没

---

① 参见蒋大兴：《一人公司法人格否认之法律适用》，载《华东政法学院学报》2006 年第 6 期；广东省深圳市中级人民法院（2014）深中法民终字第 2857 号民事判决书。

② 参见最高人民法院（2019）最高法民终 877 号民事判决书。

有严格遵守该程序，股东个人同意的意思表示往往体现在担保合同上加盖公司的公章，这样是否会影响担保的效力，在实践中存在争议。

部分法院认为，《公司法》第61条是相应决议生效的形式要件，在个案中还须考察决议的其他生效要件，即将本条视为效力性强制规范。① 然而，不能仅从《公司法》第61条第2句使用“应当”这一表述径直推断其性质。根据立法机关的说明，涉及一人公司运营情况和交易合同的“重大决定公示制度”，旨在让交易相对人充分了解，评估交易风险。② 由此可见，本条不宜被理解为效力性强制规范，如交易相对人可通过其他方式评估交易风险，再以股东决议未满足《公司法》第61条的形式要求否认担保的效力，显然有违立法意旨。在我国司法实践中，主流意见认为股东行使职权作出担保的决定时，法律上倡导采取书面形式并由股东签名置备于公司，旨在更全面、更完整地记载一人公司的运营状况，但实践中一人公司的操作并非如此规范和明确，股东个人同意的意思表示往往体现在担保合同上加盖公司的公章，因此，将债权人来说，只要审查一人公司的章程中有无对外担保的特殊规定，如果没有，则其本身没有过错，对担保的合理期待应当受到保护。③

3. 一人公司与股东财产混同的认定

《九民纪要》第10条列举了公司与股东财产混同的几种典型情形，包括股东无偿使用公司资金或者财产，不作财务记载的；股东用公司的资金偿还股东的债务，或者将公司的资金供关联公司无偿使用，不作财务记载的；公司账簿与股东账簿不分，致使公司财产与股东财产无法区分的；股东自身收益与公司盈利不加区分，致使双方利益不清的；公司的财产记载于股东名下，由股东占有、使用的等。

在我国司法实践中，公司审计报告是认定一人公司与股东是否财产混同的重要参考依据。典型如“上诉人王斌、南京上和汽车货运有限公司、胡

---

① 参见四川省泸州市中级人民法院（2018）川05民终1328号民事判决书。

② 参见宋燕妮、赵旭东主编：《中华人民共和国公司法释义》，法律出版社2019年版，第123～125页。

③ 参见江苏省常州市中级人民法院（2009）常民二终字第0451号民事判决书；姜旭阳：《一人公司为股东担保的效力》，载《人民司法》2010年第4期。

猛与被上诉人中国人民财产保险股份有限公司南京市分公司保险人代位求偿权纠纷案”，法院认为审计报告时间连续、内容完整，证明了上和公司执行了《公司法》关于一人公司财务会计制度的规定，已按照规定对公司财务会计进行了编制、报告和审计。审计报告及其附件对上和公司各年度资产负债、利润情况和各类账目，均有详细记载，可反映出上和公司的财产独立于其股东王斌个人财产的事实，[①] 但须注意的是，由于法人格否认制度是法人有限责任的例外情形，仅能个案认定，因此应当着重考察与案涉债务相关的审计报告。典型如“荆州经济技术开发区管理委员会与湖北伟特电子有限公司、周梅艳企业借贷纠纷案”，法院认为一人公司股东提供的 2015 年审计报告并没有注明股东与公司的财产关系，因此也不能证明被告周梅艳的个人财产与公司财产是完全分离的，不能充分证明公司财产独立于个人财产。[②]

类案指引

1. 重庆捷尔医疗设备有限公司（以下简称捷尔公司）、中国工商银行股份有限公司重庆九龙坡支行（以下简称工行九龙坡支行）金融借款合同纠纷案[③]

裁判要旨：一人公司对外担保，须遵守《公司法》第 16 条第 1 款的规定，否则构成越权担保，应当根据《合同法》第 50 条，区分订立合同时债权人是否善意分别认定合同效力。

法院认为：《公司法》第 16 条规定对公司对外担保的法定限制，应为公司股东、法定代表人等公司高级管理人员以及债权人知晓并遵守，未经决议程序对外提供公司担保的，属于越权行为；债权人接受公司担保时对公司章程及董事会或股东会、股东大会决议未尽到形式审查义务的，不属善意相对人；若公司董事会或者股东会、股东大会决议未予追

---

① 参见南京市中级人民法院（2015）宁商终字第 568 号民事判决书。

② 参见湖北省荆州市沙市区人民法院（2017）鄂 1002 民初 1635 号民事判决书。

③ 参见最高人民法院（2019）最高法民终 877 号民事判决书。

认，按照《合同法》第50条的规定该担保行为无效。本案中，按照2017年11月20日差额补足承诺函出具时捷尔公司的公司章程规定，对公司向其他企业投资或者为他人提供担保作出决定，应事先征得董事会一致同意，否则决定无效。捷尔公司、工行九龙坡支行均认可差额补足承诺函系保证担保，工行九龙坡支行既未提交证据证明差额补足承诺函的出具得到捷尔公司董事会的一致同意，亦未有充分证据证明捷尔公司出具差额补足承诺函时直接或间接控制韵恒公司，或征得捷尔公司唯一股东西藏华慈公司的同意，或者捷尔公司与韵恒公司之间存在相互担保等商业合作关系，其关于捷尔公司系一人公司不应适用《公司法》第16条，差额补足承诺函合法有效，应由捷尔公司对韵恒公司案涉债务承担连带保证责任的主张，因缺乏事实和法律依据，均不能成立。

❖ ❖ ❖ ❖ ❖ ❖ ❖ ❖ ❖

2. 合肥信政置业发展有限公司、杨雪文民间借贷纠纷案①

裁判要旨：《公司法》第16条第2款不适用于一人公司为股东担保的情形。

法院认为：《公司法》第16条规定的特殊担保下股东回避表决旨在维护股东大会决议的公正性，避免表决事项所涉及的股东，特别是控股股东滥用资本多数表决的原则，谋求与公司利益不符的利益，损害公司和其他股东的利益，确保公司更加客观、公正地决定是否为其股东进行担保，而并非禁止或限制该类特殊担保。一人公司唯一的股东同意提供担保不仅体现了股东意志，也体现了公司意志，在没有其他利害关系股东存在的情形下，更谈不上损害其他股东的利益。本案中，欧联公司行使股东职权作出担保的决定，制作了书面股东会决议并签章后置备于公司，该证据已经在法庭质证中出示，现未有证据证明该股东会决议违反法律规定或公司章程，应当依法认定该股东会决议合法有效。

---

① 参见最高人民法院（2018）最高法民申3659号民事裁定书。

3. 王峡豫、陆曦、王兆民、邢建斌与罗班承、南宁承鼎物业服务有限公司股权转让纠纷案①

裁判要旨：一人公司为其股东担保，不能因股东未按照《公司法》第61条的规定形成书面材料并置备于公司，而认定担保无效，须考察个案中公司对外担保的意思表示是否真实。

法院认为：一人公司仅有一名股东，不设股东会，只要公司章程不禁止，股东个人同意后公司对外担保的能力就已具备。而股东个人同意，公司法规定采取书面形式置备于公司，但实践中一人公司的操作并不如此规范和明确，股东个人同意公司担保的意思表示往往是在担保合同中加以体现，即在担保合同上签名或加盖公司公章。本案中，五洲公司为其股东罗班承债务提供担保，公司章程并未作出约定或禁止性规定。担保书明确记载五洲公司为罗班承所欠王峡豫款项提供担保，罗班承作为五洲公司唯一股东，也为完全民事行为能力人，在《担保书》上的“保证人”旁签名并捺手印，说明其对五洲公司为其债务提供担保是清楚、明知的，以股东身份作出了同意公司为其债务提供担保的意思表示。此外，“保证人”处也加盖了五洲公司公章，保证担保的形式和实质要件均已具备。虽然五洲公司的股东罗班承没有按照公司法的相关规定，作出书面材料置备于公司，但该情形不属担保法规定的担保无效的情形，故王峡豫与五洲公司间的保证合同关系成立，除担保书中约定“本保证书为无条件、不可撤销的保证书”是独立担保条款且违反《担保法》规定应属无效外，其余条款内容均有效。

❖ ❖ ❖ ❖ ❖ ❖ ❖ ❖ ❖

4. 应高峰诉嘉美德（上海）商贸有限公司（以下简称嘉美德公司）、陈惠美其他合同纠纷案②

裁判要旨：在一人公司法人人格否认之诉中，应区分作为原告的债

---

① 参见广西壮族自治区南宁市邕宁区人民法院（2013）邕民二初字第264号民事判决书。

② 参见上海市第一中级人民法院（2014）沪一中民四（商）终字第S1267号民事判决书，该案系最高人民法院公报案例。

权人起诉所基于的事由。若债权人以一人公司的股东与公司存在财产混同为由起诉要求股东对公司债务承担连带责任，应实行举证责任倒置，由被告股东对其个人财产与公司财产之间不存在混同承担举证责任。而其他情形下需遵循关于有限责任公司法人人格否认举证责任分配的一般原则，即折中的举证责任分配原则。一人公司的财产与股东个人财产是否混同，应当审查公司是否建立了独立规范的财务制度、财务支付是否明晰、是否具有独立的经营场所等进行综合考量。

法院认为：本案中，陈惠美提供了上诉人嘉美德公司的相关审计报告，可以反映嘉美德公司有独立完整的财务制度，相关财务报表亦符合会计准则及国家外汇管理的规定，且未见有公司财产与股东个人财产混同的迹象，可以基本反映嘉美德公司财产与陈惠美个人财产相分离的事实。根据双方投资合同的约定，应高峰投资后，均岱公司的业务将全部转入嘉美德公司，因此均岱公司的业务支出与应高峰的投资项目直接有关；这些费用的支出均用于均岱公司的业务支出，并无款项转入陈惠美个人账户的记录，而审计报告中是否记载本案诉讼的情况也与财产混同问题无关。

四、公司分支机构提供担保

相关法条

《最高人民法院关于适用〈中华人民共和国民法典〉有关担保制度的解释》

第十一条 公司的分支机构未经公司股东（大）会或者董事会决议以自己的名义对外提供担保，相对人请求公司或者其分支机构承担担保责任的，人民法院不予支持，但是相对人不知道且不应当知道分支机构对外提供担保未经公司决议程序的除外。

金融机构的分支机构在其营业执照记载的经营范围内开立保函，或者经有权从事担保业务的上级机构授权开立保函，金融机构或者其分支机构以违反公司法关于公司对外担保决议程序的规定为由主张不承担担保责任的，人民法院不予支持。金融机构的分支机构未经金融机构授权提供保函之外的担保，金融机构或者其分支机构主张不承担担保责任的，人民法院应予支持，但是相对人不知道且不应当知道分支机构对外提供担保未经金融机构授权的除外。

担保公司的分支机构未经担保公司授权对外提供担保，担保公司或者其分支机构主张不承担担保责任的，人民法院应予支持，但是相对人不知道且不应当知道分支机构对外提供担保未经担保公司授权的除外。

公司的分支机构对外提供担保，相对人非善意，请求公司承担赔偿责任的，参照本解释第十七条的有关规定处理。

第十七条 主合同有效而第三人提供的担保合同无效，人民法院应当区分不同情形确定担保人的赔偿责任：

（一）债权人与担保人均有过错的，担保人承担的赔偿责任不应超过债务人不能清偿部分的二分之一；

（二）担保人有过错而债权人无过错的，担保人对债务人不能清偿的部分承担赔偿责任；

（三）债权人有过错而担保人无过错的，担保人不承担赔偿责任。

主合同无效导致第三人提供的担保合同无效，担保人无过错的，不承担赔偿责任；担保人有过错的，其承担的赔偿责任不应超过债务人不能清偿部分的三分之一。

《中华人民共和国民法典》

第七十四条 法人可以依法设立分支机构。法律、行政法规规定分支机构应当登记的，依照其规定。

分支机构以自己的名义从事民事活动，产生的民事责任由法人承担；也可以先以该分支机构管理的财产承担，不足以承担的，由法人承担。

《中华人民共和国公司法》

第十四条第一款 公司可以设立分公司。设立分公司，应当向公司登记机关申请登记，领取营业执照。分公司不具有法人资格，其民事责任由公司承担。

第十六条第一款 公司向其他企业投资或者为他人提供担保，依照公司章程的规定，由董事会或者股东会、股东大会决议；公司章程对投资或者担保的总额及单项投资或者担保的数额有限额规定的，不得超过规定的限额。

新旧变化

针对公司分支机构对外担保的问题，《担保法》第 10 条规定，“企业法人的分支机构、职能部门不得为保证人。企业法人的分支机构有法人书面授权的，可以在授权范围内提供保证”，第 29 条规定，“企业法人的分支机构未经法人书面授权或者超出授权范围与债权人订立保证合同的，该合同无效或者超出授权范围的部分无效，债权人和企业法人有过错的，应当根据其过错各自承担相应的民事责任；债权人无过错的，由企业法人承担民事责任”。《担保法司法解释》第 17 条进一步规定了法人与分支机构的责任承担形式：“企业法人的分支机构未经法人书面授权提供保证的，保证合同无效。因此给债权人造成损失的，应当根据担保法第五条第二款的规定处理。企业法人的分支机构经法人书面授权提供保证的，如果法人的书面授权范围不明，法人的分支机构应当对保证合同约定的全部债务承担保证责任。企业法人的分支机构经营管理的财产不足以承担保证责任的，由企业法人承担民事责任。企业法人的分支机构提供的保证无效后应当承担赔偿责任的，由分支机构经营管理的财产承担。企业法人有过错的，按照担保法第二十九条的规定处理。”由前述规则可见，《担保法》对公司分支机构提供担保的规定有三个特点，一是不区分公司类型，而作了统一规定；二是采取了原则禁止，例外许可的态度，仅在企业法人（总公司）出具书面授权，且担保在授权范围内的情况下，担保合同才能生效；三是担保合同无效后，债务人、担保人和债权人根据各自的过错承担责任。

《民法典担保制度司法解释》第 11 条作了较大的修改，具体包括以下几点：（1）本条第 1 款将公司分支机构以自己名义对外担保的生效要件定为“经公司股东（大）会或者董事会决议”，而不再是总公司的书面授权，与《公司法》第 16 条第 1 款保持一致。（2）本条第 2 款对金融机构分支机构担保保函业务与非保函的其他业务作了区分规定，前者无须金融机构决议，后者则须特别授权。（3）本条第 3 款规定担保公司分支机构对外担保须得到授权。（4）本条第 4 款规定如相对人非善意，则参照本解释第 17 条处理，即第 17 条第 1 款第 1 项规定的“债权人与担保人均有过错的，担保人承担的赔偿责任不应超过债务人不能清偿部分的二分之一”。

规范解读

1. 普通公司分支机构对外担保的规则

根据我国现行法律的规定，公司的分支机构是指公司在其住所以外设立的从事经营活动的机构，须依法领取营业执照，不具有法人资格，其民事行为的后果由总公司承担。对于分支机构对外担保行为，《担保法》及其司法解释采取了原则禁止的立场，主要是考虑到分支机构所属的企业法人对分支机构作担保的债务承担保证人的责任，需要保护其利益，避免分支机构无限制对外担保。但立法者也考虑到实践中，有些企业法人分支机构有相当的经济条件和经营自主权，为经营需要对外保证的情形并不少见，因此也规定了严格的例外条件，要求必须有法人的书面授权。[①] 然而，由于缺乏总则一般条款的规定，对于企业法人分支机构的定位与权限，尤其是分支机构与法人之间的责任分担，我国的理论和司法实践在较长时期内并不清晰。

《民法典》删除了《担保法》中规定的企业法人的分支机构、职能部门不得作为保证人的情形，根据立法机关的说明，目的主要在于《民法典》第 74 条确立了法人的分支机构可以以自己的名义从事民事活动的规则，故法人的分支机构也可以以自己的名义担任保证人，但由于分支机构不是独立的法人主体，其责任最终仍由法人来承担，所以没有必要维持担保法的规定。[②] 在《民法典》确立的新体系下，普通公司分支机构对外担保的问题有

---

① 参见全国人大常委会法制工作委员会民法室编著：《中华人民共和国担保法释义》，法律出版社 1995 年版，第 14 ~ 15 页；李国光、高圣平主编：《担保法及配套规定新释新解》，人民法院出版社 2006 年版，第 189 ~ 192 页。

② 参见黄薇主编：《中华人民共和国民法典合同编解读》（上册），中国法制出版社 2020 年版，第 745 页。

三个特点。第一，《民法典》将法人的分支机构规定于第三章“法人”部分的第一节“一般规定”，与同章第四节的“非法人组织”相区别。[①] 第二，分支机构宜作为法人的代理人，无论是以自己名义，还是以法人名义为民事行为，均应适用《民法典》第170条第1款规定的职务代理、第171条规定的狭义的无权代理和第172条规定的表见代理相关规定。[②] 第三，《民法典》并没有对营利法人对外担保的能力作出限制，因此分公司对外担保需遵守《公司法》第16条的规定。

2. 金融机构分支机构对外担保的规则

金融机构与普通公司不同，一般能根据银监会的授权直接从事担保业务，无须经过公司决议，如《商业银行法》第3条规定商业银行经营担保业务，经营范围由商业银行章程规定，报国务院银行业监督管理机构批准。《九民纪要》第19条第1项也规定，开展保函业务的银行或者非银行金融机构，担保合同无须公司决议，因为以担保为业的公司不是《公司法》第16条的调整范围。[③] 该规定在《民法典担保制度司法解释》第8条第1款第1项中得以保留，但对于金融机构分支机构对外担保的问题，理论和实践均存在较大争议。

最高人民法院1994年出台的《关于审理经济合同纠纷案件中有关保证问题的若干规定》第17条曾规定：“法人的分支机构未经法人同意，为他人提供保证的，保证合同无效……金融部门的分支机构提供保证的，如无其他导致保证合同无效的因素，保证人应当承担保证责任。”然而《担保法》并没有保留这一区分，而是将金融机构与普通公司同等对待。《商业银行法》第22条规定：“商业银行对于其分支机构实行全行统一核算，统一调度资金，分级管理的财务制度。商业银行分支机构不具有法人资格，在总行授权的范围内依法开展业务，其民事责任由总行承担”，因此商业银行分支

① 对二者区别的详细说明，参见崔建远：《论保证规则的变化》，载《中州学刊》2021年第1期。

② 参见崔建远：《论保证规则的变化》，载《中州学刊》2021年第1期；张燕、仲伟珩：《法人分支机构的权限和责任》，载《人民司法（应用）》2017年第28期。

③ 参见最高人民法院民事审判第二庭主编：《〈全国法院民商事审判工作会议纪要〉理解与适用》，人民法院出版社2019年版，第188～189页。

机构可以根据总行的授权担任保证人。如果金融机构章程中明确载明，经银监会批准有权对外担保，其分支机构对外担保是否还需要书面授权，授权采取概括授权还是必须特别授权等问题，在实践中存在不同观点。

对于金融机构分支机构对外担保是否需要金融机构书面授权的问题，最高人民法院存在立场分歧。在“江苏银行股份有限公司徐州彭城支行、济南铁路煤炭运贸集团有限公司买卖合同纠纷再审案”中，法院认为担保法及其司法解释虽然规定企业法人的分支机构未经法人书面授权提供保证的，保证合同无效，但该条规定针对的主体是“企业法人”的分支机构，有别于金融机构的分支机构，对此应适用《关于审理经济合同纠纷案件中有关保证问题的若干规定》第 17 条第 2 款规定，确认保证有效。[①] 但在“辛海辰、河南新密农村商业银行股份有限公司米村支行民间借贷纠纷再审案”中，法院认为2000 年开始施行的《担保法司法解释》第 17 条第 1 款规定明确金融企业法人的分支机构提供保证的，应当经法人书面授权，《关于审理经济合同纠纷案件中有关保证问题的若干规定》第 17 条第 2 款不再适用。[②]

对于授权的形式，尽管概括授权有助于提高效率，[③] 但最高人民法院也未形成统一意见。在“中国建设银行股份有限公司林口支行与牡丹江市东安区江达小额贷款股份有限公司等借款合同纠纷申请再审案”[④] 中，法院认可概括授权的方式，即如果总行的经营范围包括担保业务，而总行的章程、分行的营业执照并未将担保业务排除分行的经营范围外，则分行对外担保即为有效，无须总行个别授权。但在“三门峡湖滨农村商业银行股份有限公司磁钟支行与李来法保证合同纠纷案”[⑤] 中，法院提出了区分情况的思路，即关于商业银行的分支机构未经总行授权对外提供担保是否有效以及商业银行对分支机构对外提供担保仅需总行概括授权还是需要特别授权的问题，可根据商业银行分支机构提供的担保业务是经常性业务还是特别业务而作出不

---

① 参见最高人民法院（2018）最高法民申 5993 号民事裁定书。该裁判思路也为部分下级法院所遵循，可参见上海市杨浦区人民法院（2019）沪 0110 民初 16345 号民事判决书。

② 参见最高人民法院（2018）最高法民申 3306 号民事裁定书。

③ 参见何志：《担保法判解研究与适用》，人民法院出版社 2010 年版，第 218 页。

④ 参见最高人民法院（2015）最高法民申字第 262 号民事裁定书。

⑤ 参见最高人民法院（2019）最高法民再 3 号民事判决书。

同处理。

对此，《民法典担保制度司法解释》从兼顾商业效率与安全的角度，对保函与非保函的担保作了区分规定。首先，出具保函一般是金融机构分支机构的常规化、标准化业务，内部有较强的风险防控机制，因此可以直接按照营业执照的概括授权或有权从事担保业务的上级机构的个别授权进行，无须金融机构的决议。[①] 其次，由于保函之外的其他担保，尤其是金融机构分支机构对外签订的保证合同，往往并非其常规业务，未在营业执照中载明，也缺乏相应的风险防控机制，则应取得金融机构（如商业银行总行）个别授权，但不得对抗善意第三人。

3. 担保公司分支机构对外担保

理论上，担保公司本身以担保为主业，其分支机构自然有权对外担保。尽管《担保法》第10条并未对担保公司作出例外规定，但司法实践中一般认为其分支机构对外担保无须公司特别授权，如"安顺机械工业学校与鼎盛鑫融资担保有限公司、鼎盛鑫融资担保有限公司安顺分公司保证合同纠纷案"[②]中，法院认为根据《公司法》第14条第1款的规定，分公司实质上属于总公司实体的延伸，是总公司法定的代理机构，分公司的这种代理权限源于公司法的规定而不是总公司的授权，因分公司的行为致使他人受到损失的，总公司不得以未授权为由对他人行使抗辩权。对此，《九民纪要》第19条第1项也规定，如果公司是以为他人提供担保为主营业务的担保公司，担保合同无须公司决议，因为以担保为业的公司不是《公司法》第16条的调整范围。[③]

然而，为了强化或督促担保公司加强风险控制，防止其设立的分支机构在未经公司授权时擅自对外提供担保，《民法典担保制度司法解释》第11条第3款仍然规定，担保公司分支机构以自己名义对外担保须担保公司个别授权。最高人民法院的官方说明特别强调，不能将担保公司分支机构营业执

① 参见林文学等：《〈关于适用民法典有关担保制度的解释〉的理解和适用》，载《人民司法》2021年第4期。

② 参见贵阳市中级人民法院（2019）黔01民初437号民事判决书。

③ 最高人民法院民事审判第二庭主编：《〈全国法院民商事审判工作会议纪要〉理解与适用》，人民法院出版社2019年版，第188～189页。

照所记载的经营范围中的担保业务简单理解为担保公司对其分支机构的概括授权，[①] 实际上否定了概括授权形式的适用。因此，相对人须承担较高的注意义务，须审查担保公司分支机构是否有担保公司的个别授权。

4. 非善意相对人的责任

对于相对人非善意情形下的责任分担问题，《民法典担保制度司法解释》第 11 条第 4 款规定参照本解释第 17 条处理，即第 17 条第 1 款第 1 项规定的“债权人与担保人均有过错的，担保人承担的赔偿责任不应超过债务人不能清偿部分的二分之一”。之所以使用“参照”而非“适用”，是因为第 17 条所规制的情形并不涉及公司与其分支机构之间的授权问题，因此只能将其法律效果参引使用。

适用难点

1. 普通公司分支机构对外担保，相对人审查义务的认定

根据《担保法》，对一般公司的分支机构对外担保，相对人应当审核是否有总公司的书面授权。但根据《民法典担保制度司法解释》的规定，相对人须审核该担保是否经过了总公司依据《公司法》第 16 条进行了有效决议。在具体的认定标准上，可参照《九民纪要》第 18 条善意的认定标准，债权人须证明其在订立担保合同时对董事会决议或者股东（大）会决议进行了形式审查，同意决议的人数及签字人员符合公司章程的规定。公司以机关决议系法定代表人伪造或者变造、决议程序违法、签章（名）不实、担保金额超过法定限额等事由抗辩债权人非善意的，人民法院一般不予支持。但是，公司有证据证明债权人明知决议系伪造或者变造的除外。

2. 金融机构分支机构对外保证，相对人审查义务的认定

针对金融机构的分支机构未经金融机构授权提供保函之外的担保，如何判定相对人不知道且不应当知道分支机构对外提供担保未经金融机构授权，我国司法实践主要采取几个标准。一是分支机构缔约人的身份，实践中较多

---

① 参见林文学等：《〈关于适用民法典有关担保制度的解释〉的理解和适用》，载《人民司法》2021 年第 4 期。

的情形是银行支行行长或信用社负责人等，如“中国农业银行股份有限公司怀化金海支行与李兵权保证合同纠纷案”① 中，法院认为农行金海支行时任行长的身份具有公信力，出借人有合理的理由相信该支行可以对外担保，已尽到谨慎防范义务，没有过错。二是营业执照的记载，如“黄炳生与江苏启东农村商业银行股份有限公司东海支行保证合同纠纷案”② 中，法院认为债权人询问了东海信用社能否担保问题，当时的信用社负责人明确有100万元放贷及存款的经营范围，有营业执照，但未告知债权人其信用社属于分支机构，不具有担保资格等，因东海信用社属金融机构，有放贷、存款的经营范围，致使债权人有合理的理由相信东海信用社有担保资格，尽了谨慎义务，不存在过错。三是担保合同缔结地点，如“龙江银行股份有限公司齐齐哈尔拜泉支行、栾河海民间借贷纠纷案”③ 与“吉书文、中国农业发展银行阳曲县支行金融借款合同纠纷案”④ 中，法院均认为，缔约地点在银行支行办公场所，债权人产生合理信任符合一般常理。

类案指引

1. 青海宏信混凝土有限公司（以下简称青海宏信公司）、海天建设集团有限公司青海分公司（以下简称海天青海分公司）民间借贷纠纷案⑤

裁判要旨：分公司提供担保，相对人应当审查是否得到总公司的书面授权⑥，如疏于审查，未尽合理注意义务，则存在过错，应当依据过错程度承担责任。

法院认为：本案中，首先，在法律和司法解释对于企业法人分支机

① 参见怀化市中级人民法院（2018）湘12民终1349号民事判决书。

② 参见江苏省高级人民法院（2013）苏民再提字第0070号民事判决书。

③ 参见最高人民法院（2020）最高法民申2323号民事裁定书。

④ 参见最高人民法院（2018）最高法民再358号民事判决书。

⑤ 参见最高人民法院（2019）最高法民终1535号民事判决书。

⑥《民法典担保制度司法解释》生效后，相对人应当审查总公司是否依据《公司法》第16条进行了有效决议。

构担保条件有明确规定的情况下，青海宏信公司未审查海天青海分公司是否得到海天集团公司书面授权便接受海天青海分公司提供担保，未尽合理注意义务，其自身对于担保合同无效具有一定过错。其次，海天青海分公司在明知未获得海天集团公司书面授权的情况下，对外提供担保，对于担保合同的无效明显具有过错。最后，海天集团公司作为法人，对其设立的分支机构海天青海分公司及选任的负责人崔文辉负有管理义务。但从查明的事实来看，海天集团公司因公司名称变更收回海天青海分公司备案印章后，未及时对外公示，在崔文辉持与海天青海分公司备案印章不一致的印章进行日常经营活动时未予制止。故海天集团公司对于海天青海分公司及其时任负责人崔文辉的行为未能尽到一般善良管理人的审慎注意义务，对于案涉担保合同的无效亦具有过错。因此，根据上述法律及司法解释以及《民法总则》第74条第2款的规定，结合各方当事人的过错程度，本院酌定由海天青海分公司以其经营管理的财产对于青海宏信公司案涉债权不能清偿部分的50%承担赔偿责任，海天青海分公司经营管理的财产不足以承担前述赔偿责任的，由海天集团公司承担。

2. 三门峡湖滨农村商业银行股份有限公司磁钟支行与李来法保证合同纠纷案[①]

裁判要旨：对于金融机构分支机构对外担保的效力，应当区分作为常规业务的保函以及非常规业务的保证分别适用不同规则。对于保函业务，无须金融机构特别授权；对于保函业务之外的保证，需要特别授权，且相对人应当承担更高的注意义务。

法院认为：对于商业银行分支机构依据总行概括授权、按业务流程开展、向资信良好的金融机构等企业出具银行保函等符合交易习惯、支付了合理对价或者提供了可信反担保的经常性业务，相对人基于交易发

① 参见最高人民法院（2019）最高法民再3号民事判决书。

生时的基础事实，相信商业银行分支机构有权对外提供担保的，从维护交易效率和交易安全的角度考虑，原则上不应否定商业银行分支机构对外提供担保的效力。对于商业银行分支机构未按业务流程办理、单独与个别自然人签订保证合同等不符合交易习惯、相对人未支付合理对价或者提供可信反担保的担保，相对人应尽更高的义务，除非有证据证明商业银行总行规定此类业务无须特别授权、同一银行开展其他同类业务时均未特别授权或者有其他事实足以让相对人相信此类行为无须总行特别授权，原则上不应认定商业银行分支机构未经授权对外提供担保有效，而应当根据各方当事人的过错确定各自的民事责任。

❖ ❖ ❖ ❖ ❖ ❖ ❖ ❖ ❖

3. 内蒙古银行股份有限公司呼和浩特武川支行（以下简称武川支行）与李亚卿借款合同纠纷再审案①

裁判要旨：金融企业法人的分支机构提供保证的，应当由其总行或者总公司授权授信，债权人在接受保证时应当对分支机构是否具备保证资格进行审核。

法院认为：武川支行作为内蒙古银行股份有限公司的分支机构，未经内蒙古银行股份有限公司的书面授权而订立的保证合同应当认定为无效。《商业银行法》、《担保法》及《担保法司法解释》均明确规定商业银行分支机构不具有法人资格且企业法人的分支机构未经法人书面授权提供保证的，保证合同无效。法律一经公布，社会公众均应知晓并普遍遵守。武川支行未经企业法人书面授权对外提供保证，李亚卿在接受保证时亦未对武川支行是否具备出具保证的资格尽到注意义务，双方对于保证合同无效均具有过错。

---

① 参见最高人民法院（2018）最高法民再66号民事判决书。

4. 江苏银行股份有限公司徐州彭城支行（以下简称江苏银行彭城支行）与浙江朗捷物资有限公司（以下简称朗捷公司）保证合同纠纷案[①]

裁判要旨： 对于金融机构分支机构未经授权对外保证，相对人是否具有过错的认定，应当综合考虑金融机构及其分支机构营业执照对营业范围的记载，并结合案件的基础事实综合考量，对于一般商事主体不宜课以过高的注意义务。

法院认为： 江苏银行的经营范围包括担保，江苏银行彭城支行营业执照登记的经营范围包括总行在中国人民银行批准的业务范围内授权的业务。关于江苏银行彭城支行营业执照载明的经营范围是否即足以认定其已经获得或者朗捷公司有理由相信其已经获得江苏银行允许其从事担保业务的授权，应当结合涉案担保发生的基础事实，综合考量江苏银行对江苏银行彭城支行担保能力予以限制的依据、相对方是否已尽到合理审查义务等因素评定。首先，涉案担保事项是在另案执行过程中由马传忠向法院出具，作为普通商事交易主体，朗捷公司有理由相信马传忠有权代表江苏银行彭城支行提供涉案担保；其次，涉案担保合同出具后朗捷公司即申请对执行案件中已查封房产进行解封，朗捷公司就涉案担保事项支付了合理对价；最后，江苏银行彭城支行主张根据江苏银行关于保函的相关管理规定仅总行和分行有权开展保函业务，除保函外的其余担保事项根据公司章程规定则需要由公司股东会或董事会决议。但是上述江苏银行关于保函管理的规定为公司内部规定，结合本案情况，要求作为一般商事交易主体的朗捷公司区分保函和其他担保、进而应当知晓涉案担保事项需要经过江苏银行的决议或特别授权，过于严苛。综上所述，本院认定，朗捷公司就涉案担保事项已尽到合理注意义务，有理由相信马传忠有权代表江苏银行彭城支行对外提供担保，涉案担保合同应属有效。

---

① 参见上海金融法院（2020）沪74民终274号民事判决书。

5. 龙江银行股份有限公司齐齐哈尔拜泉支行（以下简称龙江银行拜泉支行）、栾河海民间借贷纠纷案[①]

裁判要旨：对于担保合同的无效，提供担保的法人分支机构与债权人均有过错，担保人应当承担不能清偿部分不超过二分之一的责任。

法院认为：因龙江银行拜泉支行作为龙江银行股份有限公司的分支机构，在未经书面授权的情况下，龙江银行拜泉支行为于静泉与栾河海之间的案涉借款提供担保的行为，应当认定为无效。本案中，龙江银行拜泉支行作为专业金融机构，明知未取得对外提供担保的书面授权，两次在案涉借据上加盖公章、提供担保，且担保行为均发生在龙江银行拜泉支行办公场所，基于对龙江银行拜泉支行作为专业金融机构的信任和于静泉当时担任龙江银行拜泉支行法定代表人的实际，龙江银行拜泉支行主张其并无过错，明显与事实不符，龙江银行拜泉支行主张其对案涉借款不应承担连带赔偿责任的再审申请理由不能成立。

6. 寿光广潍汽车销售服务有限公司等诉王龙江等民间借贷纠纷案[②]

裁判要旨：接受分支机构担保的债权人应对担保人总公司存在过错承担举证责任，无法证明的，担保人不承担任何责任。

法院认为：梁延国作为潍坊广潍寿光分公司经理，在2012年6月19日的《借款协议》上加盖了该分公司的公章。现潍坊广潍公司对其寿光分公司的担保行为不认可，债权人王龙江亦没有提交证据证明潍坊广潍寿光分公司的担保行为得到了潍坊广潍公司的授权，故应认定潍坊广潍寿光分公司的担保行为无效。在此情形下，王龙江如主张潍坊广潍公司根据其过错承担相应的民事责任，则应按照“谁主张，谁举证”的要求，举证证明潍坊广潍公司存在过错，但王龙江并未提交相应的证据，故潍坊广潍公司亦无须承担赔偿责任。

① 参见最高人民法院（2020）最高法民申2323号民事裁定书。
② 参见最高人民法院（2016）最高法民再207号民事判决书。

专题四

无效担保合同

一、主合同有效、担保合同无效时的担保人责任

相关法条

《最高人民法院关于适用〈中华人民共和国民法典〉有关担保制度的解释》

第十七条第一款 主合同有效而第三人提供的担保合同无效，人民法院应当区分不同情形确定担保人的赔偿责任：

（一）债权人与担保人均有过错的，担保人承担的赔偿责任不应超过债务人不能清偿部分的二分之一；

（二）担保人有过错而债权人无过错的，担保人对债务人不能清偿的部分承担赔偿责任；

（三）债权人有过错而担保人无过错的，担保人不承担赔偿责任。

新旧变化

《担保法司法解释》第 7 条前半句规定，“主合同有效而担保合同无效，债权人无过错的，担保人与债务人对主合同债权人的经济损失，承担连带赔偿责任”。针对同样的情形，《民法典担保制度司法解释》第 17 条第 1 款第 2 项规定，“担保人对债务人不能清偿的部分承担赔偿责任”。从规范表达看，一是删除了“主合同债权人的经济损失”这一不严谨的表述，而采用了“债务人不能清偿的部分”的表达；二是删除了“承担连带赔偿责任”，

采用了“对债务人不能清偿的部分承担赔偿责任”。这实际上将担保的连带责任修改为补充责任。

《担保法司法解释》第 7 条后半句规定，“债权人、担保人有过错的，担保人承担民事责任的部分，不应超过债务人不能清偿部分的二分之一”。《民法典担保制度司法解释》第 17 条第 1 款第 1 项，将“担保人承担民事责任”修改为“担保人承担的赔偿责任”。用“赔偿责任”而不是“民事责任”，表达更加精准。

《民法典担保制度司法解释》第 17 条第 1 款第 3 项“债权人有过错而担保人无过错的，担保人不承担赔偿责任”，是新增内容。

规范解读

1. 担保人赔偿责任的适用情形

《民法典担保制度司法解释》第 17 条是对《民法典》第 388 条第 2 款、第 682 条第 2 款的具体细化。其中，《民法典》第 388 条第 2 款规定：“担保合同被确认无效后，债务人、担保人、债权人有过错的，应当根据其过错各自承担相应的民事责任。”《民法典》第 682 条第 2 款规定：“保证合同被确认无效后，债务人、保证人、债权人有过错的，应当根据其过错各自承担相应的民事责任。”《民法典》条款只是笼统规定，担保合同无效，担保人要承担过错责任。《民法典担保制度司法解释》第 17 条对担保人如何承担过错责任进一步细化，增强可操作性。

虽然从文义看《民法典担保制度司法解释》第 17 条规范的是担保合同无效的情形，但从目的看也适用于担保合同被撤销或确定不发生效力的情形。《民法典》第 157 条规定：“民事法律行为无效、被撤销或者确定不发生效力后，行为人因该行为取得的财产，应当予以返还；不能返还或者没有必要返还的，应当折价补偿。有过错的一方应当赔偿对方由此所受到的损失；各方都有过错的，应当各自承担相应的责任。法律另有规定的，依照其规定。”据此，合同被撤销或者确定不发生效力与合同无效的法律后果是一样的，都是返还财产和赔偿损失。担保合同无效是违反了法律和行政法规的强制性规定，是自始无效、当然无效、绝对无效。担保合同的撤销是因欺诈、胁迫、重大误解、显失公平等原因而撤销，撤销后自始没有法律约束力。担保合同已经成立了，但担保合同因各种原因没有生效，属于确定不发生效力。在实践中包括两种情形：一是担保合同需要经批准才生效，但因未经批准而无法生效；二是附生效条件的担保合同，生效的条件确定无法具备。因此，根据《民法典》第 157 条的体系解释，担保合同无效、被撤销或确定不发生效力，均可以适用《民法典担保制度司法解释》第 17 条的规定。

担保合同不成立，造成债权人损害，能否参照《民法典担保制度司法解释》第 17 条的规定，也是实践中的问题。从理论上讲，合同成立与合同效力是两个不同的法律问题，前者是事实判断问题，后者是价值判断问题。前者是解决是否存在的问题，后者是解决善恶的问题。担保合同不成立，往往是一方当事人伪造了签名，被伪造方并没有签订合同的意思表示。伪造签名不属于担保合同无效的事由，不能直接适用担保合同无效的相关规定。《民法典》第 134 条第 1 款规定："民事法律行为可以基于双方或者多方的意思表示一致成立，也可以基于单方的意思表示成立。"该条可以作为合同不成立的法律依据，但并没有明确合同不成立的法律后果。《民法典》第 500 条规定了缔约过失责任，该条款的兜底规定"有其他违背诚信原则的行为"，可以作为合同不成立赔偿责任的法律依据。虽然合同不成立与合同无效在性质上存在明显的区别，但在财产返还和损害赔偿等方面，存在很多相似之处。《九民纪要》第 32 条第 1 款规定："《合同法》第 58 条就合同无效或者被撤销时的财产返还责任和损害赔偿责任作了规定，但未规定合同不成立的法律后果。考虑到合同不成立时也可能发生财产返还和损害赔偿责任问题，故应当参照适用该条的规定。"因此，担保合同不成立的赔偿责任，也可以参照适用《民法典担保制度司法解释》第 17 条。有观点认为，鉴于当前并无"确认合同不成立"这一案由，而确认合同不成立有其必要性。为此，不妨将"确认合同无效"这一案由作扩张解释，使其及于"确认合同不成立”。[1] 该观点有一定道理，但也有不妥之处。合同不成立的法律后果与合同无效的法律后果虽然相似，但案由不能完全混同。如果只是确认担保合同不成立，的确可以扩张“确认合同无效”的案由。如果当事人主张赔偿，可以选择“缔约过失责任纠纷”的案由。担保合同不成立，当事人要根据《民法典》第500条承担缔约过失责任。

2. 担保人赔偿责任的性质界定

主合同有效而第三人提供的担保合同无效，担保人要承担的责任是过错赔偿责任。德国法学家耶林1861年发表的《缔约上过失、契约无效或未完成时的损害赔偿》一文，指出：“从事契约缔结之人，是从契约外的消极义务范畴，进入了契约上的积极义务范畴；其因此而承担的首要义务，系于缔约时须尽到必要的注意。法律上保护的，并非一个已存在的契约关系，正在发展中契约关系亦应包括在内；否则契约交易将暴露于外，不受保护，使缔约一方当事人成为他方疏忽或不注意的牺牲品……当事人因自己过失致契约不成立或无效者，对信赖契约有效成立的相对人应赔偿因此项信赖所生之损害。”[2] 耶林提出的缔约过失理论对德国民法理论与实践产生了重大影响。我国《民法通则》第61条第1款，《合同法》第42条、第58条，以及《民法典》第500条，均规定了缔约过失责任。

《民法典》第500条规定：“当事人在订立合同过程中有下列情形之一，造成对方损失的，应当承担赔偿责任：（一）假借订立合同，恶意进行磋商；（二）故意隐瞒与订立合同有关的重要事实或者提供虚假情况；（三）有其他违背诚信原则的行为。”从体系解释的角度看，《民法典》第500条规定的“有其他违背诚信原则的行为”，包括《民法典》第157条规定的情形。当事人享有缔约自由，对没有达成的协议不承担责任，这是合同自由原则的表现。然而，当事人在订立合同时，应当遵循诚信原则，积极履行告知、说明、协助、保护等义务。缔约过失责任是以民法的诚信原则为基础，是指因当事人在订立合同过程中，因违背诚信原则而给对方造成损害的赔偿

① 参见最高人民法院民事审判第二庭：《〈全国法院民商事审判工作会议纪要〉理解与适用》，人民法院出版社2019年版，第261页。

② 王泽鉴：《债法原理》，北京大学出版社2009年版，第181页。

责任。[①] 缔约过失责任是协调缔约自由与信赖保护之间矛盾，要求当事人诚信缔约，保护信赖相对人，从而保障缔约自由，保护交易安全，维护自由的竞争秩序。[②] 担保人和债权人是担保合同的缔约当事人，在合同缔结之际，双方发生了联系并发展出信赖关系。如果担保人在必要时没有履行告知、协助、忠实等义务，就应当承担相应的缔约过失责任。担保合同不成立、被撤销或者确定不发生效力后，担保合同本身已经无法为当事人之间的给付提供正当性基础。因此，担保人对债权人的赔偿责任，是缔约过失责任的一种类型。

3. 担保人赔偿责任的具体范围

通说认为，缔约过失责任赔偿的是信赖利益，违约责任赔偿的是履行利益。信赖利益以不超过履行利益为限，即在合同不成立、无效或者被撤销的情况下，有过错的一方所赔偿的信赖利益，不应超过合同有效或合同成立时的履行利益。[③] 按照通常的理解，缔约过程中造成的损害主要有两种类型：一是所受损失；二是所失利益。所受损失，也称为直接损失，包括缔约费用、准备履行所需要的费用、相对人因信赖合同成立、生效而支付的金钱或提供的财物。所失利益，也称为间接损失，主要是指相对人因对缔约方信赖而丧失与第三人订立合同的机会损失。机会损失难以举证，司法实践往往不予赔偿。如果机会损失确实存在，并提供了相应证据，不予赔偿在法律上是没有依据的。

需要指出的是，担保合同无效担保人所承担的赔偿范围，有别于一般合同无效的赔偿范围。担保合同是主合同的从合同，最终的责任人是主合同中的债务人，担保人在赔偿债权人损失后可向债务人追偿，不存在道德风险问题。因此，担保人应承担信赖利益损失，原则包括直接损失和间接损失。主合同有效而保证合同无效，担保人承担的赔偿责任范围为债权人因债务人不能清偿或不能全部清偿所遭受的全部损失，包括主债权本金、利息、违约

---

① 参见中国审判理论研究会民事审判理论专业委员会编著：《民法典合同编条文理解与司法适用》，法律出版社 2020 年版，第 68 页。

② 参见朱广新、谢鸿飞：《民法典评注——合同编》，中国法制出版社 2020 年版，第 287 页。

③ 参见朱广新：《合同法总则研究》，中国人民大学出版社 2018 年版，第 222 页。

金、损害赔偿金和实现债权的费用等。至于赔偿的具体数额，要考虑各方的过错。

4. 担保人赔偿责任的归责原则

担保合同是保障债权人实现债权，督促债务人履行义务的制度工具。如何权衡作为义务承担方的担保人和作为权利享受方的债权人的利益冲突，是司法实践中的疑难问题。过错是以存在先合同义务为前提，先合同义务的违反是担保人有过错的基础。债权人、债务人和担保人系平等的民事主体，因此对于债权人造成的损害，有过错的担保人承担赔偿责任，成为基本的社会共识。按照《民法典担保制度司法解释》第 17 条第 1 款规定，担保人没有过错，不承担赔偿责任。担保人的过错可以是单方的过错，也可以是混合的过错。担保人有过错分为两类：一是担保人完全过错；二是担保人和债权人都有过错。担保人完全过错的，担保人对债务人不能清偿的部分承担赔偿责任；担保人和债权人都有过错的，也就是混合过错，担保人承担的赔偿责任不应超过债务人不能清偿部分的二分之一。

适用难点

1. 担保人过错的具体认定

担保人的过错包括故意和过失。过错是指作出或者决定自身行为时的一种主观心理状态。故意是指明知其行为后果且希望或听任后果发生，过失则是指对行为后果应当预见、能够预见却没有预见，或是预见到后果却轻信可以避免。过错的判断，要按照一般人的一般标准进行判断。一般标准是指法律对一般人预见能力的要求，是应当预见的判断标准。在司法实践中，法院在判定担保人是否有过错时，倾向于采用善良管理人、合理的人等相对客观的标准。

第一，担保人和债权人都有过错，主要是担保合同违反了法律的强制性规定，担保人明知主合同违反法律规定无效仍提供担保。在担保合同因自身原因无效时，担保人的故意主要表现为担保人明知担保合同违反法律规定，仍与债权人签订担保合同，希望或放任债权人遭受损失。担保人的过失是指担保人应当知道担保合同违反法律规定，但因疏忽大意不知道或知道了却轻信其不会发生，从而造成债权人的损失。由于法律、行政法规、司法解释均是公开的，担保人和债权人对担保合同此类无效的情形，均存在过错。

第二，担保人有过错而债权人无过错的情形，主要是指因担保人应当办理审批手续或授权手续而没有办理等，导致担保合同无效。《民法典》第502条第2款中规定，“未办理批准等手续影响合同生效的，不影响合同中履行报批等义务条款以及相关条款的效力。应当办理申请批准等手续的当事人未履行义务的，对方可以请求其承担违反该义务的责任”。在公司担保中，如果债权人尽到了审查义务，不知道或者不应当知道担保人与债务人之间具有投资关系等影响担保合同效力的事项，不存在法律上的任何过错，而公司作为担保人，没有履行相关的程序，存在过错。在此情形下，担保合同无效，担保人对债务人不能清偿的部分承担赔偿责任。

第三，债权人有过错而担保人无过错的情形，主要包括三种类型：一是附生效条件的担保合同，条件没有成就，担保合同没有生效，担保人没有过错，担保人不承担责任；二是债权人与债务人恶意串通，骗取担保人同意的，担保合同无效，担保人没有过错，担保人不承担责任；三是担保人受债权人的欺诈、受胁迫，进行了担保，并在法定期限内行使了撤销权。《担保法》第30条规定：“有下列情形之一的，保证人不承担民事责任：（一）主合同当事人双方串通，骗取保证人提供保证的；（二）主合同债权人采取欺诈、胁迫等手段，使保证人在违背真实意思的情况下提供保证的。”《担保法司法解释》第40条规定：“主合同债务人采取欺诈、胁迫等手段，使保证人在违背真实意思的情况下提供保证的，债权人知道或者应当知道欺诈、胁迫事实的，按照担保法第三十条的规定处理。”《担保法》第30条和《担保法司法解释》第40条已经失效，但条文表达的规范意旨，仍然具有参考意义。《民法典》第154条规定：“行为人与相对人恶意串通，损害他人合法权益的民事法律行为无效。”根据该条的规定，恶意串通的担保合同是无效的。虽然受欺诈、受胁迫等签订的担保合同不是无效的，只是可撤销的，但法律后果是可以参照适用的。《民法典》第149条、第150条规定了第三人欺诈、第三人胁迫的法律适用。这对于担保纠纷的第三人欺诈、胁迫，也是适用的。

2. 不超过二分之一的责任限额

担保人与债权人在担保合同无效后，应当根据各自的过错程度来确定各自应承担的责任份额。从理论上讲，担保人与债权人混合过错，应按照各自对于导致保证合同无效的过错程度的大小承担相应的赔偿责任。按照混合过错通常的理解，保证人承担的责任有可能大于、等于或者小于债权人的责任份额。《民法典担保制度司法解释》第 17 条第 1 款延续了《担保法司法解释》第 7 条后半句的表达，担保人承担的赔偿责任不应超过债务人不能清偿部分的二分之一。司法解释并没有严格按照保证人与债权人各自对于导致保证合同无效的过错程度来划分二者分别应当承担的责任份额，而是以债务人不能清偿部分的二分之一为标准确定了保证人对债权人承担赔偿责任的上限。

《担保法司法解释》起草者认为，主合同有效，债权人、担保人对担保合同无效都有过错，应当分担损失，债权人、担保人作为两方，按照均分计算，担保人承担的份额为二分之一。作为上限的二分之一，是债务人不能清偿部分的二分之一，而不是债权人全部损失的二分之一，合理减轻了担保人的负担。[①] 一种观点认为："《民法典》本身并没有对《担保法》第 5 条进行修改，那么根据《担保法》第 5 条作出的《担保法司法解释》第 7 条、第 8 条理论上就应当继续适用。《担保法司法解释》已经实施近 20 年，对其第 7 条、第 8 条规定的适用情况总体来说没有出现什么大的问题，且有利于限制个别法官滥用自由裁量权。因此，如果没有充分的理由，应该延续既有的规定，保持裁判规则的稳定性和预期。"[②]《民法典担保制度司法解释》第 17 条第 1 款保留了二分之一责任限额的规定。

《民法典担保制度司法解释》第 17 条"担保人承担的赔偿责任不应超过债务人不能清偿部分的二分之一"的规定，可以理解为阶段性的司法政

---

① 参见李国光等：《最高人民法院〈关于适用《中华人民共和国担保法》若干问题的解释〉理解与适用》，吉林人民出版社 2000 年版，第 71 页。

② 参见最高人民法院民法典贯彻实施工作领导小组主编：《中华人民共和国民法典合同编理解与适用》，人民法院出版社 2020 年版，第 1295 ~ 1296 页。

策，是对担保人权益的特殊保护。这种司法解释的路径，有利于防止法官自由裁量权的滥用，但也造成了僵化，不利于根据具体案情作出公平的裁判。如果债权人的过错很小或与担保人的过错相比微不足道，那么在债务人无力偿债或只能偿还很小一部分债务的情况下，只让担保人承担不超过债务人不能清偿部分的二分之一的赔偿责任，实际上是让本来应由担保人因过错承担的责任转由债权人承担，使担保人逃避了本来应由自己承担的责任，造成权利义务配置的失衡，也不符合社会上的公平正义观念。随着社会的发展，最高人民法院要及时修改该规定。如果司法解释的该规定明显不符合个案公平正义的要求，可以直接适用《民法典》第 682 条第 2 款。从法律位阶看，《民法典》的效力明显高于司法解释。

从司法政策考虑，任何法律规则的解释和适用，都要遵循诚信原则等。《九民纪要》第 32 条第 2 款规定："在确定合同不成立、无效或者被撤销后财产返还或者折价补偿范围时，要根据诚实信用原则的要求，在当事人之间合理分配，不能使不诚信的当事人因合同不成立、无效或者被撤销而获益。合同不成立、无效或者被撤销情况下，当事人所承担的缔约过失责任不应超过合同履行利益。比如，依据《最高人民法院关于审理建设工程施工合同纠纷案件适用法律问题的解释》第 2 条规定，建设工程施工合同无效，在建设工程经竣工验收合格情况下，可以参照合同约定支付工程款，但除非增加了合同约定之外新的工程项目，一般不应超出合同约定支付工程款。"该条明确规定，缔约过失责任不应超过合同履行利益，具体数额由法院根据诚实信用原则的要求，在当事人之间合理分配，不能使不诚信的当事人因合同不成立、无效或者被撤销而获益。该条可以作为个案突破"债务人不能清偿部分的二分之一"责任限额的说理依据。

3. 担保人与债权人混合过错的具体比例

"债务人不能清偿部分的二分之一"，虽然设置了最高限额，但在最高限额范围内，仍然具有较大的自由裁量权。然而，通过司法大数据的梳理，绝大多数的法院并没有行使自由裁量权，将担保人承担的赔偿责任直接认定为债务人不能清偿部分的二分之一。个别案件采取了三分之一、四分之一或者五分之一的比例划分。

在“陈强与江苏华宝建设工程有限公司德清分公司等租赁合同纠纷上诉案”① 中，法院认为，无效担保中的担保人过错，包括在合同履行过程中担保人存在的过错，即在知晓行为人实施的行为即将或者已经损害合同相对方的合法权益，故意不告知该事实，甚至协助行为人或者与行为人一起实施该行为，最终导致合同相对方损失的过错。在本案中，陶学明在 2012 年 7 月初就知道周华东等人将钢管等卖掉，但其在知晓该事实后，并未将该事实告知受害人陈强，而仍与王永泉一起将陈强处的钢管等拉走，故其对陈强的损失存在一定过错。根据陶学明的过错程度以及因其过错造成的损害，酌情确定其承担债务人不能清偿部分的四分之一。

在“博尔建设集团有限公司（以下简称博尔建设公司）与金湖苏农机械有限公司、王俊等合同纠纷上诉案”② 中，相关当事人对所欠被上诉人的债务进行了确认，且当事人均无异议，故主合同有效，因担保合同违反法律规定，属无效合同，应根据当事人是否存在过错、过错程度确定其应承担的民事责任。经查，涉案债务加入协议系王俊在收购汇冉机械公司资产过程中形成，与博尔建设公司、博尔金湖分公司经营业务无关，且王俊以博尔金湖分公司名义为其债务提供担保，属个人行为，事先并未得到博尔建设公司的授权或同意。故被上诉人在签订担保合同（债务加入协议）时，未审查博尔建设公司的书面授权过错明显。上诉人博尔建设公司对其设立的博尔金湖分公司，在任命分公司负责人时，除需要具备一定的业务能力外，还需对分公司负责人的工作态度、责任心等综合素质进行考量，且对分公司的全面工作还应适时进行监督与管理，以防范经营风险，而博尔建设公司只是收取分公司上交的管理费，未能对其设立的分公司进行实际有效的管理，其疏于管理的行为与造成被上诉人损失之间具有一定的因果关系，故博尔建设公司对担保合同无效亦有过错，但其过错程度明显小于债权人过错，现博尔金湖分公司已注销，应由博尔建设公司承担责任。故法院认为该案担保人承担民事责任的部分不应超过债务人不能清偿部分的五分之一。

---

① 参见浙江省绍兴市中级人民法院（2015）浙绍商终字第 356 号民事判决书。

② 参见江苏省淮安市中级人民法院（2018）苏 08 民终 2930 号民事判决书。

4. 担保人有过错而债权人无过错时的补充责任

《民法典担保制度司法解释》第 17 条第 1 款第 2 项规定，“担保人有过错而债权人无过错的，担保人对债务人不能清偿的部分承担赔偿责任”。该款采用的是“不能清偿”的表达，表明担保人承担的是补充赔偿责任，而不是连带赔偿责任。该款明确了担保人的补充责任，符合学理和法理的基本要求。《民法典》第 178 条第 3 款规定：“连带责任，由法律规定或者当事人约定。”连带责任是比按份责任和补充责任更为严重的责任形态。在法律没有规定或者当事人没有约定，或者当事人约定无效时，应当适用按份责任和补充责任，而不是连带责任。即使当事人签订的是连带保证合同，但因担保合同无效，保证人承担的也是补充责任，对债务人不能清偿的部分承担赔偿责任。

5. 向担保人主张赔偿责任的期间

担保合同无效，担保合同约定的保证期间，是否随之无效，存在不同的观点。一种观点认为，担保期间的约定并不像当事人约定的清算条款或者仲裁条款一样具有独立性，而与担保范围、担保方式一样属于合同实体内容的一部分，担保合同被确认无效时，其所约定的权利义务归于无效，不再具有法律意义。因此，担保人不得再以担保期间经过作为免责事由。无效担保赔偿责任虽然不受担保期间限制，但应适用诉讼时效期间。① 另一种观点认为，当事人约定的担保期间，是双方权利行使的合理预期。在担保合同被认定无效的情况下，担保期间仍然具有法律意义，当事人仍应按照该保证期间主张权利。债权人所获得的利益不应当超过担保合同有效时所获得的利益，否则有悖于诚信原则和公平原则。②

《民法典担保制度司法解释》采用了第二种观点。该司法解释第 33 条规定：“保证合同无效，债权人未在约定或者法定的保证期间内依法行使权利，保证人主张不承担赔偿责任的，人民法院应予支持。”要区分整体和部

---

① 参见孙鹏主编：《最高人民法院担保法司法解释精释精解》（增订版），中国法制出版社 2019 年版，第 64 页。

② 参见曹士兵：《中国担保诸问题的解决与展望——基于担保法及其司法解释》，中国法制出版社 2001 年版，第 135～136 页。

分，担保合同是无效的，担保期间条款是有效的。最早是清算条款或者仲裁条款独立于合同效力，随着实践的发展，独立于合同效力的条款越来越多。《民法典》第502条第2款规定，“未办理批准等手续影响合同生效的，不影响合同中履行报批等义务条款以及相关条款的效力。应当办理申请批准等手续的当事人未履行义务的，对方可以请求其承担违反该义务的责任”。据此，合同虽然是未生效的，但合同中的审批义务条款是生效的。《民法典》第566条第2款、第3款规定：“合同因违约解除的，解除权人可以请求违约方承担违约责任，但是当事人另有约定的除外。主合同解除后，担保人对债务人应当承担的民事责任仍应当承担担保责任，但是担保合同另有约定的除外。”据此，合同虽然解除了，但合同中的违约金条款还是有效的，当事人还要承担违约责任，担保人还要承担担保责任。因此，从立法目的看，让更多的合同条款有效，符合当事人的信赖与期待，更符合私法自治的精神。

6. 向担保人主张赔偿责任的诉讼时效

向担保人主张赔偿责任的保证期间，与向担保人主张赔偿责任的诉讼时效期间有关联但不相同。保证合同无效，当事人在保证期间主张了权利，还面临诉讼时效的问题。担保法司法解释起草者认为，考虑到债务人是实际的责任承担者，担保无效时，应尽量减轻担保人在担保无效时的责任，故规定以债务人“不能清偿”的部分为担保人承担责任的范围。[①]“不能清偿”是一种客观事实状态，需要考察债务人的财产状况，债务人的财产已经被执行仍不能偿付的，才能认定为“不能清偿”。“不能清偿”与“未清偿”不同，后者既可能是债务人主观不愿清偿，也可能是客观上确实无力清偿。只要到期债务人实际没有偿付债务、债权人的债权没有得到实现，这种事实状态即为“未清偿”。只有在对主债务人的财产依法强制执行完毕而无效果时，债权人才能直接向担保人主张权利，要求担保人承担赔偿责任。如果此时担保人拒绝承担赔偿责任，债权人就知道自己的权利受到了侵害，诉讼时

---

① 参见李国光等：《最高人民法院〈关于适用《中华人民共和国担保法》若干问题的解释〉理解与适用》，吉林人民出版社2000年版，第74～75页。

效期间开始起算。当然，从诉讼程序看，债权人可以同时起诉债务人和担保人，法院判决明确指出担保人承担补充责任。

8 举证责任

主合同有效，担保合同无效，担保人承担的是过错责任。债权人没有过错，担保人有过错，担保人对债务人不能清偿的部分承担赔偿责任。债权人有过错，担保人也有过错，担保人承担的赔偿责任不应超过债务人不能清偿部分的二分之一。担保人过错的判断，是担保人是否承担责任，以及承担责任多少的主要依据。从举证责任一般规则看，“谁主张，谁举证”。债权人应当举证证明担保人有过错，否则担保人没有责任。担保人要减轻责任，也要举证证明债权人存在过错。实践中，以公司担保为例，如果担保人和债权人没有按照法律规定的程序办理担保相关的手续，很多法院就认定担保人和债权人均存在过错。

在“上海浦东发展银行股份有限公司成都分行与自贡市华燃天然气有限责任公司、隆昌华燃天然气有限责任公司金融借款合同纠纷案”① 中，法院认为：“威远界牌公司、资中聚银公司、罗城国立公司、巴马国立公司、东兰国立公司、洪江中昱公司、广西国立股份公司未按法律规定向浦发银行成都分行提交股东大会决议，在本案中存在过错，浦发银行成都分行未提交充分有效的证据证明其在签订案涉《最高额抵押合同》《最高额保证合同》时对担保人公司股东大会决议进行了审查，对于案涉《最高额抵押合同》《最高额保证合同》无效亦存在过错。根据《最高人民法院关于适用〈中华人民共和国担保法〉若干问题的解释》第七条……威远界牌公司、资中聚银公司、罗城国立公司、巴马国立公司、东兰国立公司、洪江中昱公司、广西国立股份公司应对自贡华燃公司不能清偿涉诉债务的不超过二分之一的部分承担赔偿责任。”

在“赵明明与杨轩、杨凌绿都生物科技有限公司等民间借贷纠纷案再

---

① 参见四川省高级人民法院（2018）川民初91号民事判决书。

审案"[1] 中，法院认为："在本案中，赵明明并未提供证据证明其在订立保证合同时对三和公司董事会或者股东会决议进行了审查，同意决议的人数及签字人员符合公司章程的规定，不能认定其构成善意，因此三和公司法定代表人杨西挺以公司名义与赵明明签署的保证合同无效。……赵明明未能提供证据证明三和公司和绿都公司的担保行为已经公司股东会决议和已经尽到对决议内容的形式审查之必要注意义务之善意，但案涉借款担保合同签订于三和公司和绿都公司的办公场所，杨西挺作为三和公司法定代表人在案涉借款担保合同担保人一栏加盖三和公司公章的行为，以及杨轩作为绿都公司的经理在案涉借款担保合同担保人一栏加盖绿都公司公章的行为，均具有法律事实之效果，故赵明明对三和公司和绿都公司的担保行为产生相应合理信赖符合交易实践和自然人判断习惯。三和公司对法定代表人行为内部规制的披露和办公场所、公章管理使用管控措施存在缺陷，与赵明明对三和公司担保行为产生相应合理信赖具有直接影响。绿都公司对公司总经理的行为内部规制的披露和办公场所、公章管理使用管控措施存在缺陷，亦与赵明明对绿都公司担保行为产生相应合理信赖具有直接影响。因此，债务人杨轩、担保人三和公司和绿都公司、债权人赵明明均有过错。"

风险防范

在签订担保合同时，债权人不仅应当关注担保人签章是否真实，还要关注担保合同的效力，确保担保合同有效。关于担保合同效力的法律规范是公开的，债权人不能以不知道或不应当知道法律、行政法规的相关规定为由，主张自己没有过错。债权人如果接受了违反法律强制性规定的担保合同，就违反了先合同义务，就存在缔约中的过错，就不能要求担保人承担债务人不能清偿部分的全部责任。

---

① 参见陕西省咸阳市中级人民法院（2019）陕04民再26号民事判决书。

类案指引

1. 农银财务有限公司（以下简称农银公司）与广东三星企业（集团）公司车桥股份有限公司（以下简称三星车桥公司）担保合同纠纷案①

裁判要旨：抵押合同被确认无效后，当事人之间责任的承担应当根据其过错程度确认。对于因违反我国法律、行政法规而认定无效的抵押合同，因我国法律、行政法规均对外公开，各方当事人都应当了解我国法律、行政法规的相关规定，故应认定各方当事人对于抵押合同的无效均存在一定的过错。

法院认为：由于我国实行的是外汇管制制度，关于外汇担保的管理办法也是向社会公开的，因此各方当事人都应当知道我国的法律规定。农银公司以批准手续应当由三星车桥公司办理为由，认为自己没有过错的主张是不成立的。原审法院认为三星车桥公司和农银公司未经内地外汇管理部门批准提供和接受担保，对担保合同的无效均具有过错是正确的。据此，原审法院判决担保人三星车桥公司应对债务人俊兴公司不能清偿部分的二分之一，向债权人农银公司承担赔偿责任并无不当。

❖ ❖ ❖ ❖ ❖ ❖ ❖ ❖ ❖

2. 温州信托公司清算组诉幸福实业公司（以下简称实业公司）等债权债务转让合同纠纷案②

裁判要旨：股份公司以公司资产为本公司的股东提供担保的，担保合同无效。债权人、担保人有过错的，担保人承担民事责任的部分，不应超过债务人不能清偿部分的二分之一。

法院认为：债权人温州国投对实业公司为其股东集团公司提供担保应是明知的，鉴于温州国投和实业公司违反法律禁止性规定签订保证合同，对该担保无效均具有过错，故对担保无效所造成的损失，即债务人

① 参见最高人民法院（2004）民四终字第23号民事判决书。该案系最高人民法院公报案例。

② 参见最高人民法院（2002）民二终字第67号民事判决书。该案系最高人民法院公报案例。

集团公司不能清偿债务部分，实业公司应在50%范围内承担赔偿责任，其余损失温州国投应自行承担。

❖ ❖ ❖ ❖ ❖ ❖ ❖ ❖ ❖

3. 中国信达资产管理公司西安办事处（以下简称信达西安办）与陕西省粮油食品进出口公司西安中转冷库（以下简称中转冷库）、陕西省粮油食品进出口公司借款担保合同纠纷案①

法院认为：原审判决关于造成该部分抵押无效，陕西中行和中转冷库均有过错，中转冷库在信达西安办对有效抵押部分实现抵押权后，对粮油公司仍不能清偿的部分需承担部分赔偿责任的认定正确，但其关于中转冷库就此承担三分之一赔偿责任的比例认定偏低。虽然陕西中行对造成上述国有土地使用权抵押无效的后果存在过错，但中转冷库的无权处分行为亦是导致抵押无效的主要原因，因此，本院将中转冷库上述赔偿责任比例调整为二分之一。

❖ ❖ ❖ ❖ ❖ ❖ ❖ ❖ ❖

4. 江苏广宇建设集团有限公司云南分公司（以下简称广宇集团分公司）小额借款合同纠纷案②

法院认为：广宇集团分公司向文旅公司提交的授权委托书系伪造，广宇集团对此不予认可。广宇集团分公司系未经授权提供保证，其所签订的《保证合同》无效。广宇集团分公司对于其为本案借款提供担保责任的意愿为真实意愿，其与文旅公司签订《保证合同》亦是其的真实意思表示。文旅公司在与其订立《保证合同》的过程中，已要求其提供集团公司出具的书面授权委托书，文旅公司已尽到合理、审慎的注意义务，对导致《保证合同》无效的后果没有过错。

---

① 参见最高人民法院（2007）民二终字第222号民事判决书。该案系最高人民法院公报案例。

② 参见云南省高级人民法院（2014）云高民二终字第159号民事判决书。

二、主合同无效、担保合同无效时的担保人责任

相关法条

《最高人民法院关于适用〈中华人民共和国民法典〉有关担保制度的解释》

第十七条第二款 主合同无效导致第三人提供的担保合同无效，担保人无过错的，不承担赔偿责任；担保人有过错的，其承担的赔偿责任不应超过债务人不能清偿部分的三分之一。

新旧变化

与《担保法司法解释》第 8 条相比，《民法典担保制度司法解释》第 17 条第 2 款将主合同无效担保人的“民事责任”，修改为“赔偿责任”，没有实质变化。

规范解读

1. 担保人赔偿责任的性质界定

主合同无效、担保合同无效时，担保人对债权人的赔偿责任，是过错责任，而不是无过错责任，已经达成了基本的共识。如何解释这种过错责任，学术界有不同的认识。缔约过错责任说认为，担保人对债务人不能清偿部分承担补充赔偿责任，与缔约过错责任原则一致。[①] 特殊的缔约过失责任说认为，缔约过失责任的责任主体是担保合同的当事人，而非主合同当事人，担保人是主合同债务的辅助人。[②] 侵权责任说认为，将主合同无效导致担保合同无效时担保人的责任界定为侵权责任更加合理，这样可以有效区分主合同

① 参见林建民：《无效担保合同的民事责任承担》，载《人民司法》1998 年第 7 期。
② 参见刘言浩：《担保法典型判例研究》，人民法院出版社 2002 年版，第 44 页。

无效导致的担保合同无效与担保合同因自身原因无效。[①] 该问题涉及民事责任体系，涉及请求权基础的解释。

《民法典》第 1165 条第 1 款规定："行为人因过错侵害他人民事权益造成损害的，应当承担侵权责任。"虽然该条采用了"民事权益"的表达，没有排除债权，但按照学术界的通说，侵权的客体原则并不包括债权。《民法典》第 500 条规定了缔约过失责任，第 157 条规定了无效、被撤销或者确定不发生效力的民事法律行为的法律后果，第 388 条第 2 款规定了担保合同无效的法律后果，第 682 条第 2 款规定了保证合同无效的法律后果。从法律解释看，缔约过失责任是与违约责任、侵权责任相并列的一项独立民事责任类型。担保合同无效，担保人承担过失责任，符合《民法典》体系解释的要求，也是目前学术界的通说。

在主合同无效导致担保合同无效的情形下，因担保合同无效的原因是由主合同引起，担保人并非主合同的当事人。担保人与债权人在订立担保合同时已有接触磋商的行为，两者之间存在特别结合关系，产生基于诚实信用原则的先合同义务。担保人明知或应知主合同无效，却未告知债权人，且仍与债权人签订担保合同。债权人善意信赖主合同及担保合同有效，导致受到损失，可以向担保人主张赔偿。虽然主合同无效导致担保合同无效，不同于担保合同因自身原因无效，但导致的法律后果整体上是一样的，因此担保人的赔偿责任均是缔约过失责任。

2. 担保人无过错，不承担赔偿的情形

担保人的赔偿责任是过失责任，是以担保人有过错为前提。担保人无过错的，不承担赔偿责任。《民法典》第 154 条规定："行为人与相对人恶意串通，损害他人合法权益的民事法律行为无效。"比如，主合同系以合法形式掩盖非法目的，担保人单纯从合同内容上无法得知合同的违法性。如果没有相反证据，应当认定担保人不知主合同存在无效原因，即担保人无过错。

① 参见程啸：《主合同无效时保证人的责任问题——兼评最高人民法院〈担保法司法解释〉第 8、9 条》，载《法学论坛》2005 年第 6 期。

从法律解释的角度看，《民法典担保制度司法解释》第 17 条第 2 款“主合同无效导致第三人提供的担保合同无效”中“主合同无效”，包括主合同无效、主合同被撤销、主合同确定不发生效力。根据《民法典》第 157 条，合同被撤销或者确定不发生效力与合同无效的法律后果是一样的，都是返还财产和赔偿损失。

3. 担保人有过错，承担赔偿责任的情形

担保人的过错，是指担保人在主合同无效上的过错，还是指担保人在担保合同无效上的过错，是争议较大的问题。《最高人民法院关于审理经济合同纠纷案件有关保证的若干问题的规定》第 20 条规定：“主合同无效，保证合同也无效，保证人不承担保证责任。但保证人知道或者应当知道主合同无效而仍然为之提供保证的，主合同被确认无效后，保证人与被保证人承担连带赔偿责任。”《担保法司法解释》第 8 条没有采纳“保证人知道或者应当知道主合同无效”的表达，而是采用了“担保人有过错”的表达。《民法典担保制度司法解释》第 17 条第 2 款继续采用了“担保人有过错”的表达。从文义解释看，“担保人有过错”的内涵更为丰富，包括但不限于在主合同无效上的过错，包括但不限于“知道或者应当知道主合同无效”。

如何认定担保人的过错，理论界还存在不同的认识。有学者认为，过错并非指担保人于主合同上的过错，却是指其明知无效仍为担保、明知无效仍促使主合同成立或为主合同的签订做中介等缔约过错。① 有学者认为，担保人如对主合同的无效状态明知或应当知道，并对无效主合同的成立起到了中介、促成作用的话，将视为担保人有过错。② 还有学者认为，对保证人的过错责任，应当结合保证人在主合同订立时的作用、保证合同与主合同的关系、保证人主观认识与客观行为的关联等多个方面加以综合认定。③ 整体上讲，担保人的过错，表现在两个主要方面。一方面，担保人明知或者应当主

① 参见王闯：《对最高人民法院关于适用〈中华人民共和国担保法〉若干问题的解释的若干解释》，载王利明主编：《民商法司法解释精要》（2000 ~ 2003），人民法院出版社 2004 年版，第 58 ~ 59 页。

② 参见曹士兵：《中国担保制度与担保方法》，中国法制出版社 2015 年版，第 99 页。

③ 参见周广旺：《主合同无效时保证人的过错责任认定》，载《人民司法（案例）》2017 年第 17 期。

合同无效，而没有尽到必要的提醒义务。另一方面，担保人在主合同签订过程中，起到了促进作用。担保人单独或与债务人共同欺诈、胁迫债权人签订一个无效的主合同，或者担保人没有提醒通知债权人即将签订的主合同存在无效事由，而是继续表明有提供保证的意向而赢得债权人的信赖，使债权人与债务人签订了无效的主合同。担保人的过错，有很多具体的表现。如在合同订立前或合同订立时，担保人通过某种方式已经作出了担保的意思表示，并与债权人达成合意。担保人的承诺，有时是主合同得以订立的原因或原因之一，客观上促成了主合同的发生。担保人有时作出积极行为，向债权人主动提出承担担保责任，并单独或与债务人一起劝说债权人订立合同。担保人在促使主合同订立过程中发挥了主债务人的作用，担保人与主债务人一样承担基于诚实信用原则产生的保障缔约合法有效的共同附随义务。担保人虽然不是主合同的当事人，但可以将保证人的过错视为其参与订立主合同的过错，因此要承担赔偿责任。

适用难点

1. 不超过三分之一的责任限额

《民法典担保制度司法解释》第 17 条第 2 款将“债务人不能清偿部分的三分之一”，作为担保人承担赔偿责任的上限。担保法司法解释起草者认为，因为主合同无效时，债权人、债务人原则上均有过错，即使债权人或债务人任何一方没有过错，因担保合同是因主合同无效所致，担保人承担的责任原则上不应超过主合同当事人的责任，债权人的损失按照债权人、债务人、担保人三方均分计算的结果，担保人的份额定为三分之一。[①] 担保人为自己个人的过错，向债权人承担相应的过错损害赔偿责任。担保人毕竟不是主合同的当事人，担保人的过错不是造成主合同无效的主要原因，担保人不能代人受过。按照这一思路，担保人承担的是补充性的责任，且该补充责任的范围不超过债务人不能清偿部分的三分之一。

---

① 参见李国光等：《最高人民法院〈关于适用《中华人民共和国担保法》若干问题的解释〉理解与适用》，吉林人民出版社 2000 年版，第 73 ~ 74 页。

有学者赞同设立最高责任限额。担保人承担不超过债务人不能清偿部分三分之一的规定，体现了担保人过错的辅助性质，限制担保人的责任也颇具创意，担保人的过错不是导致主合同无效的主要因素，只是构成对主合同当事人过错的辅助作用，因而对保证人的过错范围不宜作出过大的规定，主要责任还是应该在债权人和债务人之间按照过错原则进行分配。[①] 而有学者反对设立最高责任限额，认为担保合同附随主合同而无效的情况下，担保人具有过错的，要为自己的过错行为承担责任，过错程度不同，责任也不同，不能确立最高的责任限额。[②]

还有一种代表性观点认为："《民法典》本身并没有对《担保法》第5条进行修改，那么根据《担保法》第5条作出的担保法司法解释第7条、第8条理论上就应当继续适用。《担保法司法解释》已经实施近20年，对其第7条、第8条规定的适用情况总体来说没有出现什么大的问题，且有利于限制个别法官滥用自由裁量权。因此，如果没有充分的理由，应该延续既有的规定，保持裁判规则的稳定性和预期。"[③]《民法典担保制度司法解释》第17条第2款继承了《担保法司法解释》第8条，规定了担保人承担债务人不能清偿部分三分之一的责任限额。该规定将复杂问题简单化，一定程度限制了法官不当的自由裁量权，但过分保护担保人，有时并不能充分保障债权人的权益，并不符合比例原则的要求。

实践中，绝大多数的法院并没有行使自由裁量权，将担保人承担的赔偿责任直接认定为债务人不能清偿部分的三分之一。"三分之一"与"不能超过三分之一"，存在明显的区别。这也说明，最高人民法院预设的目标，并没有完全实现。绝大多数的法院是顶格裁判，最大限度保护债务人的合法权益。这种现象应当引起高度重视，重新审视不超过三分之一责任限额的正当性。

在王勇平与周海泉保证合同纠纷案中，债务人朱义向原告王勇平所借款

---

① 参见孔祥俊：《担保法及其解释的理解与适用》，法律出版社2001年版，第61页。

② 参见程啸：《保证合同研究》，法律出版社2006年版，第180～181页。

③ 最高人民法院民法典贯彻实施工作领导小组主编：《中华人民共和国民法典合同编理解与适用》，人民法院出版社2020年版，第1295～1296页。

项已被本院生效判决认定为非法吸收公众存款，故作为主合同的借款合同无效，保证合同也应认定无效。被告周海泉与原告王勇平相识，在不知晓朱义的还款能力的情况下，为朱义向原告借款提供担保，使原告误以为债权能够顺利实现，故被告周海泉存在一定过错。原告王勇平系主动找到被告周海泉担保，综合考虑担保人过错程度，法院认为被告周海泉承担主债务四分之一的清偿责任较为适宜。[①]

2. 有参考意义的地方规定

《浙江省高级人民法院、浙江省人民检察院、浙江省公安厅关于当前办理集资类刑事案件适用法律若干问题的会议纪要（三）》第 10 条规定："审慎认定刑民交叉情况下民间借贷合同和担保合同的效力。审理民间借贷纠纷案件时，如果相关刑事判决已经生效，且讼争借贷已被刑事裁判认定为非法集资犯罪事实的，为避免刑事、民事判决矛盾冲突，原则上应认定借贷合同无效。根据担保法的精神，涉及非法集资类犯罪的借贷合同无效的，担保合同一般应认定为无效。担保人承担的责任应根据案件实际情况按以下原则区别对待：（一）刑事被告人以其实际控制的财产为非法集资提供担保的，一般不认定出借人对担保财产享有优先受偿权。（二）第三人提供担保的，可依照担保法司法解释第八条的规定，在主合同无效导致担保合同无效的情形下，根据担保人的过错使其在债务人不能清偿债务的三分之一限额内承担责任。（三）第三人提供担保，担保人属于明知借款人从事非法集资，或存在其他严重过错导致担保合同无效的，担保人的连带赔偿责任可不受前述三分之一限额责任的限制。构成共犯的，还应依法承担刑事责任。"

上述条款明确规定，在特殊情形下担保人的赔偿责任可以不受三分之一限制。该规定准确把握了立法原意，具有相当的科学性。担保人属于明知借款人从事非法集资，或存在其他严重过错导致担保合同无效的，担保人的过错程度要超过三分之一，要承担超过三分之一的赔偿责任。需要指出的是，担保合同无效，担保人承担的不是连带责任，而是补充责任。上述条款需要根据《民法典》和《民法典担保制度司法解释》的新规定，作出相应的调

---

① 参见江苏省淮安市涟水县人民法院（2015）涟民初字第 03418 号民事判决书。

整。如果《民法典担保制度司法解释》第 17 条第 2 款明显不符合个案公平正义的要求，可以直接适用《民法典》第 682 条第 2 款。过错程度的具体认定，由法院根据具体情况予以判断。

在“秦永青、王锦娥确认合同无效纠纷案”[①] 中，法院裁判突破不受三分之一责任限额，判定担保人承担二分之一的责任，具有很强的代表性。该案的二审法院认为：本案系涉刑民交叉案件，对涉及非法集资类犯罪的借款及担保合同民事纠纷，担保人的责任认定应根据案件实际情况区别对待。在主合同无效导致担保合同无效的情形下，可依照《担保法司法解释》第 8 条的规定，根据担保人的过错使其在债务人不能清偿债务的三分之一限额内承担责任；但对于担保人属明知借款人从事非法集资，或存在其他严重过错导致担保合同无效的，担保人承担的赔偿责任可不受三分之一限额责任的限制。本案中，根据已查明的事实，可以认定两申请人属后一种情形，故一审判决适用《合同法》第 58 条的规定，根据双方过错程度，判令两申请人对张孟丽的本金及利息损失承担二分之一的赔偿责任，法律适用并无不当。

3. 向担保人主张赔偿责任的诉讼时效

该款“不能清偿”的含义，与《民法典担保制度司法解释》第 17 条第 1 款相同。《民法典》第 687 条第 1 款规定：“当事人在保证合同中约定，债务人不能履行债务时，由保证人承担保证责任的，为一般保证。”据此，债务人向担保人主张赔偿责任，不是连带责任，而是一种补充责任。

一种观点认为，在保证合同被认定无效的情况下，保证合同约定的保证期间仍然具有法律意义，当事人仍应按照该保证期间主张权利。在保证合同无效的情况下，债权人所获得的利益不应当超过保证合同有效时所获得的利益，故债权人未在保证期间内主张权利的，无权要求保证人就保证合同的无效承担相应的赔偿责任。[②] 另一种观点认为，保证合同附随主合同无效而无效时，保证期间没有适用的余地。保证期间并非合同中结算、清算类条款，也没有法律、行政法规规定保证合同中的保证期间条款具有独立于保证合同

① 参见浙江省高级人民法院（2017）浙民申 242 号民事裁定书。

② 参见最高人民法院（2011）民申字第 1209 号民事判决书。

的效力。因此，保证合同无效后，由于保证期间条款不具备独立性，保证期间条款也将失去法律约束力。[①]

《民法典担保制度司法解释》采用了第一种观点。该司法解释第33条规定："保证合同无效，债权人未在约定或者法定的保证期间内依法行使权利，保证人主张不承担赔偿责任的，人民法院应予支持。"据此，担保合同无效，保证期间仍然具有法律效力。债权人在保证期间内向担保人主张赔偿权益后，仍然需要适用诉讼时效的问题。债权人要求担保人承担赔偿责任的诉讼时效，应当从法院作出的对债务人终结执行的裁定生效之日起算。当然，从诉讼程序看，债权人可以同时起诉债务人和担保人，法院判决明确指出担保人承担补充责任。

举证责任

根据《民法典担保制度司法解释》第17条第2款的规定，主合同无效，担保合同无效，担保人承担的是过错损害赔偿责任。债权人要举证证明担保人存在过错，不能举证的，担保人不承担赔偿责任。按照学术界的通说，担保人明知或应当知道对主合同无效，或者对无效主合同的成立起到了中介、促成作用，就视为担保人有过错。合同法中过错与侵权法中的过错，具有不同的法律属性。在侵权法中，过错的认定只考虑特定行为是否符合法律规定的标准，而不考虑当事人是否知道或者应当知道法律的强制性规定。合同无效赔偿中的过错，更多是各方当事人权益平衡的制度工具。法院在认定担保人是否存在过错方面，具有较大的自由裁量权。

风险防范

主合同无效，担保合同无效，担保人并不是一律不承担责任，而是要根据其过错承担相应的责任。因此担保人在促成主合同签订时，要根据诚信原则的要求，及时尽到必要的提醒和告知义务，避免或者减少可能产生的赔偿责任。

---

① 参见最高人民法院（1998）经终字第330号民事判决书。

类案指引

1. 中行北京分行诉利达海洋馆信用证垫款纠纷案①

裁判要旨：当事人之间并无真实的贸易背景，却以进口货物为名，向银行申请开立信用证，导致银行大量资金外流，损害国家利益的，应认定申请开证关系无效，担保人为此所作的担保亦应无效。

法院认为：利达海洋馆将无真实贸易背景申请开立的信用证中的5209万美元，用于北国投公司境外融资，故应认定北国投公司对利达海洋馆在无真实贸易背景情况下开立信用证的情形系明知的，据此认定北国投公司作为担保人亦有过错。中行北京分行诉讼请求利达海洋馆赔偿其已实际支付的开证费、承兑费、电报费、翻译费的理由成立，应予支持。因此，北国投公司对利达海洋偿还中国银行北京市分行的款项中不能清偿部分的三分之一承担赔偿责任。

2. 江北中行与樊东农行等信用证垫款纠纷案②

裁判要旨：因主合同无效而导致担保合同无效，担保人无过错的，不承担民事责任；担保人有过错的，应当依法承担民事责任。所谓担保人的过错，是指担保人明知主合同无效仍为之提供担保，或者明知主合同无效仍促使主合同成立或为主合同的签订作中介等情形。

法院认为：关于樊东农行是否存在过错的问题。在主合同无效导致担保合同无效的情形下，担保人并非主合同的当事人，主合同无效不应当要求非合同当事人的担保人承担无效结果。因此，担保人的过错不应是指担保人在主合同无效上的过错。担保人的过错应当包括担保人明知主合同无效仍为之提供担保、担保人明知主合同无效仍促使主合同成立或为主合同的签订作中介等。就本案而言，开证法律关系无效是由于外贸公司欺诈开证行开立没有贸易背景的信用证造成的，担保人樊东农行

① 参见最高人民法院（2003）民四终字第15号民事判决书。
② 参见最高人民法院（2003）民四终字第21号民事判决书。

从申请开证环节上无法获知合同的违法性。因此，应认定樊东农行无过错。根据前述规定，樊东农行不承担民事责任。

❖ ❖ ❖ ❖ ❖ ❖ ❖ ❖ ❖

3. 中国农业银行股份有限公司岫岩满族自治县支行（以下简称农行岫岩支行）与兰翎、鞍山万兴隆岩田木业有限公司（以下简称岩田木业公司）借款、抵押合同纠纷案①

法院认为：兰翎系以抵押担保人身份参与涉案借款关系的，抵押担保法律关系系单务合同，在抵押担保合同关系中，依法抵押担保人只承担合同义务，不享有合同权利。在没有证据证明兰翎作为担保人在提供担保时知道借贷双方非法发放贷款及骗取贷款事实的情况下，不能因为蓝辉和兰翎的亲属关系而当然推定兰翎作为担保人对农行岫岩支行与岩田木业公司之间关于假借固定资产贷款之名行骗取贷款之实的行为是明知的。农行岫岩支行的工作人员滥用职权违法发放贷款形成损失，其在没有证明兰翎参与了犯罪或者对该犯罪行为知情并仍然提供抵押担保的情况下，要求兰翎承担民事责任没有法律依据。

❖ ❖ ❖ ❖ ❖ ❖ ❖ ❖ ❖

4. 中国电力投资有限公司（以下简称中电公司）诉福州生融仓储有限公司（以下简称生融公司）、中国商业对外贸易总公司（以下简称中商外贸）委托代开信用证、保证合同纠纷案②

法院认为：中商外贸对于委托协议的违法性并不当然清楚，目前亦无证据证明中商外贸知晓生融公司与中电公司之间的融资行为，应认定中商外贸无过错。因此，根据《担保法司法解释》第8条即“主合同无效导致担保合同无效，担保人无过错的，担保人不承担民事责任”的规定，中商外贸不承担民事责任。

---

① 参见最高人民法院（2013）民二终字第51号民事判决书。

② 参见最高人民法院（2003）民四终字第12号民事判决书。

5. 中国工商银行桂林分行（以下简称桂林工行）诉中国银行梧州分行（以下简称梧州中行）、太宇建材发展（桂林）有限公司、桂林市对外经济贸易公司、桂林市金华隆贸易总公司、桂林新生电子新技术有限公司、广西桂林南方进出口贸易公司、董小雄信用证垫付款质押合同纠纷案①

法院认为：梧州中行在该三单信用证的开证和担保关系中，作为出质债权的债务人，对于桂林工行与各开证申请人共同策划，利用信用证进行融资还债的违法行为并不知情；对于主、从合同的无效均不存在过错，原审认定梧州中行不承担责任是正确的，应予维持。桂林工行上诉认为，梧州中行作为出质债权的债务人因其对银行汇票作了承兑、对存单作了核押，就应当承担连带责任的主张没有法律依据，本院不予支持。

6. 王意娟与绍兴市梦星家具有限公司（以下简称梦星公司）保证合同纠纷案②

法院认为：从已生效的绍兴市越城区人民法院（2011）绍越刑初字第329号刑事判决书认定的事实看，王意娟在长达2年的时间里，以高达6分至9分的高额利息，多次出借巨额款项，应当知道艾尔派克公司的经营状况和借款人的融资行为涉嫌违法，符合《最高人民法院关于审理民间借贷案件适用法律若干问题的规定》第14条第3项“出借人事先知道或者应当知道借款人借款用于违法犯罪活动仍然提供借款的”规定的情形，故案涉借款合同无效。抗诉机关和王意娟认为案涉借款合同有效的理由不能成立。与此同时，依照《担保法》第5条第1款规定，借款合同无效，在担保合同没有特别约定的情况下，担保合同亦无效。故原审法院认为案涉借款合同和担保合同均无效并无不妥。梦星公司在提供担保时未能审慎审查借款人的借款意图、偿还能力等，不无过错，根据《担保法司法解释》第8条规定，依法应对债务人不能清偿债务的

① 参见最高人民法院（2001）民四终字第15号民事判决书。

② 浙江省绍兴市中级人民法院（2016）浙06民终1998号民事判决书。

部分承担不超过三分之一的赔偿责任。就王意娟而言，案涉借款约定以解放南路房产提供抵押，但实际上并未办理抵押登记手续，且事后又将房产权证归还童晓蓉，也是影响案涉房产无法进行抵押登记的原因之一。故原审法院综合考虑全案、酌情确定梦星公司应承担的赔偿责任为债务人不能清偿债务部分的四分之一，并无不当。

三、反担保人的责任承担

相关法条

《最高人民法院关于适用〈中华人民共和国民法典〉有关担保制度的解释》

第十九条 担保合同无效，承担了赔偿责任的担保人按照反担保合同的约定，在其承担赔偿责任的范围内请求反担保人承担担保责任的，人民法院应予支持。

反担保合同无效的，依照本解释第十七条的有关规定处理。当事人仅以担保合同无效为由主张反担保合同无效的，人民法院不予支持。

新旧变化

与《担保法司法解释》第9条相比，《民法典担保制度司法解释》第19条第1款规定，反担保人承担担保责任的构成要件，不包括“过错”。第2款是新增加的，明确当事人不能仅以担保合同无效为由主张反担保合同无效。担保合同无效，反担保合同并不当然无效。因为担保合同与反担保合同之间，并没有主从关系。

规范解读

1. 反担保合同的主要类型

反担保是在担保基础上设立的，重在保障本担保人的权益，是本担保法律关系形成的助力器。反担保是为保障本担保人将来能实现对主债务人的追偿权，而要求主债务人或者第三人对本担保人提供的担保。《民法典》第387条第2款规定：“第三人为债务人向债权人提供担保的，可以要求债务人提供反担保。反担保适用本法和其他法律的规定。”第689条规定：“保证人可以要求债务人提供反担保。”反担保是指在商品贸易、工程承包和资金借贷等经济往来中，为了换取担保人提供保证、抵押或质押等担保方式，由债务人或第三人向该担保人新设担保，以担保该担保人在承担了担保责任后易于实现其追偿权的制度。①

《担保法司法解释》第2条规定：“反担保人可以是债务人，也可以是债务人之外的其他人。反担保方式可以是债务人提供的抵押或者质押，也可以是其他人提供的保证、抵押或者质押。”该规定是科学的，但理论和实务均达成了共识，因此，《民法典担保制度司法解释》对此没有保留，予以删除。从法律解释的角度看，反担保包括保证反担保、抵押反担保和质押反担保等。根据《民法典》第387条第2款和第689条的规定，反担保人既可以是主债务人，也可以是第三人；既可以采取人的担保方式，也可以采取物的担保方式。如果反担保人是主债务人，反担保就不能采取人的担保方式，而只能采用物的担保方式。主债务人为担保人提供保证反担保，没有法律意义。因为担保人清偿或部分清偿债务人的债务，对债务人就享有追偿权。担保人对主债务人特定的财产，不享有优先权，起不到担保的目的。

在反担保交易中，往往涉及三种法律关系：第一种是债权人及主债务人之间的债权债务关系，即主合同关系；第二种是债权人和本担保人之间的本担保法律关系；第三种是反担保人与本担保人之间设立的反担保法律关系。在第三种法律关系中，本担保人是债权人，反担保人是债务人，为本担保人追偿权的实现提供担保。反担保法律关系是以本担保法律关系的存在为前提和基础。从反担保制度的设立目的来看，其保障的范围应以本担保的责任范围为限。反担保人因承担反担保责任而产生的合理费用，如利息、违约金、损害赔偿金等，亦应涵盖其中。

---

① 参见黄薇主编：《中华人民共和国民法典合同编释义》，法律出版社2020年版，第405页。

2. 反担保合同的主合同

很多人认为，既然反担保合同是一种从合同，肯定有其主合同的存在。对于哪个合同是反担保合同的主合同，理论界主要有三种不同观点：分别是主债权债务合同、本担保合同、担保人与主债务人之间签订的委托担保合同。

首先，将主债权债务合同视为反担保合同的主合同，并不妥当。原因在于反担保合同的目的是为保障本担保人之追偿权，并不是债权人之求偿权。如果本担保合同和反担保合同的主合同，均依附于主债权人和主债务人之间的债权债务关系，反担保就失去了独立存在的价值。将主债权债务合同视为反担保合同的主合同，就导致主合同无效，担保合同和反担保合同均无效的法律后果，不符合当事人之间的信赖和期待。将主债权债务合同视为反担保合同的主合同，根据《民法典担保制度司法解释》第 19 条第 2 款，反担保合同因担保合同无效而无效，存在过错的反担保人的赔偿责任，不应超过本担保人所承担的赔偿责任（主债务人不能清偿部分的三分之一）的三分之一。这种解释路径，违反了设立反担保的初衷。

其次，将本担保合同视为反担保合同的主合同，也不妥当。本担保合同是本担保人和债权人之间设立的，在主债务人不能清偿到期债务的情况下，由本担保人承担担保责任的协议。本担保合同的设立最主要之目的仍是保障债权人实现其债权，性质上属单务合同。将本担保合同视为反担保合同的主合同，将偏离反担保合同是为本担保人权益实现设立的初衷。

最后，将担保人和主债务人之间签订的委托担保合同，视为反担保合同的主合同，相对比较合理。实践中，主债务人与担保人签订委托合同，约定担保事项、担保费用、双方当事人的权利和义务等。该委托担保合同明确了主债务人和主债权人的权利义务，明确本担保人为主债务人提供担保。该委托担保合同明确了本担保人的权益，以此作为反担保合同的主合同，能够满足保障本担保人权益的制度初衷，具有相当的合理性。然而，并不是所有的主债务人与担保人，均签订委托担保合同。这需要将委托担保合同作扩张解释，包括无偿的口头委托等。这种观点可以解释《民法典担保制度司法解释》第 19 条第 2 款“当事人仅以担保合同无效为由主张反担保合同无效的，人民法院不予支持”的规定。这种观点也有不足。担保人和主债务人并不都签订委托担保合同，理论上还存在无因管理的情形。担保人对主债务的追偿权，建立在担保人的替代责任之上，如果担保人和债务人之间不存在担保合同，则不可以认为担保人承担了担保责任，其承担责任的行为应理解为“代偿”，就是无因管理的一种类型。

换个角度看问题，反担保合同只是一种担保合同，并不一定需要有主合同。反担保是在债务人和本担保之间设立的，在本担保人承担责任后，债务人不能向本担保人清偿，而由反担保人承担反担保责任。按照通常理解，反担保必然同本担保一样，是要有一个主合同在的。反担保所保护的债权是本担保人对于债务人的追偿权，而本担保人是可以对包括合同债权或非合同债权提供担保。反担保是为了满足保障本担保人的权益设置的制度，反担保设立的前提一定是存在“本担保”。反担保设立的意义是对于本担保担保人追偿权的保护，故反担保是具有从属性的，必须以担保为前提。

担保是反担保的前提，没有担保，就不可能存在反担保，但不能把担保对反担保的支撑作用绝对化。《民法典》第 387 条第 1 款规定：“债权人在借贷、买卖等民事活动中，为保障实现其债权，需要担保的，可以依照本法和其他法律的规定设立担保物权。”第 681 条规定：“保证合同是为保障债权的实现，保证人和债权人约定，当债务人不履行到期债务或者发生当事人约定的情形时，保证人履行债务或者承担责任的合同。”上述两个法律条款，均强调担保合同担保的是一种债权，这种债权，既可能是合同债权，也可能是非合同债权。《担保法司法解释》第 1 条规定：“当事人对由民事关系产生的债权，在不违反法律、法规强制性规定的情况下，以担保法规定的方式设定担保的，可以认定为有效。”该条从形式看已经失效，但从表达的内容看，仍然是正确的。不仅合同之债权，不当得利之债权、无因管理之债权、侵权损害赔偿之债权等，均可以成为担保的对象。

担保人对主债务人的追偿权，是一种法定的权利，而不是一种约定的权利。即使当事人之间，没有签订书面或者口头的委托担保合同，担保人也可以基于已经清偿或者部分清偿主债务人的债务，向主债务人行使追偿权。《民法典》第 392 条最后一句规定，“提供担保的第三人承担担保责任后，有权向债务人追偿”。第700条规定：“保证人承担保证责任后，除当事人另有约定外，有权在其承担保证责任的范围内向债务人追偿，享有债权人对债务人的权利，但是不得损害债权人的利益。”上述两个法律条款，明确了担保人承担担保责任后的追偿权。担保合同无效，担保人承担了赔偿责任，担保人也享有追偿权。《民法典担保制度司法解释》第18条第1款规定，承担了担保责任或者赔偿责任的担保人，在其承担责任的范围内向债务人追偿的，人民法院应予支持。担保人的追偿权是一种金钱债权，是一种附条件的债权，是一种法定之债权。按照这种解释路径，反担保合同担保的是一种法定债权，反担保合同的效力与担保合同的效力，没有主从关系。同样可以解释《民法典担保制度司法解释》第19条第2款“当事人仅以担保合同无效为由主张反担保合同无效的，人民法院不予支持”的规定。

当然，还有另外一种解释路径。担保合同虽然是反担保合同的主合同，但担保合同无效，反担保合同并不当然无效。这是《民法典》第388条“主债权债务合同无效的，担保合同无效，但是法律另有规定的除外”中的例外规定，是司法解释规定的例外情形。《民法典担保制度司法解释》第19条第2款第2句“当事人仅以担保合同无效为由主张反担保合同无效的，人民法院不予支持”，这是担保合同效力从属主合同的例外规定。这种解释路径，从法律逻辑上看，是自洽的，符合《民法典》体系解释的要求，但没有指明作出例外规定的法理基础。按照通常的理解，担保合同效力独立于主合同，往往是金融机构或者非银行金融机构开立的独立保函。当然，司法解释可以根据具体情况，规范一些法律规范例外的情形。

3. 担保合同无效、反担保合同有效的反担保人责任

《民法典担保制度司法解释》第19条没有规定担保合同有效的法律适用，因为这没有特殊性，直接适用《民法典》相关条款即可。担保合同有效，反担保合同有效，担保人可以按照合同的约定，行使追偿的权利。

《民法典担保制度司法解释》第19条第1款规定，担保合同无效，承担了赔偿责任的担保人，可以向反担保人主张担保责任。担保合同无效，反担保合同有效，担保人可以在其承担赔偿责任的范围内请求反担保人承担担保责任。当然，这里要区分两种类型：一是担保合同因自身原因无效；二是担保合同因主合同无效而无效。同样是担保人有过错，同样是担保人承担赔偿责任，根据《民法典担保制度司法解释》第 17 条的规定，承担赔偿责任的范围不同。担保人承担的赔偿责任不同，反担保人承担的担保责任范围也不同。如果反担保人是主债务人，且主债务人为反担保人提供了特定财产的担保，担保人就可以针对这些财产，行使追偿权。如果反担保人不是主债务人，而是主债务人之外的第三人，担保人除了可以向债务人主张追偿外，还可以向反担保人主张担保权益。

4. 担保合同有效、反担保合同无效的反担保人责任

反担保合同不因担保合同无效而无效，当事人不能仅以担保合同无效为由主张反担保合同无效。担保合同有效，反担保合同因自身原因无效，按照《民法典担保制度司法解释》第 17 条相关规定处理。第一，反担保人无过错的，反担保人不承担赔偿责任。第二，反担保人有过错，担保人无过错，反担保人承担债务人不能清偿部分的赔偿责任。第三，反担保人和担保人都有过错，反担保人承担的赔偿责任，不超过债务人不能清偿部分的二分之一。需要明确指出的是，反担保合同无效，反担保人承担的是补充责任，而不是连带责任。反担保人赔偿的，只限于担保人实际赔偿部分。

适用难点

1. 担保合同无效，反担保人的担保责任

《民法典担保制度司法解释》第 19 条第 1 款规定，担保合同无效，承担了赔偿责任的担保人按照反担保合同的约定，在其承担赔偿责任的范围内请求反担保人承担担保责任的，人民法院应予支持。与《担保法司法解释》第 9 条相比，担保人承担的担保责任，不以过错为要件。该款实际是强调，担保合同无效，反担保合同并不当然无效。该条第 2 款第 2 句明确规定："当事人仅以担保合同无效为由主张反担保合同无效的，人民法院不予支持。"既然反担保合同有效，反担保人承担的担保责任就是违约责任。《民法典》第 577 条规定："当事人一方不履行合同义务或者履行合同义务不符合约定的，应当承担继续履行、采取补救措施或者赔偿损失等违约责任。"

据此，违约责任是严格责任，不以过错为归责原则。反担保人的担保责任，取消了“过错”的要件，需要引起司法实务界的高度重视。

2. 反担保合同效力与担保合同无关的约定

一种观点认为，当事人可以在反担保合同中约定，反担保合同的效力可以独立于本担保合同的效力，此种约定是有效的。[①] 另一种观点认为，反担保合同是担保合同的从合同，这一性质无法改变。求偿担保合同从属于担保人和债权人之间的本担保合同，是本担保合同的从合同。[②] 还有一种代表性观点认为，反担保合同仍然要受合同从属性原则的制约，主合同无效，担保合同无效。当然，反担保合同是银行或者非银行金融机构出具的独立保函，效力独立于主合同，独立效力的约定是有效的，这是法律规定的例外。[③]

从学理上分析，担保合同并不是反担保合同的主合同，因此反担保合同是否约定其效力与担保合同的关系，没有实质的意义。反担保合同的效力具有相对独立性，并不受制于担保合同的效力，是为了保障本担保人求偿权的实现。本担保合同无效，本担保人承担了赔偿责任后，对主债务人享有追偿的权利。本担保人求偿法律关系是一种法定的债权债务关系，并不是一种合同之债，本身并不存在违法与否的问题。反担保合同是否有效，关键是自身的原因，取决于反担保人的资格、双方的真实意思表示、反担保订立程序等因素。

3. 反担保人责任的具体范围

如果主合同有效，本担保合同无效，债权人与担保人均有过错的，担保人承担的赔偿责任不应超过债务人不能清偿部分的二分之一。如果主合同无效，本担保合同无效，债权人与担保人均有过错的，担保人承担的赔偿责任不应超过债务人不能清偿部分的三分之一。在反担保合同有效的情况下，担保人承担了担保责任，可以按照反担保合同的约定，在其承担赔偿责任的范围内请求反担保人承担担保责任的。是连带担保责任，还是补充担保责任，

---

① 参见李国光：《担保法新释新解与适用》，新华出版社2001年版，第36~37页。

② 参见刘保玉：《反担保初探》，载《法律科学》1997年第1期。

③ 参见最高人民法院民法典贯彻实施工作领导小组主编：《中华人民共和国民法典合同编理解与适用》，人民法院出版社2020年版，第1329页。

还要根据当事人的约定。

如果本担保合同无效，反担保合同因自身原因也无效，担保人和反担保人均有过错的，要承担不应超过本担保人所承担本担保责任部分（主债务人不能清偿部分的二分之一或三分之一）的二分之一的赔偿责任。如果担保人没有过错，反担保人在担保人向债权人承担的责任范围内承担责任。

如果主合同有效、担保合同有效，只是反担保合同无效，那么反担保人就根据《民法典担保制度司法解释》第 17 条第 1 款承担赔偿责任。

4. 反担保人责任的责任期间

反担保责任期间应从本担保人开始履行主债务人对债权人之债务开始起计算。《民法典》第 393 条规定，主债权消灭，担保物权消灭。《民法典》第 692 条第 2 款规定，没有约定或者约定不明确的，保证期间为主债务履行期限届满之日起 6 个月。就抵押反担保和质押反担保来说，反担保的责任期限，适用担保债权的诉讼时效期间。诉讼时效一般是 3 年，没有中断和中止的，超过 3 年不受法律保护。就保证反担保来说，如若当事人之间并未约定担保期限，则责任期间应当为自本担保人承担其担保责任之日起计算 6 个月。《民法典担保制度司法解释》第 33 条规定："保证合同无效，债权人未在约定或者法定的保证期间内依法行使权利，保证人主张不承担赔偿责任的，人民法院应予支持。"据此，即使反担保合同无效，担保人也应当在约定或者法定的保证期间内依法行使权利。

5. 反担保人的抗辩权

反担保人的抗辩权是指根据合同约定或者法律规定，对于承担了担保责任的本担保人，反担保人得以主张减轻或者免除其担保责任的权利。反担保人可以援引主债务人对债权人的抗辩权，援引主债务人对本担保人的抗辩权，可以援引本担保人的抗辩权。在反担保法律关系中，债权人为本担保人，债务人为反担保人，债的内容为担保义务。因此，反担保人还有自身的抗辩权，也就是针对本担保人的抗辩权，如反保证的保证期间届满、超过反担保责任范围等。

6. 反担保与本担保人基于代位权取得的担保的区别

担保人的代位权是指担保人在承担了担保责任，清偿主债务人之债务后，在债权人债权受偿的限度内，依法取得债权人对债务人的债权及从属的权利，如担保物权等。《民法典担保制度司法解释》第 18 条第 2 款规定："同一债权既有债务人自己提供的物的担保，又有第三人提供的担保，承担了担保责任或者赔偿责任的第三人，主张行使债权人对债务人享有的担保物权的，人民法院应予支持。"担保人的代位权与反担保的追偿范围不同。本担保人基于代位权取得担保的情形下，本担保人的追偿权及于其所清偿的主债权减去其应当承担担保责任的部分。在反担保法律关系中，承担了担保责任的本担保人的追偿权及于其所承担的主债权整体。

风险防范

作为反担保人，要充分权衡各种交易风险。反担保人在承担了其对本担保人的担保责任之后，其追偿权面临难以实现的风险。主债务人的财产，首先要清偿主债权人。本担保人承担担保责任后，本担保人可以向主债务人追偿。反担保人向主债务人行使追偿权时，主债务人的财产已经先后进行了两次清偿，包括主债权人和担保人，反担保人的债权得到完全履行的概率很低。从法律的逻辑看，反担保人可以要求在反担保之上，再设立"反反担保"，以此类推。如果这样，反担保人承担的担保风险，又会转嫁到"反反担保人"身上。由于本担保人所享有的债权是一种附条件的债权，该类债权可以在其所附条件成就之前设定担保物权。在实践中，本担保人更倾向于先与反担保人签订反担保合同，再为主债务人的债务提供担保。目前担保公司往往与借款人先设立反担保，然后才有借款人与商业银行之间的借款合同以及担保公司与商业银行之间的担保合同。

类案指引

1. 天津开发区蒲鑫进出口贸易有限公司、深圳前海特瑞得供应链平台服务有限公司金融借款合同纠纷案①

法院认为：宁夏银色能源公司未按法律规定，在未经股东大会决议的情况下，擅自为案涉债务提供担保，对《最高额保证合同》的无效存在过错，应承担相应责任。兴业银行兰州分行作为金融机构，对宁夏银色能源公司对案涉债务进行担保需经股东会或董事会决议事项，未尽到审查义务，亦对《最高额保证合同》的无效存在过错。根据《担保法司法解释》第7条，宁夏银色能源公司与兴业银行兰州分行的过错程度相当，故宁夏银色能源公司对于债务人甘肃飞天公司不能清偿部分，应承担50%的赔偿责任。根据《担保法司法解释》第9条，宁夏银色能源公司向兴业银行兰州分行承担赔偿责任后，可以向债务人甘肃飞天公司追偿。

❖ ❖ ❖ ❖ ❖ ❖ ❖ ❖ ❖

2. 中国民生银行股份有限公司曲靖分行、宣威市农业生产资料有限责任公司金融借款合同纠纷案②

法院认为：中国民生银行股份有限公司曲靖分行作为商事主体，应当对国家政策进行必要了解，对签订合同合法性、合规性进行必要审查。其在与宣威市供销合作社签订涉案保证合同时，未对国家相关政策进行必要了解，未尽对宣威市供销合作社的担保资格作适当审查，应当承担相应的过错责任。宣威市供销合作社明知其不具备保证人资格，仍故意隐瞒并签订保证合同，主观过错更大。一审法院据此依照相关司法解释规定，按照最大范围，即不能清偿部分的二分之一顶格判决宣威市供销合作社承担保证合同无效的赔偿责任具有一定合理性。宣威市供销合作社在承担赔偿责任后，有权向宣威市农业生产资料有限责任公司追偿。

---

① 参见最高人民法院（2020）最高法民终189号民事判决书。

② 参见云南省高级人民法院（2020）云民终506号民事判决书。

3. 绥化泓翔房地产开发有限公司（以下简称泓翔公司）、加格达奇区人民政府（以下简称加区政府）追偿权纠纷案[①]

法院认为：加区政府与兴财公司签订的《保证反担保合同》，违反《担保法司法解释》第3条的规定，系无效的。加区政府已经承担了赔偿责任，向兴财公司支付了15,437,781元。因此，加区政府享有追偿权，泓翔公司应将加区政府代其向兴财公司偿还的15,437,781元，给付加区政府。

❖ ❖ ❖ ❖ ❖ ❖ ❖ ❖ ❖

4. 黑龙江锭澄融资担保有限公司（以下简称锭澄公司）、曹勇追偿权纠纷案[②]

法院认为：龙腾公司提供虚假材料向农商行尚志大街支行借款，龙腾公司的行为构成骗取贷款罪，故农商行尚志大街支行与龙腾公司签订的《流动资金借款合同》无效。因案《流动资金借款合同》无效，作为从合同即锭澄公司与农商行尚志大街支行签订的《保证合同》亦属无效。龙腾公司与锭澄公司签订的《担保服务合同》等反担保协议均系各方当事人的真实意思表示，不违反法律、法规的禁止性规定，合法有效。因龙腾公司未能向农商行尚志大街支行偿还欠款还款，锭澄公司向农商行尚志大街支行代偿了部分借款本息。锭澄公司主张追偿权的范围，应系锭澄公司因保证担保合同无效所应承担的民事责任范围，即6,556,062.50元。

❖ ❖ ❖ ❖ ❖ ❖ ❖ ❖ ❖

5. 淮安市晟达实业有限公司与淮安市清江浦区人民政府（以下简称清江浦区政府）、江苏铸明节能科技有限公司等追偿权纠纷案[③]

法院认为：本案主合同即委托贷款借款合同及中小投资公司的保证担保借款合同有效，但清江浦区政府提供的保证担保行为及保证反担保

---

① 参见黑龙江省高级人民法院（2020）黑民终538号民事判决书。

② 参见黑龙江省高级人民法院（2018）黑民终539号民事判决书

③ 参见江苏省淮安市中级人民法院（2019）苏08民终3314号民事判决书。

行为无效，因《担保法》明文规定，国家机关不得作为保证人，对此，中小投资公司作为委托人、原清浦区政府作为保证人及中小投资公司作为保证人、原清浦区政府作为保证反担保人应当明知，均有过错，中小投资公司与清江浦区政府对原清浦区政府的无效担保行为负有同等过错。根据相关司法解释的规定，清江浦区政府对其担保的铸明节能公司的债务应承担债务人不能清偿部分的二分之一的赔偿责任。

专题五

保证合同

一、保证方式的识别

相关法条

《最高人民法院关于适用〈中华人民共和国民法典〉有关担保制度的解释》

第二十五条 当事人在保证合同中约定了保证人在债务人不能履行债务或者无力偿还债务时才承担保证责任等类似内容，具有债务人应当先承担责任的意思表示的，人民法院应当将其认定为一般保证。

当事人在保证合同中约定了保证人在债务人不履行债务或者未偿还债务时即承担保证责任、无条件承担保证责任等类似内容，不具有债务人应当先承担责任的意思表示的，人民法院应当将其认定为连带责任保证。

《中华人民共和国民法典》

第六百八十五条 保证合同可以是单独订立的书面合同，也可以是主债权债务合同中的保证条款。

第三人单方以书面形式向债权人作出保证，债权人接收且未提出异议的，保证合同成立。

第六百八十六条 保证的方式包括一般保证和连带责任保证。

当事人在保证合同中对保证方式没有约定或者约定不明确的，按照一般保证承担保证责任。

第六百八十七条 当事人在保证合同中约定，债务人不能履行债务时，由保证人承担保证责任的，为一般保证。

一般保证的保证人在主合同纠纷未经审判或者仲裁，并就债务人财产依法强制执行仍不能履行债务前，有权拒绝向债权人承担保证责任，但是有下列情形之一的除外：

（一）债务人下落不明，且无财产可供执行；

（二）人民法院已经受理债务人破产案件；

（三）债权人有证据证明债务人的财产不足以履行全部债务或者丧失履行债务能力；

（四）保证人书面表示放弃本款规定的权利。

第六百八十八条　当事人在保证合同中约定保证人和债务人对债务承担连带责任的，为连带责任保证。

连带责任保证的债务人不履行到期债务或者发生当事人约定的情形时，债权人可以请求债务人履行债务，也可以请求保证人在其保证范围内承担保证责任。

规范解读

1. 保证合同的形式

因私法自治的缘故，民事法律行为以不要式为常态，以形式的强制性为例外。其中，要式合同以担保领域最为典型，《民法典》第 685 条规定了保证合同的书面形式。这种书面形式的要求，从 1988 年《民通意见》开始，一直延续至今未曾改变。之所以如此规定，是因为民事法律行为都会产生一定的民事法律效果，都会产生相应的权利义务关系，对各方当事人都会产生影响。现实生活中，重要的、非即时清结的民事法律行为，一般都采用书面形式。书面形式最大的特点还在于容易复制、留存，更容易证明案件的事实。保证作为单务、无偿的民事法律行为，风险很大，书面形式能够对意欲充当保证人的人起到警示作用，使其三思而后行，避免因一时冲动或者无知而遭受风险。

书面形式是指以文字等可以有形地表现所载内容的形式。书面形式不仅是合同书、信件这些最常用的形式，以电子数据交换、电子邮件等方式能够有形地表现所载内容，并可以随时调取查用的数据电文，也视为书面形式。科学技术的日新月异，正在丰富着书面形式的实质内涵。未来的载体可能有多种现在无法想象的形式，只要满足书面形式的基本特征，即可视为书面形式。

对于保证合同的书面形式，《民法典》完全延续了担保法及其司法解释的规定，不仅包括单独的保证合同，也包括保证合同条款。这里的保证合同条款，既可以是保证人愿意为主债权担保的具体文字表述，也可以是整个主合同条文没有这样的表述，但在签字栏有“保证人”字样。需要注意的是，《担保法司法解释》第22条第2款规定：“主合同中虽然没有保证条款，但是，保证人在主合同上以保证人的身份签字或者盖章的，保证合同成立。”该种情形虽然《民法典》没有明文规定，却在解释方法上，将其解释为一种特别的保证合同条款使其成为立法的当然之意，如此在立法技术上显得更加精练。

书面形式和口头形式以外的其他形式，也可以成立保证合同。所谓其他形式，是指当事人没有采用书面、口头形式成立民事法律行为，但采取其他的能够认定民事法律行为成立的形式。一种是当事人的积极行为。通过当事人的积极行为能够推定民事法律行为成立。另一种是当事人消极行为。根据《民法典》第685条第2款的规定，第三人单方以书面形式向债权人作出保证，债权人接收且未提出异议的，保证合同成立。这里的“未提出异议”，即为消极行为。

2. 保证方式

《民法典》第686条最大变化在于，改变了《担保法》保证方式推定规则，明确默认保证方式为一般保证。《担保法》默认连带责任保证，是为了应对当时社会经济秩序混乱、交易诚信严重缺失的困境。这种规定确实在特定历史时期起到了应有的作用，有助于加强保证人的责任意识，使保证人明确对保证方式不约定或者约定不明的法律后果，从而对保证方式作出适当选择。[①] 然而如此规定，弊端较为明显：其一，将保证方式推定为连带责任保证的规

① 参见全国人大常委会法制工作委员会民法室编著：《中华人民共和国担保法释义》，法律出版社1995年版，第25页。

定，颠倒了原则和例外的关系。保证是担保债务人向债权人适当履行，具有补充债务人履行债务的意思。因此，保证责任补充性是原则，而保证责任连带性是例外。其二，这种针对保证方式的推定，违背了保证责任的制度功能。保证责任创设的初衷是为了担保债务的顺利履行，作为权利和义务关系的最初主体，债权人理应首先向合同主债务人请求清偿，只有在债务人无法清偿或无法完全清偿时，保证人才承担责任。其三，推定连带责任保证，面临着“过度商化”的质疑。在比较法上，连带责任保证是商事保证的基本方式，而民事保证具备从属性和无偿性，保证人通常难以充分认识其后果，应当以一般保证作为其基本类型。

适用难点

《民法典》第686条第2款规定，当事人在保证合同中对保证方式没有约定或者约定不明确的，按照一般保证承担保证责任。由此可知，没有约定或者约定不明确的，是立法推定适用的前提。在此条的理解与适用时，尤其要注意不能将立法推定与解释规则混为一谈。实际上，推定结论只有在难以确定保证人真实意思表示的情况下才能适用。反之，如果可以通过意思表示解释规则，确定当事人承担的是连带责任保证的，就不能简单地根据此条将其认定为一般保证。

当事人在保证合同中，明确使用“一般保证”“连带责任保证”的表述，确定保证方式，自无问题。问题是，当事人虽有约定但并未使用精确的法律术语。由于当事人对于保证方式有约定，因此不能简单地认为没有约定或者约定不明确，需要对当事人的意思表示进行解释。在具体解释时，应当按照所使用的词句，结合相关条款、行为的性质和目的、习惯以及诚信原则，确定意思表示的含义。

如果当事人在保证合同中约定了保证人在债务人不履行债务或者未偿还债务时即承担保证责任、无条件承担保证责任等类似内容，则表明保证人已经准备好在债权人提出请求的情形下，随时承担保证责任。保证人的这一意思表示意味着保证人并不以债务人应当先承担责任作为自己承担保证责任的前提条件，故其真实意思是提供连带责任保证。据此，应当将该保证认定为连带责任保证。

如果当事人在合同中约定了债务人不能履行债务或者无力履行债务时才承担保证责任，应当认定保证人承担的是一般保证。首先，这样约定强调债务人客观上已经不能履行债务，债务人的责任财产已经不足以履行债务。这种约定的表述，既与《民法典》第 687 条第 1 款对一般保证的界定相符，也与《民法典》第 687 条第 2 款对先诉抗辩权的规定相一致。其次，这样约定实际上也明确强调了保证人承担的担保责任所具有的补充性，即保证人的保证责任是第二顺位的。

风险防范

从风险防控的角度来看，担保方式的影响巨大。如果是一般保证，债权人只能先向债务人主张权利并获得胜诉判决，在对债务人执行不能时，才能确定一般保证人是否承担保证责任以及具体数额。而在连带责任保证中，债权人则可以直接要求保证人承担责任。因此，对于债权人来说，连带责任保证的权利保障更为充分。但是对于保证人来说，一般保证更符合债务从属性的基本规则，是一种负担最小的担保方式。因此，对于保证方式的风险防控，应该根据身份的不同而有所差异。对于专业的法律风险防控来说，一定要明确具体的担保方式，建议使用标准的法言法语，如一般保证和连带责任保证，避免陷入不确定的解释规则以及推定规则的适用。

类案指引

华融国际信托有限责任公司、凯迪生态环境科技股份有限公司金融借款合同纠纷案①

法院认为：涉案《差额补足合同》约定的差额补足责任是指“如主债务人无法按照《贷款合同》的约定履行支付贷款本金、利息、复利、

① 参见最高人民法院（2019）最高法民终 560 号民事判决书。

罚息、违约金、赔偿金及其他任何应付款项的义务，则债权人有权不经任何前置程序要求差额补足义务人立即向债权人支付主债务人的应付未付债务”。据此，无论是从《差额补足合同》的核心条款进行文义解释来看，还是从合同体系解释来看，该合同的性质均符合保证合同的法律特征。

二、保证期间

相关法条

《最高人民法院关于适用〈中华人民共和国民法典〉有关担保制度的解释》

第三十条 最高额保证合同对保证期间的计算方式、起算时间等有约定的，按照其约定。

最高额保证合同对保证期间的计算方式、起算时间等没有约定或者约定不明，被担保债权的履行期限均已届满的，保证期间自债权确定之日起开始计算；被担保债权的履行期限尚未届满的，保证期间自最后到期债权的履行期限届满之日起开始计算。

前款所称债权确定之日，依照民法典第四百二十三条的规定认定。

第三十二条 保证合同约定保证人承担保证责任直至主债务本息还清时为止等类似内容的，视为约定不明，保证期间为主债务履行期限届满之日起六个月。

第三十三条 保证合同无效，债权人未在约定或者法定的保证期间内依法行使权利，保证人主张不承担赔偿责任的，人民法院应予支持。

第三十四条 人民法院在审理保证合同纠纷案件时，应当将保证期间是否届满、债权人是否在保证期间内依法行使权利等事实作为案件基本事实予以查明。

债权人在保证期间内未依法行使权利的，保证责任消灭。保证责任消灭后，债权人书面通知保证人要求承担保证责任，保证人在通知书上签字、盖章或者按指印，债权人请求保证人继续承担保证责任的，人民法院不予支持，但是债权人有证据证明成立了新的保证合同的除外。

《中华人民共和国民法典》

第四百二十三条 有下列情形之一的，抵押权人的债权确定：

（一）约定的债权确定期间届满；

（二）没有约定债权确定期间或者约定不明确，抵押权人或者抵押人自最高额抵押权设立之日起满二年后请求确定债权；

（三）新的债权不可能发生；

（四）抵押权人知道或者应当知道抵押财产被查封、扣押；

（五）债务人、抵押人被宣告破产或者解散；

（六）法律规定债权确定的其他情形。

规范解读

保证债务具有从属性，与主债务“同命运”；主债务未消灭，保证债务亦存在。《民法典》基于保护保证人、督促债权人及时行使权利的立场，在保证债务诉讼时效之外，专门规定了保证期间制度，明确规定所有保证债务均有保证期间之适用，此所谓保证期间的强制适用主义。[①]《民法典》第一次作出了保证期间法律上的定义，其中第692条第1款规定：“保证期间是确定保证人承担保证责任的期间，不发生中止、中断和延长。”[②] 保证期间是法定的或者约定的保证责任的存续期间。就一般保证而言，债权人应当在保证期间对债务人提起诉讼或者申请仲裁。就连带责任保证而言，债权人应当在保证期间请求保证人承担保证责任。保证期间届满，债权人未依法向主债务人（一般保证）主张权利或者向保证人（连带责任保证）主张保证责

① 参见高圣平：《民法典上保证期间的效力及计算》，载《甘肃政法大学学报》2020年第5期。

② 《最高人民法院关于审理经济合同纠纷案件有关保证的若干问题的规定》第10条第1句规定：“保证合同中约定有保证责任期限的，保证人在约定的保证责任期限内承担保证责任。”该司法解释并没有对保证期间作出明确的定义。1995年颁布的《担保法》同样也没有对保证期间作出法律上的定义。

任的，保证人的保证责任归于消灭。

对于保证期间，《民法典》有如下几点变化：（1）统一法定保证期间。没有约定或者约定不明确的，保证期间为主债务履行期限届满之日起 6 个月。（2）明确没有约定或者约定不明确的法定规则。约定的保证期间早于主债务履行期限或者与主债务履行期限同时届满的，视为没有约定。保证合同约定保证人承担保证责任直至主债务本息还清时为止等类似内容的，视为约定不明。《担保法司法解释》第 32 条同时规定了没有约定推定规则和约定不明确的推定规则，而《民法典》第 692 条规定了没有约定推定规则，《民法典担保制度司法解释》第 32 条规定了约定不明确的推定规则。（3）修改没有约定推定规则。《民法典》第 692 条第 2 款规定："……约定的保证期间早于主债务履行期限或者与主债务履行期限同时届满的，视为没有约定……"与《担保法司法解释》第 32 条第 1 款相比，在条文表述上更为严谨。主债务履行期限既可以是一个时点，也可以是一个时段，对一个在时间轴上的时点而言，只能有早晚和同时之分。而对一个在时间轴上的时段来说，没有所谓的早晚和同时之分，仅有长短之分。只有保证期间的届满时点与主债务履行期限的届满时点之间，才有早晚或同时的比较结果。

适用难点

1. 最高额保证的保证期间

《民法典》第 690 条规定，最高额保证参照适用一般保证的规定，因此最高额保证合同对保证期间的计算方式、起算时间等有约定的，按照其约定。由于最高额保证担保的并非某个或某几个特定的债权，而是一定期间连续发生的债权。因此，最高额保证未约定保证期间时，最高额保证的法定保证期间具有特殊性。最高额保证合同对保证期间的计算方式、起算时间等没有约定或者约定不明，被担保债权的履行期限均已届满的，保证期间自债权确定之日起开始计算；被担保债权的履行期限尚未届满的，保证期间自最后到期债权的履行期限届满之日起开始计算。这里需要注意的是，被担保的债权的履行期限均已经届满不同于债权确定。所谓的债权确定，是指因当事人约定的债权确定期间届满或者法律规定的情形的发生而使最高额保证所担保的债权被确定下来。这一点，应该参照《民法典》第 423 条关于最高额抵押的规定。理由在于：如果最高额保证的债权确定之前所有被担保债权的履行期限都已经届满了，则保证期间从债权确定之日起算 6 个月没有问题。因为最高额保证所担保的一定期间内连续发生的债权，只要都在最高债权额限度内且各个具体债权的履行期限都已经届满了，那么到债权确定后，就可以确定最高额保证所担保的具体债权数额。

2. 关于合同无效时保证期间的适用问题

保证合同无效或者被撤销时能否适用保证期间制度，是司法实践中争议较大的一个问题。实际上，债权人通常不会主观上认为保证合同无效或者可被撤销，否则就不会订立保证合同。因此，在债权人不知道保证合同无效或者可撤销时，如果其认为保证人应当承担保证责任，自应在保证期间内向保证人主张保证责任。相应地，债权人未在保证期间内依法向保证人主张保证责任，通常可以解释为债权人不再要求保证人承担保证责任，当然也就无意要求保证人承担赔偿责任。更为重要的是，如果保证合同无效或者被撤销，保证人不能受到保证期间的保护，就可能导致保证人在保证合同无效或者被撤销时的责任较之保证合同有效时更重：保证合同有效时，保证人因未在保证期间内行使权利而无须承担任何责任，但在保证合同无效或者被撤销时，保证人反倒可能要承担赔偿责任，这显然不公平。有鉴于此，《民法典担保制度司法解释》第 33 条规定，保证合同无效或者被撤销时，债权人仍然要在保证期间内主张权利。

3. 与保证期间有关的事实查明

保证期间是确定保证人承担保证责任的期间，债权人只有在保证期间内依法向保证人主张了权利，才能要求保证人承担保证责任，否则保证人的保证责任消灭。保证期间可以由当事人约定，且无中止、中断和延长的情形，故不同于诉讼时效。除斥期间作为法定期间，不允许当事人约定，且除斥期间届满后消灭的是形成权，故除斥期间和保证期间亦存在本质区别。考虑到保证期间届满消灭的是实体权利，对当事人权利义务的影响至巨，人民法院对与保证期间有关的事实进行审理时不宜采取类似诉讼时效那样的当事人抗辩主义，而应当在向当事人释明的基础上查明与保证期间有关的基本事实。在具体案件的审理中，应重点查明保证期间是否已经届满，债权人是否在保证期间内依法行使权利等具体内容。

债权人在保证期间内未依法行使权利，保证责任本已消灭，但实践中有的债权人又书面通知保证人要求其承担保证责任，而保证人也在通知书上进行了签字、盖章或者捺指印，此时债权人是否能够请求保证人继续承担保证责任，存在较大争议。保证期间不同于诉讼时效，保证期间届满产生的是实体权利的消灭，保证人仅仅在催款通知书上签字、盖章或者捺指印，不足以认定保证人有重新为债务提供担保的意思表示。因此，《民法典担保制度司法解释》第 34 条第 2 款规定在上述情形下，债权人向保证人请求继续承担保证责任的，人民法院不予支持，但是债权人有证据证明成立了新的保证合同的除外。

4. 保证期间与抵押权期间的区别

《担保法司法解释》第 12 条第 2 款规定："担保物权所担保的债权的诉讼时效结束后，担保权人在诉讼时效结束后的二年内行使担保物权的，人民法院应当予以支持。"该司法解释对抵押权的行使期间采取类似于诉讼时效的表述方式，故抵押权的行使期间可以被认为是抵押权的保护期间，而不是存续期间，不同于保证期间，期间届满不产生消灭抵押权的效果。《物权法》第 202 条规定："抵押权人应当在主债权诉讼时效期间行使抵押权；未行使的，人民法院不予保护。"该条一是删除了《担保法司法解释》"二年内"的规定，二是将"诉讼时效结束后"改为"诉讼时效期间"，减少了两年保护期间。

《民法典》第 419 条又完全沿用了《物权法》第 202 条的规定。具体而言，抵押权期间受制于主债权诉讼时效，随着主债权诉讼时效中断、中止、延长等发生变化，非不变期间。问题是，实践中主债务诉讼时效届满，债权人在诉讼时效届满不行使抵押权的，法院不予支持。此时，抵押权又没有消灭，这样就可能陷入僵局。债权人无法行使抵押权，抵押权人又不能涤除抵押权。抵押权人向法院起诉请求注销抵押权，法院对此是否支持？《九民纪要》第 59 条规定："抵押权人应当在主债权的诉讼时效期间内行使抵押权。

抵押权人在主债权诉讼时效届满前未行使抵押权，抵押人在主债权诉讼时效届满后请求涂销抵押权登记的，人民法院依法予以支持。以登记作为公示方法的权利质权，参照适用前款规定。”在《民法典》对此未有新的规定的情况下，此处理思路可以继续沿用。

5. 保证期间与质权、留置权期间的区别

《民法典》对抵押权的保护期间作了明确规定，但是对质权、留置权的保护期间却付之阙如。这是否意味着质权、留置权没有保护期间的限制？即便是债权人在诉讼时效期间内未行使质权、留置权的，法院也应予以保护？对此不能一概而论，区分情况更为合适。第一，就以登记为公示方式的权利质而言，与抵押权无实质差别，应类推适用《民法典》第 419 条关于抵押权保护期间的规定，质权人在主债务诉讼时效期间内不行使权利的，人民法院不予保护。第二，就动产质而言，因公示方式是交付，亦即质权人占有动产，实际控制动产，只要占有状态没有发生变化，即便是主债务过了诉讼时效，其质权亦应受到保护。以交付权利凭证作为公示方式的权利质与动产质属于同等情况，应同样对待。第三，就留置权而言，往往是在债务人到期不履行债务，债权人对合法占有的标的物进行留置。这属于主债务诉讼时效开始起算后行使权利的行为，构成诉讼时效中断，只要留置物在债权人的持续占有状态，主债务诉讼时效持续中断。不存在主债务诉讼时效届满的情况，自然也无类推适用抵押权保护期间之余地。对于动产质押和交付权利凭证为公示方式的权利质押，担保人为避免因债权人不行使权利而产生对自己不利的后果的方式，可以依据《民法典》第 437 条、第 454 条的规定，请求质权人、留置权人在债务履行期间届满后及时行使权利，可请求人民法院拍卖、变卖担保标的物，因债权人不及时行使权利造成损失的，还可以请求损害赔偿。

风险防范

保证期间制度，作为保证法律制度中最为复杂的问题，牵扯面较广。在我国，保证期间采取强制适用主义，只要认定为保证，必然涉及保证期间的适用。司法实务中，约定保证期间的较少，基本适用法定保证期间，约定保证期间起算点的情形较少。但从风险防控的角度看，债权人为更好地保障自己的利益，可以适当的约定较长的保证期间。但对于保证人而言，约定较短的保证期间属于利益最大化的选择。

类案指引

中国长城资产管理股份有限公司山西省分公司与山西朔州平鲁区华美奥崇升煤业有限公司（以下简称崇升煤业公司）等借款合同纠纷案①

裁判要旨：在最高额保证合同关系中，如果合同明确约定所担保的最高债权额包括主债权的数额和相应的利息、违约金、损害赔偿金以及实现债权的费用，保证人即应当依照约定对利息、违约金、损害赔偿金以及实现债权的费用承担保证责任，而不受主债权数额的限制。

法院认为：中信银行太原分行与秦发公司、秦发实业公司、崇升煤业公司、冯西煤业公司、徐吉华、王桂敏、徐达、邓冰晶签订的《最高额保证合同》中均约定，各担保人担保的债权最高额限度为“债权本金人民币 5 亿元整”和相应的利息、罚息、违约金、损害赔偿金以及为实现债权、担保权利等所发生的一切费用、其他所有应付的费用之和，即各保证人所担保债权最高额限度为本金 5 亿元和相应的利息、违约金、律师费、保全费实现债权费用等均属于被担保债权范围。该约定系当事人真实意思表示，且不违反国家法律、法规的强制性规定，应为合法有效，各方亦应依约履行。因各保证人所签订的《最高额保证合同》中已明确约定，本案在最高额担保的“债权本金人民币 5 亿元和实现债权的律师费、保全费等实现债权的费用”范围内承担保证责任。本案已查明，至本案一审庭审时本案未偿还借款本金为 492,443,528.38 元，该数额并未超出《最高额保证合同》约定的本金 5 亿元，故各保证人应以合

---

① 最高人民法院（2019）最高法民终 823 号民事判决书。

同约定对崇升煤业公司的涉案债务本金人民币 5 亿元和实现债权的律师费、保全费实现债权的费用等承担连带清偿责任。

三、一般保证当事人的确定

相关法条

《最高人民法院关于适用〈中华人民共和国民法典〉有关担保制度的解释》

第二十六条 一般保证中，债权人以债务人为被告提起诉讼的，人民法院应予受理。债权人未就主合同纠纷提起诉讼或者申请仲裁，仅起诉一般保证人的，人民法院应当驳回起诉。

一般保证中，债权人一并起诉债务人和保证人的，人民法院可以受理，但是在作出判决时，除有民法典第六百八十七条第二款但书规定的情形外，应当在判决书主文中明确，保证人仅对债务人财产依法强制执行后仍不能履行的部分承担保证责任。

债权人未对债务人的财产申请保全，或者保全的债务人的财产足以清偿债务，债权人申请对一般保证人的财产进行保全的，人民法院不予准许。

《中华人民共和国民法典》

第六百八十七条 当事人在保证合同中约定，债务人不能履行债务时，由保证人承担保证责任的，为一般保证。

一般保证的保证人在主合同纠纷未经审判或者仲裁，并就债务人财产依法强制执行仍不能履行债务前，有权拒绝向债权人承担保证责任，但是有下列情形之一的除外：

（一）债务人下落不明，且无财产可供执行；

（二）人民法院已经受理债务人破产案件；

（三）债权人有证据证明债务人的财产不足以履行全部债务或者丧失履行债务能力；

（四）保证人书面表示放弃本款规定的权利。

第六百九十八条 一般保证的保证人在主债务履行期限届满后，向债权人提供债务人可供执行财产的真实情况，债权人放弃或者怠于行使权利致使该财产不能被执行的，保证人在其提供可供执行财产的价值范围内不再承担保证责任。

规范解读

《民法典》第687条规定了一般保证人的先诉抗辩权。先诉抗辩权，亦称检索抗辩权，是指保证人在债权人未就主债务人的财产强制执行而无效果之前，可以拒绝债权人要求其履行保证债务的权利。先诉抗辩权是保证人依其地位可以享有的特殊权利，这种权利的行使可以达到延期履行保证债务的结果，因此其性质为一种延期履行的抗辩权。

与《担保法》第17条相比，《民法典》第687条实质修改的地方有：（1）保证人不得行使先诉抗辩权的情形。将《担保法》第17条第3款的第一种情形，即“债务人住所变更，致使债权人要求其履行债务发生重大困难的”修改为“债务人下落不明，且无财产可供执行”。保证人不能行使先诉抗辩权，是因为债务人下落不明，且无财产可供执行这一事实，表明保证人行使先诉抗辩权的前提条件不具备了。（2）保证人不得行使先诉抗辩权的情形。增加《担保法》第17条第3款没有规定的一种情形，即“债权人有证据证明债务人的财产不足以履行全部债务或者丧失履行债务能力”。一般保证的保证人享有先诉抗辩的权利，原因是债务人是第一债务人，保证人是第二债务人。在第一债务人还有财产履行主合同义务的情况下，应当要求第一债务人履行债务或者承担责任。只有在第一债务人的财产不足以履行债务的情况下，才能要求保证人履行保证义务。

先诉抗辩权，是法律赋予一般保证人的一种顺序利益，是一种延期履行的抗辩权，而并非免责抗辩权。然而，保证人的延期履行抗辩权在一定条件下可以演变成新的免责抗辩权。《民法典》第698条规定：“一般保证的保证人在主债务履行期限届满后，向债权人提供债务人可供执行财产的真实情况，债权人放弃或者怠于行使权利致使该财产不能被执行的，保证人在其提供可供执行财产的价值范围内不再承担保证责任。”该规定源于《担保法司法解释》第 24 条，其实质内容没有变化，只是表述略有不同。一般保证的保证人在主债务履行期限届满后，向债权人提供债务人可供执行财产的真实情况，债权人放弃或者怠于行使权利致使该财产不能被执行的，保证人在其提供可供执行财产的价值范围内不再承担保证责任。之所以如此规定，是因为在主合同履行期届满时，保证人发现债务人目前尚有可供执行的财产，并向债权人提供了真实情况，此时如果债权人积极行使权利，通过诉讼或者其他途径控制债务人的财产，不仅能使自己的债权得到保障，而且也免除了保证人日后可能承担的责任。如果债权人放弃或者怠于行使权利，致使该项财产流失而不能再被用来强制执行以清偿其债权，势必加重了保证人的风险。在这种情况下，保证人要求在该项财产价值范围内免除保证责任，人民法院应当予以支持。

适用难点

在主合同与保证合同诉讼中，有关当事人的参与情况大体有以下几种情形：

一是债权人单独起诉债务人。无论是在一般保证还是在连带责任保证中，债权人均可以单独起诉债务人。债权人没有起诉保证人，意味着债权人放弃或者暂时放弃对保证人的请求权。债权人单独起诉债务人并获得胜诉判决的，债权人仅获得针对债务人一方的执行名义，其可在执行阶段向人民法院申请执行债务人的财产，未被起诉的保证人则不在此列。之所以如此规定，是因为人民法院不能依据对主合同当事人所作的判决或者裁定，直接执行担保人的财产。毕竟在主合同纠纷案件中，担保人不是案件当事人，人民法院就主合同纠纷所作的判决或者裁定，对担保人没有约束力，判决或者裁定不能成为人民法院强制执行担保人财产的依据。因此，如果债权人想在执行债务人财产的同时，也可以执行担保人的财产，就应当选择共同诉讼的模式。

二是债权人单独起诉保证人。至于债权人能否单独起诉保证人，则会因为保证类型的差异而有所不同。在连带责任保证中，《民法典》第688条第2款明确规定，债权人享有选择权，其可以请求债务人履行债务，也可以请求保证人承担责任。之所以如此，是因为连带责任保证中，保证人与债务人处于同一清偿顺序上，均有义务首先履行债务。而在一般保证中，情况则大不相同。《民法典担保制度司法解释》第26条第1款明确规定，债权人未就主合同纠纷提起诉讼或者申请仲裁，仅起诉一般保证人的，人民法院应当向债权人释明将债务人一并提起诉讼，否则人民法院应当驳回起诉。这里的驳回起诉，颠覆了《民事诉讼法解释》第66条“人民法院应当将保证人和被保证人列为共同被告”，以及《民间借贷司法解释》第4条“人民法院可以追加借款人为共同被告”等相关规定。这种规定，更契合当事人的意思自治以及先诉抗辩权的本质，应予肯定。

另外，《民法典担保制度司法解释》第26条第3款规定：“债权人未对债务人的财产申请保全，或者保全的债务人的财产足以清偿债务，债权人申请对一般保证人的财产进行保全的，人民法院不予准许。”之所以如此规定，是因为财产保全的目的旨在防止因有关财产被处分或被转移，导致利害关系人或原告的合法权益受到难以弥补的损害或者将来的判决无法执行或者难以执行。在一般保证中，既然债权人必须要对债务人起诉或者仲裁并就债务人的财产强制执行仍不能清偿债务后，才能要求一般保证人承担保证责任。那么，无论是债权人针对债务人的单独诉讼或者以债务人和保证人为共同被告的共同诉讼，首要防止的是债务人的财产被处分或转移而损害债权人的权益，债权人不保全债务人的财产，却仅仅保全一般保证人的财产，岂不是南辕北辙？况且，在保全债务人的财产已经足以清偿债务的情形下，去保全一般保证人的财产，也是完全没有必要的。

三是债权人一并起诉债务人和保证人。一并起诉的好处在于可以对主合同事实这一共通事实形成统一判断，避免发生矛盾裁判，某种程度上还可免去债权人再行诉讼的潜在负累，有利于节约司法资源、提高纠纷解决效率。在连带责任保证中，保证人和债务人是连带债务关系，保证人不存在顺序利益，起诉的权利在于债权人。在一般保证中，尽管一般保证人具有先诉抗辩权，但先诉抗辩行使的法律效果是执行中拒绝“承担保证责任”而并不对抗债权人的起诉。因此，《民法典担保制度司法解释》第 26 条第 2 款明确规定："一般保证中，债权人一并起诉债务人和保证人的，人民法院可以受理，但是在作出判决时，除有民法典第六百八十七条第二款但书规定的情形外，应当在判决书主文中明确，保证人仅对债务人财产依法强制执行后仍不能履行的部分承担保证责任。"

风险防范

从现有法律规定来看，保证纠纷当事人的确定取决于债权人。从风险防控的角度看，无论是一般保证还是连带责任保证，债权人选择共同诉讼的模式是最为理想的，因为其不仅可以有效避免保证期间和诉讼时效可能对债权造成的不利影响，同时也可以避免续行对保证人诉讼可能多付出的成本，实现一次性解决诉讼的目的。

类案指引

牛向阳、冯丽英因与鄢陵县巨丰小额贷款有限公司（以下简称巨丰公司）保证合同纠纷案①

裁判要旨：案涉借款存在多名保证人的，出借人（债权人）有权起诉其中部分保证人，要求其承担保证责任。至于出借人是否要求借款人与其他保证人承担责任，系其对自身权益处分问题，与被诉保证人无关。

法院认为：关于巨丰公司能否仅起诉牛向阳、冯丽英二人的问题。牛向阳、冯丽英主张巨丰公司诉讼对象有针对性，不起诉其他借款人和担保人，仅起诉牛向阳、冯丽英，其就巨丰公司放弃债权部分不应承担责任；且冯丽英既非借款人，又非担保人，不应当承担偿还责任。《担保法》第 18 条第 2 款规定："连带责任保证的债务人在主合同规定的债务履行期届满没有履行债务的，债权人可以要求债务人履行债务，也可

① 最高人民法院（2017）最高法民申 3672 号民事裁定书。

以要求保证人在其保证范围内承担保证责任。”《担保法司法解释》第20条第1款规定：“连带共同保证的债务人在主合同规定的债务履行期届满没有履行债务的，债权人可以要求债务人履行债务，也可以要求任何一个保证人承担全部保证责任。”根据上述法律规定，巨丰公司有权起诉本案的保证人牛向阳，要求其承担保证责任。至于巨丰公司是否要求案涉借款之外的借款人与保证人承担责任，系巨丰公司对自身权益处分问题，与牛向阳无关。

四、债权人主张权利的方式

相关法条

《最高人民法院关于适用〈中华人民共和国民法典〉有关担保制度的解释》

第二十七条 一般保证的债权人取得对债务人赋予强制执行效力的公证债权文书后，在保证期间内向人民法院申请强制执行，保证人以债权人未在保证期间内对债务人提起诉讼或者申请仲裁为由主张不承担保证责任的，人民法院不予支持。

第二十九条 同一债务有两个以上保证人，债权人以其已经在保证期间内依法向部分保证人行使权利为由，主张已经在保证期间内向其他保证人行使权利的，人民法院不予支持。

同一债务有两个以上保证人，保证人之间相互有追偿权，债权人未在保证期间内依法向部分保证人行使权利，导致其他保证人在承担保证责任后丧失追偿权，其他保证人主张在其不能追偿的范围内免除保证责任的，人民法院应予支持。

第三十一条 一般保证的债权人在保证期间内对债务人提起诉讼或者申请仲裁后，又撤回起诉或者仲裁申请，债权人在保证期间届满前未再行提起诉讼或者申请仲裁，保证人主张不再承担保证责任的，人民法院应予支持。

连带责任保证的债权人在保证期间内对保证人提起诉讼或者申请仲裁

后，又撤回起诉或者仲裁申请，起诉状副本或者仲裁申请书副本已经送达保证人的，人民法院应当认定债权人已经在保证期间内向保证人行使了权利。

《中华人民共和国民法典》

第六百九十三条　一般保证的债权人未在保证期间对债务人提起诉讼或者申请仲裁的，保证人不再承担保证责任。

连带责任保证的债权人未在保证期间请求保证人承担保证责任的，保证人不再承担保证责任。

规范解读

《担保法》第25条第2款规定："在合同约定的保证期间和前款规定的保证期间，债权人未对债务人提起诉讼或者申请仲裁的，保证人免除保证责任；债权人已提起诉讼或者申请仲裁的，保证期间适用诉讼时效中断的规定。"第26条第2款规定："在合同约定的保证期间和前款规定的保证期间，债权人未要求保证人承担保证责任的，保证人免除保证责任。"《民法典》第693条与《担保法》上述两条款相比，修改的地方是删除了《担保法》第25条第2款后句的内容，其余内容主要作了些文字修改，没有作实质性改动。

之所以删去《担保法》第25条第2款后句的原因是，原条文混淆了保证期间和诉讼时效的关系。债权人在保证期间内依法向主债务人（一般保证）主张权利或者向保证人（连带责任保证）主张保证责任的，保证期间的使命完成。就一般保证而言，债权人在保证期间对债务人提起诉讼或者申请仲裁的，从保证人拒绝承担保证责任的权利消灭之日起，开始计算保证债务的诉讼时效，而不是《担保法》规定的保证期间适用诉讼时效中断的规定。就连带保证而言，债权人在保证期间请求保证人承担保证责任的，开始计算保证债务的诉讼时效。

适用难点

1. 债权人主张保证责任的方式

《民法典》第 693 条规定，因保证方式的不同，债权人主张保证责任的对象和方式也不同。在一般保证中，主张保证责任的对象是债务人，方式是提起诉讼或者仲裁。当债权人已经取得对债务人赋予强制执行效力的公证债权文书后，就可以依法直接向债务人申请强制执行，而无须再向债务人提起诉讼或者申请仲裁。此种行为的效果与债权人在保证期间向债务人提起诉讼或申请仲裁并在取得生效的胜诉法律文书后申请强制执行是一样的，一般保证人当然也不得仅以债权人未在保证期间内对债务人提起诉讼或者申请仲裁为由而主张不承担保证责任。

而在连带责任保证中，主张保证责任的对象是保证人，方式是提出请求。出现这种差异的根本原因在于先诉抗辩权。因为有先诉抗辩权，债权人向一般保证人主张保证责任是没有意义的，因为一般保证人可以依法拒绝承担保证责任。因为有先诉抗辩权，债权人向一般保证人主张保证责任的前提是，必须先向债务人主张权利直至对其提出诉讼或者申请仲裁，并且结果是就债务人财产依法强制执行仍然不能履行。

在连带责任保证中，由于没有先诉抗辩权，债权人可以依据《民法典》第 688 条第 2 款的规定直接向保证人主张保证责任。而至于主张保证责任的方式，现有立法并未明确。实际上，理论和实践一直认为，对连带责任保证人主张权利的方式可以参照《民法典》第 195 条诉讼时效中断的事由。

2. 债权人主张保证责任的涉他性

在理论上，就一债权人或债务人所发生的事项，效力及于其他债权人或债务人的，称为有涉他效力的事项；效力不及于其他债权人或债务人的事项，称为无涉他效力的事项。[①] 在同一债务上有数个担保的情况下，担保人之间既可能存在连带债务关系（相互之间有追偿权），也可能不发生连带债务关系（相互之间没有追偿权）。在各保证人之间不存在连带债务关系的情

---

① 参见张广兴主编：《债法》，社会科学文献出版社 2009 年版，第 55 页。

形下，债权人对部分保证人行使权利的行为，其效力自然不及于其他担保人。如甲对乙享有200万元的债权，A、B为保证人，保证期间分别为主债权履行期限届满后6个月、1年，在保证人之间未形成连带债务关系的情况下，甲在6个月内向A主张了权利，但未向B主张权利，主债权履行期限满1年后，甲以其曾经向A主张权利为由，主张其也已经依法向B行使权利的，人民法院不予支持。相应地，B以甲未在保证期间内行使权利为由主张不承担担保责任的，人民法院应予支持。

问题是，在各保证人之间形成连带债务关系的情形下，债权人对部分保证人依法行使权利的行为，其效力是否及于其他保证人？根据《民法典》第520条的规定，在连带债务中，只有履行、抵销、提存、免除、混同、给付受领迟延六种行为而导致债务消灭才对其他债务人发生效力。依反面解释，在共同保证中，债权人向其中部分保证人依法主张权利的行为，其效果亦不及于其他保证人。

因债权人未向部分共同保证人主张权利而免除共同保证人的部分保证责任，在连带共同保证中，只有共同保证人之间约定了追偿权，才能相互追偿。已经承担了保证责任的共同保证人中的一人或数人，不仅有权在承担保证责任的范围内向债务人追偿，享有债权人对债务人的权利（《民法典》第700条），还可以就超出部分在其他共同保证人未履行的份额内向其追偿，并相应的享有债权人的权利（《民法典》第519条第2款）。如果由于债权人没有在保证期间内向所有的承担连带责任保证的共同保证人主张权利，导致部分共同保证人因此可以拒绝承担保证责任，那么势必就会使实际承担了保证责任的共同保证人无法向这些保证人进行追偿，这在客观上增加了实际承担保证责任的共同保证人追偿不能的风险，损害了其合法权益。由于该风险因为债权人的原因所致，故此应当由债权人承担。从《民法典》第520条规定看，部分连带债务人的债务被债权人免除的，在该连带债务人应当承担的份额范围内，其他债务人对债权人的债务消灭。就相互之间有追偿权的连带共同保证而言，由于债权人没有向某个保证人主张权利，导致保证期间届满该保证人在保证范围内免责的，实际上就相当于债权人免除了部分连带债务人的债务。据此，其他保证人就应当在这个范围内免除保证责任。

就担保人的担保类型而言，可以分为以下三种情况：

其一，共同保证人中部分保证人承担的是一般保证责任，而另一部分保证人承担的是连带责任保证，那么债权人只针对债务人提起诉讼或申请仲裁，会使承担一般保证的共同保证人不得以保证期间届满为由拒绝承担保证责任。但是，债权人此种仅仅针对债务人提起诉讼或者申请仲裁的行为，并不等于在保证期间内请求了承担连带责任保证的共同保证人承担保证责任。因此，承担连带责任保证的共同保证人仍然可能以保证期间届满而债权人未请求其承担保证责任为由，拒绝承担保证责任。

其二，如果共同保证人承担的都是一般保证，即共同保证人均享有先诉抗辩权，那么只要债权人在保证期间内针对债务人提起诉讼或者申请仲裁，则所有的保证人都不得以保证期间届满为由而拒绝承担保证责任。

其三，如果共同保证人承担的都是连带责任保证，此时问题就比较复杂了。因为在这种情况下，由于保证期间对每个保证人都具有保护作用。《民法典》第 693 条第 2 款又明确了连带保证的债权人未在保证期间内请求保证人承担保证责任的，保证人不再承担保证责任。这一规定应当适用于每一个承担连带责任保证的共同保证人，故此，债权人仅仅是向某个承担连带责任保证的共同保证人请求承担保证责任，并不能因此当然等于其向所有承担连带责任保证的共同保证人请求了承担保证责任。也就是说，债权人应当在保证期间向所有承担连带责任保证的共同保证人逐一请求他们承担共同保证责任，才会使任何一个共同保证人无法以保证期间届满为由拒绝承担保证责任。

3. 债权人起诉后撤诉的法律效果

一般保证的债权人撤诉或者撤回仲裁申请对债权人主张权利效果的影响。依据《民法典》第 693 条的规定，对一般保证人主张权利的方式是提起诉讼或者仲裁，对连带责任保证人主张权利的方式是请求。

实践中常出现，一般保证的债权人虽然在保证期间内对债务人提起诉讼或申请仲裁，但又撤回了起诉或者仲裁申请，此时便未再行起诉或再次申请仲裁。一旦保证期间届满，保证人能否主张免除保证责任？《民法典担保制度司法解释》第 31 条第 1 款明确规定，一般保证的债权人在保证期间内对债务人提起诉讼或者申请仲裁后，又撤回起诉或者仲裁申请，债权人在保证期间届满前未再行提起诉讼或者申请仲裁，保证人主张不再承担保证责任的，人民法院应予支持。

司法解释作出上述规定的理由在于：保证期间就是确定保证人承担保证责任的期间，该期间不发生中止、中断和延长。法律上设立的根本目的在于限制保证人的责任，维护保证人的利益。同时该期间在于督促债权人按照法律规定的方式主张权利，在一般保证中就是要求债权人针对债务人提起诉讼或者申请仲裁，并在取得生效判决或者裁决后及时申请对债务人财产强制执行。如果依然不能实现债权的，此时保证人丧失先诉抗辩权即债权人可以要求保证人承担保证责任。如果债权人只是起诉或者申请仲裁，在取得生效的法律文书前又撤回起诉或者申请仲裁的，并且在保证期间届满没有再次起诉或者申请仲裁的，要是认为保证期间就因此失去效力，保证人不得以保证期间届满为由免除保证责任就会出现以下弊端：一方面，由于此时保证期间已经失去效力，故此保证人不能以保证期间届满为由免除保证责任。另一方面，由于一般保证人依法并未丧失先诉抗辩权，故此，在保证期间失去效力的情形下，保证债务的诉讼时效却还没有开始起算。这就意味着债权人可以通过决定何时再起诉或者申请仲裁来控制保证债务的诉讼时效的起算时间，对于保证人显然是不利的。为了尽早确定保证期间的失效并且督促债权人通过诉讼或者仲裁以及后续的前置执行程序实现债权，从而开始起算保证债务的诉讼时效，有必要规定上述规定。

连带责任保证与一般保证有所不同，因为保证人和债务人对债务承担连带责任，债权人既可以请求债务人履行债务，也可以请求保证人在其保证范围内承担保证责任。因此，只要连带责任保证的债权人在保证期间请求保证人承担保证责任的，则保证期间失去作用，从债权人请求保证人承担保证责任之日起，开始计算保证债务的诉讼时效。即便债权人提起诉讼或者申请仲裁后又撤回起诉或仲裁申请，只要起诉书副本或者仲裁申请书副本已经送达了保证人，就意味着债权人请求保证人承担保证责任。从这一天开始，保证期间就失去效力，应当开始计算保证债务的诉讼时效。连带责任保证人显然无法通过起诉后又撤诉或者撤回仲裁申请，然后又起诉或者提出申请来操控保证债务的诉讼时效的计算。

风险防范

在担保责任纠纷中，债权人的权利能否顺利实现，债权人主张权利的方式至关重要。在一般保证中，债权人一定要注意其主张权利的对象只能是债务人，除了直接协商、申请调解以外，其主张权利的方式有三种：提起诉讼、申请仲裁、向法院申请执行公证债权文书。这里需要注意是，公证债权文书是最为方便快捷的方式，因为其可以避免诉讼或者仲裁带来的程序烦琐，而直接获得生效法律文书。而且，提起诉讼后不能轻易撤诉，否则提起诉讼的行为不产生主张保证责任的法律效果。

类案指引

周某顺诉温州甲房地产开发有限公司、杨某料等民间借贷纠纷案①

裁判要旨：连带共同保证中，债权人免除部分保证人的保证责任，其他保证人承担责任后无权向该部分保证人追偿。

法院认为：《担保法》第12条规定连带共同保证人之间因追偿而产生的法律关系，应建立在共同保证基础上，如共同保证的部分保证人保证责任被免除，该部分保证人对债权人不再承担清偿债务的责任时，那么共同保证人之间追偿和被追偿法律关系即失去存在基础。本案中，周某顺放弃对王某诉请，其他担保人的担保责任应相应减轻。依《担保法司法解释》第20条第2款规定，现各当事人无证据证明连带保证人之间对担保份额有内部约定，应按平均分担处理。周某顺放弃对8个担保人中其中一个的诉请，应视为免除总债务八分之一的保证份额，其余7个担保人应对主债务的八分之七承担连带保证责任。因此，法院判决杨某料等7人对甲公司不能偿还周某顺借款本息的八分之七承担连带保证责任。

① 参见浙江省温州市中级人民法院（2016）浙03民终2086号民事判决书。

五、保证债务的诉讼时效

相关法条

《最高人民法院关于适用〈中华人民共和国民法典〉有关担保制度的解释》

第二十八条 一般保证中，债权人依据生效法律文书对债务人的财产依法申请强制执行，保证债务诉讼时效的起算时间按照下列规则确定：

（一）人民法院作出终结本次执行程序裁定，或者依照民事诉讼法第二百五十七条第三项、第五项的规定作出终结执行裁定的，自裁定送达债权人之日起开始计算；

（二）人民法院自收到申请执行书之日起一年内未作出前项裁定的，自人民法院收到申请执行书满一年之日起开始计算，但是保证人有证据证明债务人仍有财产可供执行的除外。

一般保证的债权人在保证期间届满前对债务人提起诉讼或者申请仲裁，债权人举证证明存在民法典第六百八十七条第二款但书规定情形的，保证债务的诉讼时效自债权人知道或者应当知道该情形之日起开始计算。

第三十五条 保证人知道或者应当知道主债权诉讼时效期间届满仍然提供保证或者承担保证责任，又以诉讼时效期间届满为由拒绝承担保证责任或者请求返还财产的，人民法院不予支持；保证人承担保证责任后向债务人追偿的，人民法院不予支持，但是债务人放弃诉讼时效抗辩的除外。

《中华人民共和国民法典》

第六百八十七条第二款 一般保证的保证人在主合同纠纷未经审判或者仲裁，并就债务人财产依法强制执行仍不能履行债务前，有权拒绝向债权人承担保证责任，但是有下列情形之一的除外：

（一）债务人下落不明，且无财产可供执行；

（二）人民法院已经受理债务人破产案件；

（三）债权人有证据证明债务人的财产不足以履行全部债务或者丧失履行债务能力；

（四）保证人书面表示放弃本款规定的权利。

第六百九十四条 一般保证的债权人在保证期间届满前对债务人提起诉讼或者申请仲裁的，从保证人拒绝承担保证责任的权利消灭之日起，开始计算保证债务的诉讼时效。

连带责任保证的债权人在保证期间届满前请求保证人承担保证责任的，从债权人请求保证人承担保证责任之日起，开始计算保证债务的诉讼时效。

规范解读

1. 保证债务的诉讼时效

保证债务的诉讼时效，是指当债权人请求保证人履行保证债务，若法定的时效期间经过，债权人即丧失获得胜诉判决的权利。《民法典》第188条第1款规定："向人民法院请求保护民事权利的诉讼时效期间为三年。法律另有规定的，依照其规定。"保证债务的诉讼时效，不属于法律的例外性规定，因此其适用《民法典》关于一般诉讼时效的规定，时效期间为3年。债权人在保证期间内向主债务人或者保证人主张权利后，保证期间的使命即已经完成，保证人不能主张保证期间抗辩。然而，在此情况下，保证债务也不能一直存续，否则将使保证人承担过重的责任，因此保证债务应当适用单独的诉讼时效。保证期间是债权人选择是否要求保证人承担保证责任的期间，如果债权人要求保证人承担保证责任，则会导致保证之债的出现，保证之债与普通的债务无异，理应存在时效问题。①

2. 保证债务与诉讼时效的关系

保证人享有两次法定期间的保护，一次是保证期间，另一次是诉讼时效。两者相互平行，但两者的关系确因债权人是否在保证期间内主张权利而呈现不同的状态。如果债权人未在保证期间内依法向债务人或者保证人主张权利，则保证人不再承担保证责任，产生免除保证责任的法律效果。此时，不存在保证期间向保证债务诉讼时效的转化，也不存在二者的衔接问题，保

---

① 参见王利明：《合同法研究》（第4卷），中国人民大学出版社2018年版，第311页。

证期间排除保证债务诉讼时效的意图较为明显。[①] 如果债权人在保证期间内向债务人或者保证人主张权利的，保证期间制度的使命完成，诉讼时效制度开始发挥作用，此时两者的关系称为接力也是妥当。这里需要注意的是，如果债权人依法向债务人或者保证人主张了权利，但却未在诉讼时效内向保证人要求承担保证责任，则保证人会因诉讼时效的经过而获得时效抗辩权，使债权人丧失保证债务的胜诉权。

3. 保证债务诉讼时效期间的起算

一般保证中保证债务的诉讼时效期间，不能从主债权履行期届满时起算，主要是因为有先诉抗辩权的存在。依先诉抗辩权，在债权人依法院判决对债务人实施强制执行仍不能得到清偿以前，保证人可以拒绝履行保证债务。与《担保法司法解释》第 34 条相比，在一般保证诉讼时效期间的起算上，《民法典担保制度司法解释》第 28 条从“判决或者仲裁裁决生效之日”修改为“保证人拒绝承担保证责任的权利消灭之日”。这种解释符合《民法典》第 694 条和第 188 条第 2 款“诉讼时效自权利人知道或者应当知道权利受到损害以及义务人之日起计算”的规定。

适用难点

1. 一般保证人先诉抗辩权消灭之日

《民法典》第 694 条第 1 款规定：“一般保证的债权人在保证期间届满前对债务人提起诉讼或者申请仲裁的，从保证人拒绝承担保证责任的权利消灭之日起，开始计算保证债务的诉讼时效。”所谓“保证人拒绝承担保证责任的权利消灭之日”，即先诉抗辩权消灭之日，根据《民法典担保制度司法解释》第 28 条的规定，具体包括两种情形：

一是债权人已就债务人的财产依法强制执行仍不能清偿债务，具体表现为人民法院因无财产可供执行而作出终结本次执行裁定，或者依照《民事诉讼法》第 257 条第 3 项、第 5 项的规定作出终结执行裁定。此时一般保证

---

① 参见李明发：《关于保证期间的几个问题——兼评〈担保法司法解释〉关于保证期间之若干规定》，载《政法论坛》2003 年第 1 期。

的诉讼时效应自前述裁定送达债权人之日起开始计算。当然，由于实践中情况较为复杂，有些法院在法律或者司法解释规定的期限内未作出前述裁定，如果放任不管，可能会影响债权人向一般保证人主张权利。因此，《民法典担保制度司法解释》第 28 条第 1 款第 2 项规定，人民法院自收到申请执行书之日起 1 年内未作出前述裁定的，保证债务的诉讼时效自人民法院收到申请执行书满 1 年之日起计算。之所以规定 1 年，是因为根据《民事诉讼法》第 226 条的规定，通常情形下的执行期限是从收到申请执行书之日起 6 个月，但考虑到在强制执行过程中需要对标的物进行评估、拍卖，特殊情形下人民法院可能无法在 6 个月内完成全部执行行为。司法解释规定 1 年的目的，只是推定债务人没有可供执行的财产。如果保证人有证据证明债务人仍有可供执行财产，自然不受此限。

二是存在《民法典》第 687 条第 2 款但书规定的四种情形时，保证人的先诉抗辩权即已经消灭。从文义上看，似乎只要出现这四种情形之一，就应当开始计算诉讼时效。问题是，债权人对这四种情形的发生可能并不知情，客观计算既不利于保护债权人权益，也不符合诉讼时效从知道或者应当知道权利被侵害之日起计算的法理。为此，《民法典担保制度司法解释》第 28 条第 2 款根据诉讼时效的一般法理，采主观说，规定存在《民法典》第 687 条第 2 款但书规定情形的，一般保证债务的诉讼时效"自债权人知道或者应当知道"该情形之日起开始计算。

2. 诉讼时效抗辩

诉讼时效届满，并不意味着债务的消灭，而只是债务人享有了时效届满的抗辩权。对此，《民法典》第 192 条第 1 款明确规定，诉讼时效届满的，义务人可以提出不履行义务的抗辩。既然如此，即便为时效届满的债权提供担保的，也不违反担保的成立上的从属性，诉讼时效届满的债务可以成为保证担保的对象。《担保法司法解释》第 35 条规定："保证人对已经超过诉讼时效期间的债务承担保证责任或者提供保证的，又以超过诉讼时效为由抗辩的，人民法院不予支持。"该规定存在一个问题，没有区分不同情形而分别考虑。例如，主债权诉讼时效虽然届满，保证人不知道且不应当知道。《民法典担保制度司法解释》第 35 条增加了"保证人知道或者应当知道主债权诉讼时效期间届满”的限定语。从反面解释，如果保证人不知道且不应当知道主债权诉讼时效期间届满，提供了保证或者承担保证责任，可以诉讼时效期间届满为由拒绝承担保证责任或者请求返还财产。

类案指引

甲资产管理公司大连办事处诉辽宁乙集团公司等借款担保纠纷案[①]

法院认为：主债权已经超过诉讼时效，根据《担保法》第 20 条第 1 款的规定，一般保证和连带责任保证的保证人享有债务人的抗辩权。债务人放弃对债权人的抗辩权的，保证人仍有权抗辩，保证人依法取得了主债务人享有的主债权诉讼时效届满产生的抗辩权。虽然嗣后主债务人又在催款通知书上签字确认债权，放弃了原债权诉讼时效届满的抗辩权，但依照《担保法》第 21 条第 1 款的规定，对于主债务人放弃的抗辩权，担保人仍然可以行使，主债务人放弃时效届满抗辩权的行为，对担保人不发生法律效力。

---

① 参见最高人民法院（2003）民二终字第 93 号民事判决书。

专题六

担保物权效力

一、受托持有担保物权效力

相关法条

《最高人民法院关于适用〈中华人民共和国民法典〉有关担保制度的解释》

第四条 有下列情形之一，当事人将担保物权登记在他人名下，债务人不履行到期债务或者发生当事人约定的实现担保物权的情形，债权人或者其受托人主张就该财产优先受偿的，人民法院依法予以支持：

（一）为债券持有人提供的担保物权登记在债券受托管理人名下；

（二）为委托贷款人提供的担保物权登记在受托人名下；

（三）担保人知道债权人与他人之间存在委托关系的其他情形。

《中华人民共和国民法典》

第五百四十七条 债权人转让债权的，受让人取得与债权有关的从权利，但是该从权利专属于债权人自身的除外。

受让人取得从权利不因该从权利未办理转移登记手续或者未转移占有而受到影响。

第九百二十五条 受托人以自己的名义，在委托人的授权范围内与第三人订立的合同，第三人在订立合同时知道受托人与委托人之间的代理关系的，该合同直接约束委托人和第三人；但是，有确切证据证明该合同只约束受托人和第三人的除外。

规范解读

1. 受托持有担保物权制度的产生

受托持有担保物权制度是《民法典担保制度司法解释》新设置的一项制度，对传统的物权法定原则进行了一些突破，体现出功能主义担保制度精神。担保制度有形式主义和功能主义两种立法模式。大陆法系国家的传统是采取形式主义立法模式，就是将担保物权的类型、内容、效力、公示方法等均予以明确规定，当事人只能选择法律规定的担保物权种类来设定担保物权，否则就不发生物权效力。英美法系国家并没有将财产权利类型化为物权、债权等权利类型，也就没有担保物权的概念。《美国统一商法典》开始在担保制度方面采取的功能主义的立法模式，不拘泥于担保交易的具体形式，而是将具有担保共性的交易模式进行统一的规定，通过发达的公示制度来保护交易安全。

在《民法典》制定之前，我国传统的物权法立法模式采取的也是一种形式主义的立法模式，坚持物权法定原则，即物权的种类、内容、公示方法、效力等均应当严格依照法律规定。[①] 如果按照这一原则，受托持有的担保物权登记在受托人名下，应当认定受托人为担保物权人。不过随着社会经济发展，在金融领域出现了很多新类型的金融交易模式，不可避免地导致登记的担保物权人与债权人不一致的情况。例如，在债券领域，作为债权人的债券持有人往往人数众多，且债券作为有价证券具有流通性，如果按照每个债券持有人实际的债权份额来办理担保物权登记，成本巨大，不具有可操作性，因此担保物权往往只是统一登记在债券受托管理人名下。又如在委托贷款领域，有时抵押登记部门只同意将担保物权登记在受托人名下。对于这些担保物权登记“名实不符”的情况，在之前的司法实践中也有不同的处理方式。例如，在最高人民法院审理的“张惠珍与秦小鸽等破产债权确认纠纷案”[②] 中，法院认定登记的受托人为担保物权人，委托人不是担保物权人。不过在上海市高级人民法院审理的“光大证券股份有限公司与大连金

---

① 参见王利明：《物权法》，中国人民大学出版社2015年版，第27页。

② 参见最高人民法院（2020）最高法民申2782号民事裁定书。

玛商城企业集团有限公司等公司债券交易纠纷案”中，法院认定虽然担保物权登记在债券的受托管理人名下，但应当认定债券持有人为担保物权人。①

为尽可能化解法律规范与现实需要之间的冲突，我国有关金融监管部门的规范性文件率先作出了应对。例如，2015 年证监会《公司债券发行与交易管理办法》（已失效）第 50 条规定，“公开发行公司债券的受托管理人应当履行下列职责：……（七）发行人为债券设定担保的，债券受托管理协议可以约定担保财产为信托财产，债权受托管理人应在债权发行前或债权募集说明书约定的时间内取得担保的权利证明或其他有关文件，并在担保期间妥善保管”。2018 年银监会《商业银行委托贷款管理办法》第 14 条规定，“委托贷款采取担保方式的，委托人和担保人应就担保形式和担保人（物）达成一致，并签订委托贷款担保合同”。2020 年最高人民法院《全国法院审理债券纠纷案件座谈会纪要》第 18 条就登记在受托管理人名下的担保物权的行使问题作出了规定：“根据《最高人民法院关于〈国土资源部办公厅关于征求为公司债券持有人办理国有土地使用权抵押登记意见函〉的答复》精神，为债券设定的担保物权可登记在受托管理人名下，受托管理人根据民事诉讼法第一百九十六条、第一百九十七条的规定或者通过普通程序主张担保物权的，人民法院应当予以支持，但应在裁判文书主文中明确由此所得权益归属于全体债券持有人。受托管理人仅代表部分债券持有人提起诉讼的，人民法院还应当根据其所代表的债券持有人份额占当期发行债券的比例明确其相应的份额。”上述规定肯定了债权人对担保物权所实际享有的权利。不过，由于受到规范性文件法律层级的限制，上述规定只是明确了相关主体的具体权利义务，无法直接就担保物权的效力进行表态。

2. 受托持有担保物权的三种类型

《民法典担保制度司法解释》首次就受托持有的担保物权效力问题予以明确规定，将受托持有担保物权时担保物权归属于债权人类型化为三种情况：第一种是为债券持有人提供的担保物权登记在债券受托管理人名下；第

① 参见上海市高级人民法院（2019）沪民初 31 号民事判决书。

二种是为委托贷款人提供的担保物权登记在受托人名下；第三种是担保人知道债权人与他人之间存在委托关系的其他情形。其主要的法律依据是《民法典》第925条隐名代理，以及《民法典》第547条从权利随同主权利移转的法律规定。

《民法典》第925条规定："受托人以自己的名义，在委托人的授权范围内与第三人订立的合同，第三人在订立合同时知道受托人与委托人之间的代理关系的，该合同直接约束委托人和第三人；但是，有确切证据证明该合同只约束受托人和第三人的除外。"依照这一规定，在受托持有担保物权的诸情形中，受托人基于委托人的委托签订担保合同并将担保物权登记在受托人名下，债务人和担保人在担保合同订立时即明知委托人才是真正的债权人和担保物权人，因此该担保合同的法律效果直接归属于委托人（债权人）和第三人（担保人），应当认定委托人为真正的担保物权人。不过，物权法定原则仍然是我国《民法典》物权制度的一项基本原则，除法律另有规定外，不动产物权必须经登记才发生法律效力，而动产抵押权也必须经登记才有对抗效力，因此受托持有担保物权的归属应当属于担保物权归属的例外情形。

3. 认可受托持有担保物权的理由

《民法典》第547条规定："债权人转让债权的，受让人取得与债权有关的从权利，但是该从权利专属于债权人自身的除外。受让人取得从权利不因该从权利未办理转移登记手续或者未转移占有而受到影响。"担保物权人与债权人分离，即该条第2款规定的典型情况。虽然担保物权的受托持有不属于该条所规定的因债权转让导致的债权人与担保物权人分离的情况，但两者法律价值是类似的，即当债权人与担保物权人分离时，如果这种分离状态并不会危及交易安全或者损害第三人利益，应当根据债权人来确定担保物权的归属。就债权人、债务人和担保人的内部关系而言，无论是债券发行还是委托贷款，提供担保物的担保人均明知所设立的担保物权系为债权人提供担保，只不过登记在受托人名下，并且对担保的债务情况也是明知的。当债务人不履行债务时，债权人主张实现担保物权也不会加重担保人的责任。就担保的外部关系而言，担保物权进行了公示，不存在因实现担保物权而侵害债务人其他债权人利益的情况。正是基于以上原因，法律认可受托持有担保物权归属于债权人，这也符合《民法典》的规定和功能主义担保制度的精神。

适用难点

1. 受托持有担保物权的归属

《民法典担保制度司法解释》规定，在满足司法解释规定的三种情形时，债权人或者其受托人均可以主张就担保财产优先受偿。在债务人不能清偿债务时主张就担保财产优先受偿，是担保物权的主要权利内容。虽然司法解释规定债权人或其受托人均能主张权利，但不能因此就认为债权人和受托人均是担保物权人。担保物权是债权的从权利，一般情况下其权利人应当与债权人一致。在司法解释规定的受托持有担保物权的三种情况下，应当认定担保物权归属于债权人，受托持有担保物权的受托人并不是担保物权人。受托人主张就担保财产优先受偿的权利来源并不是担保物权，而是基于其与委托人之间的委托合同所取得的代理权等处理委托事务的权利。也就是说，受托人实际是以债权人的代理人身份主张就担保财产优先受偿，优先受偿所取得的利益应当依照受托人与委托人之间的委托合同的约定进行处理。《民法典》第 927 条规定："受托人处理委托事务取得的财产，应当转交给委托人。"因此，除非委托人和受托人另有约定，受托人主张就担保财产优先受偿所取得的利益，应当归委托人最终享有。

2. 债券当事人主张担保物权

在债券领域，担保物权登记在债券受托管理人名下是普遍现象。以公司债券为例，按照债券发行的一般程序，债券发行人聘请债券受托管理人为债券设定担保等金融监管机关核准债券发行的前置程序。在债券持有人购买债券时，担保物权已经设定在债券受托管理人名下。当债券发行人不能偿付到期债券时，债券的受托管理人可以接受全部或者部分债券持有人的委托，以自己的名义代表债券持有人提起民事诉讼、参与重组或者破产的法律程序，当然也可以以自己的名义行使担保物权。不过，债券受托管理人以自己名义行使担保物权所获得偿还的钱款并不归属于债券受托管理人，而是应当根据债券募集说明书的约定在债券持有人之间进行分配。受托管理人主张实现担保物权的，应当在裁判文书主文中明确由此所得的权益归属于全体债券持有人。最高人民法院《全国法院审理债券纠纷案件座谈会纪要》第 18 条规定："根据《最高人民法院关于〈国土资源部办公厅关于征求为公司债券持有人办理国有土地使用权抵押登记意见函〉的答复》精神，为债券设定的担保物权可登记在受托管理人名下，受托管理人根据民事诉讼法第一百九十六条、第一百九十七条的规定或者通过普通程序主张担保物权的，人民法院应当予以支持，但应在裁判文书主文中明确由此所得权益归属于全体债券持有人。受托管理人仅代表部分债券持有人提起诉讼的，人民法院还应当根据其所代表的债券持有人份额占当期发行债券的比例明确其相应的份额。"部分债券持有人作为担保物权人自己行使担保物权的，由于该担保物权实际为全体债券持有人共有，法院应当通知债券受托管理人作为第三人参加诉讼，并按照债券持有人的债权所占比例来确定可以优先受偿的具体金额。

3. 委托贷款和其他受托持有担保物权的当事人主张担保物权

在委托贷款等其他领域，也存在委托人或者受托人主张担保物权的情况。如果受托人系以自己名义与债务人签订借款合同，债务人不知道委托人和受托人之间的代理关系的，根据《民法典》第 926 条的规定，当债务人不履行债务时，受托人应当向委托人披露债务人，委托人因此拥有介入权，可以行使受托人对债务人的权利。如果债务人明知受托人与委托人之间的代理关系，根据《民法典》第 925 条的规定，该合同直接约束委托人和债务人，但有确切证据证明该合同只约束受托人和债务人的除外。因此一般情况下，委托人可以直接向债务人主张行使担保物权。实务中，委托人需要举证证明其与受托人之间的委托代理关系以及债务人明知该委托代理关系的事实。不过，司法解释也允许受托人向债务人主张担保物权。此时应当适用委托合同的一般规则，并且依照《民法典》第 927 条的规定，受托人负有转交因处理委托事务所取得财产的义务。

总之，在处理受托持有担保物权效力问题时，应当注意区分两层法律关系：一是委托人与受托人之间的委托合同法律关系；二是委托人（受托人）与债务人、担保人之间的借款担保法律关系。委托人与受托人之间的利益安排严格依照委托合同的约定处理。委托人（受托人）与债务人、担保人之间的借款担保关系，需要依担保合同的具体约定、担保人对委托代理关系是否知情等不同情况分别处理。

类案指引

1. 红岭创投电子商务股份有限公司（以下简称红岭公司）与湖南中南投资置业有限公司（以下简称中南公司）、湖南星沙农村商业银行股份有限公司（以下简称星沙农商银行）等借款合同纠纷案①

裁判要旨：在委托贷款法律关系中，受托人接受委托人委托，以自己名义与担保人签订借款担保合同，并将抵押权登记在受托人名下，担保人对于委托借款关系明知的，委托人有权直接向担保人主张担保物权。

法院认为：虽然《最高额抵押权合同》约定的抵押权人为星沙农商银行，登记的抵押权人也为星沙农商银行，但《最高额抵押权合同》是为《委托贷款合同》项下红岭公司委托星沙农商银行发放的4亿元贷款、利息及相关费用提供抵押担保所签订。红岭公司、中南公司和星沙农商银行三方均明知案涉贷款系由红岭公司提供，朗盛大厦系为该4亿元贷款设立抵押担保，故红岭公司有权直接向中南公司主张其在《委托贷款合同》项下债权和《最高额抵押权合同》项下抵押权。

❖ ❖ ❖ ❖ ❖ ❖ ❖ ❖ ❖

2. 光大证券股份有限公司（以下简称光大证券）与大连金玛商城企业集团有限公司（以下简称金玛商城）等公司债券交易纠纷案②

裁判要旨：为债券持有人提供的担保物权登记在债券受托管理人名下，登记的担保物权人可以自己名义行使担保物权，但行使担保物权所得的权益归属于全体债券持有人。

法院认为：债权发行人金玛商城等与债权管理人光大证券签订的《股权质押合同》系当事人的真实意思表示，内容合法有效，且当事人

① 参见最高人民法院（2018）最高法民终112号民事判决书。
② 参见上海市高级人民法院（2019）沪民初31号民事判决书。

办理了质押登记，质权已经依法设立。光大证券作为质权人，有权按照合同约定及法律规定行使质权。《股权质押合同》载明的质权人为光大证券，但其所担保的主债权为包括本期债券在内的涉案20亿元金玛债券，光大证券仅系受托管理人，代表债券持有人与债权发行人金玛商城等签订《股权质押合同》，对此，光大证券和金玛商城等均为明知，故实质享有质权的主体应为全体债券持有人，光大证券行使质权所得权益归属于全体债券持有人。

二、争议财产担保效力

相关法条

《最高人民法院关于适用〈中华人民共和国民法典〉有关担保制度的解释》

第三十七条 当事人以所有权、使用权不明或者有争议的财产抵押，经审查构成无权处分的，人民法院应当依照民法典第三百一十一条的规定处理。

当事人以依法被查封或者扣押的财产抵押，抵押权人请求行使抵押权，经审查查封或者扣押措施已经解除的，人民法院应予支持。抵押人以抵押权设立时财产被查封或者扣押为由主张抵押合同无效的，人民法院不予支持。

以依法被监管的财产抵押的，适用前款规定。

《中华人民共和国民法典》

第三百九十九条 下列财产不得抵押：

（一）土地所有权；

（二）宅基地、自留地、自留山等集体所有土地的使用权，但是法律规定可以抵押的除外；

（三）学校、幼儿园、医疗机构等为公益目的成立的非营利法人的教育设施、医疗卫生设施和其他公益设施；

（四）所有权、使用权不明或者有争议的财产；

（五）依法被查封、扣押、监管的财产；

（六）法律、行政法规规定不得抵押的其他财产。

规范解读

1. 财产不得抵押的六种情形

《民法典》第 399 条是关于禁止抵押的财产的规定，法律共列举了六种情形。在这六种情形中，前三种情形系标的物本身性质的特殊性导致其不得设定抵押权。例如，我国土地所有权只能归属于国家和集体，如果允许设定抵押权，抵押权实现将会带来土地所有权归属的改变，违反宪法和法律的规定。① 与前三种情形不同，该条规定的第四种和第五种情形并不是因为标的物本身的性质导致其不能设定抵押权，而是因为这些财产的权属尚处于不确定的状态，设定抵押权将可能侵害这些财产真正的权利人的权利，导致社会关系更加复杂，因此法律规定这些财产也不得设定抵押。由于《民法典》没有直接规定当事人如果就法律规定不得抵押的财产签订了抵押合同甚至办理了抵押登记的法律效果，如抵押合同是否有效，抵押权能否设立等。《民法典担保制度司法解释》就这一问题予以明确，填补了法律漏洞。

2. 抵押合同的效力

在《民法典》之前，我国立法尚未完全确立物权和债权相区分的原则。例如，《担保法》第 41 条规定，当事人设定抵押应当办理抵押物登记，抵押合同自登记之日起生效。《合同法》第 51 条规定，无处分权的人处分他人财产，经权利人追认或者无处分权的人订立合同后取得处分权的，该合同有效。这种将合同效力与物权的取得互为前提规定，实际是混淆了合同生效和合同履行两个层面的问题，最大的弊端在于如果合同不能得到实际履行，抵押权不能设立或者当事人嗣后未能取得处分权，将直接导致合同无效。合同无效，双方当事人所约定的违约责任条款亦无效，受损害的一方只能向对方主张损害赔偿等缔约过失责任，不一定能够获得有效合同项下的全部救

① 参见黄薇主编：《中华人民共和国民法典物权编释义》，法律出版社 2020 年版，第 488 页。

济，因此不利于保护守约方的合法权益，甚至容易引发道德风险。《民法典》确立了物权和债权的区分原则，删除了无权处分合同效力待定的规则，在物权编不再直接规定合同效力问题，区分了合同生效与合同履行。《民法典》第399条第4项和第5项有关不得抵押财产的规定并不是效力性的强制性规定，不当然导致抵押合同无效。当事人就权属不明或者被查封、扣押、监管的财产签订担保合同，只要这些财产本身的性质不违法或者禁止流通，合同本身不违反《民法典》有关民事法律行为效力瑕疵的规则，担保合同即为有效。如果因财产权属争议或者被查封、扣押、监管等原因无法办理抵押权登记的，将导致合同不能履行或者迟延履行，当事人依照合同的约定承担相应的违约责任。在司法实务中，不少法院的判决已经支持了这一观点。例如，在青岛市中级人民法院审理的“薛忠斌等与刘金兰抵押合同纠纷案”中，法院认定以有争议的财产设定抵押不影响抵押合同效力。① 在宁德市中级人民法院审理的“古田县金翔食用菌有限公司等追偿权纠纷案”中，法院认定就被查封财产签订的抵押合同有效。② 在最高人民法院审理的“中国银行股份有限公司辽宁省分行与大连银行股份有限公司等信用证垫款合同纠纷案”中，最高人民法院也表达了抵押合同不因抵押财产被查封而无效的观点。③

3. 权属争议财产设立抵押权的效力

根据《民法典》物权编有关抵押权设立的规定，不动产抵押权自登记时设立，动产抵押权自担保合同生效时设立，未经登记的不得对抗善意第三人。当事人就权属存在争议的财产设立抵押权，虽然抵押合同效力不受影响，但能否实际取得抵押权，需要看是否符合法律规定的物权取得要件。就不动产抵押而言，如果登记机关以权属存在争议为由拒绝办理抵押权登记，债权人则不能取得抵押权。即便登记机关办理了登记，但嗣后经过确权认定该不动产所有权并不归属于担保人，则担保人的行为构成无权处分，债权人必须符合《民法典》第311条有关善意取得制度的构成要件才能取得抵押

① 参见青岛市中级人民法院（2016）鲁02民终2973号民事判决书。

② 参见宁德市中级人民法院（2020）闽09民终40号民事判决书。

③ 参见最高人民法院（2012）民提字第69号民事判决书。

权。就动产抵押而言，虽然抵押权自合同生效时设立，但债权人取得抵押权的前提仍然是担保人系抵押物的所有权人或者债权人符合抵押权善意取得的构成要件，否则债权人仍然不能取得抵押权。

4. 查封、扣押或者被监管的财产设定抵押权的效力

依法查封、扣押的财产，指的是人民法院或者行政机关采取强制措施将财产就地贴上封条或者运到另外的处所，不准任何人占有、使用或者处分；依法被监管的财产，是指行政机关依照法律规定监督、管理的财产。[①] 以上强制措施的共性是导致财产所有权人和其他物权人对财产占有、使用以及处分的权利受到暂时的限制。如果强制措施解除，财产的所有权人将恢复完整的所有权。如果财产被执行、拍卖、罚没，财产的所有权人将永久丧失财产的所有权。就被采取强制措施的财产签订抵押合同，其结果也是抵押合同暂时不能履行，债权人是否能够实际取得或者行使抵押权存在不确定性。因此《民法典担保制度司法解释》规定，当事人以依法被查封、扣押、监管的财产抵押，如果查封、扣押的措施解除，担保合同履行以及抵押权实现的障碍即消除，此时抵押权人请求行使抵押权的，人民法院应予支持。

适用难点

1. 抵押权无权处分

《民法典担保制度司法解释》规定，以所有权、使用权不明或者有争议的财产设定抵押，经审查构成无权处分的，适用《民法典》有关善意取得制度的规定。需要注意的是，所有权、使用权不明或者有争议，只是对一种事实状态的描述，不能等同于所有权、使用权不确定。从法律层面看，除无主物外，其他财产都有确定的权利主体。只是由于不动产登记的错误或者登记制度不完善，抑或动产不是由所有权人实际占有，而导致财产的真实权利状况与公示的权利状况不一致，真实的权利情况有待查明或者澄清。因此，所谓以所有权、使用权不明或者有争议的财产设定抵押，无非是两种情况：

① 参见黄薇主编：《中华人民共和国民法典物权编释义》，法律出版社 2020 年版，第 493 页。

一种情况是最终查明签订抵押合同的是真实的权利人或者是得到了真实权利人的授权；另一种情况是最终查明签订抵押合同的不是真实的权利人且未得到真实权利人的授权。前一种情况是有权处分，后一种情况则是无权处分。因此，以所有权、使用权不明或者有争议的财产设定抵押，不能一概认为是无权处分。

2. 抵押权善意取得

如果经审查，签订抵押合同的当事人的行为构成无权处分的，债权人必须符合善意取得的构成要件才能取得抵押权。根据《民法典》第311条的规定，所有权善意取得的构成要件有三项：一是受让人受让该不动产或者动产时是善意；二是以合理价格转让；三是转让的不动产或者动产依照法律规定应当登记的已经登记，不需要登记的已经交付给受让人。该条同时规定，善意取得其他物权的，参照适用。上述第一项构成要件关键在于“善意”的认定。根据最高人民法院《民法典物权编解释（一）》第14条的规定，受让人受让不动产或者动产时，不知道转让人无处分权，且无重大过失的，应当认定受让人为善意。认定善意时需要区分不动产和动产不同的权利公示方法。不动产以登记为物权公示方法，债权人在签订不动产抵押合同时，如果已经审查了抵押财产不动产登记簿的记载，并基于对不动产登记簿记载的权利状况的信赖而取得的抵押权，应当认定为符合善意要件。比较典型的情况是房屋买卖领域的抵押贷款，嗣后房屋买卖合同被认定无效，买受人事实上未能取得房屋的所有权，但贷款银行在不动产上设定的抵押权效力不受影响。需要注意的是，如果登记簿上存在异议登记、预告登记等情况，可能影响债权人善意的认定。第二项要件“以合理价格转让”，指的是转让合同应当是有偿合同。这在担保物权领域比较特殊。担保合同是主债权合同如借款合同的从合同，债权人一般不会就取得的担保物权向抵押人支付价款，但这并不意味着担保物权的取得是无偿的。债务人通过主债权合同的履行能够获得相应的合同履行利益，签订担保合同的目的就是保障债务人能够更顺利地获得债权人的授信，因此主债权合同本身即构成了担保合同对价，也就是善意取得构成要件中的“合理价格”。第三项要件是取得的权利已经办理了法定的公示手续。就不动产而言，即办理了不动产抵押权登记。动产抵押权则难以满足此项构成要件，因为抵押权的特征是不转移抵押财产的占有，不存在交付抵押财产的问题。此外，动产抵押权的登记采取的是人的编成而非物的编成主义，公信力较弱，对抗力的范围也只限于抵押人的其他债权人，而不包括抵押财产的真实权利人。所以说，动产抵押权通常难以满足善意取得的构成要件。

3. 不能善意取得抵押权时担保人的责任

无权处分人就他人财产所签订的抵押合同，如果不符合善意取得的构成要件，无论抵押权是否办理登记，债权人都不能取得抵押权。此时担保人所需要承担的责任，需要区分为担保人为自己债务设定抵押和为他人债务设定抵押两种情况。如果担保人系为自己债务设定抵押，尽管债权人未能取得抵押权，担保人作为债务人仍然要承担还本付息等主合同义务。如果担保人系为第三人债务设定抵押，债权人因担保人无权处分致使债权人未能取得抵押权的，债权人可以基于有效的抵押合同要求担保人承担违反抵押合同的违约责任。尽管法律和司法解释规定担保人所承担的责任范围不得超过债务人在主合同项下所应承担的债务范围，但这并不意味着当事人不得就担保人违反担保合同约定相应的违约责任，只要约定的违约责任没有超出债务人在主合同中所应承担的债务范围，仍然受法律保护。

4. 强制措施未解除时担保人的责任

就查封、扣押和被监管财产所签订的担保合同中各方当事人的权利义务与上述就权属不明财产签订抵押合同的情况类似。如果担保人系为自己的债务在被采取强制措施的财产上设定抵押，强制措施未解除导致债权人无法实现抵押权的，担保人作为债务人仍然要承担主合同项下的债务。如果担保人系为第三人债务设定抵押，因强制措施未解除导致债权人不能实现抵押权的，担保人需要承担担保合同履行不能的违约责任。

类案指引

1. 刘金兰与青岛农村商业银行股份有限公司黄岛支行（以下简称农商行黄岛支行）等抵押合同纠纷案①

裁判要旨：担保人就权属存在争议的财产与债权人签订抵押合同并设定抵押权，抵押合同有效。担保人的行为构成无权处分且不符合善意取得构成的，债权人不能取得抵押权，抵押财产的真实所有权人有权请求撤销抵押登记。

法院认为：关于抵押合同效力问题，张爱香与农商行黄岛支行签订的抵押合同系双方真实意思表示，合同内容并不违反法律强制性规定，该合同并不存在法定无效情形，不应认定无效。该抵押合同如何处理，应由合同当事人另行解决。关于抵押登记应否予以撤销问题，该抵押合同虽然是合同当事人的真实意思表示，但该抵押合同标的物存在买卖纠纷，且经过诉讼程序后一审法院就该纠纷作出了（2014）黄民初字第4445号民事判决，确认了刘金兰对涉案房屋拥有合法权益，并判令张爱香等配合其办理过户手续。张爱香在其与刘金兰存在上述纠纷的诉讼期间，将涉案诉争房产又抵押给农商行黄岛支行，明显不存在善意。而农商行黄岛支行作为专业金融机构，在签订抵押合同时本应对抵押房产可能存在的足以影响抵押权实现的情形进行了解，但其并未对抵押房产进行审慎地审查和抵押前公示告知，亦存在一定过失，不构成善意取得。因此，抵押登记应予撤销。

❖ ❖ ❖ ❖ ❖ ❖ ❖ ❖ ❖

2. 杜雪晶、哈尔滨农村商业银行股份有限公司南直路支行（以下简称哈尔滨农商行南直路支行）确认合同无效纠纷案②

法院认为：抵押人杜雪晶主张债权人哈尔滨农商行南直路支行在与债务人田海英签订抵押合同时，用于抵押的房屋已经被法院查封及存在

① 参见山东省青岛市中级人民法院（2016）鲁02民终2973号民事判决书。

② 参见黑龙江省高级人民法院（2019）黑民申3686号再审审查与审判监督民事裁定书。

权属争议，均未举示充分证据证实其主张。而且，法律关于依法被查封、扣押的财产及所有权、使用权不明或者有争议的财产不得抵押的规定，并非效力性禁止性规定，违反之不导致抵押合同无效，因此案涉房屋在签订抵押合同是否被查封、是否存在权属争议，对本案诉争抵押合同的效力并无影响。抵押人以抵押财产被查封、存在权属争议要求确认抵押合同无效的请求不予支持。

三、担保物权的不可分性

相关法条

《最高人民法院关于适用〈中华人民共和国民法典〉有关担保制度的解释》

第三十八条 主债权未受全部清偿，担保物权人主张就担保财产的全部行使担保物权的，人民法院应予支持，但是留置权人行使留置权的，应当依照民法典第四百五十条的规定处理。

担保财产被分割或者部分转让，担保物权人主张就分割或者转让后的担保财产行使担保物权的，人民法院应予支持，但是法律或者司法解释另有规定的除外。

第三十九条 主债权被分割或者部分转让，各债权人主张就其享有的债权份额行使担保物权的，人民法院应予支持，但是法律另有规定或者当事人另有约定的除外。

主债务被分割或者部分转移，债务人自己提供物的担保，债权人请求以该担保财产担保全部债务履行的，人民法院应予支持；第三人提供物的担保，主张对未经其书面同意转移的债务不再承担担保责任的，人民法院应予支持。

《中华人民共和国民法典》

第三百九十一条 第三人提供担保，未经其书面同意，债权人允许债务人转移全部或者部分债务的，担保人不再承担相应的担保责任。

第四百五十条 留置财产为可分物的，留置财产的价值应当相当于债务的金额。

规范解读

1. 担保物权不可分性规则的演变过程

担保物权的不可分性指的是担保物权人为实现债权的全部清偿，得就担保物的全部行使担保物权，担保物的各部分担保债权的全体，债权的各部分都受担保物全体的担保，担保物或者担保债权的部分变化，原则上都不影响担保物权的整体。[①]《担保法司法解释》首次规定了抵押权的不可分性。该解释第 71 条规定："主债权未受全部清偿的，抵押权人可以就抵押物的全部行使其抵押权。抵押物被分割或者部分转让的，抵押权人可以就分割或者转让后的抵押物行使抵押权。"第 72 条规定："主债权被分割或者部分转让的，各债权人可以就其享有的债权份额行使抵押权。主债务被分割或者部分转让的，抵押人仍以其抵押物担保数个债务人履行债务。但是，第三人提供抵押的，债权人许可债务人转让债务未经抵押人书面同意的，抵押人对未经其同意转让的债务，不再承担担保责任。"《物权法》和《民法典》均没有就担保物权的不可分性作出系统规定，而是将这个问题留由司法解释处理。《民法典担保制度司法解释》第 38 条和第 39 条继受了《担保法司法解释》第 71 条和第 72 条有关抵押权不可分性的规则，并将其扩展为担保物权的一般规则。

2. 担保物权不可分规则的具体表现

一是债权部分清偿，债权人仍然可以就担保物之全部行使担保物权。法律规定担保物权不可分性的目的在于强化担保物权的担保效力。[②] 如果债权部分清偿，担保物权的效力即要相应减轻，不利于对债权人的保护，且会导致担保物权的实现程序复杂化。因此，《民法典担保制度司法解释》第 38

① 参见孙鹏、王勤劳、范雪飞：《担保物权法原理》，中国人民大学出版社 2009 年版，第 31 页。

② 参见孙鹏、王勤劳、范雪飞：《担保物权法原理》，中国人民大学出版社 2009 年版，第 32 页。

条第 1 款规定，主债权未受全部清偿，担保物权人主张就担保财产的全部行使担保物权的，人民法院应予支持。

二是担保物分割或者部分转让的，担保物权原则上不受影响。《民法典担保制度司法解释》第 38 条第 2 款规定，担保财产被分割或者部分转让，担保物权人主张就分割或者转让后的担保财产行使担保物权的，人民法院应予支持，法律或者司法解释另有规定的除外。担保物的分割主要体现在担保物为共有物的情况。例如以甲乙共有的房屋为甲的债务提供担保，债权人为 A 公司。后甲乙对共有物进行了分割，乙将其分得的份额转让给了丙，基于担保物权的不可分性，A 公司仍然可以就包括丙受让部分的房屋之全部行使抵押权。当然，如果担保物被全部转让，担保物权亦不受影响，这是物权的追及性的表现。

三是主债权分割或者部分转让，担保物权原则上不受影响。《民法典担保制度司法解释》第 39 条第 1 款规定，主债权被分割或者部分转让，各债权人主张就其享有的债权份额行使担保物权的，人民法院应予支持。关于分割或者转让后数个债权人之间的关系，通说认为是准共有原担保物权。[①] 关于各债权人如何行使准共有的担保物权，有观点认为应当由各债权人共同行使，也有观点认为各债权人可以单独行使，但应该按照债权所占总的债权的比例为限。《民法典担保制度司法解释》的规定倾向于后一种观点，即各债权人均有权主张行使担保物权，但在就担保物价值进行受偿时，应当按照各债权人债权占总债权的比例进行分配。

四是主债务分割或者部分转移的，担保物权原则上不受影响。债务分割或者转移，需要区分债务人以自己的物设定担保和以第三人的物设定担保两种情况。《民法典担保制度司法解释》第 39 条第 2 款规定，如果债务人自己提供物的担保，债务分割或者部分移转的，债权人请求以该担保财产担保全部债务履行，人民法院应予支持。但是，如果是第三人提供物的担保，债务移转没有得到第三人书面同意的，第三人可以不再承担担保责任。其主要

---

① 参见孙鹏、王勤劳、范雪飞：《担保物权法原理》，中国人民大学出版社 2009 年版，第 32 页。

理由是，第三人提供担保一般是基于其与债务人之间的特殊信任关系或者对债务人的资产、资信有所了解，债务人如果擅自转移债务，将给担保人带来较大风险。[①] 因此《民法典》第 391 条规定，第三人提供担保，未经其书面同意，债权人允许债务人转移全部或者部分债务的，担保人不再承担相应的担保责任。此时，担保物权不可分性要让位于担保人正当权益的保护。

适用难点

担保物权的不可分性的规定是通常规则，但非绝对规则。根据《民法典担保制度司法解释》第 38 条第 1 款规定，债权部分清偿，担保物权人仍得就全部担保物优先受偿的规则仅适用于通过合同设立的意定担保物权如抵押权、质权，而不适用于作为法定担保物权的留置权。根据《民法典》第 450 条的规定，留置财产为可分物的，留置财产的价值应当相当于债务的金额。因此，当事人行使留置权时，其所留置的财产价值应当与债务基本相当，如果债权部分清偿之后，留置物的价值已经超过了债务金额，且留置物系可分物，留置权人应将超出未清偿债务部分的留置物归还给债务人。

《民法典担保制度司法解释》第 38 条第 2 款但书的典型情形发生在浮动抵押和动产抵押领域。《民法典》第 396 条规定，企业、个体工商户、农业生产经营者可以将现有的以及将有的生产设备、原材料、半成品、产品抵押。在企业的经营过程中，上述抵押财产处于不断流转的状态，浮动抵押权并不及于企业正常经营活动中转让出去的财产。《民法典》第 404 条规定，以动产抵押的，不得对抗正常经营活动中已经支付合理价款并取得抵押财产的买受人。该条规定也属于担保物权不可分的例外规则。需要注意的是，《民法典担保制度司法解释》第 38 条第 2 款的但书中并没有“当事人另有约定除外”的表述，意即此项规则不得由当事人约定排除。不过，担保财产分割转让不影响担保物权效力的规则的立法目的是保护担保物权人，属于担保物权人的一项权利。担保财产分割或者转让之后，担保物权人放弃就分

① 参见黄薇主编：《中华人民共和国民法典物权编释义》，法律出版社 2020 年版，第 465 ~ 466 页。

割或者转让后的担保财产主张担保物权的行为属于自愿放弃权利，不违反法律的规定，当属有效。

《民法典担保制度司法解释》第 39 条第 1 款但书中的“法律另有规定”，主要指最高额抵押中部分债权的转让。根据《民法典》第 421 条规定，最高额抵押担保的债权确定前，部分债权转让的，最高额抵押权不得转让，但是当事人另有约定的除外。也就是说，除非当事人另有约定，最高额抵押中部分债权转让，转让的债权将自动脱离最高额抵押权担保的范围，不受担保物权不可分性规则的制约。

《民法典担保制度司法解释》第 39 条第 1 款但书中的“当事人另有约定”，指的是担保合同的当事人明确约定债权分割转让未征得担保人同意，担保人即不承担担保责任。实务中需要区分不得转让的债权和擅自转让债权导致债权人丧失担保物权两者之间的区别。《民法典》第 545 条第 1 款系债权转让限制条件的规定。根据该规定，债权人可以将债权的全部或者部分转让给第三人，但是根据债权的性质不得转让、按照当事人约定不得转让或者依照法律规定不得转让的除外。如果当事人违反该规定擅自转让债权，可能的后果是债权转让对债务人不发生法律效力，但不会导致债权消灭，也不影响担保物权的效力。对债务人而言，仍然向原债权人负担债务。无论债务人是以自己提供的财产设定担保物权，还是以第三人的财产设定担保物权，担保物权人仍然是原债权人。需要注意金钱债权转让的特殊性，《民法典》第 545 条第 2 款规定不得转让的特约不得对抗第三人。也就是说，即便债权人和债务人约定金钱债权不得转让，也不妨碍债权人转让金钱债权的法律效果，受让人仍然能够取得金钱债权。该规定的目的系保障货币的高度流通性，促进交易便利进行。[①] 此外，依照《民法典》第 547 条第 1 款“债权人转让债权的，受让人取得与债权有关的从权利”的规定，无论债权人与债务人是否有债权不得转让的特约，金钱债权的受让人均可以在受让债权的同时取得担保物权。因此，就金钱债权而言，担保物权的担保人如果仅愿意向

---

① 参见最高人民法院民法典贯彻实施工作领导小组主编：《中华人民共和国民法典合同编理解与适用（一）》，人民法院出版社 2020 年版，第 563 页。

特定的债权人进行担保，应该在担保合同中特别约定如果债权分割转让的，担保物权即告失效。没有作出此等特别约定的，无论债权人和债务人是否有金钱债权不得转让的特约，担保物权对金钱债权受让人仍然有效。

类案指引

1. 李爱清诉郭震民间借贷纠纷案①

裁判要旨： 借款合同约定借款分期发放并就全部借款整体设定担保物权，因借款人违约致使出借人依照合同约定终止发放剩余借款的，对于已经发放借款部分，出借人仍有权就全部担保财产行使担保物权。

本案中，郭震向李爱清借款，以某房屋作为借款担保。借款合同约定借款分期发放，如果借款人有未按借款合同约定的用途使用借款、未设立监管账户等违约行为的，出借人有权终止发放后续借款，并追究借款人的违约责任。李爱清在发放部分借款后，郭震未按照约定用途使用借款且未按照约定设立监管账户，因此李爱清终止发放后续借款，起诉要求收回已经发放的借款并要求实现抵押权。郭震认为，李爱清仅发放部分借款，只能就抵押财产按比例行使抵押权。法院认为，关于李爱清是否应按发放借款范围按比例行使抵押权问题，抵押权作为担保物权具有不可分性，鉴于郭震存在违约行为，故李爱清作为抵押权人，其有权为实现债权就抵押物的全部行使优先受偿权。因此，郭震以李爱清应在提供借款的范围内按比例行使抵押权的再审理由没有事实与法律依据，法院不予采纳。

❖ ❖ ❖ ❖ ❖ ❖ ❖ ❖ ❖

2. 李杰与辽宁金鹏房屋开发有限公司（以下简称金鹏公司）金融不良债权追偿纠纷案②

裁判要旨： 2001年，债务人金鹏公司与原债权人工商银行常德支行

---

① 参见上海市高级人民法院（2016）沪民申1909号民事裁定书。

② 参见最高人民法院（2014）民二终字第199号民事判决书。

签订《人民币中长期借款合同》和《抵押合同》，约定以位于辽宁省铁岭市铁西区小十三路2号（7#）地下一层、地上3～8层等在建工程作为抵押，并办理了抵押权登记。法院认为该抵押担保不违反法律的规定，合法有效，抵押权已设立。2005年，工商银行与中国长城资产管理公司（以下简称长城公司）签订《债权转让协议》，工商银行将其对金鹏公司的债权转让给了长城公司。2012年，长城公司又将该债权转让给了现债权人李杰。在此期间，各债权人均进行了催讨，主债权未超过诉讼时效。债权受让人受让有抵押担保的债权后，可以依法取得对债权的抵押权，原抵押登记继续有效。因此，现债权人李杰有权就上述房屋行使抵押权。

四、担保物权的延及性

相关法条

《最高人民法院关于适用〈中华人民共和国民法典〉有关担保制度的解释》

第四十条 从物产生于抵押权依法设立前，抵押权人主张抵押权的效力及于从物的，人民法院应予支持，但是当事人另有约定的除外。

从物产生于抵押权依法设立后，抵押权人主张抵押权的效力及于从物的，人民法院不予支持，但是在抵押权实现时可以一并处分。

第四十一条 抵押权依法设立后，抵押财产被添附，添附物归第三人所有，抵押权人主张抵押权效力及于补偿金的，人民法院应予支持。

抵押权依法设立后，抵押财产被添附，抵押人对添附物享有所有权，抵押权人主张抵押权的效力及于添附物的，人民法院应予支持，但是添附导致抵押财产价值增加的，抵押权的效力不及于增加的价值部分。

抵押权依法设立后，抵押人与第三人因添附成为添附物的共有人，抵押权人主张抵押权的效力及于抵押人对共有物享有的份额的，人民法院应予支持。

本条所称添附，包括附合、混合与加工。

第四十二条　抵押权依法设立后，抵押财产毁损、灭失或者被征收等，抵押权人请求按照原抵押权的顺位就保险金、赔偿金或者补偿金等优先受偿的，人民法院应予支持。

给付义务人已经向抵押人给付了保险金、赔偿金或者补偿金，抵押权人请求给付义务人向其给付保险金、赔偿金或者补偿金的，人民法院不予支持，但是给付义务人接到抵押权人要求向其给付的通知后仍然向抵押人给付的除外。

抵押权人请求给付义务人向其给付保险金、赔偿金或者补偿金的，人民法院可以通知抵押人作为第三人参加诉讼。

《中华人民共和国民法典》

第三百二十二条　因加工、附合、混合而产生的物的归属，有约定的，按照约定；没有约定或者约定不明确的，依照法律规定；法律没有规定的，按照充分发挥物的效用以及保护无过错当事人的原则确定。因一方当事人的过错或者确定物的归属造成另一方当事人损害的，应当给予赔偿或者补偿。

第三百九十条　担保期间，担保财产毁损、灭失或者被征收等，担保物权人可以就获得的保险金、赔偿金或者补偿金等优先受偿。被担保债权的履行期限未届满的，也可以提存该保险金、赔偿金或者补偿金等。

规范解读

1. 担保物权延及性的含义

《民法典》第390条和《民法典担保制度司法解释》第40～42条规定的是担保物权效力所及标的物的范围，即担保物权延及性规则。所谓担保物权的延及性，指的是担保财产上的担保权延及从物、添附物、代位物等一切可识别的收益、产品或者替代品。此项规则的目的是充分保护债权人的合法权益，使担保权不因担保物形态的变化而减损。这实际也是世界银行优化营商环境的指标要求。世界银行《营商环境报告》通过一组指标测评担保交易中借贷双方的合法权利，其中有关“获得信贷”指标中，有一项要求即担保权益可以延伸至将来或以后取得的资产，并可自动延伸至原始资产的派生的产品、收益或替代物。此外，虽然法律和司法解释对抵押权的延及性作了明确规定，但根据质权、留置权同属于担保物权的特性，原则上应当可以一并参照适用抵押权的有关规则。[①]

2. 担保物权及于从物

依照物的相互关系为标准对物进行分类，物可以区分为主物和从物：非主物的成分，常助主物的效用，而同属于一人者，为从物；为从物所辅助的物，为主物。[②] 依照《民法典担保制度司法解释》第 40 条的规定，抵押权的效力是否及于从物，关键看从物产生的时间。如果从物产生于抵押权设立之前，那么即使当事人只是就主物设定抵押权，抵押权的效力亦及于从物。如果从物产生于抵押权设立之后，抵押权的效力不及于从物，但是抵押权人实现抵押权时可以就主物从物一并处分。《担保法司法解释》就担保物权及于从物已有类似规定，该解释第 63 条规定，抵押权设定前为抵押物从物的，抵押权的效力及于抵押物的从物，但是抵押物与其从物为两个以上的人分别所有时，抵押权的效力不及于抵押物的从物。《民法典担保制度司法解释》删除了抵押物与从物为两个以上的人分别所有时抵押权效力的确定规则，其主要原因是主从物的基本法理以及《民法典》第 320 条从物随同主物一并转让的规则，只有两个物同属于一人时才存在主物和从物的区分，如果两个物分属不同的权利人，则是两个独立的物，不存在主从关系。因此，《担保法司法解释》所规定的主物从物分属不同权利主体的情况在实践中并不存在。另外，《担保法司法解释》第 91 条和第 114 条分别规定质权、留置权的效力也及于从物。虽然《民法典担保制度司法解释》没有继受《担保法司法解释》的上述规定，但基于担保物权延及性的一般原理，质权、留置权也应当参照抵押权的上述规则处理。

3. 担保物权及于添附物

《民法典》第 322 条规定了物的添附制度，添附主要有附合、混合和加工三种形式。在《民法典》实施之前，司法实务中就担保物权是否及于添

---

① 参见谢在全：《民法物权论》（中册），中国政法大学出版社 2011 年版，第 622 页。

② 参见梁慧星、陈华彬：《物权法》（第 6 版），法律出版社 2016 年版，第 43 页

附物有不同意见。例如，在云南省高级人民法院审理的“陈家升与中国农业银行股份有限公司澄江县支行案外人执行异议之诉案”中，法院认为抵押权及于添附物。[①] 但在杭州市萧山区人民法院审理的“倪金胜与天乐古韵文化创意发展有限公司民间借贷纠纷案”中，法院认为抵押权不及于添附物。[②] 比较法上看，以《美国统一商法典》为代表的功能主义担保立法模式一般规定担保物权效力绝对及于整个添附物，但担保权人只能就担保财产原有价值为限享有优先受偿权。[③] 我国原则上承认担保物权效力及于添附物，但根据添附之后权利归属的不同区分了不同的处理规则。如果添附物归第三人所有，根据《民法典》第 322 条规定，取得添附物所有权的一方一般应当对丧失所有权的一方给予补偿，此时担保物权效力及于补偿金而非添附物本身。如果担保人取得添附物所有权，则担保物权效力及于添附物，但是添附导致担保财产价值增加的，担保物权的效力不及于增加的部分。如果添附的结果是担保人和第三人共有添附物，则担保物权的效力及于担保人所享有的共有份额。上述规则通过区分添附的不同情况，既保护了担保物权人的利益，避免了担保物权人的担保权益因添附遭受损失，同时也没有导致担保物权人因添附不当获利，平衡了担保物权人、担保人以及担保人其他债权人之间的利益。

4. 担保物权效力及于代位物

担保物权的物上代位性，指的是担保物毁损、灭失或被征收而得到赔偿时，担保物权的效力及于担保物的代替物（赔偿金），担保物权人可就该代替物行使其权利。[④] 在理解担保物权的物上代位性时，需要注意四个方面的问题：一是物上代位的前提条件是担保财产灭失，这种灭失既可能是物理上的毁损灭失，也可能是被征收导致担保人丧失对担保财产的所有权，毁损灭失的原因在所不问。二是代位物的范围。只要是因毁损、灭失、征收所得的补偿或者赔偿，无论是以赔偿金、补偿金、保险金等金钱形式存在，还是以

---

① 参见云南省高级人民法院（2015）云高民一终字第 462 号民事判决书。

② 参见浙江省杭州市萧山区人民法院（2014）杭萧商初字第 1223 号民事判决书。

③ 参见孙鹏、王勤芳、范雪飞：《担保物权法原理》，中国人民大学出版社 2009 年版，第 46 页。

④ 参见高圣平：《担保法论》，法律出版社 2009 年版，第 243 页。

实物形态存在，均属于担保物权效力所及范围。三是不以债权到期为前提。债权履行期限未届满的，可以提存代位物。四是担保物权人负有通知义务。赔偿金、补偿金或者保险金的给付义务人一般为主债权债务关系和担保关系之外的第三人，给付义务人在履行给付义务时不一定知晓债权债务的履行情况，可能直接向担保人履行担保义务。因此《民法典担保制度司法解释》第 42 条规定担保物权人应当及时通知代位物的给付义务人，通知之前给付义务人已经向担保人给付的，担保物权人不得再要求给付义务人向其给付。给付义务人在接到担保物权人通知之后应当在担保物权人优先受偿范围内直接向担保物权人给付相应款项或者提存代位物。

适用难点

1. 区分担保物的处分和受偿

功能主义的担保制度有两个基本的价值理念：一是在不加重担保人负担和损害交易安全的前提下，尽可能保护债权人的合法权益；二是尽可能便利担保物权的实现。区分担保物的处分和受偿恰好体现了上述理念。实务中，主物和从物一并处分显然比单独处分更有利于物尽其用和获得更大的交换价值，添附物的一体处置也是如此。因此担保财产涉及从物或者添附物时，在实现担保物权时，《民法典担保制度司法解释》规定可以就从物或者整个添附物一并处置。不过，担保物权设置后新产生的从物或者添附增值的部分的价值并没有为担保合同所涵盖，如果允许债权人就该部分价值一并优先受偿的话，可能损害担保人或者其他债权人的利益。因此，《民法典担保制度司法解释》规定担保物权设立后新产生的从物或者因添附而增加的价值部分，在确定优先受偿范围时应予以剔除。

2. 担保物权的延及性不影响担保物权的顺位

当担保财产设定有多个担保物权时，会涉及担保物权的顺位问题。我国原则上是根据担保物权设立的时间先后来确定担保物权的顺位。当担保财产毁损灭失，其价值移转至代位物时，担保物权的登记并不随之移转。不过，这并不影响担保物权的顺位，仍然应当按照担保财产毁损灭失之前所登记的担保物权情况来确定各担保物权人的顺位。代位物系实物的亦应当如此。例如，抵押人以房屋设定抵押权作为债权担保，后房屋被征收，征收人给予抵押人异地安置房屋作为补偿，原房屋上设定的抵押权效力及于安置房屋。如果抵押人在安置房屋上新设定了抵押权，该抵押权不能优先于原房屋上的抵押权。

3. 代位物给付义务人的注意和通知义务

根据《民法典担保制度司法解释》的规定，担保财产毁损灭失的，担保物权人应当及时通知代位物的给付义务人。实践中，担保物权人往往并不能第一时间获知担保财产毁损灭失的情况，而代位物的给付义务人可以通过查询担保物权的登记情况获知担保财产曾经设定担保物权的情况。如果代位物给付义务人明知或者应当知道担保财产上设定有担保物权，仍然直接向担保人给付代位物，由此给担保物权人造成损失的是否承担损害赔偿责任，法律和司法解释未作明确规定。笔者认为，基于诚实信用原则，如果代位物给付义务人明知或者应当知道担保财产上设定有担保物权，在给付代位物之前负有告知担保物权人的义务，如果没有告知担保物权人，而直接向担保人给付代位物，给担保物权人造成损失的，仍然有可能承担损害赔偿责任。审判实务中已经有相关案例支持此种观点。例如，在南京市中级人民法院审理的“交通银行股份有限公司江苏省分行与南京市江宁城市建设集团有限公司财产损害赔偿纠纷案”中，房屋的拆迁人没有通知抵押权人，直接将拆迁补偿款给付给了抵押人，导致抵押权人没有办法行使抵押权，法院认定拆迁人需要就抵押权人的损失承担补充赔偿责任。关于给付义务人通知担保物权人的方式，既可以是直接通知的方式，也可以是发布公告的方式。例如，在最高人民法院审理的“中国信达资产管理公司哈尔滨办事处与哈尔滨城市建设投资集团有限公司等借款合同纠纷案”中，法院认为拆迁人在当地有影响力的报刊上发布拆迁通告和公告，并在拆迁现场张贴拆迁通告，履行了必要的告知义务，并实地前往不动产登记机构进行了调查，未发现有抵押权登记情况，已经尽到了注意和告知义务，不需要承担赔偿责任。①

4. 担保财产形态转化时担保物权的实现程序

担保物毁损灭失导致担保物权人需就代位物行使担保物权的，所涉及的当事人不再限于债权人、债务人和担保人，还包括代位物给付义务人。《民法典担保制度司法解释》规定，担保物权人请求给付义务人给付保险金、赔偿金、补偿金的，应当追加担保人为第三人参加诉讼。需要注意的是，担保人既可以是无独立请求权的第三人，也可能是有独立请求权的第三人。如果保险金、赔偿金、补偿金尚不足以清偿全部债务的，担保人一般为无独立请求权的第三人。如果保险金、赔偿金、补偿金在清偿全部债务之后还有剩余的，给付义务人应当以债务人负担债务为限向担保物权人给付代位物，剩余部分应当给付担保人。担保人也可以作为有独立请求权的第三人加入诉讼，直接向代位物的给付义务人提出给付请求。

类案指引

1. 陈家升与中国农业银行股份有限公司澄江县支行（以下简称农行澄江支行）案外人执行异议之诉案②

法院认为：案外人陈家升在他人享有所有权的大棚基础上的增加投入，构成添附（附合），该添附物的所有权应归属于原有大棚（主物）的所有人鑫荣公司，陈家升不享有所有权。2006 年，鑫荣公司将自有大棚作为抵押物，向农行澄江支行取得贷款，并办理了抵押登记，农行澄江支行系大棚的抵押权人。作为抵押物所有人的鑫荣公司为附合物（大棚）的所有人，故农行澄江支行享有抵押权的效力及于附合物（大棚），农行澄江支行有权以陈家升添附形成的大棚主张抵押权。因添附物（大棚）被拆除并获得补偿，大棚的补偿款应当作为抵押财产，农行澄江支行享有优先受偿权。案外人提出的执行异议不能成立。

---

① 参见最高人民法院民事审判第二庭编：《民商事审判指导》（第 2 辑），人民法院出版社 2009 年版，第 137 ~ 140 页。

② 参见云南省高级人民法院（2015）云高民一终字第 462 号民事判决书。

2. 交通银行股份有限公司江苏省分行（以下简称交通银行江苏分行）与南京市江宁城市建设集团有限公司（以下简称江宁城建公司）财产损害赔偿纠纷案[①]

裁判要旨：抵押房屋在抵押期间被拆迁的，拆迁补偿款系抵押房屋的代位物，抵押权人可以就拆迁补偿款优先受偿。拆迁人在明知被拆迁的房屋设有抵押权的情况下，未通知抵押权人径行将拆迁补偿款支付给抵押人，导致抵押权人无法对补偿款行使优先受偿权，抵押权人要求拆迁人对其损失承担赔偿责任的，人民法院应予支持。

法院认为：交通银行江苏分行于2008年依法对案涉房屋房产设立了抵押权，而江宁城建公司在2009年对该抵押房产实施拆迁前，已查询相关抵押情况，应当知晓交通银行江苏分行系被拆迁房屋的抵押权人。国务院于2001年6月颁布的《城市房屋拆迁管理条例》（已失效）第30条规定，“拆迁设有抵押权的房屋，依照国家有关担保的法律执行”。《南京市城市房屋拆迁管理办法》第18条规定，“拆迁设有抵押权的房屋，债务人自拆迁补偿协议订立之日起的30日内，不能提前清偿或者抵押人不能变更抵押财产的，拆迁人应当依法将相当于债权担保部分的货币补偿金额向公证机关提存……”江宁城建公司在法律法规等已有明确规定，且知晓交通银行江苏分行为涉案被拆迁房产抵押权人的情况下，在拆迁时既未要求债务人变更抵押财产，也未有效通知抵押权人核实抵押房产所担保的剩余债权，进而向公证机关进行提存，而是直接将所有征收拆迁补偿款全数支付给被拆迁人（抵押人），其主观上存在明显过错，从而导致交通银行江苏分行对抵押人享有合法抵押的债权不能实现，故应当承担损害赔偿责任。

① 江苏省南京市中级人民法院（2017）苏01民终3241号民事判决书。

五、抵押财产的转让

相关法条

《最高人民法院关于适用〈中华人民共和国民法典〉有关担保制度的解释》

第四十三条 当事人约定禁止或者限制转让抵押财产但是未将约定登记，抵押人违反约定转让抵押财产，抵押权人请求确认转让合同无效的，人民法院不予支持；抵押财产已经交付或者登记，抵押权人请求确认转让不发生物权效力的，人民法院不予支持，但是抵押权人有证据证明受让人知道的除外；抵押权人请求抵押人承担违约责任的，人民法院依法予以支持。

当事人约定禁止或者限制转让抵押财产且已经将约定登记，抵押人违反约定转让抵押财产，抵押权人请求确认转让合同无效的，人民法院不予支持；抵押财产已经交付或者登记，抵押权人主张转让不发生物权效力的，人民法院应予支持，但是因受让人代替债务人清偿债务导致抵押权消灭的除外。

《中华人民共和国民法典》

第四百零六条 抵押期间，抵押人可以转让抵押财产。当事人另有约定的，按照其约定。抵押财产转让的，抵押权不受影响。

抵押人转让抵押财产的，应当及时通知抵押权人。抵押权人能够证明抵押财产转让可能损害抵押权的，可以请求抵押人将转让所得的价款向抵押权人提前清偿债务或者提存。转让的价款超过债权数额的部分归抵押人所有，不足部分由债务人清偿。

规范解读

1. 抵押财产转让规则的发展变化

《民法典》有关抵押财产转让的规则与之前《担保法》《物权法》的规定相比有较大变化。传统大陆法系国家和地区的立法普遍允许抵押人转让抵押物，同时规定抵押物的转让并不对抵押权造成影响，抵押权可追及于抵押物受让人而继续存在；同时为了保护抵押物受让人的权利，各国又设计出一系列制度（如涤除权）来使受让人可以有条件地清除抵押物上的抵押权，促进物的流转。①

我国担保制度关于抵押物转让问题经历了一个变化的过程。与传统大陆法系国家和地区的立法模式不同，我国曾一度认为允许抵押人自由转让抵押物会危及抵押权，因此，对于抵押财产转让曾经采取的是严格限制的立场。《民通意见》第 115 条第 1 款规定，抵押期间，非经债权人同意将同一抵押物转让他人的行为无效。

《担保法》对于抵押物转让的限制有所缓和，该法第 49 条规定："抵押期间，抵押人转让已办理登记的抵押物的，应当通知抵押权人并告知受让人转让物已经抵押的情况；抵押人未通知抵押权人或者未告知受让人的，转让行为无效。转让抵押物的价款明显低于其价值的，抵押权人可以要求抵押人提供相应的担保；抵押人不提供的，不得转让抵押物。抵押人转让抵押物所得的价款，应当向抵押权人提前清偿所担保的债权或者向与抵押权人约定的第三人提存。超过债权数额的部分，归抵押人所有，不足部分由债务人清偿。"依照这一规定，抵押人转让抵押财产应当告知抵押权人，并且应当以合理价格转让，但并不以抵押权人同意为前置条件。《担保法司法解释》第 67 条规定："抵押权存续期间，抵押人转让抵押物未通知抵押权人或者未告知受让人的，如果抵押物已经登记的，抵押权人仍可以行使抵押权；取得抵押物所有权的受让人，可以代替债务人清偿其全部债务，使抵押权消灭。受让人清偿债务后可以向抵押人追偿。如果抵押物未经登记的，抵押权不得对抗受让人，因此给抵押权人造成损失的，由抵押人承担赔偿责任。"《担保法司法解释》进一步明确了抵押权的追及效力和抵押物受让人的涤除权。

《物权法》又进一步加强了对抵押物转让的限制，再次明确抵押物转让应当以抵押权人同意为前提，不过赋予了抵押物受让人涤除权来平衡抵押物受让人与抵押权人的利益。该法第 191 条规定："抵押期间，抵押人经抵押

---

① 参见孙鹏、王勤劳、范雪飞：《担保物权法原理》，中国人民大学出版社 2009 年版，第 165 ~ 166 页。

权人同意转让抵押财产的，应当将转让所得的价款向抵押权人提前清偿债务或者提存。转让的价款超过债权数额的部分归抵押人所有，不足部分由债务人清偿。抵押期间，抵押人未经抵押权人同意，不得转让抵押财产，但受让人代为清偿债务消灭抵押权的除外。”一般认为，此处的“不得转让抵押财产”并非效力性强制性规定，不影响抵押财产转让合同的效力。[①]

《民法典》最终采纳了抵押财产自由流转的立法模式。《物权法》采取的转让抵押财产以抵押权人同意为前提的规则可以简化后续交易关系，但不利于充分发挥物的效用。近年来，我国民法学界逐渐改变了抵押财产转让会损害抵押权人利益的认识误区，最终在《民法典》中就抵押物转让问题采纳了大陆法系国家和地区的主流立法模式，即自由流转同时承认抵押权追及效力。依照《民法典》第 406 条第 1 款的规定，除非当事人另有约定，抵押人转移抵押财产不需要征得抵押权人的同意，但是抵押财产转让的，抵押权效力不受影响。不过为了保护抵押权人的利益，该条第 2 款规定，抵押人在转让抵押财产时负有通知义务，抵押权人能够证明抵押财产转让可能损害抵押权的，可以请求抵押人将转让所得的价款向抵押权人提前清偿债务或者提存。

2. 违反抵押财产禁止或限制转让特别约定的法律后果

《民法典》允许当事人通过特别约定的方式禁止或者限制抵押财产的转让，但没有明确规定禁止或者限制转让抵押财产特别约定的效力范围。《民法典担保制度司法解释》第 43 条对这一问题予以明确，弥补了法律漏洞。司法解释的规定主要考虑约定是否公示以及抵押财产受让人是否知情等因素，区分不同情况规定不同的法律效果。

一是抵押财产转让合同效力不受禁止或者限制转让特约的影响。依照《民法典》第 465 条有关合同相对性的规则，依法成立的合同原则上仅对合同当事人具有法律约束力。无论是抵押权人与抵押人关于禁止或者限制转让抵押财产的约定，还是抵押人与抵押财产受让人之间关于抵押财产转让的约

---

① 参见人民法院出版社法规编辑中心编：《担保法司法解释及司法观点全编》，人民法院出版社 2020 年版，第 294 页。

定，原则上都只在相应合同的当事人之间发生法律效力。如果因抵押人的原因导致抵押财产的物权不能转移给抵押财产受让人，所产生的后果是抵押财产转让合同履行发生障碍，抵押人需要承担合同履行不能的违约责任，但不影响合同的效力。因此，无论抵押权人与抵押人之间是否有禁止或者限制转让抵押财产的特约以及该特约是否公示，均不影响抵押财产转让合同的效力。当事人以抵押人违反其与抵押权人达成的禁止或者限制转让抵押财产的约定为由要求确认抵押财产转让合同无效的，法院不予支持。当然，如果有证据证明抵押人与抵押财产受让人签订抵押财产转让合同的目的是恶意串通损害抵押权人利益的，抵押权人可依照《民法典》第 154 条的规定请求确认转让合同无效。

二是抵押财产转让的物权效力。抵押财产的受让人能否实际取得抵押财产的物权，需要区分抵押财产的受让人是否善意。抵押权人与抵押人之间就禁止或者限制转让抵押财产有特别约定，抵押人违反约定转让抵押财产的行为构成无权处分。如果该约定进行了登记，或者抵押财产的受让人明知抵押权人与抵押人之间有此约定，抵押财产的受让人就不属于善意第三人，即便抵押财产办理了所有权的移转登记或者实际交付给抵押财产受让人，受让人也不能善意取得抵押财产的所有权。如果抵押权人与第三人之间关于禁止或者限制转移抵押财产的约定未进行登记，且抵押财产的受让人对于该约定不知情，抵押财产的受让人为善意受让人的，可以善意取得抵押财产的所有权。

三是抵押财产的受让人可以通过行使涤除权突破抵押财产转让的限制。抵押财产的受让人代为清偿债务既是抵押财产受让人的权利，也是抵押权追及效力的体现。[①] 即便抵押权人和抵押人之间有禁止或者限制转让抵押财产的特约，并且该特约进行了公示，或者抵押财产受让人对特约知情，只要抵押财产的受让人愿意代替债务人清偿债务以消灭抵押权，抵押财产受让人即可以取得已经交付或者移转登记的抵押财产的所有权。

---

① 参见孙鹏主编：《最高人民法院担保法司法解释精释精解》，中国法制出版社 2019 年版，第 293 页。

适用难点

1. 抵押人违反禁止或者限制转让特约的法律责任

抵押人违反其与抵押权人的约定转让抵押财产的，首先构成对抵押合同的违反，抵押权人有权依照抵押合同的约定追究抵押人的违约责任。抵押权具有追及效力，抵押财产转让不影响抵押权人向抵押财产受让人主张抵押权，实践中抵押权人证明抵押财产转让给其造成损失往往比较困难。因此，建议抵押合同中就抵押人的此项违约责任约定违约金，以免除抵押权人就损失的证明责任。其次，抵押人还可能构成对抵押财产转让合同的违反。在抵押财产禁止或者限制转让特约进行了公示，或者抵押财产受让人对特约明知的情况下，抵押财产转让合同的受让人不能取得抵押财产的所有权，抵押财产转让合同履行不能，抵押人构成违约。关于抵押人是否需要承担违约责任，有不同观点。有观点认为抵押财产的受让人并非善意，对合同不能履行存在过错，可以免除或者减轻抵押人的违约责任。违约责任以严格责任为一般归责原则，即便抵押财产的受让人明知禁止或者限制转让特约的存在，其也是基于对抵押人的信赖而与其签订抵押财产转让合同，不排除抵押人在抵押财产转让合同履行过程中取得完全处分权的情况，例如，抵押人与抵押权人变更禁止或者限制转让特约，或者抵押人在财产交付或者移转登记前取得抵押权人同意等。抵押人在抵押财产买卖合同关系中作为出让方负有出卖物权利瑕疵担保责任，应当预见到存在禁止或者限制转让特约的情况下，如果不能得到抵押权人的同意，则会面临抵押财产转让合同给付不能的风险，而抵押财产的受让人对禁止转让特约知情并不代表其存在过错，因此一般不能免除抵押人在抵押财产转让合同中的违约责任。

2. 转让抵押财产可能损害抵押权的证明

从鼓励物的流转的角度看，对于抵押财产转让不宜有过多限制，抵押权人需就转让抵押财产损害抵押权负担证明责任。由于《民法典》承认抵押权的追及效力，因此一般情况下抵押财产的转让并不会损害抵押权。实务中可能损害抵押权的主要有两种情况。第一种情况是抵押财产受让人对抵押财产的权利优先于抵押权人。例如房地产开发商将商品房出卖给消费者。《最高人民法院关于人民法院办理执行异议和复议案件若干问题的规定》第29条规定："金钱债权执行中，买受人对登记在被执行的房地产开发企业名下的商品房提出异议，符合下列情形且其权利能够排除执行的，人民法院应予支持：（一）在人民法院查封之前已签订合法有效的书面买卖合同；（二）所购商品房系用于居住且买受人名下无其他用于居住的房屋；（三）已支付的价款超过合同约定总价款的百分之五十。"一般认为，该条规定是我国司法实践给予商品房消费者物权期待权的特别保护，商品房买受人对房屋所拥有的权利要优先于开发商的其他有担保或者无担保的债权人。因此，开发商将设定有抵押权的商品房出售给消费者时，确有可能面临抵押权不能实现的风险，应当认定为可能损害抵押权。第二种情况是抵押财产受让人对抵押财产的使用可能明显增加抵押财产的风险或者贬损抵押财产价值的。例如特殊动产的抵押中，抵押人将本用于家庭使用的汽车出售给企业用于运营，后者的使用方式将明显加快抵押物的损耗，这便背离了抵押权人在设定抵押权时的预期，也可以认定为损害抵押权。①

类案指引

1. 中国农业银行新疆维吾尔自治区分行营业部（以下简称农行新疆分行营业部）与新疆三山娱乐有限公司（以下简称三山娱乐公司）、北大资源集团有限公司（以下简称新疆北大资源公司）等金融借款合同纠纷案②

裁判要旨：抵押权系以确保债务清偿为目的，债权人对债务人或者第三人所有的特定财产所享有的直接支配和排他的权利。一旦抵押权设立，债权人即对抵押财产享有了排他的优先受偿权。抵押财产无论是基于抵押人的自由转让还是基于司法执行行为导致所有权变动，抵押权人均可基于有效的抵押权追及抵押财产行使担保物权。

---

① 参见黄薇主编：《中华人民共和国民法典物权编释义》，法律出版社2020年版，第512页。
② 参见最高人民法院（2012）民二终字第113号民事判决书。

关于农行新疆分行营业部对于以新疆北大资源公司名义设定的三山广场有关房地产抵押权是否享有优先受偿权问题，法院认为：新疆北大资源公司以三山广场有关房产作为抵押财产与农行新疆分行营业部签订《抵押合同》时，所涉相关抵押财产所有权登记在新疆北大资源公司名下，新疆北大资源公司以此设定抵押担保并依法办理了抵押登记手续，并不违反法律规定，该抵押应为有效。抵押权系以确保债务清偿为目的，债权人对债务人或者第三人所有的特定财产所享有的直接支配和排他的权利。抵押权本质上是“对物”的权利，而非“对人”的权利。因此，一旦抵押权依法设定，债权人即对抵押财产享有了排他的优先受偿的权利，只要抵押权人未表示同意放弃抵押权，抵押财产无论是基于抵押人的自由转让行为，还是基于司法执行行为等导致变动，抵押权人均可基于有效的抵押权追及抵押财产行使权利。因此，农行新疆分行营业部有权依据法律规定对已经设定抵押的财产行使优先受偿权。本案所涉抵押财产曾经发生所有权登记的变更以及现该抵押财产所有权归属尚未确定等事实，均不影响抵押权的认定。无论最终本案所涉抵押财产的权利归属于三山房地产公司还是归属于三山娱乐公司，都不影响原以新疆北大资源公司名义签订抵押合同的效力，也不因此导致农行新疆分行营业部丧失其对业已成立的有效抵押权就抵押财产享有的优先受偿的权利。

2. 辽宁军丰物资有限公司（以下简称军丰物资公司）与锦州市土产杂品总公司（以下简称土杂总公司）等借款合同纠纷案①

裁判要旨：抵押财产被法院强制执行，抵押权人的抵押权并不因此丧失，仍可以就抵押财产行使优先受偿权。

法院认为：债务人土杂总公司虽提供证据证明已办理抵押登记的抵押物被法院执行，但并没有提供证据证明该抵押物已经灭失，其提供的民事判决书、执行裁定及资产评估报告，均不能证明抵押物已经灭失，

① 参见辽宁省高级人民法院（2014）辽民二终字第00066号民事判决书。

且抵押物灭失亦不影响债权人军丰物资公司对该抵押物享有优先受偿权。军丰物资公司对设定抵押的房产依法办理了抵押登记，抵押房产被强制执行，不影响抵押权的效力。本案中，已办理抵押登记的抵押房产虽被法院执行，但法院对抵押物的执行行为并不影响抵押权人依法对抵押物行使优先受偿权，且法院的执行行为并不能导致抵押权人优先受偿权丧失。

六、主债权诉讼时效届满对担保物权的影响

相关法条

《最高人民法院关于适用〈中华人民共和国民法典〉有关担保制度的解释》

第四十四条　主债权诉讼时效期间届满后，抵押权人主张行使抵押权的，人民法院不予支持；抵押人以主债权诉讼时效期间届满为由，主张不承担担保责任的，人民法院应予支持。主债权诉讼时效期间届满前，债权人仅对债务人提起诉讼，经人民法院判决或者调解后未在民事诉讼法规定的申请执行时效期间内对债务人申请强制执行，其向抵押人主张行使抵押权的，人民法院不予支持。

主债权诉讼时效期间届满后，财产被留置的债务人或者对留置财产享有所有权的第三人请求债权人返还留置财产的，人民法院不予支持；债务人或者第三人请求拍卖、变卖留置财产并以所得价款清偿债务的，人民法院应予支持。

主债权诉讼时效期间届满的法律后果，以登记作为公示方式的权利质权，参照适用第一款的规定；动产质权、以交付权利凭证作为公示方式的权利质权，参照适用第二款的规定。

《中华人民共和国民法典》

第四百一十九条　抵押权人应当在主债权诉讼时效期间行使抵押权；未行使的，人民法院不予保护。

规范解读

1. 未在主债权诉讼时效期间行使抵押权法律后果的制度变迁

关于抵押权人未在主债权诉讼时效期间内行使抵押权法律后果，规则层面经历了一个变化的过程。《担保法司法解释》采取的是一种特殊的担保物权存续期间制度。该解释第 12 条规定：“当事人约定的或者登记部门要求登记的担保期间，对担保物权的存续不具有法律约束力。担保物权所担保的债权的诉讼时效结束后，担保权人在诉讼时效结束后的二年内行使担保物权的，人民法院应当予以支持。”也就是说，在主债权诉讼时效期间届满后再加上二年的期限为担保物权的存续期间。这一规定在实践中产生了很大争议，最大的问题在于如果抵押人为第三人，主债权诉讼时效届满后 2 年仍需承担担保责任，在承担担保责任后还能否向债务人追偿。如果允许抵押人追偿，将不当加重债务人的负担，因为主债权诉讼时效期间已经届满。如果不允许追偿，则不当加重了抵押人的责任，使其负担超出了主债务人的责任，有悖担保从属性的要求。①

《物权法》改变了《担保法司法解释》的上述规则，该法第 202 条规定：“抵押权人应当在主债权诉讼时效期间行使抵押权；未行使的，人民法院不予保护。”《民法典》第 419 条完全继受了物权法的上述规定。不过针对这一规定中“未行使的，人民法院不予保护”性质的理解，长期以来存在产生诉讼时效抗辩和抵押权消灭两种不同的观点。直至 2019 年《九民纪要》出台，最高人民法院的态度明确为抵押权消灭说。该纪要第 59 条规定：“抵押权人应当在主债权的诉讼时效期间内行使抵押权。抵押权人在主债权诉讼时效届满前未行使抵押权，抵押人在主债权诉讼时效届满后请求涂销抵押权登记的，人民法院依法予以支持。以登记作为公示方法的权利质权，参照适用前款规定。”《民法典担保制度司法解释》基本继受了《九民纪要》抵押权消灭说的观点，并根据担保物权的不同种类和当事人主张权利的不同方式分别规定了不同的规则。

① 参见最高人民法院民事审判第二庭编著：《〈全国法院民商事审判工作会议纪要〉理解与适用》，人民法院出版社 2019 年版，第 360 页。

2. 抵押权担保债权的诉讼时效届满

抵押权属于“登记型担保物权”，其特点是担保财产仍由抵押人占有，不移转至抵押权人，抵押权人通过登记进行抵押权的公示，使抵押权产生物权效力或者对抗效力。抵押权人为了实现担保物权，必须向抵押人提出权利请求，因此抵押权人的权利会受到时效影响。实务中，抵押权人权利主张方式可以是在就主债权提起诉讼时一并主张，取得胜诉判决后向法院申请强制执行，也可通过《民事诉讼法》规定的实现担保物权的特别程序。如果债权人与债务人签订的是具有强制执行效力的公证债权文书，债权人可以直接向法院申请强制执行。上述情况可以归纳为两种类型，一种是债权人直接向债务人和担保人提出主张，另一种是债权人通过法院，取得裁判文书后向法院申请强制执行。《民法典担保制度司法解释》也区分了两种情形作出具体规定。第一种情形是，主债权诉讼时效期间届满前，抵押权人未主张行使抵押权。主债权诉讼时效期间届满，主债务成为自然债务，债务人可以提出诉讼时效抗辩，使主债权丧失执行力。此时，作为主债权从权利的抵押权亦丧失法律效力。第二种情形是，虽然债权人在主债权诉讼时效期间之内提出了权利主张，并获得了胜诉判决或者具有给付内容的调解书，但是没有在法律规定的申请执行时效期间内申请强制执行。依照《民事诉讼法》第 239 条规定，申请执行的期间为 2 年，申请执行时效的中止、中断适用法律有关诉讼时效中止、中断的规定。申请执行时效届满未申请执行所产生的法律效果与诉讼时效期间届满类似，所产生的法律效果也是抵押权人丧失抵押权。

3. 留置权担保债权的诉讼时效届满

留置权属于占有型担保物权，担保物权人实际占有担保，并且可以以担保物权对抗担保人对担保的财产的所有物返还请求权。依照《民法典》第 447 条的规定，留置权的效力范围是债务人不履行到期债务，债权人可以留置已经合法占有的债务人的动产，并有权就该动产优先受偿。从履行先后顺序看，应当是债务人先履行债务以消灭留置权，债权人才负有返还留置物的义务。因此，留置权人占有留置物的行为，本身就是在向债务人主张权利，也就不存在主债权超过诉讼时效的问题。依照《民法典》第 454 条的规定，如果留置权人在债务履行期限届满后不行使留置权，债务人也可以请求法院拍卖、变卖留置财产。因此，《民法典担保制度司法解释》第 44 条第 2 款规定，即便留置权人没有在主债权诉讼时效期间届满前直接向债务人主张债务，留置权不消灭，留置财产的所有权人可以请求拍卖、变卖留置财产并以所得价款清偿债务。

4. 质权所担保债权的诉讼时效届满

我国法律所规定的质权有动产质权和权利质权。其中动产质权需要将动产移转给质权人来担保债权，属于占有型担保物权，其法律效果类似于留置权。因此，《民法典担保制度司法解释》第 44 条规定其参照适用第 44 条第 2 款有关留置权的规则，即质权人没有在主债权诉讼时效期间内主张债务，也不会导致质权消灭。就权利质权而言，依照《民法典》第 441 条规定，区分为以交付权利凭证设立质权和以办理出质登记设立质权两种情况。其中以交付权利凭证的方式设立的质权，类似于前述占有型担保物权，而以出质登记的方式设立的质权，类似于前述登记型担保物权，故《民法典担保制度司法解释》第 44 条第 3 款规定分别参照适用留置权和抵押权的规则。

适用难点

主债权诉讼时效期间届满后，抵押人与债权人协商约定延续抵押权的效力或者自愿继续为债权提供担保是否有效，实践中对此存在争议。有观点认为主债权诉讼时效期间届满，抵押权消灭，债权人就不得再就抵押财产优先受偿。也有观点认为，可以参照适用《民法典担保制度司法解释》第 35 条保证人知道或者应当知道主债权诉讼时效期间届满仍然提供保证或者承担保证责任的规则，承认抵押权的效力。基于物权法定原则，当事人不能协议约定抵押权的效力期限或者范围，但是对于主债权诉讼时效期间届满，抵押人自愿继续提供抵押担保效力的，应当区分具体情况。

如果债务人系以自己的财产提供抵押，即便抵押权消灭，抵押财产仍然作为债务人的责任财产，可以用于清偿债务人的一般债务。依照《最高人民法院关于审理民事案件适用诉讼时效制度若干问题的规定》第 19 条的规定，“诉讼时效期间届满，当事人一方向对方当事人作出同意履行义务的意思表示或者自愿履行义务后，又以诉讼时效期间届满为由进行抗辩的，人民法院不予支持……”债务人自愿就履行自然债务作出承诺的，该债务又具备了强制履行力，相当于构成了新的债务。不过为了保护债务人其他债权人的利益，债权人在抵押权消灭后不得再就抵押财产主张优先受偿，只能与债务人的其他无担保债权人平等受偿。债权人与债务人重新办理抵押登记的，属于新设抵押权的行为，其效力并不溯及第一次抵押登记，而是应当按照新设抵押权的时间来确定其担保物权的顺位。

如果债务人是以第三人的财产设定抵押，即债务人与抵押人并非同一人，则可以参照适用《民法典担保制度司法解释》第35条的规则处理。以第三人财产设定抵押时，抵押人的地位类似于保证人，只不过抵押人只是以抵押财产价值为限承担有限责任。主债权诉讼时效期间届满，抵押人仍然自愿为债务人的债务承担担保责任的，债权人不构成不当得利。抵押人承担担保责任后，除非债务人自愿放弃时效抗辩，抵押人也不能向债务人追偿。

要区分不同类型质权的设立条件。依照《民法典》第441条的规定，以汇票、本票、支票、债券、存款单、仓单、提单出质的，质权自权利凭证交付质权人时设立；没有权利凭证的，质权自办理出质登记时设立，法律另有规定的，依照其规定。对于上述7种权利出质，原则上应当适用《民法典担保制度司法解释》第44条第2款的规定，债权人没有在诉讼时效期间内主张债权，不影响质权的行使。不过实务中需要注意，以该条规定的汇票、本票等7种权利进行质押，并非必然以交付权利凭证作为质权设立的标志。随着电子交易模式的不断拓展，有的债券如记账式国库券和上市交易的公司债券都已经实现无纸化，对于这些债券应当以出质登记作为质权设立的标志，[①] 因此应当适用《民法典担保制度司法解释》第44条第1款的规定，主债权诉讼时效期间届满的，质权消灭。依照《民法典》第443条至第445条规定，以基金份额、股权，注册商标专用权、专利权、著作权等知识产权中的财产权，应收账款出质的，自办理出质登记时设立。对于这些权利质权，应当适用《民法典担保制度司法解释》第44条第1款的规定，主债权

---

① 参见黄薇主编：《中华人民共和国民法典物权编释义》，法律出版社2020年版，第591页。

诉讼时效期间届满的，质权消灭。

类案指引

1. 邓章容与中国建设银行股份有限公司重庆市分行（以下简称建设银行重庆分行）等抵押合同纠纷案[①]

裁判要旨：主债权超过诉讼时效，抵押权消灭。

法院认为：根据已生效的民事判决，债权人建设银行重庆分行等对债务人邓章容享有的贷款主债权已成为自然之债，丧失了国家强制力的保障。建设银行重庆分行对邓章容所享有的抵押权，作为一项从权利，是为担保贷款主债权的实现而设立，其效力状态应依附于主权利，在该抵押权不再受人民法院保护的情形下，抵押物上所负担的抵押登记，对抵押权人来讲因已丧失了国家强制力的保障而变得缺乏意义，但对抵押人而言，继续维持抵押登记势必影响抵押物的正常使用和流转，尤其会影响抵押物交换价值的实现，妨害抵押人所有权的行使。抵押担保本来是合法设置在抵押物上的负担，它在担保主债权实现的同时，妨碍了所有权的行使。在抵押权合法存在的时候，这样的妨碍是正当的。本案主债权和抵押权现都不再受国家强制力保护，继续维持抵押登记的存在，就丧失了合法的依据。法律规定的主债权诉讼时效期间届满，抵押权“人民法院不予以保护”是指未行使的抵押权，因主债权诉讼时效的经过而消灭，丧失的不仅是抵押权受人民法院保护的权利。因此，涉诉的抵押权业已消灭。综上所述，基于前述原因，为物尽其用，定分止争，应支持邓章容要求解除抵押登记、返还房屋产权证的诉讼请求。

2. 夏文成、梁德财与钟汝更动产质权纠纷案[②]

裁判要旨：以动产质权作为债权的担保，债权人未在诉讼时效期间

---

① 参见重庆市第一中级人民法院（2013）渝一中法民终字第04305号民事判决书。

② 参见广东省高级人民法院（2019）粤民再32号民事判决书。

内向债务人主张债权的，不影响担保物权的效力。债务人以主债权超过诉讼时效为由主张撤销质权返还质物的，法院不予支持。

法院认为：本案中，钟汝更因向夏文成、梁德财借款而将其所有的49幅画交付给夏文成、梁德财为债权作担保，自钟汝更向夏文成、梁德财交付49幅画之时起，质权设立。首先，法律对于不转移担保物占有的抵押权，规定由不占有担保物的抵押权人在主债权诉讼时效期间积极行使担保权利，受偿债权，使物的利用尽快趋于安全稳定；对于转移担保物占有的动产质权，则没有限定占有担保物的质权人行使质权的期限，而同样是规定由不占有担保物的出质人主动向债权人提出及时行使质权的请求。同时规定，在质权人怠于行使质权的情况下，出质人可以通过向人民法院请求拍卖变卖质押财产、向质权人请求损害赔偿的方式进行救济。通过出质人积极主张权利和寻求救济，促使物权尽快消除担保负担，充分发挥物的效用。在这种制度安排下，动产质权并不因质权人在主债权诉讼时效期间内或主债权诉讼时效届满未行使而不受人民法院保护。其次，从适用法律的价值取向和社会导向分析。本案中，债务履行期届满后，债务人钟汝更未清偿债务，质权人夏文成、梁德财因而一直占有质物，其自然地认为权利实现仍处于有保障的状态。这种认识符合一般人基于诚实信用对权利保护的认知，也符合法律规定的从事民事活动应当遵循的自愿、公平、诚信原则。钟汝更在案涉借款履行期限届满后既不履行债务，也不向债权人提出行使质权的请求，而在债务履行期届满9年后以债权人未及时行使质权为由，起诉要求无偿取回全部质押财产，不符合一般人对公平正义的价值判断，也有违法律规定的公平、诚信原则。

专题七

不动产抵押

一、不动产抵押登记相关规则

相关法条

《最高人民法院关于适用〈中华人民共和国民法典〉有关担保制度的解释》

第四十六条 不动产抵押合同生效后未办理抵押登记手续，债权人请求抵押人办理抵押登记手续的，人民法院应予支持。

抵押财产因不可归责于抵押人自身的原因灭失或者被征收等导致不能办理抵押登记，债权人请求抵押人在约定的担保范围内承担责任的，人民法院不予支持；但是抵押人已经获得保险金、赔偿金或者补偿金等，债权人请求抵押人在其所获金额范围内承担赔偿责任的，人民法院依法予以支持。

因抵押人转让抵押财产或者其他可归责于抵押人自身的原因导致不能办理抵押登记，债权人请求抵押人在约定的担保范围内承担责任的，人民法院依法予以支持，但是不得超过抵押权能够设立时抵押人应当承担的责任范围。

《中华人民共和国民法典》

第三百九十五条 债务人或者第三人有权处分的下列财产可以抵押：

（一）建筑物和其他土地附着物；

（二）建设用地使用权；

（三）海域使用权；

（四）生产设备、原材料、半成品、产品；

（五）正在建造的建筑物、船舶、航空器；

（六）交通运输工具；

（七）法律、行政法规未禁止抵押的其他财产。

抵押人可以将前款所列财产一并抵押。

第四百零二条　以本法第三百九十五条第一款第一项至第三项规定的财产或者第五项规定的正在建造的建筑物抵押的，应当办理抵押登记。抵押权自登记时设立。

第五百八十四条　当事人一方不履行合同义务或者履行合同义务不符合约定，造成对方损失的，损失赔偿额应当相当于因违约所造成的损失，包括合同履行后可以获得的利益；但是，不得超过违约一方订立合同时预见到或者应当预见到的因违约可能造成的损失。

新旧变化

关于不动产抵押登记相关的规定，在《民法典》施行之前，其相关规范主要集中在《物权法》当中，如《物权法》第187条。与该条的内容相比，《民法典》第402条所涉及的抵押登记的标的物具有一定变化。依照《物权法》第180条的规定，需要办理抵押登记的标的物包括：建筑物和其他土地附着物；建设用地使用权；以招标、拍卖、公开协商等方式取得的荒地等土地承包经营权；正在建造的建筑物、船舶、航空器。上述内容被《民法典》第395条进行了适度调整，删除了特定方式取得的土地承包经营权，增加了海域使用权。但对于未办理登记的不动产抵押合同所产生的后果，当时的法律和司法解释都没有明确规定。

2019年《九民纪要》首次从“统一裁判尺度”的角度对该问题进行了明确。其中，第60条规定：“不动产抵押合同依法成立，但未办理抵押登记手续，债权人请求抵押人办理抵押登记手续的，人民法院依法予以支持。因抵押物灭失以及抵押物转让他人等原因不能办理抵押登记，债权人请求抵押人以抵押物的价值为限承担责任的，人民法院依法予以支持，但其范围不得超过抵押权有效设立时抵押人所应当承担的责任。”

《民法典担保制度司法解释》第46条对于上述会议纪要的内容又作了调整。具体而言，2019年《九民纪要》对于抵押物无法办理登记的过错原因并未严格区分，而是统一要求只要抵押物无法办理登记，抵押人就应当承担责任；《民法典担保制度司法解释》对此作了区分，明确了可归责于抵押人和不可归责于抵押人导致无法完成抵押物登记时产生的不同法律后果。

规范解读

分析《民法典担保制度司法解释》第46条的内容，其主要涉及不动产抵押人未办理抵押登记时的责任认定。具体言之，第46条的三款条文包括了三个层面的含义：其一，抵押人继续履行合同的义务；其二，不可归责于抵押人的原因导致无法办理抵押登记的责任认定；其三，可归责于抵押人的原因导致无法办理抵押登记的责任认定。

1. 未办理不动产抵押登记时抵押合同的效力和履行

对于抵押登记和抵押合同效力之间的关系，我国立法经历了一些较大的改变。《担保法》第41条规定："当事人以本法第四十二条规定的财产抵押的，应当办理抵押物登记，抵押合同自登记之日起生效。"第42条规定："办理抵押物登记的部门如下：（一）以无地上定着物的土地使用权抵押的，为核发土地使用权证书的土地管理部门；（二）以城市房地产或者乡（镇）、村企业的厂房等建筑物抵押的，为县级以上地方人民政府规定的部门；（三）以林木抵押的，为县级以上林木主管部门；（四）以航空器、船舶、车辆抵押的，为运输工具的登记部门；（五）以企业的设备和其他动产抵押的，为财产所在地的工商行政管理部门。"由上述规定可知，对于不动产抵押合同，《担保法》采取的是登记生效主义，即如果没有办理抵押物登记，抵押合同将不生效。由于将物权变动的原因和结果混淆，该规定在实践中产生了诸多障碍，也受到了理论和实务界的诸多质疑，"这种以抵押登记作为抵押合同生效要件的制度，等于允许当事人尤其是抵押人在抵押登记前随时可以任意地否认抵押合同，已经签署的抵押合同对其没有丝毫法律约束力，为不讲诚信逃避责任的恶意当事人提供保护伞”。[①]

在理论研究逐步深入和总结实践经验的基础上，2007 年颁布的《物权法》第 15 条对《担保法》的上述规定作出了修正，确立了区分原则。该条规定：“当事人之间订立有关设立、变更、转让和消灭不动产物权的合同，除法律另有规定或者合同另有约定外，自合同成立时生效；未办理物权登记的，不影响合同效力。”

所谓区分原则，即在发生物权变动时，物权变动的原因与物权变动的结果作为两个法律事实，它们的成立生效依据不同法律依据的原则。[②] 具体而言，物权变动的基础关系即原因行为，当依据该原因行为自身的法律要件进行判断，而不能以物权的设立、变动是否成就作为判断标准。同样，物权的设立和变动，需要以交付或登记为要件，而原因行为的生效并不意味着产生物权设立和变动的法律效果。该项原则后被《民法典》第 215 条吸收。

将不动产物权变动的原因与结果进行区分，本质而言，是由债权与物权的性质决定的。以抵押权为例，当事人为了设立抵押权，需订立抵押合同，如此一来，订立抵押合同就成了设立抵押权的原因，而进行抵押物登记是订立抵押合同的结果。抵押合同对于当事人而言，产生的是债的约束力，其内涵是一种请求权、对人权、相对权，并不涉及不特定第三人的利益，合同无须公示即可产生法律上的效果，故此，作为物权变动原因行为的抵押合同是否有效，仅需从合同本身所应依据的法律审视，无须考察抵押物是否办理了登记。然尚需明确的是，合同的生效并不必然导致抵押权设立的效果，《民法典》在第 402 条明确：以建筑物和其他土地附着物、建设用地使用权、海域使用权和正在建造的建筑物抵押的，应当办理抵押登记，抵押权自登记时设立。

2. 未办理不动产抵押登记时抵押人的责任认定

讨论未办理抵押登记时抵押人的责任，其情形当限于抵押人为第三人的情形。若抵押人与债务人同属一人，则抵押合同产生的责任无疑会被主合同

---

① 参见范小华：《未办抵押登记的不动产抵押合同中抵押人责任研究》，载《法律适用》2015 年第 4 期。

② 参见孙宪忠：《物权变动的原因与结果的区分原则》，载《法学研究》1999 年第 5 期。

债务清偿责任所吸收，因债权人主张权利的对象重合唯一，债权人能够获得清偿的“财产保障”而言，并无任何变化，均以主债务人的财产范围为限。此外，抵押人的责任确定还应建立在未办理抵押登记的原因分析基础之上，具体包括如下三种情形。

第一，因抵押人的行为导致未办理抵押登记。在因抵押人的不当行为，导致抵押物未办理登记时，抵押人应承担何种性质的责任？对此，实践和理论中均有观点认为抵押人承担的是担保责任。因为抵押合同有效即产生担保权，在未办理抵押登记的情况下，抵押人与债权人所创设的这种权利介于保证与抵押权之间，属于非典型担保之一。债权人可以通过行使抵押合同上的担保权来保障其债权的实现，即不通过抵押登记将要求抵押人承担担保义务的债权请求权转化为抵押权，而将担保停留在债权担保状态，以一个债权担保另一个债权。①

上述观点不仅在理论上难以自圆其说，亦会在实践中产生诸多障碍。首先，抵押合同当然属于合同范畴，其本质是当事人之间就特定财产设定抵押权的债权合意，此种合意产生的法律后果是抵押人负有办理抵押登记的义务，若抵押人违反此项义务，应承担的是违约责任。其次，对于抵押人而言，如其依约履行了抵押合同义务，办理完毕抵押登记，则抵押权成立，此时抵押人承担的担保责任为“有限责任”，即以特定的抵押物价值为限。然依照上述观点，在抵押权未成立时，抵押人反而有可能需要以超过抵押物价值的自己的财产对债权人承担担保责任，显然扩大了抵押人的责任范围，有违公平原则。最后，不能因为抵押人承诺愿意提供物权担保但物权没有形成，就自然推定会有一个比物权担保功能更弱的债权担保。根据合同自由原则，抵押人仅承诺通过设定抵押权对债权人进行担保，并没有承诺以另一种债权担保方式对债权人进行担保。

因抵押人的行为导致未办理抵押登记时，抵押人承担的并非担保责任，而应当是违约责任。理由有以下几点：其一，抵押合同中约定的是各方当事

① 参见刘延杰、王明华：《未办理抵押权登记时抵押人应承担何种责任》，载《人民司法》2013 年第 3 期。

人为实现抵押物权而应当履行的“前期”合同义务。其二，依照区分原则，抵押合同仅是抵押权设立的原因行为，在未办理登记的前提下，其当然不可能产生具有担保功能的物权，“以发生物权变动为目的的原因行为，自合法成立时生效。在不能发生物权变动的结果时，有过错的当事人应当承担违约责任”。[①] 其三，从抵押权人的角度分析，如果抵押人未办理抵押登记，抵押权人要求抵押人继续履行的依然是“合同”义务，遵循的法律依据依然是《民法典》当中的合同规则。

既然抵押人需要承担的是违约责任，那么依照《民法典》第 577 条“当事人一方不履行合同义务或者履行合同义务不符合约定的，应当承担继续履行、采取补救措施或者赔偿损失等违约责任”的规定，债权人可以要求抵押人承担违约责任的主要内容当包括以下两项，即继续履行和赔偿损失，这也成为《民法典担保制度司法解释》第 46 条的基本内容。

债权人可要求抵押人继续履行合同，《民法典担保制度司法解释》第 46 条第 1 款规定，“不动产抵押合同生效后未办理抵押登记手续，债权人请求抵押人办理抵押登记手续的，人民法院应予支持”。然而，此项权利的行使需要考虑其可能存在的现实障碍：其一，抵押物是否还存在，如果抵押标的物已经灭失，抵押人自然无法履行登记义务；其二，抵押人是否依然拥有抵押物的所有权，若抵押物已转由他人合法所有，则抵押权登记亦无法履行。

债权人可要求抵押人赔偿损失。抵押登记难以继续履行的前提下，抵押合同的债权人自然可向抵押人主张赔偿，但能否获得支持，取决于抵押登记未能完成的原因探究。如果不能办理登记的原因不可归责于抵押人，则抵押人不应再承担赔偿责任，但如果抵押人因此而获得了赔偿金、保险金等标的物的对价，则应在上述金额范围内承担赔偿责任。如果不能办理登记的原因可归责于抵押人，抵押人自然应当承担违约责任，但与一般违约责任不同的是，该种责任范围的确定需要考虑抵押合同的约定和抵押物的价值，具体判断规则将在下文论述。

---

① 梁慧星：《中国物权法草案建议稿：条文、说明、理由与参考立法例》，社会科学文献出版社 2000 年版，第 112 页。

第二，因债权人的行为导致未办理抵押登记。实践中，未办理抵押登记亦存在可归责于债权人的情形，即在抵押人完全履行了登记协助义务之后，债权人仍可能基于时间、金钱、物权凭证的掌握等多种考虑而不去办理抵押登记，此时的债权人对抵押人是否还可主张相应的合同责任？在抵押人不存在违约行为，甚至已完全履行己方义务之后，债权人依然怠于行使自己的权利时，应当解释为债权人主动放弃抵押权，债权人无权再向抵押人主张赔偿损失等违约责任。

第三，债权人与抵押人协商一致未办理抵押登记。不可否认的是，实践中尚可能存在另外一种较为特殊的情形，即债权人与抵押人协商一致签订了非典型的抵押合同，其中明确了抵押物无须办理抵押登记，抵押人对债权人负有在主债务不能清偿时以抵押物拍卖、变卖或折价清偿的担保性质的义务。对于此种合同，目前我国法律并无相关规范，然亦无法律和行政法规的禁止性规定。可以将这种合同视为非典型的抵押人向债权人提供的一种非典型的担保义务。“在不存在其他利害关系人的情况下，这种履行债务的安排在当事人之间当然具有拘束力，在债务人不能清偿债务时，有义务依照抵押合同的规定，以合同标的清偿债务。”① 然而需要明确的是，在物权法定的原则下，这种较为少见的合同性质，决定了其不可能确立担保物权。虽然在担保形式上其与保证具有很大的相似性，然而与保证背后牵连的保证人的不特定财产不同，这种合同担保的财产已被特定化处理。这种合同依然只具有债权担保的性质，无法对抗物权。因此，在主债务人无法履行合同，导致抵押人以抵押物清偿债务时，需要严格考察该标的物上负担的物权和其他债权的先后顺序，以避免损害第三人的合法权益。

适用难点

《民法典担保制度司法解释》第 46 条的适用难点在于未办理不动产抵押登记时抵押人的赔偿责任范围以及在此基础上如何确定司法判决的主文。

① 许明月：《抵押权制度研究》，法律出版社 1998 年版，第 125 页。

1. 违约损害赔偿范围的基本规则

对于违约行为所造成的损害赔偿范围，依法学理论，可大致区分为三类：一是约定赔偿范围，即依当事人的意思而定；二是一般法定赔偿范围，即依法律的一般规定；三是特殊法定赔偿范围，即法律对于特殊关系设有特别的规定。我国一般法定赔偿范围主要体现在《民法典》第584条，该条规定："当事人一方不履行合同义务或者履行合同义务不符合约定，造成对方损失的，损失赔偿额应当相当于因违约所造成的损失，包括合同履行后可以获得的利益；但是，不得超过违约一方订立合同时预见到或者应当预见到的因违约可能造成的损失。"分析该条规定，可见其对于赔偿范围的认定，确立了两条基本规则。

一是完全赔偿规则，即与违约行为具有因果关系的损害都应赔偿。这是保护非违约方利益的当然要求，体现的是市场经济的等价交换和法律的公平原则，目的在于完全弥补受害人因违约人的行为遭受的财产损害，使受害人恢复到遭受损害之前的状态。

二是可预见性规则。首先，关于预见的主体，应当是违约方。其次，关于预见的时间，应当是订立合同时。因为合同的缔结是以当事人当时了解的情况对日后的风险所做的一种分配，而且是在这种分配的基础上讨价还价形成了合同的对价关系，如果以日后的情况加之于违约方，且又未使之有机会通过提升价格或做其他适当的安排防范风险，对他来说则是不公平的。[①] 再次，关于可预见的损失内容，应结合双方当事人的熟悉程度，标的物的用途和种类，标的物的市场供求情况等因素综合确定。最后，判断可预见性，通常是以一个抽象的理性人标准，结合受害人的举证和公平原则，确定是否属于当事人应当预见范围的损害。

2. 抵押人的赔偿范围确定

因抵押人的行为导致未办理抵押登记，债权人主张赔偿损失时，抵押人应承担赔偿的范围如何确定？对此，实践中曾有观点认为：在未办理抵押登记的情况下，由于抵押人承担的责任财产未得到有效的特定化即设定抵押

---

① 韩世远：《合同法总论》，法律出版社2008年版，第566页。

权，故抵押人应以其全部财产作为责任财产，而非以抵押物的价值为限，向债权人承担赔偿责任。[①] 这种观点有失偏颇，如因为未办理抵押登记就让抵押人以全部财产作为赔偿基础，与要求其承担保证责任并无区别。就抵押合同的目的而言，当事人所预期的“保障”或“责任”也仅是抵押合同约定，最大也包含在抵押物的价值范围之内。如此苛责抵押人，明显与《民法典》确定的可预见性规则不符。

如果办理了抵押登记，抵押权成立，依照《民法典》第 394 条的规定，一旦债务人不履行到期债务或者发生当事人约定的实现抵押权的情形，债权人有权就该财产优先受偿，有了物的保障，债权人便可容易地实现抵押物担保范围内的债权。相反，如果未办理抵押登记，抵押权无法成立，抵押物本身的担保功能便无法显现。一旦债务人无力还债或还债不足时，与抵押权成立后相比，债权人遭受的实际损失即债务人未能清偿的合同约定抵押物担保范围内的债权。由于抵押合同已经将抵押人担保的财产特定化处理，因此对于抵押人而言，其在签订合同之时，能够预见自己可能会替主债务人代为履行的债务就是抵押合同约定范围，最大至抵押物价值范围内。根据《民法典担保制度司法解释》第 46 条第 3 款的规定，因抵押人的原因未办理不动产抵押登记，抵押人应就债务人没有清偿的部分向债权人承担赔偿责任，且最大范围应当以抵押物的价值为限。

司法判决主文中对于抵押人承担赔偿的性质的表述，实践中不少观点坚持如下做法：如抵押人对债务人的全部债务在抵押物价值范围内承担连带清偿责任。这种表述缺乏严谨性，且违反了违约责任的本质。首先，连带责任非同小可，依据《民法典》第 178 条的规定，其来自法定或约定，不可由裁判者随意酌定。其次，在抵押权未成立的前提下，债权人所享有的合同预期利益，也仅仅是自己的债权得到清偿，而不能将物权担保下的债权清偿之优先性也作为其预期利益，否则，违约责任与担保责任的界限也将模糊。最后，如果抵押人对于全部债务承担连带责任，则与保证再无本质区别，只是

---

① 参见姚敏旭、梁展欣：《谈未办理房屋抵押登记的抵押合同的效力》，载 http://www.5law.cn/info/a/sifa，2021 年 2 月 15 日最后访问。

财产范围的限定程度不同而已。

因此，违约责任的确定应遵循其固有的法理逻辑。合同中的抵押人违约后，债权人所遭受的损失就是债务人不能清偿的债务，如未经法院执行就笼统认为所有债务都属于债权人遭受的损失则不仅有失严谨，亦会再次回归到“保证责任”的怪圈中。至于不能清偿债务的范围需要借助于执行程序确定，现行立法也不缺少此种方式，侵权责任中的补充责任即如此类。结合上述分析，判决主文一般应包括两项：其一，债务人承担对债权人的清偿责任；其二，抵押人在抵押合同约定的范围内就上述债务人不能清偿部分承担违约赔偿责任，但不能超过抵押物的价值。当然，抵押人承担赔偿责任之后，一般亦可再向债务人行使追偿权。

类案指引

1. 营口元亨曦地置业有限公司（以下简称元亨曦地公司）与青岛天一集团樱珠山房地产开发有限公司（以下简称青岛天一公司）、青岛信恒基商贸有限责任公司（以下简称信恒基公司）等企业借贷纠纷案①

法院认为：《借款补充协议》约定，元亨曦地公司以其名下的3块土地使用权为信恒基公司向青岛天一公司的借款提供抵押担保。合同签订后，因双方均未办理上述土地使用权的抵押登记手续，故抵押权并未有效设立，在此情况下，青岛天一公司无权对上述土地使用权行使优先受偿权。虽然抵押权并未有效设立，青岛天一公司无权对抵押物行使优先受偿权，但在主合同《借款协议》和从合同《借款补充协议》均合法有效的情况下，元亨曦地公司对于因此给青岛天一公司造成的损失，应当承担赔偿责任。原审法院根据双方的过错程度，判决元亨曦地公司在其提供的抵押物价值的二分之一范围内对信恒基公司不能清偿的部分承担赔偿责任具有事实和法律依据，并无不当。

① 参见最高人民法院（2017）最高法民申240号民事裁定书。

2. 中国长城资产管理股份有限公司重庆市分公司（以下简称长城资产公司）与重庆合成化工厂有限公司（以下简称合成化工公司）、重庆融海实业有限公司（以下简称融海公司）等欠款纠纷案①

法院认为：物的担保合同生效但担保物未办理登记情形下担保人责任的承担。首先，关于担保人所应承担责任的性质。在担保物办理了登记的情况下，债权人可以以其享有的担保物权就担保物直接行使优先受偿权，在担保物未办理登记的情况下，因担保人在担保合同中已经作出提供担保物以担保案涉债权实现的明确意思表示，未办理担保物登记之事实并不导致该合同义务的消灭，担保人仍应就担保合同项下的相关义务承担合同责任，包括依约对担保物的登记予以积极协助的责任，以及因其违约行为致使债权人受到损失而应承担的赔偿责任等。其次，关于合成化工公司、融海公司承担赔偿责任的范围。设定担保物权的功能在于以担保物的价值保障债权人债权的实现。司法实践中，担保物的价值并非总和所担保债权的数额相等。对于抵押人和质押人而言，其系以抵押物和质押物的价值为限对所担保的债权承担担保责任。最后，因抵押人和质押人所承担的是担保合同项下的合同义务，当事人一方不履行合同义务或者履行合同义务不符合约定，给对方造成损失的，损失赔偿额应当相当于因违约所造成的损失，但不得超过违反合同一方订立合同时预见到或者应当预见到的因违反合同可能造成的损失。债权人与抵押人、质押人签订物的担保合同时，对于其只能在担保物价值范围内享有优先受偿权有着明确的预见，合成化工公司、融海公司未办理房产抵押登记以及股权质押登记，给长城资产公司所造成的损失应当限于本应抵押的房产、本应质押的股权价值范围内。至于担保物价值嗣后的变动，属于当事人在订立合同时应当预见的正常风险。

---

① 参见最高人民法院（2017）最高法民终934号民事判决书。

二、不动产抵押担保的债权范围认定

相关法条

《最高人民法院关于适用〈中华人民共和国民法典〉有关担保制度的解释》

第四十七条　不动产登记簿就抵押财产、被担保的债权范围等所作的记载与抵押合同约定不一致的，人民法院应当根据登记簿的记载确定抵押财产、被担保的债权范围等事项。

《中华人民共和国民法典》

第三百八十九条　担保物权的担保范围包括主债权及其利息、违约金、损害赔偿金、保管担保财产和实现担保物权的费用。当事人另有约定的，按照其约定。

新旧变化

关于不动产登记簿记载内容的效力，《担保法司法解释》也曾进行规定，与《民法典担保制度司法解释》相比，两者确立的基本原则没有变化，即登记记载的内容与抵押合同不一致时以登记为准，只是在细节表述层面，存在一些区别。《担保法司法解释》第 61 条规定："抵押物登记记载的内容与抵押合同约定的内容不一致的，以登记记载的内容为准。"相比而言，《民法典担保制度司法解释》第 47 条的内容更为细化，明确了"抵押财产""被担保的债权范围"等具体项目在出现矛盾时，以不动产登记簿的记载为准。

规范解读

关于不动产登记簿的效力，《民法典》第 216 条第 1 款明确规定，"不动产登记簿是物权归属和内容的根据"。第 217 条规定："不动产权属证书是权利人享有该不动产物权的证明。不动产权属证书记载的事项，应当与不动产登记簿一致；记载不一致的，除有证据证明不动产登记簿确有错误外，以不动产登记簿为准。”从上述规定中可见不动产登记簿的公示公信效力。换言之，对于不特定第三人而言，登记簿作为不动产物权的外观具有判断权利主体的推定性，第三人基于此种外观信任而从事的民事法律行为的效力一般也应得到保护。

《民法典担保制度司法解释》第 47 条的内容是建立在《民法典》对于不动产登记簿效力界定的基础上。详言之，对于抵押财产、被担保的债权范围而言，当其登记在不动产登记簿之上时，不仅具有了普通的宣示效力，还会基于抵押物和担保范围的特定和确定性而促进其他债权人与抵押人进行交易的安全性。故此，即使抵押合同和不动产登记簿记载的不一致，在抵押权人利益和不动产登记簿公示公信效力的维护层面，后者显然具有更为广泛的稳定市场交易的作用，故此，该条规范明确了合同与登记簿矛盾时，以登记簿为准。

适用难点

抵押权设立之后，对于抵押权人而言，其意义主要有二：其一，债权的实现有了物的保证；其二，相比于普通债权，具有了就担保财产优先受偿的权利。然而抵押权人能够在多大范围内实现优先受偿，则取决于抵押物的担保范围。《民法典》在第 389 条规定：“担保物权的担保范围包括主债权及其利息、违约金、损害赔偿金、保管担保财产和实现担保物权的费用。当事人另有约定的，按照其约定。”同时，《民法典担保制度司法解释》也明确了登记簿的优先效力。但是，《民法典》及《民法典担保制度司法解释》规范中所涉及的担保范围是否必须进行登记，法律规范并未明确，进而导致司法实践中出现了如下争议：当不动产登记簿仅记载主债权数额未记载担保范围时，抵押权人的优先受偿范围如何确定？

1. 不动产抵押登记的债权数额与优先受偿范围的关系

对于不动产抵押而言，其登记的表现形式以 2015 年《不动产登记暂行条例》（已被修改）为分界点。该条例实施之前，登记的外现形式是“他项权证书”，其相关的登记项目显示为“债权数额”，实践中，此处登记的绝大多数为债权本金；该条例实施之后，抵押权的外现形式为“不动产登记证明”，其相关的登记项目显示的是“担保债权的数额”，与之前相比并无实质变化。

对于不动产抵押的优先受偿范围而言，其相关纠纷主要体现为两种类型。其一，主体为抵押权人和债务人，具体言之，当债务人未依约定履行债务或发生合同所载的实现抵押权情形后，对于未记载于不动产登记簿的利息、违约金等数额，能否成为抵押权人的优先受偿范围并被裁判主文所确认时常成为纠纷起因。其二，主体为在先抵押权人与普通债权人或后顺位抵押权人，即抵押物所有人的债务繁多，在多个债权人申请执行之后，顺序在先的抵押权人就其债权所能享受的优先范围，将会波及普通债权人和后顺位抵押权人的利益，故上述各方时常就在先抵押权人的优先受偿范围与抵押登记之间的关系产生争议，进而引发执行分配方案异议之诉。

此类纠纷中当事人的争议焦点集中在两个层面：其一，不动产权属证书上所记载的“债权数额”是否等同于担保范围即抵押权人能够就其债权享有的优先受偿范围？其二，在不动产登记簿所记载的“债权数额”与当事人所签订的抵押合同中载明的担保范围不一致时，应以何种标准确定抵押权人的优先受偿范围？对于上述两个问题，实务界和理论界的观点均不一致。

2. 实务界和理论界的代表性观点梳理

实务界的代表性观点梳理。具体到司法实践，结合判例及各省高级人民法院的规范性文件，大致有如下三种代表性观点。

第一种观点可归纳为“严格登记论”，即以不动产权利证明或登记簿中记载的债权数额来确定抵押权人的优先受偿范围。如江苏省高级人民法院民二庭《关于当前商事审判若干问题的解答》规定：“房地产抵押权属于物权，房地产抵押登记属于不动产物权登记。《中华人民共和国物权法》第十六条规定：不动产登记簿是物权归属和内容的根据。不动产登记簿由登记机构管理。因此，抵押担保的范围应以登记机关不动产登记簿的记载内容为准，除非有证据表明登记簿的记载错误。对抵押权人主张就抵押物价值超出登记价值的部分优先受偿的，不应予以支持。”

第二种观点可归纳为“遵循约定论”，即在不动产登记簿仅记载主债权数额时，抵押权人享有的优先受偿权范围应以合同约定为准。如《重庆市高级人民法院关于办理实现担保物权案件若干问题的解答》规定：“担保合同约定的担保范围与抵押登记、出质登记中记载的担保范围不一致的，原则上应以登记的担保范围为准。但由于行政行为不规范造成登记的担保范围与约定担保范围不一致的，在合同内容合法有效，合同约定担保范围及于主债权、利息、违约金等，且双方对担保范围均无异议，而登记仅载明了主债权本金的情况下，登记效力应及于符合法律规定及合同约定的利息、违约金等其他费用，申请人可在据以登记的担保合同约定的范围内依法享有优先受偿权。”

第三种观点可归纳为“限制登记论”，即如果当事人仅将本金登记在不动产登记簿中，而对于利息、违约金等其他费用没有登记，此种情况下，抵押合同约定的借款期间的利息因属于主债权的法定孳息，无论登记与否，抵押权人均有权优先受偿，但对于迟延利息、违约金和实现担保物权的诉讼费用，如果当事人没有登记的，则不能优先受偿，不能对抗顺位在后的抵押权人。①

理论界的代表性观点梳理。具体到理论界，其代表性的观点大致有如下三种。

第一种观点认为，担保物权所担保的主债权必须登记，至于主债权之外的其他项目如利息、违约金等是否应当登记，要根据情况决定，有些项目如利息是可以提前约定的，应当登记，有些如损害赔偿金、实现担保物权的费用是无法事先预测、无法估量的，因此不需要登记。②

第二种观点认为，约定利息和违约金如果没有登记，则抵押权不能优先受偿，只能在抵押当事人之间发生效力。但是，迟延利息本质上属于金钱债务迟延履行时的违约金，在发生延期还款的事实后完全可以按照法定利率计

① 参见最高人民法院民事审判第二庭编：《最高人民法院商事裁判观点》（总第1辑），法律出版社2015年版，第114页。

② 参见王利明：《物权法研究》，中国人民大学出版社2013年版，第1132页。

算，故此即便没有登记，也属于抵押权担保的债权范围。①

第三种观点认为，就以登记为生效要件的担保物权而言，当事人之间关于利息（无论是约定利息、迟延利息）和违约金的约定，必须记载于不动产登记簿，从而贯彻物权公示原则，通过登记簿向外界展示担保物权的具体担保范围，倘若当事人没有将其关于利息和违约金的约定加以登记的，则此种约定只能在当事人之间发生法律效力，担保物权人就该利息和违约金等主债权之外的担保对象，不具有优先受偿权。②

3. 对被担保的债权范围的不同解读

分析以往诸多案例，其裁判观点之所以存在差异，原因之一在于对法律规范的解读不同，具体而言，焦点体现在《物权法》第173条和《担保法司法解释》第61条。前者规定："担保物权的担保范围包括主债权及其利息、违约金、损害赔偿金、保管担保财产和实现担保物权的费用。当事人另有约定的，按照约定。"后者规定："抵押物登记记载的内容与抵押合同约定的内容不一致的，以登记记载的内容为准。"反观现在的《民法典》第389条和《民法典担保制度司法解释》第47条，两相对比，本质性内容并未发生改变。

《民法典》的上述规范明确了担保物权之担保范围的法定性和约定性。所谓法定性，是指其已经为抵押权的担保范围明确了具有概括和兜底意义的内容。所谓约定性，是指当事人可以其意思自治为原则，对于抵押物的担保范围另行约定。然上述担保范围是否需要以登记的形式表现出来？法律规范并未给出明确答案。《民法典担保制度司法解释》的上述规范明确了登记与约定内容冲突时的选择标准，然而当不动产登记簿仅在"债权数额"一栏中记载本金时，能否视为其包含了担保范围并进而与抵押合同发生了约定层面的冲突？

以上述规范为基础，存在多种解读。一种观点认为，《物权法》第173条（现《民法典》第389条）具有补位"担保范围"的功能。因为推定是

① 参见孙鹏、王勤劳、范雪飞：《担保物权法原理》，中国人民大学出版社2009年版，第37页。

② 参见程啸：《担保物权研究》，中国人民大学出版社2017年版，第92页。

最起码的预见，源于交易主体最可能的意思，但凡设立抵押时，债权人希望担保的债权至少包括原债权及其利息、违约金、损害赔偿金、保管担保财产和实现担保物权的费用。作为潜在的抵押权人，一般债权人也应当预见，法律关于担保范围意思的推定具有对世效力之法理，故此抵押人或其他当事人不能以登记簿没有“担保范围”的登记为由进行抗辩。①

另一种观点则认为，不动产登记簿是物权归属和内容的依据，担保范围作为抵押权的内容之一，也应以不动产登记簿的记载为准，后顺位抵押权人依据不动产登记簿的记载知晓先顺位抵押权的担保债权数额，由此判断抵押物的抵押余额，继而对其债权受偿的可能性作出合理的预期。如果当事人可依据抵押合同约定的担保范围对抗抵押登记的内容，则突破了不动产登记簿记载的范围，不仅有悖于物权公示、公信原则，而且会损害顺位在后抵押权人登记的抵押债权的实现。②

分析上述两种解读，其争议本质涉及两个基本问题的判断。其一，《民法典》对于担保范围的规定是否具有推定的对世效力进而无须再就此进行登记；其二，现行不动产抵押登记的内容是否可以概括性地包含优先受偿的范围，进而能否以与登记内容“不一致”为由排除合同约定的担保范围。

4. 不动产登记项目的实践缺失

不动产抵押登记与担保范围的关系之所以引发争议，还与不动产登记所面临的现实情况具有很大关系，就此，可从普遍性和特殊性两个角度作出如下梳理。

其一，从普遍性的角度分析。以房屋抵押所涉及的登记为例，在不动产统一登记制度正式施行之前，住房和城乡建设部颁布的《房屋登记簿管理试行办法》（已失效）第9条规定，房屋他项权利的内容，记载抵押权人、抵押人和债务人、被担保主债权的数额、担保范围、债务履行期限等内容。但是，在格式化的他项权利证书中，能够填写的主要栏目为以下八项：房屋

① 参见鲁荣杰、王恩女：《担保范围情形下不动产抵押权人优先受偿的范围》，载 http://fayuan.cixi.gov.cn，2021年2月15日最后访问。

② 参见朱志红、沈洁：《未登记担保范围情形下不动产抵押权优先受偿范围以登记为准》，载《人民司法（案例）》2017年第2期。

他项权利人、房屋所有权人、房屋所有权证号、房屋坐落、他项权利种类、债权数额、登记时间、附记。根据住房和城乡建设部《关于印发房屋权属证书、登记证明填写说明的通知》的规定，他项权利种类：填写抵押权或地役权等他项权利。债权数额：属于一般抵押权的，填写房屋登记簿上记载的被担保主债权的数额；属于最高额抵押权的，填写房屋登记簿上记载的最高债权额。附记：填写需要记载的其他事项，设定最高额抵押的，应在附记栏中注明；地役权登记的，需役地房屋坐落应在附记栏中注明。由此可知，申请人办理抵押登记时须记载的八项内容中，并没有前述规定中的“担保范围”。

2015年3月1日，《不动产登记暂行条例》（已被修改）正式实施，全国开始不动产统一登记制度，其权利外观形式主要有不动产登记簿、不动产权证书、不动产登记证明。对于抵押权而言，除登记机关保管的不动产登记簿之外，抵押权人获得的是不动产登记证明，该证明中与抵押权相关的内容记载于“其他”一栏，“使用和填写说明”中显示此处应填写的是“担保债权的数额”；不动产登记簿的抵押权登记信息页中仅有“被担保主债权数额（最高债权数额）”栏，没有“担保范围”栏。

此外，在多地政府部门的操作过程中，抵押登记的“债权数额”处绝大多数为主债权数额，即便当事人要求登记利息、违约金等项目，也不可能在权利外观证书上显示，仅有可能在登记机关的信息系统中备案。

其二，从特殊性的角度分析。为了解决上述争议性问题，部分地区的金融机构开始与不动产登记部门合作，尝试以登记内容的明确来避免纠纷。如上海银监局与上海市不动产登记局联合印发了《关于启动新版银行在线查询不动产登记信息系统的通知》，其中规定：抵押担保范围是新版不动产抵押登记申请表中新增的内容，由各银行和当事人自行约定并明确表示是否需要在不动产登记簿上记载公示；需要记载抵押担保范围的，申请人应确保申请表中载明的抵押担保范围与抵押合同约定的内容一致，不得任意增加或减少。

结合上述的普遍性现状和特殊性尝试，可知不动产抵押登记所面临的客观现实是：诸多地区的不动产外观权利证书并未明确设置“担保范围”的登记栏目，且多地的相关部门亦不进行此项的登记。抵押权人权利公示的愿望遭遇了困境，“担保范围”未被记载，也并非通过尽其主观注意义务的方式所能避免。

5. 司法实践的现实选择

一般而言，裁判者对于不动产登记簿的记载和抵押担保范围的关系应遵循如下的逻辑思考：抵押权的设立需要以登记为标准；担保范围应在抵押权进行登记的时候予以明示；抵押权人的优先受偿权以登记的担保范围为限。然而，具体到司法实践，裁判者需要面对的却是担保范围并未成为不动产登记之常规内容的客观现实，故此时裁判者需要作出的选择是：抵押权人就其主债权所能够享受的优先受偿范围是以不动产登记簿记载的“主债权数额”为准还是以合同约定为准。换言之，对于裁判者来说，在应然的思考方式缺乏现实基础时，其又当采取何种符合实际的问题解决方式？对此，笔者尝试作出以下分析。

其一，现行法律规范是否规定抵押权的担保范围必须进行登记？从法律经验上看，物权公示是确定物权权属的重要规定。① 根据《民法典》第208条的规定，不动产物权的设立、变更、转让和消灭，应当依照法律规定登记。然而，对于抵押权的担保范围与抵押权的设立而言，两者不是同一概念，抵押权成立的登记也不能够与担保范围的登记完全等同，且无论《民法典》还是《民法典担保制度司法解释》，均未明确要求担保范围必须进行登记。

其二，假设以他项权利证书所载的主债权数额作为抵押权人优先受偿的范围，将导致何种后果？无论金融机构抑或其他民事主体，其对抵押物所能担保范围的期待原则上与合同一致，在现实的登记背景下，如果确定抵押权人能够优先受偿的只有债务本金而不包含合同约定的违约金、利息等内容，其后果将会迫使抵押权人转向“曲线救国”。也就是直接以高价估算的方式将抵押权登记为最高额抵押权，进而“架空”一般抵押权，使其在规范中的存在失去现实意义。

其三，如果以合同约定的担保范围作为优先受偿权的依据，对于其他债权人是否构成侵害？就抵押权的设立而言，其公示的意义主要体现在两个角度：第一个角度是公示了抵押权和抵押权人的存在，进而使不动产在交易市

---

① 参见常鹏翱：《物权法的展开与反思》，法律出版社2017年版，第192页。

场上具有了鲜明的“限制性负担”；第二个角度是公示了抵押权人的优先受偿权，即告知顺序在后的抵押权人和普通债权人，在先登记的抵押权人对于抵押物的价值能够优先受偿。故此时，在后抵押权人和其他债权人对于其不能从抵押物上获取清偿的可能性已经有了预期。至于该预期的程度则涉及抵押物的担保范围，此种情形下，对于顺位在后的抵押权人来说，其获知担保范围的途径，既包括《民法典》第 389 条的宣示性条款，也可向抵押人和登记机构查询。对于普通债权人而言，因不存在物的担保，故债务人是否具有不动产并非债权形成时考虑的必然因素。换言之，普通债权人在债权形成时并不存在对抵押权的登记信赖。退一步而言，即使普通债权人在债权形成时考虑了债务人的不动产，然在其未成为债权对应的担保物时，普通债权人对于该不动产并不存在债务清偿的合理预期。

换一个角度，再来分析在后抵押权人和普通债权人对于登记的信赖基础是否存在。就不动产登记而言，其具有明显的推定力，从而使登记权利人不证自明地成为不动产物权人，在此前提下，即使不动产登记错误，善意第三人基于登记信赖取得的物权，也当得到保护。故此，第三人产生信赖的前提当然是存在登记，如果登记项目缺乏，信赖自无从谈起。对于当下的抵押权登记而言，普通债权人或后顺位的抵押权人可以产生的信赖主要包括抵押权人是谁，担保的主债权数额是多少，因为上述两者已明确记载于不动产登记簿中。至于担保范围，在权利凭证上并未记载的前提下，恐难以得出第三人对此产生信赖的结论。

其四，从最高人民法院层面而言，倾向性意见是否明确？对此问题，《民法典担保制度司法解释》虽没有明确，但《九民纪要》的观点依然具有参考价值，其第 58 条明确：一是多数省区市的登记系统未设置“担保范围”栏目，仅有“被担保主债权数额（最高债权数额）”的表述，且只能填写固定数字，这种不一致是由于该地区登记系统设置及登记规则造成的该地区的普遍现象，人民法院以合同约定认定担保物权的担保范围，是符合实际的妥当选择；二是一些省区市不动产登记系统设置与登记规则比较规范，担保物权登记范围与合同约定一致在该地区是常态或者普遍现象，人民法院在审理案件时，应当以登记的担保范围为准。

由以上分析可知，无论是理论分析还是实践选择层面，将抵押权人享有的优先受偿范围以合同约定作为界定标准，只不过是裁判者在法律规范和登记现实未能完全契合的背景下，对于抵押物优先受偿范围作出的实然选择。这也是在诸多案例和高级法院的规范性文件中，遵循约定说成为多数观点的重要原因。

6. 不动产登记制度的完善

抵押权作为担保物权，其作用之一在于为债务的顺利清偿提供物的保证；作用之二在于抵押权人能够就抵押物获得比一般债权人优先受偿的权利。就此层面的意义分析，优先受偿的范围也应当属于抵押权的重要内容。然而在当下，抵押权优先受偿的范围与登记之间之所以出现上述诸多争议，主要原因在于法律规范和登记制度的模糊化。顺从于现实，实践中的多数观点选择了遵循约定的方式，然并未从根本上解决争议。反观域外的立法例，诸多国家如德国、日本等都要求当事人必须将其关于担保范围的约定通过登记加以公示，从而使第三人准确获悉。如《德国民法典》第 1115 条第 1 款规定，“在抵押权登记时，必须在土地登记簿上写明债权人、债权的金额，债权为支付利息的，还必须写明利率，应当交付其他从给付的，须写明金额。此外，为说明债权，可以查照登记同意书”。故为了更明确地将实践反映到理论，进而消除诸多不必要的争议，从应然性的角度分析，尚需在行政登记制度层面细化两方面的措施。

其一，从规范的层面而言，可通过对《不动产登记暂行条例》进行完善，明确抵押权登记之时，担保范围属于必须登记的内容，从而将担保范围和优先受偿范围的身份属性明确，避免在是否需要登记尚存争议的前提下去探讨登记内容与优先受偿范围之间的关系。其二，从登记制度层面而言，在全国范围完善不动产登记证明和不动产登记簿的格式内容，明确设置“担保范围”。[①] 就上述两项措施而言，其更多是操作层面的改进问题，并不存在理论上的障碍，且上述措施不仅有助于抵押权人的权益维护，同时对于外

① 2021 年 4 月 6 日，自然资源部印发了《关于做好不动产抵押权登记工作的通知》，其中要求不动产登记机构根据申请明确记载抵押担保范围，从而在制度层面避免将来产生纠纷，但对于在此之前产生的实践问题，本文探讨的思路依然具有一定的参考意义。

界不特定的第三人来说，不动产登记簿上多一些确定性权利的外观宣示，亦可增强交易结果的可预期性。当然，理论上亦有观点以当事人约定的利息、违约金、损害赔偿等项目或违反法律规定或难以确定为由否定登记的必要性。客观而言，无论是否存在登记，上述项目在确定抵押权的优先受偿范围时，都会存在一个司法审查的标准问题，而该问题的解决依赖于规范层面的统一性规定，与是否登记之间并无必然联系。

类案指引

1. 中国东方资产管理股份有限公司江苏省分公司（以下简称东方资产江苏分公司）与江苏大成房地产开发有限公司（以下简称江苏大成公司）、张家港市大成纺机有限公司等合同纠纷案[①]

法院认为：本案的争议焦点是东方资产江苏分公司对案涉抵押物享有优先受偿权的范围如何确定。首先，东方资产江苏分公司与江苏大成公司签订的《抵押合同》第4条约定，江苏大成公司所担保的主债权为《债务重组协议》项下债务重组本金12,462.67万元、利息及其他费用，具体担保范围包括《债务重组协议》项下的债务本金、利息、罚息、复利、违约金、损害赔偿金、财务顾问费、实现债权的费用和其他所有应付费用。该合同系双方当事人真实意思表示，内容不违反法律和行政法规规定，应属有效合同。据此，就案涉抵押物的担保范围，从双方当事人的真实意思表示看，应该是包括本金、利息、罚息、违约金等费用。其次，东方资产江苏分公司与江苏大成公司签订《抵押合同》后，就合同约定的抵押物办理了抵押登记，正常而言，双方当事人办理抵押登记时的担保范围应该与《抵押合同》约定的担保范围一致。但是，本案中，案涉他项权利证书中，仅在“债权数额”栏目中记载了《债务重组协议》中确认的债权本金，该权利证书中并无“担保范围”的记载。而根据《物权法》第185条，“债权数额”与“担保范围”分属他项权利

① 参见最高人民法院（2019）最高法民再69号民事判决书。

证书中应当登记的两项内容，二者并非同一概念。原审判决将案涉他项权利证书中记载的“债权数额”理解为“担保范围”的记载，并据此认定抵押物登记记载的内容与抵押合同约定的内容不一致，以及本案优先受偿权的范围为上述他项权利证书中记载的“债权数额”，适用法律不当。再次，《物权法》第173条规定：“担保物权的担保范围包括主债权及其利息、违约金、损害赔偿金、保管担保财产和实现担保物权的费用。当事人另有约定的，按照约定。”由此，本案抵押物的担保范围依照《抵押合同》的约定进行确定，既符合双方当事人的真实意思表示，也符合法律规定。最后，江苏大成公司作为本案《借款合同》的主债务人及抵押人，不属于不动产物权公示制度的保护对象，不动产登记制度设立的目的在于保护以该不动产为交易客体的第三人的合理信赖利益和交易安全。江苏大成公司以无论《抵押合同》对债权数额如何约定，其超过他项权利证书记载的债权数额部分因未登记不具有优先受偿效力为由，主张应以案涉他项权利证书中载明的债权数额为限确定本案抵押权受偿范围，有违诚信原则。

❖ ❖ ❖ ❖ ❖ ❖ ❖ ❖ ❖

2. 横县农村信用合作联社（以下简称横县信用社）与陈志光、钟世珍等金融借款合同纠纷案①

法院认为：担保物权的担保范围是可以由当事人约定的，那么抵押权人优先受偿的范围就应根据约定的抵押担保范围来确定。本案中，横县信用社的下属机构校椅信用社与陈志光、刘柳签订的《个人抵押借款合同》中已经明确约定了“海顺988”号船抵押担保借款74万元、横县工商局宿舍1栋302房抵押担保借款6万元，上述抵押物的抵押担保范围是合同项下到期的贷款本金及利息、违约金、损害赔偿金和实现债权费用以及所有其他应付费用，因此，横县信用社对案涉抵押船舶和房屋优先受偿的范围应该根据该合同约定的抵押担保范围来确定。虽然本案

① 参见广西壮族自治区高级人民法院（2015）桂民四终字第61号民事判决书。

案涉船舶和房屋在办理抵押登记时记载的债权数额分别为74万元和6万元，但此记载的内容应为抵押合同中约定的被担保主债权数额，而非抵押物的抵押担保范围。因为在设立抵押及办理登记时，主债权及附随债权尚未能确定，但当事人对抵押物的抵押担保范围是有预期和认知的，并在《个人抵押借款合同》中已作约定，所以登记机关登记记载的是被担保的主债权数额，而非抵押担保范围，且这与合同约定的内容也并非不一致。

三、“房地一体”相关抵押规则

相关法条

《最高人民法院关于适用〈中华人民共和国民法典〉有关担保制度的解释》

第五十一条 当事人仅以建设用地使用权抵押，债权人主张抵押权的效力及于土地上已有的建筑物以及正在建造的建筑物已完成部分的，人民法院应予支持。债权人主张抵押权的效力及于正在建造的建筑物的续建部分以及新增建筑物的，人民法院不予支持。

当事人以正在建造的建筑物抵押，抵押权的效力范围限于已办理抵押登记的部分。当事人按照担保合同的约定，主张抵押权的效力及于续建部分、新增建筑物以及规划中尚未建造的建筑物的，人民法院不予支持。

抵押人将建设用地使用权、土地上的建筑物或者正在建造的建筑物分别抵押给不同债权人的，人民法院应当根据抵押登记的时间先后确定清偿顺序。

《中华人民共和国民法典》

第三百九十五条 债务人或者第三人有权处分的下列财产可以抵押：

（一）建筑物和其他土地附着物；

（二）建设用地使用权；

（三）海域使用权；

（四）生产设备、原材料、半成品、产品；

（五）正在建造的建筑物、船舶、航空器；

（六）交通运输工具；

（七）法律、行政法规未禁止抵押的其他财产。

抵押人可以将前款所列财产一并抵押。

第三百九十七条 以建筑物抵押的，该建筑物占用范围内的建设用地使用权一并抵押。以建设用地使用权抵押的，该土地上的建筑物一并抵押。

抵押人未依据前款规定一并抵押的，未抵押的财产视为一并抵押。

第四百一十四条 同一财产向两个以上债权人抵押的，拍卖、变卖抵押财产所得的价款依照下列规定清偿：

（一）抵押权已经登记的，按照登记的时间先后确定清偿顺序；

（二）抵押权已经登记的先于未登记的受偿；

（三）抵押权未登记的，按照债权比例清偿。

其他可以登记的担保物权，清偿顺序参照适用前款规定。

第四百一十七条 建设用地使用权抵押后，该土地上新增的建筑物不属于抵押财产。该建设用地使用权实现抵押权时，应当将该土地上新增的建筑物与建设用地使用权一并处分。但是，新增建筑物所得的价款，抵押权人无权优先受偿。

新旧变化

关于“房地一体”相关的抵押规则，我国立法经历了《担保法》、《物权法》和《民法典》三个阶段，主要的变化如下。

《担保法》时期，其对于“房地一体”的处理规则集中在国有土地领域，即该法第36条规定：“以依法取得的国有土地上的房屋抵押的，该房屋占用范围内的国有土地使用权同时抵押。以出让方式取得的国有土地使用权抵押的，应当将抵押时该国有土地上的房屋同时抵押。乡（镇）、村企业的土地使用权不得单独抵押。以乡（镇）、村企业的厂房等建筑物抵押的，其占用范围内的土地使用权同时抵押。”

《物权法》时期，没有再对土地的性质进行严格区分，其第 182 条明确了概括性的房地一体主义，即“以建筑物抵押的，该建筑物占用范围内的建设用地使用权一并抵押。以建设用地使用权抵押的，该土地上的建筑物一并抵押。抵押人未依照前款规定一并抵押的，未抵押的财产视为一并抵押”。

2019 年《九民纪要》第 61 条进行了进一步细化：“根据《物权法》第 182 条之规定，仅以建筑物设定抵押的，抵押权的效力及于占用范围内的土地；仅以建设用地使用权抵押的，抵押权的效力亦及于其上的建筑物。在房地分别抵押，即建设用地使用权抵押给一个债权人，而其上的建筑物又抵押给另一个人的情况下，可能产生两个抵押权的冲突问题。基于‘房地一体’规则，此时应当将建筑物和建设用地使用权视为同一财产，从而依照《物权法》第 199 条的规定确定清偿顺序：登记在先的先清偿；同时登记的，按照债权比例清偿。同一天登记的，视为同时登记。应予注意的是，根据《物权法》第 200 条的规定，建设用地使用权抵押后，该土地上新增的建筑物不属于抵押财产。”

《民法典》第 397 条吸收了《物权法》第 182 条的内容，只是在个别文字上作了调整。

《民法典担保制度司法解释》第 51 条在 2019 年《九民纪要》第 61 条的基础上，对于《民法典》第 397 条进行了进一步细化和完善。

规范解读

作为物理空间上相互依赖的结合物，建筑物与土地难以分离，故从添附的角度而言，取得建设用地使用权的人同时取得了该土地上建筑物的所有权，同样，取得建筑物所有权的人也要取得所附着的建设用地使用权。有鉴于此，实践中建设用地使用权与建筑物所有权一般不能分离而转让，其处分也时常体现出“房地一体”的特色。该点在《民法典》中有明显体现，比如，第 356 条规定：“建设用地使用权转让、互换、出资或者赠与的，附着于该土地上的建筑物、构筑物及其附属设施一并处分。”第 357 条规定：“建筑物、构筑物及其附属设施转让、互换、出资或者赠与的，该建筑物、构筑物及其附属设施占用范围内的建设用地使用权一并处分。”

关于房屋和房屋所在土地使用权的抵押问题，一直是实践中的热点和难点问题，《民法典担保制度司法解释》第51条对此进行了细化。具体来说，房屋和土地只进行一项抵押登记，会产生抵押权的效力范围问题；房屋和土地分别抵押，即建设用地使用权抵押给一个债权人，其上的建筑物又抵押给另一个人的情况下，会产生两个抵押权的行使问题。

针对上述第一种情形，《民法典担保制度司法解释》在“房地一体”原则之下，结合当事人订立合同时的预期利益，确立了两项规则：其一，建设用地使用权抵押的效力仅可扩展至房屋完成部分；其二，在建房屋抵押的效力仅限于登记部分。换言之，在将建设用地使用权抵押时，“房地一体”的扩张范围不包括建筑物的续建和新增部分；在将房屋所有权抵押时，未办理登记的部分即便有约定也不产生抵押权效力。如果将抵押权的效力及于建设用地使用权抵押权设立后新增的建筑物，显然是扩张了抵押财产；如果将抵押权的效力及于未登记的房屋，显然与物权公示原则不符，如此情形对于抵押权人和抵押权人的普通债权等都是不利的。

针对上述第二种情形，《民法典担保制度司法解释》确立了“登记顺序”的清偿规则。《担保法司法解释》第58条第1款规定：“当事人同一天在不同的法定登记部门办理抵押物登记的，视为顺序相同。”如此规定主要是因为历史上我国曾存在房屋和土地由不同部门管理和登记的情形，进而产生不同的抵押权人同一天在不同的部门办理登记的情况，进而形成了认定登记顺序的难题。2014年我国颁布的《不动产登记暂行条例》，实施不动产统一登记制度。既然在同一机构办理抵押登记，一般不会出现“顺序相同”的情形，因此，《担保法》所规定的“顺序相同的，按照债权比例清偿”的适用基础已不存在。

适用难点

在《物权法》颁布前，对建设用地使用权与建筑物所有权单独或分别抵押后，抵押的效力及其范围如何判断，存在一定争议。《物权法》采纳了法定抵押权的观点，抵押人未将建设用地使用权与地上建筑物一并抵押的，未抵押的财产视为一并抵押，从而在制度上解决了这一难题。《民法典》延续了该观点，但对于司法实践而言，依然需要面对的一个难点是建筑物或者建设用地使用权之抵押权的单独设立与意思自治的关系。

1. 单独登记抵押权的法定后果

在建设用地使用权和建筑物共存的情形下，如果当事人不存在特殊的约定，仅在抵押登记时登记了建筑物或建设用地使用权的，《民法典》第 397 条第 2 款和《民法典担保制度司法解释》第 51 条都明确了“地随房走”或“房随地走”的法定原则。当建筑物设定抵押权之后，即便建筑物占用范围内的建设用地使用权未同时办理抵押登记，建筑物的抵押权范围也同时及于上述建设用地使用权；当建设用地使用权设定抵押权之后，其对于建筑物所产生的效果也是同上。

2. 单独设立抵押权的约定效力

能否允许当事人自由约定抵押标的物只是建设用地使用权或建筑物，排除“一体化”的抵押范围，对此存在一定争议。有观点认为，依照《物权法》第 182 条的规定，禁止当事人通过特别约定对建设用地使用权和建筑物一并抵押的关系加以改变，当事人的意思自治被限制；《物权法》生效后，当事人如果约定建筑物不随土地抵押权一并抵押的，该约定不具有法律效力，在土地使用权上设立的抵押权的效力当然及于地上之建筑物，抵押权人对建筑物的变现价值也有优先受偿权。[①] 另有观点认为，将房地产分别设定抵押，是当事人签订抵押权合同时真实的意思表示，因两个抵押合同均未违反物权法定原则，故法律没有理由强行干预并认定其中一个抵押权为无效。[②]

最高人民法院对此问题的倾向性观点较为一致，无论是《九民纪要》还是《民法典》，最高人民法院在对相关条文的理解与适用进行阐述时，都认为：应当允许当事人对担保财产作出特别约定，如抵押合同约定仅以建设

① 参见曹士兵：《中国担保制度与担保方法》，中国法制出版社 2017 年版，第 255 页。

② 参见杜万华主编、最高人民法院民事审判第二庭编：《担保案件审判指导》，法律出版社 2018 年版，第 354 页。

用地使用权设定抵押，并且明确约定不包括其上建筑物的，应当认为抵押权及于建设用地使用权；反之，如抵押合同约定仅以建筑物设定抵押，并且明确约定不包括建设用地使用权的，应当认为抵押权仅及于建筑物；实现抵押权时，应当将房地产同时拍卖，分别计价，建筑物或者建设用地使用权抵押权人只能就建筑物或建设用地使用权卖得的价金优先受偿。[①] 抵押权的最终价值在于实现，如果实现层面不存在房屋和建设用地使用权分别处理的障碍，则尊重当事人的意思自治当为私法的核心要义。

类案指引

1. 中国银行股份有限公司海口龙珠支行（以下简称中行龙珠支行）与海南国托科技有限公司（以下简称国托公司）、海南美源房地产开发有限公司等金融借款合同纠纷案[②]

法院认为：关于抵押登记部门不明情况下的登记效力的认定问题。依据《担保法司法解释》第60条“以担保法第四十二条第（二）项规定的不动产抵押的，县级以上地方人民政府对登记部门未作规定，当事人在土地管理部门或者房产管理部门办理了抵押物登记手续，人民法院可以确认其登记的效力”的规定，在当地县级以上人民政府未明确在建工程抵押登记部门的情况下，海口市国土部门颁发的土地他项权利证明书对案涉土地及地上建筑物抵押登记予以了明确记载，可依据上述司法解释的规定认定相关登记部门对土地使用权及地上建筑物办理抵押登记的行为已经完成，即案涉地上建筑物上已设定了他项权利，具有公信力，并足以产生公示的法律效果。故法院依法确认其登记效力，即中行龙珠支行可对该地上建筑物享有优先受偿权。关于中行龙珠支行能否依据《物权法》第182条之规定对案涉地上建筑物享有优先受偿权的问题，中

---

① 参见最高人民法院民事审判第二庭编著：《〈全国法院民商事审判工作会议纪要〉理解与适用》，人民法院出版社2019年版，第368页；最高人民法院民法典贯彻实施工作领导小组主编：《中华人民共和国民法典物权编理解与适用》，人民法院出版社2020年版，第1053页。

② 参见最高人民法院（2015）民二终字第269号民事判决书。

行龙珠支行主张即使其未办理地上建筑物抵押登记，但基于其已依法办理了土地抵押登记手续，可依据《物权法》第182条的规定，将该土地的抵押效力及于地上建筑物。法院认为，在房地产抵押权设立的实践中，如何协调土地使用权抵押和地上建筑物之间的关系，我国《物权法》施行前的相关法律规定并不明确。为此，《物权法》第182条第1款规定："以建筑物抵押的，该建筑物占用范围内的建设用地使用权一并抵押。以建设用地使用权抵押的，该土地上的建筑物一并抵押。"该条第2款进一步明确规定："抵押人未依照前款规定一并抵押的，未抵押的财产视为一并抵押。"该规定遵循了房地产交易中"房随地走"和"地随房走"的双向统一原则，其立法旨意在于重申房地一体的原则，防止引发抵押权实现时的困境，使债权人的利益受到损害。依据该规定，当事人应对土地使用权及其地上建筑物一并抵押，如果当事人未按照该条第1款规定一并抵押时，则法律直接规定"视为一并抵押"，即只要土地使用权或地上建筑物之一项办理抵押登记，即使另外一项没有办理抵押登记，亦依法推定为两者一并抵押。另外，从市场交易的风险防范角度来看，《物权法》已经确立了房地应一并抵押的原则，并明确规定土地或者地上建筑物未一并抵押的也视为一并抵押，参与或从事房地产抵押实践的市场主体应当知悉该规定。其在设立土地抵押权时，对该土地上的建筑物是否已设定抵押权负有注意义务，并应积极向登记机关进行查询，以避免出现风险；反之亦然。市场主体如果因未尽到上述注意义务而遭受风险，则该损失应由其自行负担。本案中，中行龙珠支行与国托公司已就土地使用权办理了抵押登记，依法设立了抵押权，即便在土地他项权利证明书中未注明抵押物包括地上建筑物，依据《物权法》第182条第2款之规定，案涉地上建筑物也应视为一并抵押，该土地使用权之抵押权效力及于地上建筑物，中行龙珠支行亦应就本案享有的债权依法对案涉地上建筑物享有优先受偿权。且中行龙珠支行与国托公司在诉讼中均确认该地上建筑物未为其他债权设立抵押担保，案涉地上建筑物抵押权在未来实现时也不存在权利冲突。中行龙珠支行主张案涉地上建筑物随土地使用权一并抵押，其对案涉地上建筑物亦享有优先受偿权，于法有据，法院予以支持。

❖ ❖ ❖ ❖ ❖ ❖ ❖ ❖ ❖

2. 吴奇文与中国建设银行股份有限公司华蓥支行（以下简称建行华蓥支行）、华蓥市鑫发机械制造有限公司（以下简称鑫发机械公司）第三人撤销之诉纠纷案①

法院认为：当事人对自己提出的诉讼请求所依据的事实或者反驳对方诉讼请求所依据的事实有责任提供证据加以证明。没有证据或者证据不足以证明当事人的事实主张的，由负有举证义务的当事人承担不利后果。吴奇文、鑫发机械公司未提供证据证明，鑫发机械公司的厂区道路、围墙、职工食堂在2014年7月1日之后重新修建，故吴奇文不享有根据《合同法》第286条规定的，对厂区道路、围墙、职工食堂的折价或拍卖的价款优先受偿权。根据《物权法》第182条规定，以建筑物抵押的，该建筑物占用范围内的建设用地使用权一并抵押。以建设用地使用权抵押的，该土地上的建筑物一并抵押。抵押人未依照前款规定一并抵押的，未抵押的财产视为一并抵押。因鑫发机械公司的厂区土地使用权已抵押给建行华蓥支行，并办理了抵押登记，而厂区道路、围墙、职工食堂，在办理土地使用权抵押登记前已经存在，故厂区道路、围墙、职工食堂一并抵押，建行华蓥支行对鑫发机械公司的厂区道路、围墙、职工食堂，享有优先受偿权。根据《物权法》第200条规定，建设用地使用权抵押后，该土地上新增的建筑物不属于抵押财产。该建设用地使用权实现抵押权时，应当将该土地上新增的建筑物与建设用地使用权一并处分，但新增建筑物所得的价款，抵押权人无权优先受偿。鑫发机械公司厂区的职工宿舍及靠近四川山甲机械有限公司一侧的两间配电房在鑫发机械公司厂区土地办理使用权抵押后修建，（2015）华蓥民初字第1126号民事调解书确认吴奇文对该两项设施享有优先受偿权，未损害建

---

① 参见四川省广安市中级人民法院（2017）川16民终1018号民事判决书。

行华蓥支行的利益，但鑫发机械公司的厂区土地已抵押给建行华蓥支行，故吴奇文对该两项设施的折价或拍卖的价款享有的优先受偿权，不含土地使用权折价或拍卖的价款。

专题八

动产担保

一、担保财产的确定

相关法条

《最高人民法院关于适用〈中华人民共和国民法典〉有关担保制度的解释》

第五十三条 当事人在动产和权利担保合同中对担保财产进行概括描述，该描述能够合理识别担保财产的，人民法院应当认定担保成立。

《中华人民共和国民法典》

第四百条 设立抵押权，当事人应当采用书面形式订立抵押合同。

抵押合同一般包括下列条款：

（一）被担保债权的种类和数额；

（二）债务人履行债务的期限；

（三）抵押财产的名称、数量等情况；

（四）担保的范围。

规范解读

《民法典》中最为结构性的变化之一就是动产和权利担保的变革。[1]《民

① 参见朱虎：《民法典动产和权利担保的变革》，载《人民法院报》2020 年 7 月 30 日，第 5 版。

法典担保制度司法解释》第53～56条等诸多条文，针对民法典中有关动产担保相关条款进一步作出了详细解释。动产担保最主要的效力就是优先受偿。如果该担保未经公示，则无法给予担保人的债权人、破产管理人、承租人等第三人以合理的预期，第三人也无法据此采取妥当的风险管理措施。此外，《民法典》第400条第2款第3项和《民法典担保制度司法解释》第53条有关“对担保财产进行概括描述”规定，允许对担保财产不作具体描述，只要能识别该担保财产即可，从而更加便利动产担保的设立。

适用难点

2019年3月18日，国家市场监督管理总局修改了《动产抵押登记办法》。其中一项修改是将该办法第5条第2项对抵押财产描述的要求，修改为“抵押财产的名称、数量、状况等概况”。在此尤其增加了“概况”二字。通过在线查询全国市场监管动产抵押登记业务系统（http：//dcdy. gsxt. gov. cn/）中的动产抵押登记，也可发现目前的动产抵押登记实践中，的确未要求对抵押财产进行具体详细的描述。央行征信中心负责的应收账款质押登记系统（http：//www. pbccrc. org. cn/，该系统同时也可以登记应收账款转让、融资租赁、让与担保、所有权保留等），也并不要求对担保财产进行详细描述。对于动产抵押和应收账款质押登记，究竟是应只对担保财产进行概括描述即可，还是要求登记人应对担保财产进行具体详细的描述？在《物权法》制定之时，便有观点主张应在动产抵押登记中尽可能具体详细地描述被抵押的动产，以防止抵押人嗣后替换担保物。[①] 但即便是具体详细描述动产担保物，在现代动产大多是种类物的背景下，替换担保物的风险很难通过详细描述来大幅度降低。虽然法律不要求登记人具体详细描述担保财产，但也不会禁止为之。如果当事人认为有必要具体详细描述担保物，其自然可以基于意思自治和担保的需要，选择如此行事。反过来看，要求登记时具体详细描述担保物，会增加当事人设立担保的负担。当法律强行要求当事人具体

① 参见王利明：《试论动产抵押》，载《法学》2007年第1期。

详细描述担保物时，登记系统需要对担保物的描述进行实质审查，不符合描述要求的不予登记，此会极大阻碍动产担保交易的顺畅进行；如系统不进行实质审查，当事人则会面临担保物描述不达标准，从而影响其担保效力的风险。当然还有一种选择是系统既不进行实质审查，描述不达标准也不会影响担保效力，但这种选择实质上就等于允许在登记时对担保物进行概括描述。①

担保债权自特定债权移向不特定债权后，商业活动为精简交易成本，若一次性设定，即可担保债权人对债务人一切债权之担保物权，对担保权人而言，自属最简便、最有利。但此种不限定担保债权范围之概括担保物权，担保权人常因此得以控制担保人之融资，甚至营运，产生对担保人、债务人资产过度支配的危害，影响担保资产价值最大化。动产性资产担保权的担保标的以库存、应收账款为大宗，由于担保合同与登录文件分离，担保标的描述之概括化，使担保标的特定性原则所生的登记难题迎刃而解。②

根据《国务院关于实施动产和权利担保统一登记的决定》的要求，自2021年1月1日起，中国人民银行征信中心动产融资统一登记公示系统，承接全国动产和权利担保统一登记服务，担保类型包括：生产设备、原材料、半成品、产品抵押；应收账款质押；存款单、仓单、提单质押；融资租赁；保理；所有权保留；其他可以登记的动产和权利担保，但机动车抵押、船舶抵押、航空器抵押、债券质押、基金份额质押、股权质押、知识产权中的财产权质押除外。

类案指引

1. 泰安市锻压设备厂（以下简称锻压设备厂）、泰安点石资产管理有限公司（原泰安市基金投资担保经营有限公司，以下简称泰安基金投资公司）追偿权纠纷案③

裁判要旨：反担保范围包括因主合同而代偿的贷款本息和其他费用

① 参见纪海龙：《世行营商环境调查背景下的中国动产担保交易法》，载《法学杂志》2020年第2期。

② 参见谢在全：《担保物权制度的成长与蜕变》，载《法学家》2019年第1期。

③ 参见山东省高级人民法院（2016）鲁民终1469号民事判决书。

等，该等内容已经明确约定了反担保的范围。

法院认为：关于锻压设备厂反担保范围是否明确的问题。2013年6月，泰安基金投资公司与锻压设备厂签订最高额反担保合同，约定泰安基金投资公司为联达锻压设备公司向各金融机构、法人单位及自然人的借款提供担保；锻压设备厂以土地使用权一宗设立抵押反担保；反担保范围包括因主合同而代偿的贷款本息和其他费用等。上述合同内容明确约定了锻压设备厂反担保的范围，且泰安基金投资公司代联达锻压设备公司向“鑫合汇”平台用户偿还的借款本息包括在锻压设备厂反担保的范围中。上诉人锻压设备厂关于反担保范围不明，其不应承担担保责任的上诉理由不成立，法院不予支持。

2. 榆树市宝鸿粮食经销有限公司（以下简称宝鸿公司）与北大荒鑫亚经贸有限公司（以下简称鑫亚公司）及长春市松亚贸易有限公司（以下简称松亚公司）、汤继辉买卖合同纠纷案①

裁判要旨：担保合同当事人明确约定宝鸿公司对松亚公司欠鑫亚公司的债务予以担保并承担连带还款责任，宝鸿公司自愿以自有的土地及地上全部附属物的全部权利（包括占有、使用、处置、收益但不限于此）为松亚公司的债务作担保并负连带还款责任。同时还明确还款的最后期限以及届时未清偿债款，对担保物处置形式。由此可见，上述协议及担保合同，系当事人间自主协商、自愿达成，是当事人的真实意思表示，亦不违反法律法规的强制性规定，应认定合法有效，各方应按约定履行各自义务。

法院认为：本案争议的焦点问题是本案上诉人宝鸿公司应否对原审判决第三人松亚公司给付原告鑫亚公司欠款及利息承担连带责任。在2012年6月12日签订的以鑫亚公司为甲方、松亚公司为乙方、宝鸿公司为丙方、汤继辉为丁方的还款协议中，各方明确约定松亚公司于2012

① 参见吉林省高级人民法院（2017）吉民终96号民事判决书。

年7月30日前偿还对鑫亚公司的全部欠款，宝鸿公司自愿用公司的固定资产土地及地上附着物作为还款的实物抵押。在2012年6月15日，以鑫亚公司为甲方、宝鸿公司为乙方的担保合同中，双方再次明确约定宝鸿公司对松亚公司欠鑫亚公司的债务予以担保并承担连带还款责任，宝鸿公司自愿以自有的土地及地上全部附属物的全部权利（包括占有、使用、处置、收益但不限于此）为松亚公司的债务作担保并负连带还款责任。同时，还明确还款的最后期限为2012年7月30日，以及届时未清偿债款，对担保物处置形式。由此可见，上述协议及担保合同，系当事人间自主协商、自愿达成，是当事人的真实意思表示，亦不违反法律法规的强制性规定，应认定合法有效，各方应按约定履行各自义务。现因松亚公司未按约定还款，鑫亚公司依据协议及担保合同的约定，向法院提起诉讼，请求判令保证人宝鸿公司对松亚公司的全部债务承担连带给付责任的主张，于法有据，应予支持。

二、未办理登记的动产抵押权效力

相关法条

《最高人民法院关于适用〈中华人民共和国民法典〉有关担保制度的解释》

第五十四条 动产抵押合同订立后未办理抵押登记，动产抵押权的效力按照下列情形分别处理：

（一）抵押人转让抵押财产，受让人占有抵押财产后，抵押权人向受让人请求行使抵押权的，人民法院不予支持，但是抵押权人能够举证证明受让人知道或者应当知道已经订立抵押合同的除外；

（二）抵押人将抵押财产出租给他人并移转占有，抵押权人行使抵押权的，租赁关系不受影响，但是抵押权人能够举证证明承租人知道或者应当知道已经订立抵押合同的除外；

（三）抵押人的其他债权人向人民法院申请保全或者执行抵押财产，人民法院已经作出财产保全裁定或者采取执行措施，抵押权人主张对抵押财产优先受偿的，人民法院不予支持；

（四）抵押人破产，抵押权人主张对抵押财产优先受偿的，人民法院不予支持。

《中华人民共和国民法典》

第四百一十四条　同一财产向两个以上债权人抵押的，拍卖、变卖抵押财产所得的价款依照下列规定清偿：

（一）抵押权已经登记的，按照登记的时间先后确定清偿顺序；

（二）抵押权已经登记的先于未登记的受偿；

（三）抵押权未登记的，按照债权比例清偿。

其他可以登记的担保物权，清偿顺序参照适用前款规定。

第四百一十五条　同一财产既设立抵押权又设立质权的，拍卖、变卖该财产所得的价款按照登记、交付的时间先后确定清偿顺序。

规范解读

《民法典》确立了“公示在先、顺位优先”的规则，有助于降低社会整体交易成本。《民法典》第414条第1款规定了同一财产多个抵押权的顺位规则，第2款规定“其他可以登记的担保物权，清偿顺序参照适用前款规定”。对于未办理抵押登记的动产抵押，《民法典担保制度司法解释》第54条则就实践中的各种情形，如抵押财产转让、出租、保全、破产等作出了不同处理方式。所有可以登记的动产抵押担保的顺位，都可依次采取登记时间先后、登记的先于未登记的、未登记的按照比例这种规则确定，不考虑在后担保权人的善恶意从而避免增加交易成本。具体而言，正常交易中的买受人在交易动产时，完全不必考虑该动产是否已被抵押，亦不必去查询该动产是否办理了抵押登记。只要买受人完成了动产交割，占有该动产，依合同支付合理价款就取得了动产的所有权，不受动产抵押权的追及，此举极大提高了交易效率。需要特别注意的是，抵押权未经登记，在一定程度上，仅具有程序法上的意义，即担保权人可对担保人的特定财产申请执行。然而，担保设立的目的绝不仅是在内部关系中控制或支配特定财产，而是在其他人就担保财产主张权利时可予以排除。在现代动产担保交易法中，作为公示手段之一的登记本身并不是目的，只是担保权人据以控制交易风险的工具。同时，《民法典》第415条规定，同一财产的抵押权和质权按照公示时间的先后确定顺位，说明先公示的动产担保物权优先于后公示的动产担保物权。而动产抵押权以登记为公示方式，动产质权以占有为公示方式，修改了以前《担保法司法解释》将抵押权和质权作区别处理的规则。

担保物权的本质决定了担保客体以特定化为原则，以浮动为例外。浮动担保，即担保物及价值不确定，处于浮动状态，但不限于《民法典》第396条"打包"式的典型浮动抵押，即"企业、个体工商户、农业生产经营者可以将现有的以及将有的生产设备、原材料、半成品、产品抵押"。《民法典》虽然没有对动产进行分类，也没有动产担保类型适用的特别限制，但并不意味着所有的动产均适合单独抵押，或者均适合所有的担保类型。动产往往都是种类物，具有很强的可替代性。动产抵押，其不以登记为生效要件，但登记具有对抗效力。因此，如果动产抵押已经办理了登记，那么动产的受让人可以通过查询登记簿等尽到谨慎的调查义务后了解动产上是否存在权利负担，如果动产抵押权没有办理登记，则不得对抗善意第三人，因为《民法典》第403条规定："以动产抵押的，抵押权自抵押合同生效时设立；未经登记，不得对抗善意第三人。"① 这是维护交易安全的必然要求。从抵押权设立的目的分析，抵押权人是为控制抵押人的特定财产或特定范围的财产，再通过公示排除他人对抵押财产的权利主张。若坚持传统的担保客体特定化原则，势必阻碍动产融资担保的发展。相较于一般动产抵押，浮动抵押的特殊性仅在于其能够覆盖未来取得的财产，企业、个体工商户、农业生产经营者等经营主体以生产设备、原材料、半成品、产品进行担保在很大程度上是为了融资，融资的目的是企业的经营，而企业的生命力则在于其产品的流动性。换言之，经营主体以其动产担保融资是为了该动产能够更好地流

---

① 程啸：《我国民法典中的抵押财产转让》，载《检察日报》2020年11月16日，第3版。

通，以便达到盈利的目的。[1]《民法典》第403条将《物权法》第118条和第119条第1款合并，不再单独规定浮动抵押的登记对抗，而是将其整合至一般动产抵押的登记对抗制度中。由此，立法便明确了浮动抵押只是动产抵押的一种特殊形态。《九民纪要》第64条中“登记在先的浮动抵押优先于登记在后的动产抵押”之规定体现了浮动抵押和一般动产抵押的区别只是浮动抵押会覆盖担保人未来财产。而在设立、对抗、顺位、执行等方面，浮动抵押与一般动产抵押别无二致。[2] 为落实民法典消除隐形担保的目的，如果抵押人的其他债权人已经申请人民法院对标的物采取了查封、扣押措施，也应认为未经登记的抵押权人不能向其主张优先受偿。此外，在抵押人进入破产程序后，由于抵押人的其他债权人既有可能是善意的，也有可能是恶意的，认定未经登记的抵押权具有对抗效力将可能带来不公平的结果，也与破产程序追求债权人公平受偿的理念相冲突。因此，未办理抵押登记的抵押权人主张优先受偿的，人民法院亦不应予以支持。

适用难点

有观点认为，如果动产抵押未办理登记，则欠缺公示的抵押权当然让位于受让人的所有权，即便受让人明知抵押权存在的事实亦然。[3] 需要特别注意的是，设立抵押权与取得所有权对交易相对人的主观要求有所不同。抵押权的设立仅为确定清偿顺位，不排斥抵押动产负担其他权利，善意取得则导致原有物上负担消灭，因此后者要负有更高的注意义务。受让人是否构成善意，需要考虑他是否明知交易对方无处分权或因重大过失不知前述事实。在此，善意特指是否明知或因过失而不知抵押物上设有在先未登记的抵押权。在我国，受让人若明知动产抵押的存在或因重大过失而不知抵押权，将排除善意取得的适用，其结果便是转让动产依然负担着先成立的（未登记）抵

---

① 参见刘竞元：《民法典动产担保的发展及其法律适用》，载《法学家》2021年第1期。

② 参见纪海龙：《民法典动产与权利担保制度的体系展开》，载《法学家》2021年第1期。

③ 参见孙鹏、杨会：《论动产抵押物的转让——兼析动产物权公示方式之调整》，载《西南政法大学学报》2005年第2期。

押权。[①] 在体系解释上，《民法典》第403条所谓“不得对抗”的法律效果是指受让人不受未登记动产抵押权之追及，受让人取得无抵押负担的所有权。但“不得对抗”仅指未登记动产抵押权对特定人不发生效力。如抵押权不能对抗善意买受人，是指抵押权人不可向善意买受人行使追及权，但并不排斥抵押权人基于其抵押权向抵押人就转让价款主张权利。“不得对抗”即抵押权消灭的观点，在保护善意买受人利益的同时，损害了抵押权人的权益。未登记动产抵押权虽不能对抗善意买受人，但仍属于抵押权，可就转让价款主张物上代位，并可对抗无担保债权人。由于特殊动产占有的公信力低于登记，善意取得的第三人不能仅凭占有的事实相信占有人享有处分权，判断其善意时需结合更多其他因素。同理，特殊动产的所有权人登记的可靠程度也远逊于不动产登记簿的权利登记。仅凭登记一项因素，特殊动产的登记权利人尚不足以被推定为所有权人。《民法典物权编解释（一）》第17条要求考虑交易的对象、场所或者时机等是否符合交易习惯，对于特殊动产的善意取得应该同样适用。比如，抵押人将二手机动车转让给第三人时，后者应仔细核查车辆的号牌、机动车登记证书、机动车行驶证、有效的机动车安全技术检验合格标志、车辆保险单、交纳税费凭证等相关材料。因此，当抵押权人虽未登记抵押权，却留存抵押车辆的机动车登记证书时，若该车的受让人没有进一步查明诉争车辆的来源，并且在没有核查该证书的情况下就与出让人签订了转让协议，则属于没有尽到上述审查义务。由于受让人欠缺一般人起码的注意义务，其因重大过失而不知抵押权成立，他只能获得负担抵押权的动产，并承受因抵押权执行对该动产的不利后果。[②]

类案指引

1. 刘文平、郭伟明、罗哲夫等执行纠纷案[③]

裁判要旨：善意第三人一般是指对同一标的物享有物权之人，自抵

① 参见庄加园：《动产抵押的登记对抗原理》，载《法学研究》2018年第5期。

② 参见庄加园：《动产抵押的登记对抗原理》，载《法学研究》2018年第5期。

③ 参见广东省高级人民法院（2019）粤执复156号民事裁定书。

押人处受让抵押财产或设定质权并转移占有时，并不知道该财产上已存在抵押权的受让人、质权人等，包括抵押财产的善意受让人，同一动产上的善意、后设、办理了抵押登记的抵押权人，同一动产上的善意、后设的质押人等。

法院认为：复议申请人郭伟明对涉案车辆是否享有优先受偿权。根据《物权法》第188条规定，动产抵押权自抵押合同生效时成立，不以登记为抵押权成立要件，但未经登记不得对抗善意第三人。根据民法基本原理，物权恒优先于债权，一般债权人的债权不能对抗担保物权。善意第三人一般是指对同一标的物享有物权之人，自抵押人处受让抵押财产或设定质权并转移占有时，并不知道该财产上已存在抵押权的受让人、质权人等，包括抵押财产的善意受让人，同一动产上的善意、后设、办理了抵押登记的抵押权人，同一动产上的善意、后设的质押人等。本案申请执行人罗哲夫系被执行人刘文平的一般债权人，不属于《物权法》第188条规定的善意第三人，其一般债权不能对抗未经登记的抵押权。

❖ ❖ ❖ ❖ ❖ ❖ ❖ ❖ ❖

2. 高思鹏与深圳市奔时达运输有限公司民间借贷纠纷案①

裁判要旨：债务人以涉案动产为抵押向债权人借款，债权人同意并向债务人支付借款，双方就抵押事项达成了合意，抵押合同对双方发生法律效力。虽然涉案动产未进行抵押权登记，并已经变更至案外人名下，但进一步结合案外人的善意或者恶意，债权人依约取得抵押权，应当受到法律保护。

法院认为：涉案两台车辆为2012年2月24日熊新华与陈广强、谢某承包经营三方协议中约定的标的物，依约应当由陈广强支付车辆的首期款并交由熊新华承包经营且熊新华负有支付承包经营期间按揭贷款的义务，故涉案两台车辆由陈广强支付首期款后登记在熊新华实际掌控的奔时达国际物流公司名下，由熊新华进行经营管理。2012年9月3日，

① 参见广东省深圳市中级人民法院（2014）深中法民终字第1643号民事判决书。

熊新华以两台涉案车辆为抵押向上诉人高思鹏借款60万元，高思鹏同意并向熊新华支付了借款，双方就抵押事项达成了合意，抵押合同对双方发生法律效力。但是，熊新华在两台涉案车辆上设定的抵押权未在登记部门进行登记，2013年6月10日涉案车辆已经由奔时达国际物流公司变更登记至陈广强名下。因此，根据上述法律规定，应当考察陈广强取得涉案车辆所有权是否为善意取得。陈广强取得的两台涉案车辆所有权非出于善意，法院不予认可，高思鹏依约取得的两台涉案车辆的抵押权，应当受到法律保护。

3. 梅河口市信德担保有限公司、鲍元德、梅河口市嘉合养殖专业合作社（以下简称嘉合合作社）与东丰县惠宇小额贷款有限公司（以下简称惠宇公司）小额借款合同纠纷案①

裁判要旨：《抵押担保合同》的抵押物既有不动产也有动产，抵押权自抵押合同生效时设立，不登记影响其抵押效力，抵押权人依旧享有抵押权。

法院认为：嘉合合作社与惠宇公司之间签订的《抵押担保合同》真实有效。本案的《抵押担保合同》的抵押物既有不动产也有动产，其中以产品半成品抵押，抵押权自抵押合同生效时设立，不登记影响其抵押效力。本案中，嘉合合作社以存栏生猪抵押系浮动抵押，依据《物权法》第189条的规定，惠宇公司对一审法院保全查封的2100头生猪享有抵押权，有对其变现价款优先受偿的权利。

三、第三方监管财产的质押效力

相关法条

《最高人民法院关于适用〈中华人民共和国民法典〉有关担保制度的解释》

第五十五条 债权人、出质人与监管人订立三方协议，出质人以通过一

① 参见吉林省辽源市中级人民法院（2017）吉04民终440号民事判决书。

定数量、品种等概括描述能够确定范围的货物为债务的履行提供担保，当事人有证据证明监管人系受债权人的委托监管并实际控制该货物的，人民法院应当认定质权于监管人实际控制货物之日起设立。监管人违反约定向出质人或者其他人放货、因保管不善导致货物毁损灭失，债权人请求监管人承担违约责任的，人民法院依法予以支持。

在前款规定情形下，当事人有证据证明监管人系受出质人委托监管该货物，或者虽然受债权人委托但是未实际履行监管职责，导致货物仍由出质人实际控制的，人民法院应当认定质权未设立。债权人可以基于质押合同的约定请求出质人承担违约责任，但是不得超过质权有效设立时出质人应当承担的责任范围。监管人未履行监管职责，债权人请求监管人承担责任的，人民法院依法予以支持。

《全国法院民商事审判工作会议纪要》

63.［流动质押的设立与监管人的责任］在流动质押中，经常由债权人、出质人与监管人订立三方监管协议，此时应当查明监管人究竟是受债权人的委托还是受出质人的委托监管质物，确定质物是否已经交付债权人，从而判断质权是否有效设立。如果监管人系受债权人的委托监管质物，则其是债权人的直接占有人，应当认定完成了质物交付，质权有效设立。监管人违反监管协议约定，违规向出质人放货、因保管不善导致质物毁损灭失，债权人请求监管人承担违约责任的，人民法院依法予以支持。

如果监管人系受出质人委托监管质物，表明质物并未交付债权人，应当认定质权未有效设立。尽管监管协议约定监管人系受债权人的委托监管质物，但有证据证明其并未履行监管职责，质物实际上仍由出质人管领控制的，也应当认定质物并未实际交付，质权未有效设立。此时，债权人可以基于质押合同的约定请求质押人承担违约责任，但其范围不得超过质权有效设立时质押人所应当承担的责任。监管人未履行监管职责的，债权人也可以请求监管人承担违约责任。

规范解读

《九民纪要》第 63 条规定了流动质押的设立与监管人的责任，区分质物实际上是由债权人还是出质人管领控制，来判断监管人是否违反监管协议约定，是否存在违规行为，从而认定债权人是否有权要求监管人承担违约责任。监管人承担违约责任应以存在违约行为为要件。当监管人未按协议约定履行义务，因其过错致使物质发生损毁灭失的，债权人有权要求监管人承担违约责任。监管人的赔偿责任具有补充性、有限性。实践中需要特别注意，动产动态质押仍属于质押，其软化了传统质押的成立的存续条件，现代担保物权的担保物权价值特定取代担保形态固定已成为共识，只要质物价值特定，流动的质物上亦可设立质权。故适用过程中，应当牢牢把握住监管人的审查义务与监管义务，根据案件情况审慎判断动态质权的设立与存续。

适用难点

近年来，为了应对质权固有之弊端，在我国企业融资实践中出现了动态质押的融资模式，其依托第三人监管得以运转。所谓的动态质押，在经济学意义上是基于“融通仓”概念提出来的质押模式；[①] 从法律层面对其进行定义，即指出质人将其拥有所有权的库存品、产成品、半成品或者原材料以质押担保的方式向银行等金融机构借款，双方约定质物价值最低限额，高于该限额的质物可出旧补新，而物流企业作为第三方监管人与质权人、出质人签订质押监管协议，并接受质权人之委托对质物进行管控并提供物流服务。在动态质押模式下，质物的种类、规格以及数量处在不断的变化之中，只要质物的价值保持在最低额度以上即可，[②] 其类似于动产浮动抵押。物权法理论对动态质押亦有过认可。[③] 目前实务中，中小企业通过此种融资方式可以将

---

① 参见陈祥锋等：《仓储与物流中的金融服务创新系列讲座之一：融通仓的由来、概念和发展》，载《物流技术与应用》2005 年第 11 期。

② 中华人民共和国商务部于 2015 年 1 月颁布的《动产质押监管服务规范》中，明确区分了动态质押和静态质押。

③ 参见史尚宽：《物权法论》，中国政法大学出版社 2000 年版，第 356 页。

库存的产成品、半成品及原材料等灵活利用，拓宽融资渠道，保证存货和资金的日常周转。此外，对于银行等金融机构而言，通过动态质权可以保障放贷的安全性，获得更多主营业务收入；而对于作为第三方监管人的物流企业而言，亦拓宽了业务渠道，成为贷款方（出质人）与银行等金融机构（质权人）的桥梁与纽带。目前动态质押监管主要有两种模式：其一，位于第三方监管人即物流企业仓库内的监管，出质人将质物储存于物流企业，而质权人委托物流企业对质物进行监管，物流企业作为质物的受托占有人；其二，位于出质企业仓库内的监管，此模式下质物不发生移转，而由物流企业以支付象征性租金的方式租用出质企业厂房，并派专员对质物进行监管。① 物流企业作为监管的受托人，对质物进行看管。动态质押在实践中已被广泛应用，但是由于该种担保模式并未在法律层面被明确，其与传统质押在形态和实现方式上存在较大的区别，且在动态质押监管关系中，存在多重法律关系，不仅有担保物权关系，还包含着复杂的租赁、委托等债之关系，因此当以动态质押进行融资而引发纠纷时，其法律关系的界定和质押监管的内部关系不甚明晰。故从司法实践出发，首先要探析动态质押的物权属性，从质权本质属性寻求动态质押是否符合质权特征，再基于合同关系，厘清动态质押监管的内部关系，以便最终确定各方的责任。②

融资问题关乎企业的运营和发展。各类担保方式皆根据社会、经济的发展而不断的演变、改进，质押担保亦是如此。一种新型担保方式的出现必然会出现诸多理论和实践上的困难与挑战，应该基于实践的角度探寻既存之矛盾，在既有的理论框架中探寻出路。可以明确的是，动态质押并未突破传统质押预设的担保职能，其为动产担保由转移直接占有型向非移转型发展的产物。虽然其标的物、质权关系存在一定的创新和发展，但是基于动态质押监管关系的牵制，质权的核心效力即留置与担保效力依然有效存在。一方面，质物所具有的流通性和第三方监管人的监管增强了中小企业的融资能力和偿

---

① 参见陆晓燕：《动产“动态质押＋第三人监管”模式下权利冲突的解决路径》，载《人民司法（应用）》2016 年第 1 期。

② 参见黄盛秦：《动态质押的法律属性界定与内部关系厘清》，载《西部法学评论》2018 年第 4 期。

债能力，另一方面，对于银行业等金融机构而言，亦可以提高贷款率而降低企业无法偿贷之风险，有利于社会经济之稳定发展。

因此，在依托第三方监管货物质押的业务中，建议债权人选择有公信力、有实力的第三方监管方，且应按照法律规定的方式依法进行交付，并在与第三方的合同中把交付方式、监管行为约定清楚。除此之外，还需要完善各种合同、清单、报告等文件，完整、真实地反映质押货物及质押期间的情况。在质押合同履行期间，督促监管方切实按约定落实监管措施，实际履行监管职责，并有相应的书面材料加以佐证，做到全程可视化、可追踪，方便今后出现诉讼争议时的举证工作。

类案指引

1. 大连俸旗投资管理有限公司（以下简称俸旗公司）与中国外运辽宁储运公司（以下简称辽宁储运公司）等借款合同纠纷案①

裁判要旨：在动产质押监管合同纠纷中，如果债权人、作为出质人的债务人、质物监管人三方对质物没有真实移交监管或没有足额移交监管均存在过错，则三方对相应质权没有设立给债权人造成的损失均应承担责任。由于债务人负有移交质物的法定义务，且质物是否移交直接决定质权设立，所以其对质物没有真实移交监管或没有足额移交监管而致质权没有设立给债权人造成的损失，存在的是主要过错，应当承担主要责任。监管人虽然存在误以为质物真实移交的过错行为，但因这种过错行为不是导致质权没有设立的主要原因，所以其应对债权人损失承担次要责任。监管人这种责任因违反约定义务而产生，性质上应认定为违约责任。

法院认为：一方面，涉案原始债权早在2013年5月、9月、12月及2014年5月已形成，且均已超过约定还款期限而未清偿。涉案债权并不是因信任大连谷物公司提供的质权保障及辽宁储运公司对质物的监管而

① 参见最高人民法院（2016）最高法民终650号民事判决书。

产生，其不能实现的首要原因是债务人大连谷物公司不能清偿债权，与辽宁储运公司作为质物监管人的后续进入并不存在直接因果关系。另一方面，涉案俸旗公司质权因质物自始不存在而不能设立，首要原因在于在先的债务人大连谷物公司的虚假出质以及债权人俸旗公司对债务人虚假出质的审查存在过错，辽宁储运公司作为质物监管人的后续加入只是将这种虚假出质状态延续下去，而不是因为辽宁储运公司的监管行为直接造成了虚假出质。因此，辽宁储运公司的责任应当排位在债务人大连谷物公司及相关担保人的直接责任之后，责任方式应认定为补充赔偿责任。俸旗公司债权损失的具体数额在人民法院强制执行债务人大连谷物公司及其他担保人之后方可确定，辽宁储运公司应对人民法院对大连谷物公司及其他担保人强制执行并穷尽一切执行措施后仍不能清偿部分，承担补充赔偿责任。

❖ ❖ ❖ ❖ ❖ ❖ ❖ ❖ ❖

2. 交通银行股份有限公司南阳分行、南阳普康药业有限公司金融借款合同纠纷案①

裁判要旨：在签订书面《动产质押合同》后，当事人各方又另行签订《质物监管协议》，将相关的质物交由监管人监管，完成了质物的交付，因此，质权人对于出质人提供的质物享有合法有效的质权。

法院认为：交通银行和天羽公司之间签订的《开立银行承兑汇票合同》《保证合同》《动产质押合同》是各方真实的意思表示，内容不违反法律和行政法规的强制性规定，为有效合同。由于承兑汇票到期后，天羽公司未依照合同约定将敞口部分票款按时足额偿还给交通银行，造成交通银行产生垫款，天羽公司应当按照合同约定向交通银行支付垫款本金及利息。前述被担保的债权既有物的担保又有人的担保，且对实现债权约定不明确，债务人天羽公司自己提供物的担保，应当先就天羽公司物的担保实现债权。关于保证人保证期间是否超过问题，根据《开立银

---

① 参见河南省高级人民法院（2018）豫民终668号民事判决书。

行承兑汇票合同》的约定，天羽公司应当在交通银行产生垫款之日立即向交通银行偿还垫款并支付利息，因此应当认定交通银行产生垫款之日即为债务到期日。由于交通银行在票据到期日2015年7月30日即产生了垫款，按照保证合同中关于保证期间的约定，本案保证人的保证期间应当截至2017年7月30日，而交通银行在2017年7月11日前即向法院提起诉讼，因此交通银行向保证人主张保证责任的时间并未超过保证期间。另外，在交通银行与天羽公司签订书面《动产质押合同》后，天羽公司按照与交通银行、中储公司签订的《质物监管协议》将相关的质物交由中储公司监管，完成了质物的交付，因此，交通银行对于天羽公司提供的质物享有合法有效的质权。

3. 中海集团四川物流有限公司（以下简称中海物流公司）与中国工商银行股份有限公司合江支行（以下简称合江工行）、合江县百巨商贸有限公司（以下简称百巨公司）合同纠纷案①

裁判要旨：《商品融资质押监管协议》是一份动态质押的质物监管协议，允许当事人对原用于质押的质物进行出库交易和入库替换，但必须始终保持质物总体的最低价值不变。监管人履行监管义务不全面、不到位，应当承担相应的违约责任。

法院认为：关于中海物流公司是否尽到了监管义务及是否应承担物质损失赔偿责任的问题。本案争议的质物损失，除原质物的数量减少外，主要是由于出质人百巨公司在提货后，将原质物原煤、精煤替换成品质较差的渣煤、矿混煤造成的。上诉人中海物流公司主张，其已依约恰当地履行了监管义务，不应对此承担赔偿责任。如前所述，《商品融资质押监管协议》是一份动态质押的质物监管协议，允许当事人对原用于质押的质物进行出库交易和入库替换，但必须始终保持质物总体的最低价值不变。为此，协议作了详尽、明晰的约定。本案证据显示，自协议履

① 参见四川省高级人民法院（2016）川民终966号民事判决书。

行起至2012年12月底多次发生的百巨公司提货、换货行为，均无合江工行签发的《提货通知书》。在无证据证明当事人各方对原约定事项进行过变更的情况下，不能视为合江工行已同意中海物流公司为百巨公司办理提货、换货。据此，中海物流公司在本案中存在履行监管义务不全面、不到位的事实能够确定，该公司应对此承担相应的违约责任，责任方式为赔偿合江工行因此受到的损失。

四、价款优先权的确定

相关法条

《最高人民法院关于适用〈中华人民共和国民法典〉有关担保制度的解释》

第五十六条　买受人在出卖人正常经营活动中通过支付合理对价取得已被设立担保物权的动产，担保物权人请求就该动产优先受偿的，人民法院不予支持，但是有下列情形之一的除外：

（一）购买商品的数量明显超过一般买受人；

（二）购买出卖人的生产设备；

（三）订立买卖合同的目的在于担保出卖人或者第三人履行债务；

（四）买受人与出卖人存在直接或者间接的控制关系；

（五）买受人应当查询抵押登记而未查询的其他情形。

前款所称出卖人正常经营活动，是指出卖人的经营活动属于其营业执照明确记载的经营范围，且出卖人持续销售同类商品。前款所称担保物权人，是指已经办理登记的抵押权人、所有权保留买卖的出卖人、融资租赁合同的出租人。

《中华人民共和国民法典》

第四百零四条　以动产抵押的，不得对抗正常经营活动中已经支付合理价款并取得抵押财产的买受人。

第四百一十六条　动产抵押担保的主债权是抵押物的价款，标的物交付后十日内办理抵押登记的，该抵押权人优先于抵押物买受人的其他担保物权人受偿，但是留置权人除外。

规范解读

“正常经营活动中的买受人”的制度设计与动产担保登记系统的属性相辅相成。让所有的东西都可以进入登记系统，从而可能成为金融担保品以盘活资产，却并不要求所有的人在所有的交易中都去查询这个登记簿，即在正常经营活动中的买受人被豁免了查询义务。如此，避免了日常的非担保交易受到担保交易的侵蚀，为普通人的日常生活构筑了一道坚实的防线。①《民法典》第404条将“扩张正常经营活动中的买受人规则”适用于所有的动产抵押，进而可以扩张适用于所有的动产担保交易，避免第三人从事交易时都需要查询担保登记，在正常经营活动中豁免了买受人的查询义务，降低动产担保登记所可能带来的查询成本和担保人的其他成本。即使这对担保权人利益带来一定的影响，但此种影响仍然在担保权人的可控范围内，并可以通过对“正常经营活动”的更准确理解避免此种影响的过分扩大。正常经营活动的界定，涉及动产的分类。比较法上，一般根据动产在特定主体处存在的价值、目的或发挥的作用予以类型化。对于企业、个体工商户、农业生产经营者等经营主体而言，服务于企业经营，相对较为固定的动产，称为设备；以流动为目的的动产，如原材料、半成品、产品称为存货或库存；对于消费者而言，服务于其日常生活所需的动产，则称为消费品；农业生产经营者经营之动产称为农产品。《民法典担保制度司法解释》第56条对于“出卖人正常经营活动”也作出了具体解释，并就买受人在该等情形下通过支付合理对价取得已被设立担保物权的动产，担保物权人请求就该等动产优先受偿，人民法院不予支持以及相关除外情形进行了规定。为了便于法官判断买受人何时可以无须查询抵押登记，将下列情形的买受人排除在正常经营活动之外：（1）购买商品的数量明显超过一般买受人；（2）购买出卖人的生产设备；（3）订立买卖合同的目的在于担保出卖人或者第三人履行债务；

① 参见龙俊：《民法典中的动产和权利担保体系》，载《法学研究》2020年第6期。

（4）买受人与出卖人存在直接或者间接的控制关系；（5）买受人应当查询抵押登记而未查询的其他情形。此外，考虑到《民法典》已将所有权保留买卖和融资租赁中的所有权规定为非典型担保物权，本解释将正常经营买受人规则的适用范围扩及已经办理登记的所有权保留、融资租赁。①

《民法典》第 416 条规定："动产抵押担保的主债权是抵押物的价款，标的物交付后十日内办理抵押登记的，该抵押权人优先于抵押物买受人的其他担保物权人受偿，但是留置权人除外。"学理上，将此条称为价款优先权或者价款超级优先权。实践中的运用，主要区分为两种：一是债务人在设定动产浮动抵押后又购入新的动产时，为担保价款的支付而在该动产上为出卖人设定抵押权；二是在动产买卖中，买受人通过赊销取得动产后立即为他人设定担保物权，出卖人为担保价款支付而在该动产上设定抵押权。需要说明的是，前一种情形主要是为了解决中小企业在将现有的和将有的动产设定浮动抵押后的再融资能力问题。价款超级优先权旨在打破《民法典》第 414 条的清偿顺序，赋予后设立的抵押权优先于先设立的浮动抵押权的效力，从而增强了抵押人的再融资能力，具有正当性。后一种情形下，虽然有利于保障出卖人的交易安全，但却可能威胁到已经在标的物上设定担保物权的第三人的交易安全。从文义上看，《民法典》第 416 条应对此种情形下的价款优先权亦予以承认。一言以蔽之，主张价款优先权的主体主要有三类：一是在该动产上设立抵押权或者保留所有权的出卖人；二是为价款支付提供融资而在该动产上设立抵押权的债权人；三是以融资租赁方式出租该动产的出租人。

适用难点

动产价款担保不仅适用于卖方，而且适用于贷方。设想买方需要价款融资，卖方不同意赊销时，买方只能另择他途，向贷方借款购买。此时存在两个基础法律关系：一是买方和卖方之间的买卖合同，二是买方与贷方之间的

① 参见林文学等：《〈关于适用民法典有关担保制度的解释〉的理解和适用》，载《人民司法》2021 年第 4 期。

借款合同。表面上看，购置物担保的不再是卖方的价款。但从价款来源的角度分析，担保的依然是购置物的价款，买方财产总量的增加源于贷方。因此，贷方用买方所购买之物担保其贷款（购置款）之实现，应与卖方处于相同之地位。因此，即便贷方就购置物全部优先受偿，买方的财产总量也不会比贷款前减少。动产价款担保的超级优先权可以使买方更加容易获得融资，也可使卖方或者贷方受到更好的保护。价款担保制度最大的优势在于，买方无须借助其他财产担保即可实现融资购买之目的，其开辟了更为广泛的融资担保路径。然而，价款担保最受质疑之处在于标的物交付后 10 日内的担保登记具有溯及力，只要价款担保人在宽限期内登记，即可优先于买受人已经公示的其他担保权人。对于买方的其他债权人而言，若想不受价款担保权利人之追夺，首先需要查明该物的交付日期，若交付未满 10 日，还需一个等待期。否则，即使公示在先，也可能面临顺位退后的风险，甚至导致其担保物权的落空，严重冲击“公示在先，权利在先”的物权优先性判断规则。但从比较法的角度分析，动产价款担保都设了一定的宽限期，只是宽限期的长度有所不同。在动产价款担保制度的运行中，如何缓解制度间的冲突也是解释上无法回避的问题。①

所有权保留买卖合同主要适用于赊销交易，出卖人保留所有权的目的是担保标的物价款债权的实现。尽管在标的物交付买方之后，卖方还是法律上的所有权人，但与一般所有权人的地位有所不同。比如，在买受人破产时，出卖人能否以所有权人的身份当然取回标的物这个问题。从功能上分析，所有权保留与《民法典》第 416 条动产价款担保都是出卖人为担保购置物价款的实现而设立。不同的是，前者是以保留所有权的方式担保，后者是以设立抵押权的方式担保。因此，所有权保留也是广义上动产价款担保方式之一。

融资租赁合同也是为了购置物的资金融通而订立，只是在融资租赁法律关系中，买受人不是直接从出卖人处融资，而是借助第三方贷款人达到购置物价款资金融通的目的。在融资租赁中，出租方（贷款人）根据承租方

---

① 参见刘竞元：《民法典动产担保的发展及其法律适用》，载《法学家》2021 年第 1 期。

（融资人）对于出卖人和标的物的选择而购买，并由出卖人直接交付融资方，相当于第三人为融资方提供了购买标的物之价款。融资方通过租赁合同达到分期付款的目的，贷款方通过保留所有权的方式担保自己债权的实现。出租人购买标的物的目的并非对标的物的使用和直接支配，仍然是以保留所有权的方式实现其价款的担保。由此可见，如果购置物价款融资的渠道源于出卖人，便是所有权保留；源于放贷人，则是融资租赁。

类案指引

永吉县京顺粮食经销有限公司（以下简称京顺公司）与中国农业发展银行吉林市分行营业部（以下简称农发行吉林市分行）、吉林市天程粮食购销有限公司（以下简称天程公司）、杨建文金融借款合同纠纷案①

裁判要旨：通过债务抵销的方式，京顺公司主张《粮食购销合同》项下的对价款已经完成了支付，足以对抗正常经营活动中已支付合理价款并取得抵押财产的买受人。

法院认为：关于农发行吉林市分行能否对涉案6128.08吨玉米行使浮动抵押权问题。京顺公司主张农发行吉林市分行不能对该6128.08吨玉米行使抵押权的法律依据，是《物权法》第189条第2款规定的“依照本法第一百八十一条规定抵押的，不得对抗正常经营活动中已支付合理价款并取得抵押财产的买受人”。京顺公司举证证明了天程公司尚欠其部分借款和粮款，主张将天程公司所欠的借款和粮款认定为支付《粮食购销合同》的价款。原审法院根据《粮食购销合同》约定的玉米单价，通过债务抵销的方式，认定京顺公司对涉案6128.08吨玉米中的3247吨玉米支付了合理对价，适用法律正确。

---

① 参见吉林省高级人民法院（2014）吉民二终字第42号民事判决书。

专题九

权利担保

一、票据质押

相关法条

《最高人民法院关于适用〈中华人民共和国民法典〉有关担保制度的解释》

第五十八条 以汇票出质，当事人以背书记载“质押”字样并在汇票上签章，汇票已经交付质权人的，人民法院应当认定质权自汇票交付质权人时设立。

《中华人民共和国民法典》

第四百四十一条 以汇票、本票、支票、债券、存款单、仓单、提单出质的，质权自权利凭证交付质权人时设立；没有权利凭证的，质权自办理出质登记时设立。法律另有规定的，依照其规定。

第四百四十二条 汇票、本票、支票、债券、存款单、仓单、提单的兑现日期或者提货日期先于主债权到期的，质权人可以兑现或者提货，并与出质人协议将兑现的价款或者提取的货物提前清偿债务或者提存。

《中华人民共和国票据法》

第三十五条第二款 汇票可以设定质押；质押时应当以背书记载“质押”字样。被背书人依法实现其质权时，可以行使汇票权利。

《最高人民法院关于审理票据纠纷案件若干问题的规定》

第四十六条 因票据质权人以质押票据再行背书质押或者背书转让引起纠纷而提起诉讼的，人民法院应当认定背书行为无效。

第五十条　依照票据法第三十四条和第三十五条的规定，背书人在票据上记载“不得转让”“委托收款”“质押”字样，其后手再背书转让、委托收款或者质押的，原背书人对后手的被背书人不承担票据责任，但不影响出票人、承兑人以及原背书人之前手的票据责任。

第五十一条　依照票据法第五十七条第二款的规定，贷款人恶意或者有重大过失从事票据质押贷款的，人民法院应当认定质押行为无效。

第五十二条　依照票据法第二十七条的规定，出票人在票据上记载“不得转让”字样，其后手以此票据进行贴现、质押的，通过贴现、质押取得票据的持票人主张票据权利的，人民法院不予支持。

第五十三条　依照票据法第三十四条和第三十五条的规定，背书人在票据上记载“不得转让”字样，其后手以此票据进行贴现、质押的，原背书人对后手的被背书人不承担票据责任。

第五十四条　依照票据法第三十五条第二款的规定，以汇票设定质押时，出质人在汇票上只记载了“质押”字样未在票据上签章的，或者出质人未在汇票、粘单上记载“质押”字样而另行签订质押合同、质押条款的，不构成票据质押。

新旧变化

在《民法典》颁布前，《物权法》、《担保法》、《票据法》及其司法解释对票据质权的设立、生效等问题，存在立法冲突，引发认识上的争议，导致司法审判的认定标准不一。《民法典》及担保制度解释修订并吸纳上述法律规范，明确票据出质方式和生效要件的特别规则，厘清此前司法实践的争议问题。

其中，《民法典》第441条删除了《物权法》第224条“当事人应当订立书面合同”及“有关部门”这一登记主体的规定，增加了“法律另有规定的，依照其规定”，以更好地衔接现行法律规定，也为将来的法律适用预留空间。

《民法典担保制度司法解释》第58条吸收了《票据法》第35条第2款

关于汇票质押应当背书记载“质押”字样的规定，以及《票据法解释》第54条“出质人在汇票上只记载了‘质押’字样未在票据上签章的，或者出质人未在汇票、粘单上记载‘质押’字样而另行签订质押合同、质押条款的，不构成票据质押”的立法精神，明确汇票出质必须当事人以背书记载“质押”字样并在汇票上签章，并将汇票交付质权人后，质权设立。

规范解读

《民法典》第441条是关于有价证券上所代表之财产权出质的一般规则，《民法典担保制度司法解释》第58条融合《票据法》及其司法解释规定，形成汇票权益出质的特别规则。

1. 有价证券出质的一般规则

汇票、支票、本票、债券、存款单、仓单、提单等，皆属于有价证券。

第一，有价证券权利质押的设立，不以订立书面质押合同为必要条件。如双方要订立书面质押合同的，权利质押合同一般包括以下条款：被担保债权的种类和数额；债务人履行债务的期限；出质权利的名称、数额、状况等；担保的范围；出质权利凭证移交的时间以及当事人认为需要约定的其他事项等。

第二，有价证券权利质押以交付权利凭证或办理出质登记为生效条件。以有价证券设定权利质押的，依该权利是否存在权利凭证而区分权利质权的生效要件：有权利凭证的，质权自权利凭证交付时生效；无权利凭证的，如《电子商业汇票业务管理办法》第51条规定的电子商业汇票的质押，由持票人在票据到期日前在电子商业汇票系统中进行登记，质权自办理出质登记时生效。

2. 票据出质的特殊规则

关于票据质权设立与取得的规则，《担保法》第76条与《物权法》第224条采用“书面合同+票据交付”模式，而《票据法》第35条第2款则采用“背书+票据交付”模式。两者的核心分歧在于质押背书是票据质权的生效要件还是对抗要件。具言之，若双方当事人签署了质押合同并交付了票据，但未背书“质押”字样，从票据法来看，该票据质押不成立；但从传统民法来看，却受担保法和物权法保护。

《民法典》及其担保制度司法解释的颁布肯定了《票据法》作为特别法的优先适用。《票据法》第 35 条第 2 款“汇票可以设定质押；质押时应当以背书记载‘质押’字样……”即《民法典》第 441 条中的“法律另有规定的，依照其规定”中所指的法律。同时，《票据法》第 80 条第 1 款、第 93 条第 1 款规定，本票、支票的背书除本章规定外，适用有关汇票的规定。《民法典担保制度司法解释》第 58 条进一步明确了设立票据质押的特殊规则：

第一，票据出质必须在票据上背书记载“质押”字样且签章。背书是指在票据背面或者粘单上记载有关事项并签章的票据行为。背书转让票据权利或者背书授予票据权利时，必须记载被背书人名称。票据上只背书记载“质押”字样，出质人未在票据上签章的，不具有背书质押的效力。我国法律未区分记名票据、无记名票据和指示票据。国际通行做法是，以无记名票据出质时，由当事人达成设质合意并交付票据即可，无须设质背书记载，但实践中会产生票据持有人享有质权还是所有权不明的情况，如其以所有人身份向票据债务人主张权利，票据债务人即第三债务人很难以票据持有人仅享有质权为由抗辩，故无记名票据采设质背书可避免票据持有人的身份不明。而以记名票据和指示票据出质时，除当事人之间的合意、交付票据之外，还应在票据上背书设质。关于背书的方式，当事人双方可以在票据上记载“因担保”“因设质”“质押”等设定质权的文句并背书签章而设定票据质权。

第二，票据出质必须将票据交付质权人。由于权利质押的标的本质上是票据所记载的权力，而并不是票据本身。因此，既然是以权利作为交付对象，那么，交付就应遵循票据权利的转移规则。当质押交付的对象是无记名票据时，一般完成了票据本身的交付即可，但也可背书记载“质押”后交付；若是记名或指示票据，则必须背书记载“质押”并交付票据，才能够看作完成交付；对于电子票据的交付，则以在票据到期日前在电子商业汇票系统中进行登记为准。

适用难点

司法实践中，对于票据权利质押，存在以下适用难点，需特别关注。

1. 关于票据权利质权的实现方式

第一，如票据兑现日期早于债务履行期，根据《民法典》第442条的规定，票据兑现日期届至时就是债务人债务的清偿届至日期，由质权人实现票据之上的权利，取得并占有所兑现的价款，债务人的债务即被免除。但质权人在取得价款后应立即告知出质人，并与出质人通过协议将兑现的款项提前清偿债务。

第二，如票据兑现日期晚于债务履行期，质押票据所担保的主债务到期后，背书人未能如期履行债务导致被担保债权未获清偿的，质权人无权提前兑现，应于票据兑现日期届满时才能兑现款项以获偿，且质权人不得以票据转让或者贴现的方式获偿。被背书人在票据到期时按支付结算制度的有关规定行使票据权利。被背书人为银行的，比照商业汇票贴现到期收回的处理手续，并在托收凭证备注栏注明“质押票据收款”字样。如债务到期后背书人如期履行完毕的，质权人应将票据退还出质人，在票据到期前，出质人仍可以继续背书转让该票据。

2. 关于票据质押后的再转质和再转让

出质人出质的意图主要是想借助质物和权利来为债务提供担保，而并不是要把质物和设质的权利让与质权人，也不是让质权人利用设质权利再担保。因此，票据质押的转质和转让均不符合票据质押的设定目的。《票据法解释》第46条规定，因票据质权人以质押票据再行背书质押或者背书转让引起纠纷而提起诉讼的，人民法院应当认定背书行为无效；第50条规定，背书人在票据上记载“不得转让”“委托收款”“质押”字样，其后手再背书转让、委托收款或者质押的，原背书人对后手的被背书人不承担票据责任，但不影响出票人、承兑人以及原背书人之前手的票据责任。由此可见，我国法律对票据质押再转质和再背书转让均持否定态度。

3. 关于“不得转让”票据质押的效力

票据设质在于以票据权利设质，其目的在于当债务人不履行债务时，质权人有权通过票据的变现而获得清偿。只有当该票据能够转让，其交换价值才能在质权实现时顺利移转给质权人，质权人的利益才能得到全面保护。根据《票据法解释》第 52 条的规定，出票人在票据上记载“不得转让”字样，其后手以此票据进行质押的，通过质押取得票据的持票人主张票据权利的，人民法院不予支持；第 53 条规定，背书人在票据上记载“不得转让”字样，其后手以此票据进行质押的，原背书人对后手的被背书人不承担票据责任。因此，从充分保护质权人利益，最大限度发挥票据质权的担保功能的角度考虑，规定出票人对在票据上记载了“不得转让”字样的票据不能设定质押，是有必要的。

但是，票据作为一种设权证券，票据金额的兑现与票据原因关系相分离，才使资金兑换和票据流通有所保障。转让是票据的必然属性，没有票据流通，无法保证转让，票据就没有了经济意义。如果票据上未记载“不得转让”字样，后手以此票据进行质押后，质权人行使票据质押权造成出票人损失的，出票人应就原因法律关系中的违约事由另行起诉票据出质人，原因关系不能对抗连续背书的效力。

4. 关于恶意或重大过失的票据质押行为

根据《票据法解释》第 51 条的规定，贷款人恶意或者有重大过失从事票据质押贷款的，质押行为无效。参照《票据法解释》第 68 条规定，此处“恶意”指贷款人明知用于质押的票据是伪造、变造的，依然提供票据质押贷款；“重大过失”指贷款人未能识别出伪造、变造的票据而错误从事票据质押贷款。此款法理源于《票据法》第 57 条第 2 款，付款人及其代理付款人以恶意或者有重大过失付款的，应当自行承担责任。同理，贷款人如存在恶意或重大过失从事票据质押贷款的，质押行为无效，贷款人亦自行承担责任。

类案指引

1. 新金玛公司与凯畅公司票据追索权纠纷案[①]

裁判要旨：欠缺“质押”字样的背书记载不能成立票据质押背书，仅凭票据交付不足以认定票据质权设立；质物交付是动产质权而非动产质押合同的生效要件；欠缺合意的交付难以获得法律效力。

法院认为：票据质押应当符合法定要件。根据《票据法》第35条第2款之规定，汇票可以设定质押；质押时应当以背书记载“质押”字样。被背书人依法实现其质权时，可以行使汇票权利。本案系争支票的背书中没有设定质权的记载，存根联记载的“押”字不构成设质背书，即系争支票未经质押背书，与《票据法》规定的票据质押的法定形式不符。根据《物权法》第224条的规定，以汇票、支票、本票、债券、存款单、仓单、提单出质的，当事人应当订立书面合同；质权自权利凭证交付质权人时设立。在无质押背书的情况下，凯畅公司与新金玛公司亦未就系争支票设质事宜签订书面的质押合同，与物权法规定的权利质权的设定形式不符。而且双方对质押票据所担保的债权存在截然相反的意见，在各自陈述以及所提供证据的证明力均无法达到高度盖然性证明标准的情况下，系争支票设质所担保的债权难以认定。质权作为一种担保物权，从属于主债权，在系争支票设质所担保的债权无法明确的情况下，质权的行使无从谈起，应由新金玛公司就主张行使票据权利承担举证不能的法律后果。此外，新金玛公司交付系争支票时未记载出票日期，而出票日期属于支票必须记载事项，不属于《票据法》规定的支票可授权补记的事项，故系争支票无效，新金玛公司不享有票据权利。

2. 龙威公司与中信银行票据追索权纠纷案[②]

裁判要旨：票据背书具有权利证明的功能，就持票人而言，只要所

① 参见上海市第二中级人民法院（2014）沪二中民六（商）终字第116号民事判决书。

② 参见北京市第二中级人民法院（2009）二中民初字第13049号民事判决书。

持票据上的背书为连续时，就应推定其为票据权利人，不需另行举证，即可行使票据权利。付款银行对票据审核义务仅限于形式审查，并不涉及原因关系。涉案票据背书连续，无表面瑕疵，银行付款行为合法。

法院认为：龙威公司于中信银行滨海支行办理票面金额600万元汇票后将其交付开普公司用于支付货款，但开普公司未履行交货义务，并将票据背书转让多手后至人印公司。人印公司将票据背书质押给中信银行玄武支行用于贷款。其间，龙威公司向中信银行提出止付票款，但在该汇票到期前，玄武支行仍解付成功，将资金用于人印公司还款。本案票据出质人人印公司，其前手基于原因关系，并未享有票据的所有权，无权将票据转让，导致出质人所持票据效力处于待定状态。但由于票据背书连续，符合票据承兑的形式要件，债权人行使票据权利并无阻碍，直接获得票面金额。票据的无因性决定了票据出票后就脱离了票据的基础关系，原始出票人和收款人之间的约定，对第三人无约束力，不能限制票据的背书流转。根据票据要式性、文义性特征，鉴于涉案汇票背书连续，中信银行不存在恶意解付，故龙威公司无权基于票据原因关系，要求付款银行即中信银行玄武支行承担赔偿责任。

二、仓单质押

相关法条

《最高人民法院关于适用〈中华人民共和国民法典〉有关担保制度的解释》

第五十九条 存货人或者仓单持有人在仓单上以背书记载“质押”字样，并经保管人签章，仓单已经交付质权人的，人民法院应当认定质权自仓单交付质权人时设立。没有权利凭证的仓单，依法可以办理出质登记的，仓单质权自办理出质登记时设立。

出质人既以仓单出质，又以仓储物设立担保，按照公示的先后确定清偿顺序；难以确定先后的，按照债权比例清偿。

保管人为同一货物签发多份仓单，出质人在多份仓单上设立多个质权，按照公示的先后确定清偿顺序；难以确定先后的，按照债权比例受偿。

存在第二款、第三款规定的情形，债权人举证证明其损失系由出质人与保管人的共同行为所致，请求出质人与保管人承担连带赔偿责任的，人民法院应予支持。

《中华人民共和国民法典》

第四百四十一条 以汇票、本票、支票、债券、存款单、仓单、提单出质的，质权自权利凭证交付质权人时设立；没有权利凭证的，质权自办理出质登记时设立。法律另有规定的，依照其规定。

第四百四十二条 汇票、本票、支票、债券、存款单、仓单、提单的兑现日期或者提货日期先于主债权到期的，质权人可以兑现或者提货，并与出质人协议将兑现的价款或者提取的货物提前清偿债务或者提存。

第九百一十条 仓单是提取仓储物的凭证。存货人或者仓单持有人在仓单上背书并经保管人签名或者盖章的，可以转让提取仓储物的权利。

新旧变化

在《民法典》颁布前，有关仓单质押的法律规范见于《物权法》、《合同法》、《担保法》及其司法解释，现《民法典担保制度司法解释》第59条第1款吸纳《物权法》第224条关于质权自权利凭证交付质权人时设立，无权利凭证的，自办理出质登记时设立的规定，增加了仓单质押的，存货人或者仓单持有人须在仓单上以背书记载“质押”字样，并经保管人签章后交付仓单给质权人，质权自仓单交付质权人时设立。

实践中存在仓单乱象，如保管人就同一批货物开出数份仓单，导致存货人将仓单多次质押或者转让，又如，保管人在开出仓单后，仍然允许存货人无单取货或者以货物再次进行质押、抵押等情况。为了明确仓单作为货权凭证的法律地位，并通过司法裁判引导和规范仓单质押的实践，《民法典担保制度司法解释》第59条第2~4款明确规范了仓单质押中存在的上述争议问题。

规范解读

《民法典》第 441 条是关于有价证券上所代表之财产权出质的一般规则，《民法典担保制度司法解释》第 59 条则进一步对仓单权益出质作了详细规定，以解决实践中的仓单乱象。

1. 仓单质押的设立条件

仓单是保管人应存货人的要求，在收到仓储物后给存货人开付的凭证。仓单在性质上既是一种物权凭证，也是一种有价证券，因此，仓单可以转让，也可以出质。仓单质押设立条件为：

第一，仓单出质必须在仓单上背书记载被背书人（受让人、质押权人）。存货人或者仓单持有人在仓单上记载被背书人和“质押”字样，并经保管人签章，仓单交付质权人的，人民法院当然应当认定质权设立。但是，《民法典》第 441 条并没有明确规定仓单质押时必须背书记载“质押”字样，符合前述其他法定条件只是没有背书记载“质押”字样的，能否认定质权设立?《民法典担保制度司法解释》没有作出明确的规定。我们认为，即使没有背书记载“质押”字样，但完全符合《民法典》第 441 条规定的，也应当认定质权设立。《民法典》第 910 条规定，存货人或者仓单持有人在仓单上背书并经保管人签名或者盖章的，可以转让提取仓储物的权利。至于以什么方式转让，是仓单质押还是买卖等，并不是质权设立的必要条件。存货人或者仓单持有人于仓单上背书记载“质押”字样，可以使其质押的意思表示更明确清晰。

第二，仓单出质需经保管人签章。仓单转让时，如果只在仓单上背书但未经保管人签字或者盖章，即使交付了仓单，也不发生转让的效力。权利质权的设定应当遵循权利让与的规则，以仓单出质时，必须告知保管人，取得保管人的同意且于仓单上签章。之所以规定仓单转让和出质需要存货人同意，主要考虑有二：一是为了保护存货人的利益，防止其他人以不法途径获得仓单，从而损害存货人的利益；二是使保管人免予承担不应有之责任。因此，以仓单出质时，除当事人之间的出质合意、背书和交付外，还需要以保管人的签名或者盖章为必要条件。

第三，出质人将仓单交付质权人。仓单的性质是有价证券，行使仓单上记载的权利或者对权利进行处分，必须占有仓单。以仓单出质的，存货人或者仓单持有人在仓单上背书记载并经保管人签章后，出质人还需将仓单交付质权人，仓单质权自交付之日起生效。

与纸质仓单不同的是，对于电子仓单的质押，需在作为第三方的交易登记平台进行登记，仓单质权自办理出质登记时设立。依据国务院《关于实施动产和权利担保统一登记的决定》的规定，仓单质押也纳入动产和权利担保统一登记的范围，由当事人通过中国人民银行征信中心动产融资统一登记公示系统自主办理登记。因此，电子仓单的质押应通过上述登记系统，将涉案仓单状态标识为“质押”，并将电子仓单纳入质押监控清单。由于电子仓单的出质人没有权利凭证，依照《民法典》第 441 条的规定，质权自办理出质登记时设立。

2. 仓单权利质押与仓储物动产担保的竞存

如果出质人既以仓单设立权利质押，又以仓单项下的仓储物设立动产担保，就出现了仓单质押与动产担保的竞存，此时，清偿顺序的规则可分两种情况。

第一，按照公示的先后确定清偿顺序。纸质仓单质押经交付而设立，其公示方式即交付；电子仓单质押经登记而设立，其公示方式即登记。仓储物的动产担保可分为动产抵押和动产质押两类。根据《民法典》第 403 条的规定，动产抵押权虽自抵押合同生效时设立，但未登记的，不得对抗善意第三人，因动产抵押不交付占有，故以仓储物设立动产抵押的，其公示方式为登记。根据《民法典》第 429 条的规定，质权自出质人交付质押财产时设立，故以仓储物设立动产质押的，其公示方式为交付占有。具体可分以下两种情形：

一是当仓单质押与仓储物动产抵押竞存时，如仓单质押交付（或登记）时间先于仓储物抵押登记时间的，仓单质权人优先受偿；如仓储物抵押登记时间先于仓单质押交付（或登记）时间的，仓储物抵押权人优先受偿；如仓储物抵押未登记的，则仓单质权人优先受偿。

二是当仓单质押与仓储物动产质押竞存时，如仓单质押交付（或登记）

时间先于仓储物质押交付时间的，仓单质权人优先受偿；如仓储物质押交付时间先于仓单质押交付（或登记）时间的，仓储物质权人优先受偿。

第二，难以确定公示先后的，按照债权比例清偿。对于电子仓单质押和仓储物抵押的设立，因均要以登记为权利设立要件，登记时间可于登记机关查询以确定具体公示时间。但对于纸质仓单质押和仓储物质押的设立，因以交付占有为权利设立的要件，故对于交付占有时间的认定，应按“谁主张，谁举证”原则，由仓单质权人和仓储物质权人分别举证仓单和仓储物的交付时间以确定公示先后，如出现举证不能导致无法确定公示先后顺序的，则按照各方债权比例清偿。

3. 同一仓储物下多份仓单质押的竞存

如果保管人为同一仓储物签发了多份仓单，即出质人在多份仓单上设立多个质权，那么就出现多份仓单质押的竞存，此时，清偿顺序的规则如下：

第一，按照公示的先后确定清偿顺序。多份仓单同为纸质仓单的，视交付占有时间在先的仓单质权为公示在先，其他仓单质权清偿顺序按交付占有时间的先后逐一确定；多份仓单同为电子仓单的，以登记时间在先的仓单质权为公示在先，其他仓单质权清偿顺序按登记时间的先后逐一确定；多份仓单中既有纸质仓单又有电子仓单的，因电子仓单的登记与纸质仓单的交付均为仓单质押的公示方式，故不产生登记优先于交付的效力，依旧以交付或登记的时间先后顺序确定清偿顺序。

第二，难以确定公示先后顺序的，按照债权比例受偿。多份仓单质押中，如纸质仓单质权人无法举证证明仓单交付占有时间，则承担举证不能之后果，可以举证登记或交付仓单时间的质权人，则优先受偿；如所有仓单质权人均无法举证证明仓单公示时间，则按照各方债权比例受偿。

4. 出质人与保管人的连带赔偿责任

当存在仓单质押与动产担保竞存，以及保管人为同一仓储物上多份仓单质押时，如果上述两类担保竞存是因出质人与保管人的共同侵权行为所致，那么，有过错的保管人应与出质人对因此受到损失的债权人承担连带赔偿责任。此时，债权人需承担以下两项举证责任：

第一，竞存是因出质人与保管人的共同行为所致。仓单质押需经出质人在仓单上背书记载“质押”字样，且需经保管人同意并于仓单上签章；仓储物作为动产质押的交付也要经出质人授意保管人向债权人交付仓储物，因此，无论是仓单质押与仓储物动产质押竞存，还是在同一仓储物上多份仓单质押竞存，都可能因出质人与保管人的共同行为所致。例如，针对同一仓储物签发多份仓单，这些仓单上均有出质人背书“质押”字样，且有保管人签章，可视为共同行为所致的多份仓单竞存。又如，出质人向前债权人设立仓单质押后，又授意保管人向后债权人交付仓储物设定动产质押，或授意保管人向前债权人交付仓储物设定动产质押后，保管人在明知仓储物已交付前债务人时依然在仓单上签章的，均可视为出质人与保管人共同行为所致的担保竞存。如果债权人有证据证明的，出质人和保管人要共同承担债权人的损失。

第二，因竞存给债权人造成损失。出质人与保管人承担连带赔偿责任以给债权人造成损失为必要条件。这里的债权人通常为公示在后的债权人，损失主要为因清偿顺序在后，在先债权人的债权受偿后，作为质物之仓储物或其上之权益所剩价值不足以清偿在后债权人之债权的，那么，未能清偿或未能完全清偿部分即是损失。

适用难点

司法实践中，对于仓单权利质押，存在以下适用难点，需特别关注。

1. 关于仓单权利质权的实现方式

第一，如仓单提货日期早于债务履行期，根据《民法典》第 442 条的规定，仓单提货日期届至时就是债务人债务的清偿届满之日，质权人可于债务履行期限届满前提货，提货后应即告知出质人，并与出质人协议将所提取货物用于提前清偿所担保的债权或者与出质人约定的第三人提存。如用提取的货物清偿债权的，既可以对货物进行折价清偿，也可以用拍卖或变卖货物后所得款项清偿。提存是债务人将难以清偿的标的物交提存部门保存以消灭债的行为。当前我国由公证处充任提存机关，根据《提存公证规则》第 2 条的规定，提存公证是公证处依照法定条件和程序，对债务人或担保人为债权人的利益而交付的债之标的物或担保物（含担保物的替代物）进行寄托、保管，并在条件成就时交付债权人的活动。为履行清偿义务或担保义务而向公证处申请提存的人为提存人。提存之债的债权人为提存受领人。

第二，如仓单提货日期晚于债务履行期，仓单质押所担保的主债务到期后，债务人未能如期履行债务导致被担保债权未获清偿的，质权人无权提前兑现，应于仓单提货日期届满时才能提取货物。如此规定原因有二：一是质权人并非第三债务人的债权人，第三债务人的债务未到期，无提前履行之义务，如允许质权人提前提货，则等于要求第三债务人提前履行债务，这样无疑加重了该第三人的责任，对其不公平；二是质权人在设定质权时明知出质仓单之上的债权清偿期在后，如出质人不能如期履行债务，应当由质权人自行承担权利不能及时行使的法律后果。

2. 仓单记载事项不全的效力问题

仓单要记载一定的事项，是一种要式权利凭证，《民法典》第909条规定了仓单的记载事项，但对于欠缺记载事项是否影响仓单的效力并未提及。日本旧时判决和部分学者认为，欠缺任何一项内容即足以使仓单无效；但其后的判决及多数学者则认为，只要仓单记载了寄托物的个性及数量即为已足，其他事项的欠缺不影响仓单的效力。我国台湾地区学者史尚宽先生认为，除仓库营业人的署名及足以表示仓储物的性质和交付场所的事项为绝对记载事项之外，其他均为可记载事项。① 国内有两派观点：一派认为除有关保管期间和有关寄托物保险的事项外，其他事项均为绝对必要记载事项，欠缺其一，仓单无效；另一派则认为合同法所规定的仓单记载事项应为指导性事项而非法定必要事项，只要仓单缺乏的事项不足以影响权利义务的确定和仓储物的一致性，就应认定为有效；反之则无效。司法实践中，如仓单上有编号、交易商代码、交易商名称、仓库代码、仓库名称、商品代码、商品名称、商标、仓单重量、单位、数量等主要信息的，其他非必要记载事项的缺失不影响仓单效力，在具备仓单质押条件时，亦不影响仓单质押效力。

---

① 参见史尚宽：《债法各论》，中国政法大学出版社2000年版，第559～560页。

类案指引

1. 平欣公司与平安银行、栾川公司仓单质押合同纠纷案[①]

裁判要旨：电子仓单质押是一种具有非传统纸质化、电子化等特点的新型质押形式。交易登记平台在其交易系统中公示电子仓单信息，将电子仓单注明“质押”字样，并以电子邮件形式通知质权人，即视为电子仓单交付。仓单所有人不能以电子仓单不符合法定形式、仓单未进行纸质实物的交付为由否定电子仓单质押法律效力的事实。

法院认为：案外人汇富公司与平安银行、栾川公司共同签订委托贷款合同，约定汇富公司委托平安银行向栾川公司发放2000万元的委托贷款。同时，栾川公司与汇富公司签订了三份注册仓单质押合同，并向汇富公司提供合同项下的钼精矿电子仓单作为担保。首先，涉案仓单系以电子形式制成，合法有效；其次，案外人汇富公司与栾川公司订立书面质押合同，电子仓单权利凭证也已交付质权人，故涉案电子仓单质权依法设立。此后，平欣公司基于合法的债权转让，受让取得对栾川公司的主债权及涉案电子仓单质权，平欣公司对涉案电子仓单依法享有质权，故栾川公司应向平欣公司履行还款义务，并就涉案电子仓单承担质押责任。

2. 乌鲁木齐银行民升支行与乌铁实业公司等买卖合同纠纷案[②]

裁判要旨：同一批货物上既有仓单质押又有仓储物动产质押时，优序规则要结合质权是否设立以及设立的先后顺序来确定，首先应审查质权是否有效设立，然后再看设立的先后顺序。

法院认为：当同一批货物上既有仓单质押又有仓储物动产质押时，首先要以质权是否有效设立来确定最终的质权人。乌铁实业公司的质押物入库单、质押物出库单中仅记载了质押物的数量、重量及入库、出库

① 参见上海市第一中级人民法院（2017）沪01民终6125号民事判决书。
② 参见新疆维吾尔自治区高级人民法院（2016）新民终405号民事判决书。

时间，没有注明质押物的名称；由于合同项下约定的质押物是钢坯还是以钢坯为原料生产加工后的产成品并不明确，必然导致质押物交付时间的不确定。因此，无法认定乌铁实业公司对涉案存货享有质权。同时，因现有证据无法证实仓单质押合同项下货物的所有人即为浦全公司，而非昊融公司，那么，在质物可能属于浦全公司，也可能属于昊融公司的情况下，乌鲁木齐银行民升支行依据昊融公司和天顺公司加盖公章出具的仓单认为昊融公司对仓单项下货物享有所有权，并依据仓单记载的存货权属发放仓单质押贷款，已经尽到审查义务，不存在过错，乌鲁木齐银行民升支行的仓单质权已有效成立，故乌鲁木齐银行民升支行对仓单记载的用以质押担保的货物在质押担保范围内享有优先受偿权。

三、提单质押

相关法条

《最高人民法院关于适用〈中华人民共和国民法典〉有关担保制度的解释》

第六十条　在跟单信用证交易中，开证行与开证申请人之间约定以提单作为担保的，人民法院应当依照民法典关于质权的有关规定处理。

在跟单信用证交易中，开证行依据其与开证申请人之间的约定或者跟单信用证的惯例持有提单，开证申请人未按照约定付款赎单，开证行主张对提单项下货物优先受偿的，人民法院应予支持；开证行主张对提单项下货物享有所有权的，人民法院不予支持。

在跟单信用证交易中，开证行依据其与开证申请人之间的约定或者跟单信用证的惯例，通过转让提单或者提单项下货物取得价款，开证申请人请求返还超出债权部分的，人民法院应予支持。

前三款规定不影响合法持有提单的开证行以提单持有人身份主张运输合同项下的权利。

《中华人民共和国民法典》

第四百四十一条　以汇票、本票、支票、债券、存款单、仓单、提单出质的，质权自权利凭证交付质权人时设立；没有权利凭证的，质权自办理出质登记时设立。法律另有规定的，依照其规定。

第四百四十二条 汇票、本票、支票、债券、存款单、仓单、提单的兑现日期或者提货日期先于主债权到期的，质权人可以兑现或者提货，并与出质人协议将兑现的价款或者提取的货物提前清偿债务或者提存。

《中华人民共和国海商法》

第七十一条 提单，是指用以证明海上货物运输合同和货物已经由承运人接收或者装船，以及承运人保证据以交付货物的单证。提单中载明的向记名人交付货物，或者按照指示人的指示交付货物，或者向提单持有人交付货物的条款，构成承运人据以交付货物的保证。

第七十九条 提单的转让，依照下列规定执行：

（一）记名提单：不得转让；

（二）指示提单：经过记名背书或者空白背书转让；

（三）不记名提单：无需背书，即可转让。

新旧变化

在《民法典》颁布前，有关提单质押的法律规范见于《物权法》《担保法》。在提单质权的设立规定里，《民法典》第441条删除了《物权法》第224条“当事人应当订立书面合同”及“有关部门”这一登记主体的规定；增加了“法律另有规定的，依照其规定”。司法实践中，开证申请人与开证行之间的提单质押更容易产生纠纷，因此，《民法典担保制度司法解释》第60条对开证申请人与开证行之间的提单质押关系及双方的权利义务作出全新的规范。

规范解读

跟单信用证是国际贸易支付中最主要的结算方式。在跟单信用证交易中，开证行应买方的要求，开出以卖方为受益人的跟单信用证并承诺，如卖方在信用证有效期内向开证行提交符合信用证要求的单据，开证行或其授权指定银行就向卖方（受益人）支付信用证规定的金额。卖方一方面获得了出于银行信用的付款保证，另一方面也应向银行提交符合信用证规定的单证（主要是提单），作为取得货款的先决条件。此时，合法持有提单的开证行对于提单究竟享有何种权利，存在较大争议，先后出现抵押权说、留置权说、权利质权说等不同观点。司法实践认为，虽然提单是物权证券，但因提单本身并未明确记载提单持有人享有何种物权，故应当遵循物权法定原则，根据法律规定及当事人约定进行判断。《担保法》出台后，因提单列入“权利质押”一节而平息了上述争议，《民法典担保制度司法解释》第 59 条进一步明确了提单质押的规则。

1. 提单质押的设立条件

提单，是指用以证明海上货物运输合同和货物已经由承运人接收或者装船、承运人保证据以交付货物的单证。提单可以分为记名提单、指示提单和不记名提单。记名提单，不得转让；指示提单，经过记名背书或者空白背书转让；不记名提单，无须背书，即可转让。根据提单分类不同，提单中分别载明向记名人交付货物，或者按照指示人的指示交付货物，或者向提单持有人交付货物的条款。可以质押的提单主要是指可以转让的提单或者经法定程序认定后成为可以转让的提单。

在跟单信用证交易中，如果开证行与开证申请人（买方）之间存在以提单作为担保的合意，通常在开证申请人与开证行之间的信用证开立合同书中明确约定，开证申请人同意开证行通过持有提单作为其债权的担保，根据《民法典》第 441 条规定，提单是权利质押之一种，则开证行对提单享有的既非抵押权也非留置权，而是权利质权。由于在权利质押中只有将权利凭证交付质权人时质押才生效，所以，在开证行按照信用证规定向往来行付款并取得提单等单据后，提单质权自卖方将提单交付开证行时设立。提单质权的实现可依据《民法典》有关权利质押、动产质押的相关规定处理。

2. 提单持有人的权利

根据《ICC 跟单信用证统一惯例（UCP600）》的有关规定，在信用证项下，各方当事人处理的是单据，而不是与单据有关的货物、服务或其他行为。开证行作为信用证下的一方当事人，仅负有合理谨慎地审理信用证规定的单据的义务，在单证单单相符的情况下，承兑后取得提单的质押权，而无须对与单据有关的货物的实质负责。开证行持有提单后，开证申请人有及时付款赎单的义务。

当开证申请人未按照约定付款赎单时，开证行可主张对提单项下货物优先受偿，但不能主张对提单项下货物享有所有权。开证行对提单享有质权，因此，债务履行期届满且债务人未能清偿债务时，作为质权人的开证行享有对提单项下的货物优先于普通债权人受偿的权利，这是担保物权效力优先原则的体现。但开证行虽然占有提单，但并不因此而成为货物的所有权人。

第一，根据跟单信用证的国际惯例，开证行持有提单是为了担保债权的实现，而非为取得货物的所有权，故在开证申请人不付款赎单时，开证行有权不放单。

第二，开证行是受开证申请人的委托而与受益人建立信用证关系的，开证行垫付货款接受提单应视为其代表开证申请人而为，故从受益人角度而言，货物所有权已经转移至开证申请人享有。

因此，如认定开证行享有提单项下所有权，则与信用证的性质、独立性原则，以及相关国际惯例对开证行占有提单的法律性质不符。

3. 提单质押的实现

无论开证行根据其与开证申请人的约定而享有提单质权，还是对提单项下的货物享有优先受偿权，目的都是担保债权。根据《民法典》第 446 条的规定，权利质押可适用动产质押之规定。《民法典》第 438 条明确规定，作为动产质物的担保财产变价后，价款超过债权数额的部分应当归出质人所有。因质权设定以后，质押财产虽已经转移为质权人占有，但出质人仍然拥有质押财产的所有权或者处分权，只是这种权利的行使受到一定的限制。质权人行使权利的一个重要体现在于，债务人于债权到期后不履行债务，质权人有权支配质押财产的交换价值，即质权人有权与出质人协商以质押财产折价抵偿债务或者拍卖、变卖质押财产而以变价款清偿债务。由于实行质权时，质权财产的所有权或者处分权依然属于出质人，因此，质押财产的变价款超过债权数额的部分应当归出质人所有。

同理，在跟单信用证交易中，开证行虽持有提单，但其享有的仅是提单质权，而非提单项下货物的所有权，故当开证申请人不付款赎单时，开证行为实现其对开证申请人之债权，依据其与开证申请人之间的约定或者跟单信用证的惯例，可通过转让提单或者提单项下货物来取得相应价款，但如转让价款超出担保债权的，对于超出部分，开证申请人有权请求开证行返还。

4. 开证行可主张运输合同项下权利

根据《海商法》第 71 条的规定，提单是用以证明海上货物运输合同和货物已经由承运人接收或者装船，以及承运人保证据以交付货物的运输单证，提单中载明的向提单持有人交付货物的条款是承运人据以交付货物的保证。《海商法》第 78 条第 1 款规定，承运人同收货人、提单持有人之间的权利、义务关系，依据提单的规定确定。也就是说，作为质权人的开证行，可以享有与托运人相同的权利。因此，开证行只要是合法的提单持有人就有权向承运人提起合同之诉，主张运输合同项下的权利，而无论其是否实际享有提单项下货物的所有权。例如，当货物在海上运输时，由于承运人不可免责的过错而损毁、灭失，开证行作为善意的提单持有人，有权以自身名义向承运人起诉并索赔。

适用难点

司法实践中，对于提单权利质押，存在以下适用难点，需要特别关注。

1. 开证申请人受欺诈时的权益保障

开证申请人付款赎单后，如果发现作为卖方的受益人存在欺诈行为，例如，受益人以虚假的单证获取了信用证项下的货款却未依约向开证申请人提供货物，侵犯了开证申请人的合法权益，那么，开证申请人应如何维护自身的权益，是否有权向开证行要求退还信用证项下的款项。由于信用证是完全独立于国际货物买卖合同之外的一种单据交易，当开证行因单证相符向受益人进行承兑，开证申请人付款赎单后，双方的信用证关系即消灭。此后，如开证申请人发现受益人存在欺诈行为损害自身的合法权益，只能依据与受益人双方之间的货物买卖关系向受益人主张权利，即主张返还货款并赔偿损失，而不能要求开证行退还信用证项下的款项。

2. 提单的提货日期先于付款赎单日期的处理

根据《民法典》第 442 条的规定，提单的提货日期先于主债权到期的，质权人可以提货，并与出质人协议将提取的货物提前清偿债务或者提存。因此，对于提单上载明的提货日期早于信用证规定的付款赎单日期的，开证行可以凭提单向承运人提取货物，所提货物可以与出质人协商，或交由其二者共同指定的第三人保管，或拍卖、变卖，以用于清偿债务。开证行的提货权不仅是法定权利，也是提单赋予其的合法权利。提单出质给开证行后，开证行就成为提单的合法持有人。承运人作为提单合同的一方当事人，承担着凭正本提单放货的义务。尽管开证行没有货物的所有权，但作为合法的提单持有人，仍可以享有提货权。因此，在任何情况下，开证行都可凭提单提货。从另一个角度讲，开证行的提货权的实现也是质押物变更的过程，质押物从提单变更为提单项下的货物。

3. 无单放货时质权人权利的实现

国际货物买卖一般通过银行结算，银行经常是作为开证行或托收行而实际占有提单成为提单持有人，无论银行是受谁的指示而控制单据，基于占有提单的事实，开证行与承运人之间就形成以提单为终结证据的提单合同关系，而无须探究提单背后的真正权利，即究竟有权提取货物的人是托运人还是提单记载的收货人。

在开证申请人未付款赎单的情况下，提单作为债权担保而为开证行所占有，开证行对提单享有质权。尽管从受益人角度看，开证行垫付货款接受提单后货物所有权已经转移为开证申请人享有，但开证申请人只有通过付款赎单，合法持有提单，才享有完整的提单项下的物权。在出质人付款赎单前，质权人是提单的合法持有人，而此时，如提单项下的货物因承运人无单放货，必然侵害开证行的提单质权，开证行可以提单持有人的身份起诉承运人无单放货，向承运人行使损害赔偿请求权。

依据提单交付货物是承运人履行海上货物运输合同的基本义务，承运人无单放货的，根据《最高人民法院关于审理无正本提单交付货物案件适用法律若干问题的规定》第 2 条的规定，正本提单持有人可以要求承运人承担由此造成损失的民事责任；第 3 条规定，承运人因无正本提单交付货物造成正本提单持有人损失的，正本提单持有人可以要求承运人承担违约责任，或者承担侵权责任。除非承运人存在该司法解释第7条规定的情形，即卸货港所在地国家法律有必须将承运到港的货物交付给当地海关或者港口当局的相关规定，以及其在向当地海关或者港口当局交付货物后丧失对货物的控制权，或者货物在未经其允许的情况下被当地海关或港口当局擅自交付，才可以免责。

类案指引

1. 建行广州荔湾支行与蓝粤能源公司等信用证开证纠纷案[①]

裁判要旨：开证行根据其与开证申请人之间的合同约定持有提单时，应结合信用证交易的特点，对案涉合同进行合理解释，确定开证行持有提单的真实意思表示。开证行对信用证项下单据中的提单以及提单项下的货物享有质权的，开证行行使提单质权的方式与行使提单项下货物动产质权的方式相同，即对提单项下货物折价、变卖、拍卖后所得价款享有优先受偿权。

法院认为：提单具有债权凭证和所有权凭证的双重属性，但并不意味着谁持有提单谁就当然对提单项下货物享有所有权。对于提单持有人而言，其能否取得物权以及取得何种类型的物权，取决于当事人之间的合同约定。建行广州荔湾支行履行了开证及付款义务并取得信用证项下的提单，但由于当事人之间没有移转货物所有权的意思表示，故不能认为建行广州荔湾支行取得提单即取得提单项下货物的所有权。虽然《信托收据》约定建行广州荔湾支行取得货物的所有权，并委托蓝粤能源公司处置提单项下的货物，但根据物权法定原则，该约定因构成让与担保而不能发生物权效力。然而，让与担保的约定虽不能发生物权效力，但该约定仍具有合同效力，且《关于开立信用证的特别约定》约定蓝粤能源公司违约时，建行广州荔湾支行有权处分信用证项下单据及货物，因

---

① 参见最高人民法院（2015）民提字第126号民事判决书。本案系最高人民法院第111号指导案例。

此根据合同整体解释以及信用证交易的特点，表明当事人真实意思表示是通过提单的流转而设立提单质押。本案符合权利质押设立所需具备的书面质押合同和物权公示两项要件，建行广州荔湾支行作为提单持有人，享有提单权利质权。

❖ ❖ ❖ ❖ ❖ ❖ ❖ ❖ ❖

2. 建行杨浦支行与泰苏米公司等海上货物运输合同纠纷案①

裁判要旨：“凭正本提单交付货物”是海上货物运输合同中承运人法定的义务。信用证业务具有独立性、单据性，开证行只审查“单单相符、单证相符”，无义务审查信用证下货物的实际流转过程，开证行在承兑或偿付信用证之前，信用证项下的货物被承运人无单放行，开证行对信用证的偿付行为，不存在“疏于审查”的过失，承运人不能以开证行提单权利不完整为由否认提单质权。

法院认为：首先，建行杨浦支行持有提单的依据是信用证关系。根据其与中泽公司签订的《贸易融资额度合同》所附《关于信托收据贷款的特别约定》，中泽公司出具信托收据之日或建行杨浦支行对外承付之日，建行杨浦支行取得单据及单据所代表的货物的所有权。该约定实质是中泽公司将涉案货物的所有权让与建行杨浦支行以担保付款赎单。我国现行法律没有关于以让与动产所有权担保债权的这一担保物权类型的规定，根据物权法定原则，建行杨浦支行不能据此约定取得涉案货物的所有权。其次，中泽公司基于信用证关系同意由建行杨浦支行受领提单这一权利凭证以担保付款赎单，符合法律关于提单权利质押的规定。《贸易融资额度合同》另附的《关于开立信用证的特别约定》中约定若中泽公司违约，建行杨浦支行有权处分信用证项下的单据及（或）货物，有权行使担保权利。该处分方式可以是设立提单质权。因此，建行杨浦支行持有提单，提单可以设立权利质权，有关合同既有设定担保的一般约定，又有以自己意思处分提单的明确约定，应当认定建行杨浦支

① 参见上海海事法院（2017）沪72民初177号民事判决书。

行享有提单权利质权。最后，无单放货是违反海上货物运输合同义务的过错行为。中泽公司未按约付款赎单，建行杨浦支行原本可以凭提单向承运人提取涉案货物并以折价、拍卖、变卖等方式行使权利质权。但泰苏米公司作为签发涉案提单的承运人，违反法律规定无单放货致使建行杨浦支行上述受偿方式均无法实现，损害正本提单持有人建行杨浦支行在提单项下的质权，因此，泰苏米公司应向建行杨浦支行承担侵权责任。同时，中泽公司确认实际提取了货物，故其应当与承运人泰苏米公司对正本提单持有人建行杨浦支行承担连带赔偿责任。

四、应收账款质押

相关法条

《最高人民法院关于适用〈中华人民共和国民法典〉有关担保制度的解释》

第六十一条　以现有的应收账款出质，应收账款债务人向质权人确认应收账款的真实性后，又以应收账款不存在或者已经消灭为由主张不承担责任的，人民法院不予支持。

以现有的应收账款出质，应收账款债务人未确认应收账款的真实性，质权人以应收账款债务人为被告，请求就应收账款优先受偿，能够举证证明办理出质登记时应收账款真实存在的，人民法院应予支持；质权人不能举证证明办理出质登记时应收账款真实存在，仅以已经办理出质登记为由，请求就应收账款优先受偿的，人民法院不予支持。

以现有的应收账款出质，应收账款债务人已经向应收账款债权人履行了债务，质权人请求应收账款债务人履行债务的，人民法院不予支持，但是应收账款债务人接到质权人要求向其履行的通知后，仍然向应收账款债权人履行的除外。

以基础设施和公用事业项目收益权、提供服务或者劳务产生的债权以及其他将有的应收账款出质，当事人为应收账款设立特定账户，发生法定或者约定的质权实现事由时，质权人请求就该特定账户内的款项优先受偿的，人民法院应予支持；特定账户内的款项不足以清偿债务或者未设立特定账户，质权人请求折价或者拍卖、变卖项目收益权等将有的应收账款，并以所得的价款优先受偿的，人民法院依法予以支持。

《中华人民共和国民法典》

第四百四十五条 以应收账款出质的，质权自办理出质登记时设立。

应收账款出质后，不得转让，但是出质人与质权人协商同意的除外。出质人转让应收账款所得的价款，应当向质权人提前清偿债务或者提存。

新旧变化

在《民法典》颁布前，有关提单质押的法律规范见于《物权法》。在应收账款质权的设立规定里，《民法典》第 445 条删除了《物权法》第 228 条“当事人应当订立书面合同”及“信贷征信机构”这一登记主体的规定。《民法典担保制度司法解释》第 61 条则细化了现有的应收账款和将有的应收账款的出质规则，解决了以现有的应收账款出质时，应收账款不存在或者虚构应收账款时该如何分配举证责任、确定责任，以及应收账款债务人应当向谁履行的问题，以将有的应收账款质押时，质权实现方式的问题。

规范解读

依据《民法典》第 440 条第 6 项的规定，债务人或第三人可以以现有的以及将有的应收账款质押。《应收账款质押登记办法》第 2 条规定：“本办法所称应收账款是指权利人因提供一定的货物、服务或设施而获得的要求义务人付款的权利以及依法享有的其他付款请求权，包括现有的和未来的金钱债权，但不包括因票据或其他有价证券而产生的付款请求权，以及法律、行政法规禁止转让的付款请求权。本办法所称的应收账款包括下列权利：（一）销售、出租产生的债权，包括销售货物，供应水、电、气、暖，知识产权的许可使用，出租动产或不动产等；（二）提供医疗、教育、旅游等服务或劳务产生的债权；（三）能源、交通运输、水利、环境保护、市政工程等基础设施和公用事业项目收益权；（四）提供贷款或其他信用活动产生的债权；（五）其他以合同为基础的具有金钱给付内容的债权。”因此，应收账款质押分为以现有的应收账款出质和以将有的应收账款出质。现有的应收账款，主要指出质时应收账款债务人、质押标的都能够确定或者特定的金钱债权；将有的应收账款，是指出质时应收账款债务人或者质押标的尚未确定或者特定的金钱债权，主要包括不动产收费权、依法可以出质的其他收费权以及其他将有的应收账款出质。

1. 应收账款质押的设立条件

就应收账款质押的设立，依据《民法典》第445条的规定，应收账款出质应当符合登记生效的条件，且没有合意不得转让，转让所得价款可以提前清偿债务或提存。具体含义阐释如下：

第一，以应收账款出质的，质权自办理出质登记时发生效力。依据国务院《关于实施动产和权利担保统一登记的决定》，应收账款质押纳入统一登记范围的动产和权利担保，由当事人通过中国人民银行征信中心动产融资统一登记公示系统自主办理登记，并对登记内容的真实性、完整性和合法性负责。在以应收账款出质时，办理出质登记后，社会公众自然可以通过向登记公示系统查询的方式获得应收账款质押的情况，从而使应收账款质押的事实为社会公众所知悉，进而使该质押具有相当的公示力和公信力，如此便可起到防止出质人在质权存续期间将该应收账款非法转让或者将其重复质押给其他人的情况发生，从而为质权人能够顺利实现质权提供了非常有力的保障。

第二，应收账款出质后，不得转让，但经出质人与质权人协商同意的除外。转让应收账款实质是对应收账款的处分，虽然应收账款设定出质，但其所有权仍归出质人所有，故出质人享有处分权，但此时应收账款已被出质，而且被质权人以登记形式占有，成为债权的担保。故而出质人的权利已受有限制，不得对应收账款进行转让，否则会损及质权人的利益。出质人未经质权人同意转让应收账款的，应认定该转让行为无效。但是，出质人与质权人协商一致转让应收账款的，法律应当尊重当事人的意思自治，给当事人以更多的选择空间。

第三，出质人转让应收账款所得的价款，应当向质权人提前清偿债权或者提存。因转让行为发生于质权存续期间，故该转让所得的价款在性质上仍归出质人所有，但因出质人将应收账款已作为债务履行的担保，故而转让行为不得损害质权人的利益。根据质权的物上代位性规则，质权人的质权应及于出质人转让所得的价款，出质人不得使用及处分转让价款，应当用所得的价款向质权人提前清偿债权。如果出质人或者质权人有一方不同意提前清偿债权或者提前清偿存在困难的，出质人应当依照提存的相关规定，向提存机关提存所得价款，以继续维持对债权的担保。

2. 应收账款的真实性

出质人以现有应收账款出质的，实践中最容易出现的问题是以虚假的应收账款出质。为此，需关注两个问题：一是应收账款是否存在；二是虚构应收账款时该如何分配举证责任及确定责任。

第一，应收账款真实性已确认的处理。应收账款债务人向质权人确认应收账款的真实性后，不得再以应收账款不存在或者已经消灭为由，主张不承担责任。司法实践中要求接受应收账款质押的债权人应尽到相应的审核义务。如果应收账款的质权人已向应收账款的债务人进行验证，而该债务人确认了应收账款的真实性，此后如果该债务人又以应收账款不存在或者已经消灭为由主张不承担责任，显然违背诚实信用原则。

第二，应收账款真实性未确认的处理。如果应收账款债务人未向质权人确认应收账款的真实性，质权人只能以诉讼的方式主张质权。在该诉讼中，应收账款债务人为被告，诉讼请求为要求对出质的应收账款优先受偿。此时，质权人要举证证明在办理出质登记时应收账款是真实存在的，而不能仅以已经办理出质登记为由请求就应收账款优先受偿。

3. 出质应收账款的清偿对象

应收账款质押与债权转让虽在很大程度上相似，但《民法典》第 445 条仅规定应收账款质权自登记时设立，质权人是否需要通知债务人则未明确。对此，存在肯定说与否定说两种观点。因应收账款质权的设立旨为担保债权的实现，故本身并不意味着应收账款这一债权发生了转让，而只有在质权实现时，才会发生债权转让的法律效果。因此，设立应收账款质权时，并不以通知债务人为必要条件。

在质权实现时，质押通知送达的法律效果可参照《民法典》第 546 条第 1 款关于债权转让经通知债务人后对其具有约束力的规定，应收账款债务人接到质权人要求向其履行的通知前，可以向应收账款债权人履行；接到通知后，只能向应收账款质权人履行。如果在应收账款债务人接到通知前，其已经向应收账款债权人履行了债务，则质权实现时，质权人无权请求应收账款债务人履行债务。

4. 将有的应收账款质押的实现

在实践中，出质人以基础设施和公用事业项目收益权，提供服务或者劳务产生的债权，以及其他将有的应收账款出质的情形比较特殊，其区别于现有应收账款的一大显著特征是，出质以及实现时应收账款债务人均难以确定。此类收费权质押时，会有持续产生的且数额可以确定的金钱收入，对于这些已经取得的确定的金钱收入，实际上属于所谓的金钱质押，应当确保该金钱独立且能被质权人所控制。

在实现将有的应收账款质押时，质权人不能直接向应收账款债务人主张权利，其权利实现方式主要是由质权人直接请求应收账款债权人履行，实践中按是否已设定特定账户区分为以下三类情况：一是如果当事人为应收账款设定特定账户，质权人可以请求就该特定账户内的款项优先受偿；二是如果当事人已设定特定账户，但特定账户内的款项不足以清偿债务的，则质权人可以请求折价或者拍卖、变卖收费权并就所得的价款中未清偿的部分主张优先受偿；三是如果当事人未设定特定账户，则质权人可以请求折价或者拍卖、变卖收费权并就所得的价款优先受偿。

适用难点

司法实践中，对于应收账款质押通知的法律效力问题，《民法典》及《民法典担保制度司法解释》采用的是登记与通知区分主义。具言之，质押登记系质权人与出质人之间担保物权生效、对抗要件，而质押通知则使该担保物权对第三人，即应收账款债务人产生约束效力，限定其清偿行为。

1. 质押通知送达对应收账款债务人产生约束力

《民法典》已采登记作为应收账款质押之生效要件，故质押通知不影响质权的法律效力。但因应收账款债务人没有随时查询登记系统以确定自己的清偿行为是否受到限制的义务，使登记这一公示方式在功能上存在缺陷，而质押通知恰能弥补此缺陷。也就是说，只有当应收账款债务人收到有效的通知时，方能被要求向指定的债权人为清偿行为，此时，通知是登记这一公示方式的辅助手段，通知自送达应收账款债务人时生效。司法实践中，人民法院通常以应收账款债务人是否在通知书或确认书上签字盖章来判断其是否知悉出质事实。对于未能提供应收账款债务人已知悉证据的，若通知发出人能够证明通知已送达应收账款债务人处，则应由应收账款债务人举证证明其已尽到必要的注意但仍未能获悉出质事宜，否则，应认定其知晓出质事宜。

2. 应收账款债务人可行使抗辩权和抵销权

在应收账款债务人未向质权人或出质人承诺放弃其享有的抗辩权和抵销权时，就抗辩权而言，应收账款质押的设立并不等于应收账款债权转让，质权人在质权设立后并没有取得应收账款的所有权，原始债权上的债权债务关系并未改变，应收账款这一基础合同的债权人仍为原债权人。依合同相对性原则，应收账款债务人没有向质权人主张其权利的法律关系基础，只能向原始债权人行使抗辩权。应收账款债务人享有的抗辩权一般包括应收账款已经灭失的抗辩、应收账款清偿期已超诉讼时效的抗辩，以及应收账款尚不具备清偿条件的抗辩等。就抵销权而言，应当对其产生的时间加以限制，即应收账款债务人对于出质人取得的主动债权应是在收到质押通知前已经存在的，此后双方达成的任何新交易不能抵销已设质的应收账款。

3. 质押通知的形式要素

应收账款质押通知的形式可由当事人自行选择，由谁发出、何时发出、以什么形式发出，均可由当事人自行协商决定。质权人或出质人均可作为通知人。通知的时间不必强制限定于应收账款质权设定之时，应允许在出质人不履行义务而质权人欲对应收账款债务人行使直接收款权以实现质权时发出。当然，若质权人选择在质权实现条件成就时才通知应收账款债务人的，如果应收账款债务人已在不知情的情况下向应收账款债权人履行清偿义务导致质权灭失的，应收账款债务人就不再负有向质权人清偿债务的义务，质权人仅得向出质人主张质权。通知形式可包括：（1）口头形式，即通过当事人面对面地谈话或者以通讯设备如电话交谈达成协议；（2）书面形式，即由质权人通过向应收账款债务人发出《质权通知书》来告知质押事实的存在，应收账款债务人在收到通知后通过盖章签字等有效形式答复，以证明自己知悉出质事实；（3）通过电子平台系统向应收账款债务人发出通知；（4）在质权人确实无法联系到应收账款债务人或应收账款债务人人数过多逐一通知确有障碍时，可以公告形式通知；（5）以诉讼形式通知。

类案指引

1. 海峡银行五一支行与长乐亚新公司、福州市政公司金融借款合同纠纷案①

裁判要旨：特许经营权的收益权可以质押，并可作为应收账款进行出质登记。特许经营权的收益权依其性质不宜折价、拍卖或变卖，质权人主张优先受偿权的，出质债权的债务人应将收益权的应收账款优先支付质权人。

法院认为：污水处理项目特许经营权是对污水处理厂进行运营和维护，并获得相应收益的权利。污水处理厂的运营和维护，属于经营者的义务，而其收益权，则属于经营者的权利。由于对污水处理厂的运营和维护，并不属于可转让的财产权利，故诉争的污水处理项目特许经营权质押，实质上系污水处理项目收益权的质押。污水处理项目收益权属于将来金钱债权，质权人可请求法院判令其直接向出质人的债务人收取金钱并对该金钱行使优先受偿权，故无须采取折价或拍卖、变卖之方式。根据《特许经营权质押担保协议》约定，海峡银行五一支行有权直接向长乐市建设局收取污水处理服务费，并对所收取的污水处理服务费行使优先受偿权，但要为长乐亚新公司预留经营污水处理厂的必要合理费用。

---

① 参见福建省高级人民法院（2013）闽民终字第870号民事判决书。本案系最高人民法院第53号指导案例。

2. 昆仑银行与中油铁建公司、东奥公司金融借款合同纠纷案①

裁判要旨： 以应收账款出质的，质权自信贷征信机构办理出质登记时设立。作为一种权利质押，出质人将其应收账款的债权质押给质权人后，其受领应收账款的权利受到限制。应收账款债务人收到质押通知后，未经质权人同意，不得向出质人清偿债务，否则其清偿行为对质权人不产生效力。质权人有权直接向应收账款债务人收取账款以实现质权。

法院认为： 东奥公司与昆仑银行于2015年4月23日签订应收账款质押登记协议，并在中国人民银行征信中心办理了质押登记，以东奥公司与中油铁建公司签订的购销合同项下全部应收账款及所产生的预期收益为涉案借款提供质押担保。该质押协议合法有效，昆仑银行的质权自2015年4月23日设立。在东奥公司不能偿还借款时，昆仑银行对所质押的应收账款享有优先受偿权。中油铁建公司在东奥公司与昆仑银行向其出具的结算申请书上盖章确认同意，并于同日向昆仑银行出具证明确认其与东奥公司签订的购销合同真实有效，未结算金额为12,560万元，回款期限不晚于昆仑银行授信到期日。本案应收账款质权设立之时，中油铁建公司对于存在应收账款质押应是明知的，其应按结算申请书的约定将购销合同项下需支付给东奥公司的结算资金汇入东奥公司在昆仑银行的监管账户。中油铁建公司关于其因已全额支付东奥公司货款，故不再对昆仑银行负有付款义务的抗辩理由，不予采纳。昆仑银行主张的债权金额未超过购销合同结算金额，故昆仑银行有权在本案确定的债权范围内以购销合同项下全部应收账款优先受偿。

① 参见新疆维吾尔自治区高级人民法院（2016）新民初42号民事判决书；最高人民法院（2018）最高法民终50号民事裁定书。

专题十

非典型担保

一、未在法定登记机构登记的担保

相关法条

《最高人民法院关于适用〈中华人民共和国民法典〉有关担保制度的解释》

第五十四条 动产抵押合同订立后未办理抵押登记，动产抵押权的效力按照下列情形分别处理：

（一）抵押人转让抵押财产，受让人占有抵押财产后，抵押权人向受让人请求行使抵押权的，人民法院不予支持，但是抵押权人能够举证证明受让人知道或者应当知道已经订立抵押合同的除外；

（二）抵押人将抵押财产出租给他人并移转占有，抵押权人行使抵押权的，租赁关系不受影响，但是抵押权人能够举证证明承租人知道或者应当知道已经订立抵押合同的除外；

（三）抵押人的其他债权人向人民法院申请保全或者执行抵押财产，人民法院已经作出财产保全裁定或者采取执行措施，抵押权人主张对抵押财产优先受偿的，人民法院不予支持；

（四）抵押人破产，抵押权人主张对抵押财产优先受偿的，人民法院不予支持。

第六十三条 债权人与担保人订立担保合同，约定以法律、行政法规尚未规定可以担保的财产权利设立担保，当事人主张合同无效的，人民法院不予支持。当事人未在法定的登记机构依法进行登记，主张该担保具有物权效力的，人民法院不予支持。

第六十七条 在所有权保留买卖、融资租赁等合同中，出卖人、出租人的所有权未经登记不得对抗的“善意第三人”的范围及其效力，参照本解释第五十四条的规定处理。

《中华人民共和国民法典》

第三百九十五条 债务人或者第三人有权处分的下列财产可以抵押：

（一）建筑物和其他土地附着物；

（二）建设用地使用权；

（三）海域使用权；

（四）生产设备、原材料、半成品、产品；

（五）正在建造的建筑物、船舶、航空器；

（六）交通运输工具；

（七）法律、行政法规未禁止抵押的其他财产。

抵押人可以将前款所列财产一并抵押。

第四百四十条 债务人或者第三人有权处分的下列权利可以出质：

（一）汇票、本票、支票；

（二）债券、存款单；

（三）仓单、提单；

（四）可以转让的基金份额、股权；

（五）可以转让的注册商标专用权、专利权、著作权等知识产权中的财产权；

（六）现有的以及将有的应收账款；

（七）法律、行政法规规定可以出质的其他财产权利。

《全国法院民商事审判工作会议纪要》（2019年）

66. ［担保关系的认定］当事人订立的具有担保功能的合同，不存在法定无效情形的，应当认定有效。虽然合同约定的权利义务关系不属于物权法规定的典型担保类型，但是其担保功能应予肯定。

67. ［约定担保物权的效力］债权人与担保人订立担保合同，约定以法律、行政法规未禁止抵押或者质押的财产设定以登记作为公示方法的担保，因无法定的登记机构而未能进行登记的，不具有物权效力。当事人请求按照担保合同的约定就该财产折价、变卖或者拍卖所得价款等方式清偿债务的，人民法院依法予以支持，但对其他权利人不具有对抗效力和优先性。

规范解读

1. 与征求意见稿相比的变化

《民法典担保部分司法解释》（征求意见稿）第61条规定："债权人与担保人订立担保合同，约定以法律、行政法规未禁止抵押或者允许质押的财产设定以登记作为公示方法的担保，未在法定的登记机构办理登记的，不具有物权效力。当事人请求按照担保合同的约定就该财产折价或者变卖、拍卖所得价款等方式清偿债务的，人民法院应予支持。"该征求意见稿第61条将担保标的表述为"法律、行政法规未禁止抵押或者允许质押的财产"。而《民法典担保制度司法解释》第63条似乎注意到这一表述在范围界定上存有的局限，因此明确了即便是"法律、行政法规尚未规定可以担保的财产权利"，亦可以作为担保财产权利的范畴。这隐含"法无禁止即自由"的理念，即除法律、行政法规明令禁止的财产权利外，其余的财产权利均可设立担保，保持担保标的开放性。这回应了实践中出现的诸如法律、行政法规没有规定的以商铺租赁权、出租车经营权、排污权以及信托计划份额、银行理财产品、保单等财产权利设定的质押等以新类型权利作为担保标的的新情况。《民法典担保制度司法解释》第63条关于"当事人未在法定的登记机构依法进行登记，主张该担保具有物权效力的，人民法院不予支持"的规定，较征求意见稿"当事人请求按照担保合同的约定就该财产折价或者变卖、拍卖所得价款等方式清偿债务的，人民法院应予支持"，表述更为严谨。这隐含了未在法定登记机构登记的非典型担保不具有对世权、排他性和优先效力等物权效力内容，既可以避免司法实践中的争议，也可以克服列举式的清偿债务方式对未来可能难以囊括的不足。

2. 新类型担保出现的必然性

《民法典担保制度司法解释》第63条主要规定了非典型担保合同的效

力及未在法定登记机构登记的非典型担保的物权效力。非典型担保合同是相对于法律明确规定的保证、定金、抵押权、质押权、留置权等典型化的担保类型而言的。非典型担保指法律未作明确规定，在交易中自发产生的具有担保功能的担保形式，或法律虽有规定，但未典型化的担保形式。包括《民法典》各分编规定的虽不是以担保为主要的权利义务关系，但具有担保功能的保理合同、融资租赁合同、所有权保留买卖合同等。随着经济社会的不断发展，有别于典型担保的新类型担保必将不断涌现，新类型担保在商事领域应用越来越广泛。

3. 非典型担保的合同效力

有学者提出对待非典型担保应结合债权法和物权法，兼顾国际惯例，采取区别对待的态度。具体如下：（1）从适用债权法的核心角度出发，当某一非典型担保方式不违反法律、法规的强制性规定时，应当承认当事人之间缔结的非典型担保合同的效力。（2）准确适用国际惯例。不少非典型担保在国内，甚至在国际上已经成为典型担保，因此当事人在涉外经济交往中选择适用别国法律，或者选择适用国际惯例时，在不违反我国法律法规强制性规定的情况下，应当予以尊重，正确选择准据法。如涉外保函、进口押汇等。对于这些担保方式不能根据国内法生搬硬套，扭曲当事人的真实意思表示。（3）正确适用物权法定原则。承认非典型担保的合同效力，满足了其为债权性担保的条件，但根据物权法定原则，并不因此承认其具有物权担保效力，并不意味着此种担保必然产生物权的优先效力、对抗效力，甚至追及效力。除法律、法规或司法解释明确承认外（如《担保法司法解释》第97条关于不动产收益权担保的规定），非典型担保一般应作为债权担保方式，不具有物权效力，比如形形色色的收费权担保。①

《民法典》在第388条第1款中规定“担保合同包括抵押合同、质押合同和其他具有担保功能的合同”，对于担保的范围采取了开放的态度。只要具有担保功能的合同，即是担保合同，而不再拘泥于是否有法律明文规定的担保类型，为非典型担保制度的明文规定提供了依据。这使担保制度有效涵

① 参见曹士兵：《中国担保制度与担保方法》，中国法制出版社2015年版，第26~27页。

盖主要权利义务内容并非担保合同，但又具有担保功能的合同，如融资租赁、有追索权的保理合同等。从规范目的来说，承认非典型担保的合同效力是优化营商环境的题中之义。对于典型担保以外，诸如让与担保、所有权保留、融资租赁、保理等具有担保功能的非典型担保的认可，是现代动产担保制度的重要内容，亦是世界银行营商环境指标中获得信贷指标的内容之一。因此，承认非典型担保的合同效力，体现了功能主义担保的要求，系助力提升我国国际营商环境的扎实举措之一。承认非典型担保的合同效力，有利于优化国内营商环境。一段时间以来，中小微企业融资难、融资贵问题难以回避，承认非典型担保的合同效力，有助于提高动产资源的利用效率，拓宽中小微企业融资渠道，解决堵点难点，预防化解金融交易风险点，助力实体经济发展，促进市场主体规范经营，繁荣社会主义市场经济。

基于相同认识，2017 年最高人民法院发布《关于进一步加强金融审判工作的若干意见》，要求“依法认定新类型担保的法律效力，拓宽中小微企业的融资担保方式”。2019 年《九民纪要》第 67 条也承认了非典型担保。2020 年《最高人民法院、国家发展和改革委员会关于为新时代加快完善社会主义市场经济体制提供司法服务和保障的意见》指出：“14. 依法认定新型担保的法律效力。准确把握物权法定原则的新发展、民法典物权编扩大担保合同范围的新规定，依法认定融资租赁、保理、所有权保留等具有担保功能的非典型担保合同的效力。结合民法典对禁止流押规则的调整和让与担保的司法实践，进一步研究细化让与担保的制度规则和裁判标准，尊重当事人基于意思自治作出的交易安排。依据物权变动规则依法认定担保物权的物权效力，最大限度发挥担保制度的融资功能作用，促进商事交易健康发展。”

《民法典担保制度司法解释》第 63 条允许以法律、行政法规尚未规定可以担保的财产权利设立担保，并确认了该类担保合同的效力，以及经过法定登记后所具有的担保物权效力，丰富了担保的方式和类型。该条肯定了非典型担保合同只要不存在法定无效的情形，即应为有效，呼应了《民法典》第 388 条的规定，有助于结束长久以来关于非典型担保合同有效无效的争议。非典型担保不应再被归入“涉嫌以合法形式掩盖非法目的”及“违反物权法定原则”的无效情形。

正如有学者指出的，对当事人违反物权法定之约定，应当首先将其确定为不发生物权效力，在运用法理将其作有效转换失败的情况下，才可依法律、行政法规之效力性强制性规定认定民事行为无效。所谓的不发生物权效力，实为不发生当事人意欲实现的物权设立、变更、转让和消灭的效力（内部），以及不发生排他的效力（外部）。当事人违反物权法定原则所作的约定虽然不产生物权效力，但如果符合其他法律行为生效要件，应当认定其产生相应法律效果。将当事人之间所有法律关系一概认定为不发生法律效果既无依据，也无必要。①

4. 非典型担保对抗善意第三人的问题

《民法典担保制度司法解释》第67条是关于未进行所有权登记的所有权保留买卖出卖人或融资租赁出租人的担保权能否对抗善意第三人的问题。

关于善意第三人的范围，根据《民法典担保制度司法解释》第54条的规定，至少应包括善意取得的第三人、所有权保留买卖或融资租赁中善意承租标的物的承租人（相对于融资租赁合同承租人的后手承租人）、所有权保留买卖中买受人或融资租赁承租人的其他债权人、所有权保留买卖中买受人或融资租赁承租人破产的情况下的其他债权人。

善意取得制度的确立，是为了平衡社会交易秩序与所有权人利益，对于维护善意第三人的合法利益和稳定社会经济秩序具有重要意义。具体而言，如果要求双方在进行交易时均要花费大量的交易成本去探求每项标的物背后有无权利负担，则这不仅加重了双方交易的成本，而且会影响交易的效率，不利于社会经济的发展。因此，在一般情形下，交易双方在交易时仅凭所交易的标的物的权利外观就可得知或者推测出标的物的权利情况。因为权利外观与权利的真实情况一般而言是相吻合的。尽管善意取得符合一般的交易习惯，但其实质是对所有权人所有权的一种侵害。因为善意取得制度违背了所有权人在无转让其财产的真实意思下强行变更了物的所有权。善意取得行为是在损害所有权人所有权的前提下，为了保障社会经济秩序、交易安全而采

① 参见辛正郁：《物权法实施过程中应当注意的若干重要问题》，载最高人民法院民事审判第一庭编：《民事审判指导与参考》（总第59辑），人民法院出版社2015年版，第80页。

取的限制。当然，此种限制应当控制在适度的范围内，这就要求法律要妥善平衡好原所有权人与善意第三人之间的利益。

司法实践中，《民法典担保制度司法解释》第 67 条解释的非典型担保权与善意取得之间的优先效力，有两种观点。一种观点认为，该担保权应优先于善意第三人，理由是当法律规定实行自愿登记的抵押物未经登记，又未经抵押权人许可转让的，抵押权因转让而消灭，抵押人承担赔偿责任。即相当于事实上否定了抵押权，如果出现抵押人无履约能力的情况，债权将无法实现，抵押权设定的存在意义将成为问题。另一种观点认为，根据物权公示的法律理念，未经登记的抵押权仅在当事人之间产生效力，不能对抗占有抵押物的第三人。受让人无论是否合法取得抵押物，抵押权人都不得行使物上代位权和追及权。司法解释从提升商品流通效率和交易安全的价值出发，其认同第二种观点。如果债务人不履行债务时，抵押权的行使将导致取得抵押物所有权的第三人丧失抵押物，明显不合理。因此，将动产抵押合同订立后未办理抵押登记，动产抵押权的效力处置情形（包括与善意第三人、租赁关系的独立性、法院保全及执行的公信力、破产程序下抵押权人的优先受偿不受支持），及效力安排延伸到非典型担保之中参照适用，对于统一当前审判中出现的争议，具有重要的作用。

适用难点

1. 非典型担保的主要类型

非典型担保包括非典型人保和非典型物保。供应链金融中的差额补足责任、到期回购以及流动性支持等增信措施，就属于非典型的人保。所有权保留、融资租赁、保理等本身是一种交易模式，但具有事实上的担保功能，属于非典型物保。非典型物保是否具有物权效力问题，除涉及双方当事人意思表示之外，还取决于是否完成了相应的物权公示。如股权让与担保的登记，保理应收账款的登记等。

2. 善意取得适用范围的争议

“善意第三人”的范围参照《民法典担保制度司法解释》第 54 条的理

由，主要在于防范道德风险，但亦可能出现倒签并伪造租赁合同等道德风险。在实践中如何破解，有待进一步探索。

类案指引

1. 中信银行股份有限公司常熟支行与叶伟东、陈曦、常熟服装城集团有限公司等金融借款合同纠纷案①

法院认为：原告与各被告分别签订的《中信银行个人经营借款合同》《保证合同》《权利质押合同》，依法成立并生效。被告叶伟东以向第三人承租的营业用房的使用权及优先续租权向原告提供质押担保，已经在出租方常熟服装城办理质押登记手续，原告按照质押合同约定请求对质押权利变现所得价款优先受偿符合双方合同约定，亦不违反强制性法律规定，相应请求法院予以支持。第三人常熟服装城提出应由第三人对质押权利进行处分的意见，符合三方协议约定，原告对此亦表示认可，应予采信。

❖ ❖ ❖ ❖ ❖ ❖ ❖ ❖ ❖

2. 蒋云才与吴万涛、文成民间借贷纠纷案②

法院认为：针对商铺租赁经营权问题，根据《物权法》第180条以及《担保法》第34条的规定，可以抵押的财产：建筑物和其他土地附着物；建设用地使用权；以招标、拍卖、公开协商等方式取得的荒地等土地承包经营权；生产设备、原材料、半成品、产品；正在建造的建筑物、船舶、航空器；交通运输工具等法律、行政法规未禁止抵押的其他财产。而本案利仁公司未能偿还到期借款，于2019年5月16日承诺将××大厦一层两间商铺（面积约450平方米）的“租赁经营权”临时抵押给蒋云才，实质为商铺租赁权抵押。上述法律并未规定商铺租赁权可以作为抵押标的，故利仁公司与蒋云才约定商铺租赁经营权的抵押合

① 参见江苏省常熟市人民法院（2016）苏0581民初10485号民事判决书。

② 参见贵州省兴义市人民法院（2020）黔2301民初109号民事判决书。

同是无效的，更不存在优先受偿。

❖ ❖ ❖ ❖ ❖ ❖ ❖ ❖ ❖

3. 中国康富国际租赁股份有限公司（以下简称康富租赁公司）、中国建设银行股份有限公司喀什地区分行（以下简称建行喀什分行）案外人执行异议之诉

法院认为：本案的争议焦点为建行喀什分行是否取得了涉案车辆的抵押权，康富租赁公司对涉案车辆的所有权能否排除建行喀什分行对涉案车辆所申请的强制执行。建行喀什分行与越秀建材公司就本案涉案车辆已签订《抵押合同》，并办理了抵押登记，抵押权依法设立。且该抵押权已经新疆维吾尔自治区喀什地区中级人民法院（2016）新31民初13号民事判决予以确认，建行喀什分行就涉案车辆拍卖、变卖所得价款优先受偿。同时该判决认定建行喀什分行已履行其与越秀建材公司之间2014年11月24日签订的《人民币流动资金贷款合同》，对越秀建材公司之前未偿还的贷款进行借新还旧。因此，判断建行喀什分行是否善意取得涉案车辆的抵押权并不以该抵押财产上是否已在先设立其他抵押为前提条件。建行喀什分行在与越秀建材公司签订《抵押合同》时，并不知晓越秀建材公司与康富租赁公司之间就涉案车辆签订了《融资租赁合同》。而涉案车辆的所有权登记在越秀建材公司名下，并由越秀建材公司实际占有并使用，故建行喀什分行在签订《抵押合同》时，已对抵押物尽到了基本的审查义务。康富租赁公司虽陈述其已在人民银行征信系统进行了融资租赁交易登记，但其一直未能提交相关的证据对此予以证实。故康富租赁公司主张建行喀什分行签订抵押合同时未尽到审查义务的主张不能成立。康富租赁公司虽享有涉案车辆的所有权，但该权益并不足排除建行喀什分行基于善意取得且经法院生效裁判文书确认的抵押权所对涉案车辆申请的强制执行。

二、所有权保留

相关法条

《最高人民法院关于适用〈中华人民共和国民法典〉有关担保制度的解释》

第六十四条 在所有权保留买卖中，出卖人依法有权取回标的物，但是与买受人协商不成，当事人请求参照民事诉讼法“实现担保物权案件”的有关规定，拍卖、变卖标的物的，人民法院应予准许。

出卖人请求取回标的物，符合民法典第六百四十二条规定的，人民法院应予支持；买受人以抗辩或者反诉的方式主张拍卖、变卖标的物，并在扣除买受人未支付的价款以及必要费用后返还剩余款项的，人民法院应当一并处理。

《中华人民共和国民法典》

第六百四十一条 当事人可以在买卖合同中约定买受人未履行支付价款或者其他义务的，标的物的所有权属于出卖人。

出卖人对标的物保留的所有权，未经登记，不得对抗善意第三人。

第六百四十二条 当事人约定出卖人保留合同标的物的所有权，在标的物所有权转移前，买受人有下列情形之一，造成出卖人损害的，除当事人另有约定外，出卖人有权取回标的物：

（一）未按照约定支付价款，经催告后在合理期限内仍未支付；

（二）未按照约定完成特定条件；

（三）将标的物出卖、出质或者作出其他不当处分。

出卖人可以与买受人协商取回标的物；协商不成的，可以参照适用担保物权的实现程序。

第六百四十三条 出卖人依据前条第一款的规定取回标的物后，买受人在双方约定或者出卖人指定的合理回赎期限内，消除出卖人取回标的物的事由的，可以请求回赎标的物。

买受人在回赎期限内没有回赎标的物，出卖人可以以合理价格将标的物出卖给第三人，出卖所得价款扣除买受人未支付的价款以及必要费用后仍有剩余的，应当返还买受人；不足部分由买受人清偿。

《最高人民法院关于审理买卖合同纠纷案件适用法律问题的解释》

第二十六条 买受人已经支付标的物总价款的百分之七十五以上，出卖人主张取回标的物的，人民法院不予支持。

在民法典第六百四十二条第一款第三项情形下，第三人依据民法典第三百一十一条的规定已经善意取得标的物所有权或者其他物权，出卖人主张取回标的物的，人民法院不予支持。

新旧变化

《民通意见》第 84 条规定："财产已经交付，但当事人约定财产所有权转移附条件的，在所附条件成就时，财产所有权方为转移。"该条文被认为是我国法律上最早承认所有权保留买卖的规定。《合同法》第 134 条规定："当事人可以在买卖合同中约定买受人未履行支付价款或者其他义务的，标的物的所有权属于出卖人。"这从法律上正式确认所有权保留制度。《民法典》第 641 条第 1 款规定："当事人可以在买卖合同中约定买受人未履行支付价款或者其他义务的，标的物的所有权属于出卖人。"《民法典》第 642 条规定了出卖人有权取回标的物所有权，《民法典担保制度司法解释》第 64 条又进一步予以完善。

规范解读

1. 所有权保留的担保功能

《民法典担保制度司法解释》第 64 条是对所有权保留买卖合同这一非典型担保中担保物权人如何行使担保权的规定。所有权保留，是指在移转财产所有权的商品交易中，根据法律的规定或者当事人的约定，财产所有人将标的物的占有移转给对方当事人，但仍保留对该财产的所有权，待对方当事人支付部分或全部价款或完成特定条件时，该财产的所有权才发生移转的一种法律制度。作为一种非典型的担保方式，所有权保留的设立取决于当事人之间的合意，其内容可由当事人自由约定，具有充分的灵活性。更为重要的是，所有权保留担保功能的实现不需借助外人及外力，也不需要受让人提供财产充当担保物，同时还无损于受让人对标的物的利用，因此所有权保留又具有较好的经济性。正由于灵活性与经济性兼具，所有权保留在买卖合同中得到了广泛的应用。基于所有权保留所具有的特殊担保功能，当出现危及其价款债权时，出卖人可根据不同情况行使取回权追回交付给买受人占有的买卖标的物或就拍卖、变卖标的物的价款优先受偿。

2. 出卖人的权益

关于出卖人取回权的法律性质，以就物求偿说为通说。该说认为，该观点认为所有权保留买卖所规定的取回制度是出卖人就标的物实现价款的特别程序，因为从取回制度的内容来看，它与强制执行基本类似，该取回类似强制执行中的查封，买受人的回赎类似强制执行中的撤销查封，再出卖的程序类似强制执行中的拍卖程序。[①] 依据该说，出卖人行使取回权后买卖合同并不当然解除，理由在于：第一，从保留所有权的功能看，法律之所以确立这一制度，其目的在于担保出卖人价金的实现。出卖人取回标的物的目的不是要取消与买受人的合同关系，返还已受领的价金，而是实现剩余的价金债权。第二，再次转卖程序是出卖人实现价金债权的救济手段，它虽然与强制执行中的拍卖程序存在区别，但其目的却相同，均是实现债权。但出卖人的取回权并非绝对，其亦应受到限制：其一，应受善意取得制度的限制；其二，应受买受人已支付价款数额的限制。[②]

为了确保出卖人保留的所有权发挥其担保价款债权实现的功能，《民法典》第642条规定了所有权保留买卖合同中出卖人行使担保权能的三种方法：出卖人行使取回权，取回标的物；出卖人可以与买受人协商实现取回权的办法；当事人协商不成的，参照适用担保物权的实现程序。对于可以采取的法定行使取回权方式，则未作规定，似要留待司法解释进行规定。

---

① 参见王泽鉴：《民法学说与判例研究》（第7册），北京大学出版社2009年版，第220～221页。

② 参见宋晓明、张勇健、王闯：《解读〈关于审理买卖合同纠纷案件适用法律问题的解释〉》，载杜万华主编：《解读最高人民法院司法解释、指导性案例·民事卷》，人民法院出版社2016年版，第594页。

对此，有一种意见认为，在当事人就出卖人取回标的物协商不成的情形下，出卖人只能请求参照担保物权的实现程序，申请人民法院拍卖、变卖标的物并就所得价款受偿。例如《民法典担保部分司法解释》（征求意见稿）第 63 条的规定。细究之下，这种观点并不能成立。第一，出卖人仅得参照适用担保物权的实现程序主张权利的观点，与《民法典》所规定的出卖人行使担保权能的三种方法（“出卖人行使取回权取回标的物”与“参照适用担保物权的实现程序优先受偿”各自独立）的规定不相符，也剥夺了当事人根据《民法典》应享有的选择权。第二，《民法典》第 642 条规定，出卖人可以与买受人协商取回标的物，这种实现标的物取回权的开放方式，较之“一刀切”地适用担保物权的实现程序主张权利，无疑兼具经济和效率的考量，因此应得到尊重。反面观之，如对当事人的意思自治未给予足够的尊重，无疑将会限制了当事人的变价渠道，在增加当事人经济成本的同时，也将增加法院审判负担。第三，与所有权权能内容不相符，将造成保留所有权的出卖人本应享有物的所有权，因为实质担保权而降格为担保物权，不利于出卖人权利的保护。第四，根据《民法典》第 643 条第 1 款的规定，出卖人主张取回标的物并不当然产生主张担保权的效果，在出卖人取回标的物后，买卖合同依然存在，买受人在双方约定或者出卖人指定的合理回赎期限内，消除出卖人取回标的物的事由的，可以请求回赎标的物，唯有至回赎期间届满。

另一种意见认为，就是解释最终采用的观点。与《民法典担保部分司法解释》（征求意见稿）第 63 条关于出卖人仅得参照适用担保物权的实现程序主张权利的规定相比，《民法典担保制度司法解释》第 64 条有以下几层变化：第一，肯定了出卖人在符合《民法典》第 642 条的情况下，得为诉讼请求取回标的物，将出卖人通过诉讼取回所有权方式予以明确。第二，肯定了双方之间在取回标的物中的协商合意方式，在尊重双方当事人协商及意思自治的基础上，为当事人留下了法律规定处置方式之外的约定空间，呼应了《民法典》第 642 条。第三，出卖人在与买受人协商不成的情况下，可请求参照适用担保物权的实现程序。第四，肯定了买受人得以抗辩或者反诉的方式主张拍卖、变卖标的物，并要求返还剩余款项，法院应当一并处理，有利于减轻当事人的诉累，也有利于防止出卖人在取回标的物后迟延处置或不诚信处置，可能造成的买受人权益受损。总之，秉承了遵循实体法规定以及诉讼经济原则，肯定了出卖人所有权保留的意义，将诉讼行使取回权和参照担保物权的实现程序二者并重。

适用难点

在标的物的价值超过买受人欠付的价款及其他费用的情况下，出卖人通过诉讼程序取回标的物后（买受人未及时要求一并处理并返还剩余款项），未及时以合理价格转卖标的物，或者有其他不利于标的物价值维持的情况下，买受人是否有权参照民事诉讼法“实现担保物权案件”的有关规定，拍卖、变卖标的物，并要求出卖人将标的物价值超过欠付价款及其他费用的部分予以返还。对此《民法典担保制度司法解释》第 64 条未作进一步明确，但从诉讼经济性的角度出发，解释建议一并处理。买受人所主张的诉讼利益并不违反“一事不再理”原则，出卖人的取回诉讼依据的是其所主张得到担保的债权，买受人另案请求参照担保物权的实现程序的诉讼利益在于为其所超付的债权。因此，买受人仍然有权另案请求参照担保物权的实现程序，申请人民法院拍卖、变卖标的物。

类案指引

金猴集团威海鞋业有限公司与张平友、刘桂兰买卖合同纠纷案[①]

法院认为：所有权保留，指双务合同尤其是分期付款买卖合同中出卖人依约定以保留标的物所有权的方式以担保买受人价金之给付或其他义务之履行；所有权保留是一种非典型担保物权，其主旨在于通过保留标的物所有权以期保障买受人能按期支付价款或履行其他义务。因此，当买受人不履行支付价款之义务时，出卖人享有两种选择权，即要求支付价款的请求权和标的物的取回权；而取回标的物是所有权保留买卖中出卖人作为标的物所有权人所享有的一项权利，实质为恢复占有之物上

① 参见山东省威海市环翠区人民法院（2012）威环商初字第 799 号民事判决书。

请求权，其本身并无独立存在价值，与买卖合同之存续及终止属于两层关系，取回标的物只是出卖人为避免自己受到更大的损失而采取的一种保全措施，这一权利的行使使得整个合同恢复到同时履行之状态，本身并不必然导致合同的失效和解除。因此，按照权利可以放弃、义务必须履行的原则，出卖人当然可以自由选择是否行使此项权利。本案中，原告与被告张平友在合同中约定部分货物赊销（铺货）或所有权保留，这种约定并不影响双方之间买卖合同关系的性质；现原告提起诉讼要求两被告给付货款，这表示其已抛弃标的物的取回权，仅基于契约而主张债权，故其主张并无不当；被告张平友以赊销（铺货）或所有权保留主张应予退货的理由于法无据，不予支持。

三、融资租赁

相关法条

《最高人民法院关于适用〈中华人民共和国民法典〉有关担保制度的解释》

第六十五条　在融资租赁合同中，承租人未按照约定支付租金，经催告后在合理期限内仍不支付，出租人请求承租人支付全部剩余租金，并以拍卖、变卖租赁物所得的价款受偿的，人民法院应予支持；当事人请求参照民事诉讼法“实现担保物权案件”的有关规定，以拍卖、变卖租赁物所得价款支付租金的，人民法院应予准许。

出租人请求解除融资租赁合同并收回租赁物，承租人以抗辩或者反诉的方式主张返还租赁物价值超过欠付租金以及其他费用的，人民法院应当一并处理。当事人对租赁物的价值有争议的，应当按照下列规则确定租赁物的价值：

（一）融资租赁合同有约定的，按照其约定；

（二）融资租赁合同未约定或者约定不明的，根据约定的租赁物折旧以及合同到期后租赁物的残值来确定；

（三）根据前两项规定的方法仍然难以确定，或者当事人认为根据前两项规定的方法确定的价值严重偏离租赁物实际价值的，根据当事人的申请委托有资质的机构评估。

《中华人民共和国民法典》

第七百五十二条 承租人应当按照约定支付租金。承租人经催告后在合理期限内仍不支付租金的，出租人可以请求支付全部租金；也可以解除合同，收回租赁物。

第七百五十八条 当事人约定租赁期限届满租赁物归承租人所有，承租人已经支付大部分租金，但是无力支付剩余租金，出租人因此解除合同收回租赁物，收回的租赁物的价值超过承租人欠付的租金以及其他费用的，承租人可以请求相应返还。

当事人约定租赁期限届满租赁物归出租人所有，因租赁物毁损、灭失或者附合、混合于他物致使承租人不能返还的，出租人有权请求承租人给予合理补偿。

《最高人民法院关于审理融资租赁合同纠纷案件适用法律问题的解释》

第十二条 诉讼期间承租人与出租人对租赁物的价值有争议的，人民法院可以按照融资租赁合同的约定确定租赁物价值；融资租赁合同未约定或者约定不明的，可以参照融资租赁合同约定的租赁物折旧以及合同到期后租赁物的残值确定租赁物价值。

承租人或者出租人认为依前款确定的价值严重偏离租赁物实际价值的，可以请求人民法院委托有资质的机构评估或者拍卖确定。

新旧变化

《民法典担保制度司法解释》第 65 条前两款为新内容，《担保法》及《担保法司法解释》均未规定该部分内容。该条第 3 款在《融资租赁司法解释》第 23 条的基础上，作了部分修改，少了“拍卖”这一确定租赁物价值的方式。

规范解读

1. 与征求意见稿相比的变化

与《民法典担保部分司法解释》（征求意见稿）第62条相比，《民法典担保制度司法解释》第65条共有以下几处变化。第一，与《民法典》第752条的催告程序相衔接，规定了融资租赁合同的出租人向承租人主张权利时，应当先进行催告，从而与《民法典》保持一致。第二，法院处理方式的变化，该征求意见稿不区分情况，针对“出租人请求承租人支付剩余租金，并就租赁物优先受偿的”及“出租人请求解除合同并收回租赁物的”两种不同情形，均规定“可以参照适用担保物权的实现程序处理”，《民法典担保制度司法解释》第65条区分不同情况，并有“承租人支付全部剩余租金，并以拍卖、变卖租赁物所得的价款受偿”“参照民事诉讼法实现担保物权案件的有关规定”“解除融资租赁合同并收回租赁物”等处理方式。第三，与所有权保留买卖合同一样，创设规定“承租人以抗辩或者反诉的方式主张返还租赁物价值超过欠付租金以及其他费用的，人民法院应当一并处理”，有利于减少诉累，并平衡了当事人的权益保护。第四，细化了租赁物价值的确定方式，既完备，又具技术性和可操作性，可避免实践中的适用混乱。第五，从表述上来看，将“部分租金”表述为“租金”，与《民法典》第752条的表述一致，文字表述上更为凝练，也明确了只要承租人未按照约定支付租金，出租人在催告后，便可以承租人主张权利。

2. 融资租赁的担保功能

《民法典担保制度司法解释》第65条规定融资租赁合同中担保物权人如何行使担保权。《民法典》第388条第1款规定，担保合同包括抵押合同、质押合同和其他具有担保功能的合同。融资租赁虽系合同法范畴上的有名合同，但源于出租人对租赁物享有的所有权所具有的独特担保功能，其属于非典型的担保之一。就融资租赁合同出租人如何行使担保权，《民法典担保制度司法解释》第65条规定，经催告后，承租人在合理期限内仍未依约支付租金的，出租人可选择“请求承租人支付全部剩余租金，并以拍卖、变卖租赁物所得的价款受偿的”“请求参照民事诉讼法实现担保物权案件的有关规定，以拍卖、变卖租赁物所得价款支付租金”“请求解除融资租赁合同并收回租赁物”等方式行使担保权，既尊重了当事人的选择权，也丰富了出租人实现权利的类型和方式。值得注意的是，《民法典担保制度司法解释》第65条在取回租赁物的规定上与所有权保留的不同，由于回赎制度的存在，所有权保留中出卖人取回标的物并不意味着合同的解除，买受人在合理期限内仍有回赎权，而在融资租赁合同中收回租赁物的前提是解除合同。如果承租人欠付租金导致出租人有权解除合同并收回租赁物，而双方无法就合同解除和租赁物的收回达成一致，出租人自可起诉到人民法院，请求解除合同并收回租赁物。

3. 租赁物价值超出出租人损失情形的处理

对于承租人违约导致融资租赁合同解除，租赁物价值超出出租人损失情形如何处理。这既包括承租人已经支付相当部分租金的情况，也包括履行期内租赁物的价值随着市场波动而出现高于合同约定租金的情形，对于第一种情况，应归于承租人自无争议。但对于后者，存在不同观点：一种观点认为，该超出部分价值应全部属于出租人。理由是，在融资租赁合同履行期间，租赁物的所有权始终属于出租人，而租赁物的价值超过出租人损失的部分通常是由于租赁物的市场价值波动导致的，是物自身的增值，增值部分应归属于所有权人。且在出租人损失获得赔偿的情形下，通常合同的终止及清算均基于承租人的原因，不能使承租人因违约或存在过错而获得额外收益；另一种观点则认为，该超出部分价值应根据合同约定，由到期后取得租赁物所有权的一方获得。理由是，在融资租赁合同关系中，出租人根据承租人的选择而购买租赁物，与买卖合同有关的买受人受领租赁物、就租赁物进行索赔等权利也大多让渡给承租人，表明出租人对租赁物的所有权具有一定特殊性，其获得所有权的主要目的是为租金债权提供担保，因此不能仅仅基于所有权人的身份即赋予出租人取得租赁物增值收益的权利。出租人与承租人订立融资租赁合同时，已经通过约定租赁物到期所有权的方式锁定了双方的风险和收益，从尊重当事人意思自治的角度考虑，应当依到期后所有权的归属认定租赁物超额价值的归属。《融资租赁司法解释》制定时，从风险和收益相对等的理念出发，采用了第二种观点。《民法典担保制度司法解释》第65

条延续了这一规定。同时，为了防止租赁物价值超过出租人欠付的租金及其他费用的情况下，出租人不以合理价格转卖租赁物，从而将远低于超过欠付租金及其他费用的部分返还，而导致的买受人利益受损的情形。如果出租人不通过非诉程序请求人民法院拍卖、变卖标的物并以所得价款受偿，而是以诉讼的方式请求取回标的物，则应根据承租人是否提出抗辩或者反诉来审理案件：出租人虽然有权取回标的物，但出租人反诉请求出租人将标的物价值超过欠付租金及其他费用的部分予以返还，或者出租人虽然有权取回租赁物，但承租人抗辩租赁物的价值大于欠付租金及其他费用，请求人民法院予以评估，或拍卖、变卖租赁物，则人民法院对于承租人的主张应一并予以处理。

适用难点

1. 确定租赁物价值的方式

《民法典担保制度司法解释》第 65 条规定了三种租赁物的价值确定方式，分别为：当事人在融资租赁合同中的约定；根据约定的租赁物折旧以及合同到期后租赁物的残值来确定；依据上述两项无法确定，或者当事人认为根据前两项规定的方法确定的价值严重偏离租赁物实际价值的，法院要根据当事人的申请委托评估。在融资租赁合同纠纷案件中，上述三种租赁物价值确定方式是有先后顺序的，即约定优先，有约定的，首先是按照约定确定，其次是参照租赁物的折旧及残值确定。在前述两种方式均未能确定租赁物价值，或者确定的租赁物价值严重偏离租赁物的实际价值的，才可以根据案件的具体情形，启动委托评估程序。

《融资租赁司法解释》第 12 条第 2 款规定："承租人或者出租人认为依前款确定的价值严重偏离租赁物实际价值的，可以请求人民法院委托有资质的机构评估或者拍卖确定。"与该条相比，《民法典担保制度司法解释》第 65 条少了拍卖这一定价方式。虽然租赁物的通用性不强，但是评估的时间、经济成本较高，拍卖的方式不失为确定租赁物价值的好方法。然而，事实上拍卖将使出租人失去所有权，有违《民法典》融资租赁合同一章多处体现的出租人享有所有权的精神，且在出租人请求收回租赁物，承租人主张返还租赁物超过欠付租金以及其他费用的情况下，并不能完全排除出租人有取回租赁物并为利用的可能。尤其针对实务中某些适合于出租人收回另行出租或自用，但不适于拍卖、变卖的租赁物。不允许收回而一律拍卖，将不当损害出租人的所有权，对作为违约方的承租人则过于宽待。因此，一概规定可适用拍卖确定租赁物价值，并不十分周延。

2. 一方当事人异议与评估的关系

租赁物的价值确定关乎出租人与承租人双方的直接经济利益，因此，在融资租赁合同案件中，当事人常以租赁物价值过高或者过低为由提出异议。《民法典担保制度司法解释》第 65 条规定，当事人认为根据前两项规定的方法确定的价值严重偏离租赁物实际价值的，法院要根据当事人的申请委托评估。如何在坚持尊重当事人的意思自治和诚实信用原则，并提升司法效率的前提下，有效防止当事人出于自身经济利益考虑滥用异议权，十分必要。首先，应当鼓励出租人与承租人通过协商的方式确定租赁物的价值，尽可能地减少评估程序的启动。其次，对于一方当事人认为根据事先约定的方法确定的价值严重偏离租赁物实际价值的情形，应当从严审查，从事先约定是否有显失公平的情形、导致租赁物的实际价值严重偏离约定的原因、当事人的过错等角度，严格把握“严重偏离”租赁物实际价值的标准，以减少当事人对程序权利的滥用。

类案指引

1. 龙源和通运公司与被告闫明涛、闫德宝融资租赁合同纠纷案①

法院认为：本案从合同主体上看是融资租赁合同，而事实上体现的系分期付款买卖合同。合同明确约定了双方的权利义务，闫德宝、闫明涛作为购买方在没有在规定的还款期限内付清车款前，标的物所有权仍归卖方享有，购买方仅享有使用和收益的权利。依据《买卖合同司法解

① 参见河南省焦作市中级人民法院（2012）焦民一终字第 2 号民事判决书。

释》第36条的规定，闫德宝、闫明涛在购车后，仍有大部分车款未付，没有达到75%以上。在此情况下，龙源和通运公司对标的物可行使取回权。

❖ ❖ ❖ ❖ ❖ ❖ ❖ ❖ ❖

2. 科誉高瞻融资租赁（中国）有限公司与谷元林、朱应琴、上海特诚汽车运输有限公司融资租赁合同纠纷案[①]

法院认为：本案二审争议焦点为科誉高瞻公司所主张的因融资租赁合同解除而产生的损失以及口卡查档费是否具有依据。依据《融资租赁司法解释》第22条的规定，出租人解除合同后，可主张的损失赔偿范围为承租人全部未付租金及其他费用与收回租赁物价值的差额。科誉高瞻公司主张收回租赁物的价值为20万元，并据此计算损失金额。鉴于融资租赁车辆的处置系由科誉高瞻公司单方完成，且处置金额20万元相较于一年四个月之前的购买价格42.6万元差距较大，故科誉高瞻公司应当举证证明该处置价格的合理性。但科誉高瞻公司仅提供了并无机动车鉴定评估资质的上海祥业汽车销售服务有限公司出具的《鉴定评估报告》，且根据科誉高瞻公司提供的证据，租赁物的买受人即为上海祥业汽车销售服务有限公司法定代表人，在此情况下，仅依据上述《鉴定评估报告》显然不能客观反映融资租赁车辆的真实价值。科誉高瞻公司另称，融资租赁车辆已从特诚汽车运输公司名下过户至买受人名下，据此可知承租人知晓并同意融资租赁车辆以20万元的价格进行处置。根据本案融资租赁交易模式，特诚汽车运输公司已将融资租赁车辆所有权转移于科誉高瞻公司，特诚汽车运输公司仅为车辆名义所有权人，在此情况下车辆过户至他人名下并不必然代表特诚汽车运输公司同意车辆转让价格，事实上，上海市公安局交通警察总队提供的车辆过户资料中也并无可以证明特诚汽车运输公司认可车辆转让价格的相关材料，故对于科誉高瞻公司该主张，不予采信。关于科誉高瞻公司主张的口卡查档费，融资租

---

① 参见上海金融法院（2019）沪74民终439号民事判决书。

赁合同中并未明确约定该费用由承租人负担，且该费用亦非诉讼中必然发生之费用，故科誉高瞻公司主张由承租人负担该笔费用缺乏合同依据，亦不予采信。

四、保理

相关法条

《最高人民法院关于适用〈中华人民共和国民法典〉有关担保制度的解释》

第六十六条 同一应收账款同时存在保理、应收账款质押和债权转让，当事人主张参照民法典第七百六十八条的规定确定优先顺序的，人民法院应予支持。

在有追索权的保理中，保理人以应收账款债权人或者应收账款债务人为被告提起诉讼，人民法院应予受理；保理人一并起诉应收账款债权人和应收账款债务人的，人民法院可以受理。

应收账款债权人向保理人返还保理融资款本息或者回购应收账款债权后，请求应收账款债务人向其履行应收账款债务的，人民法院应予支持。

《中华人民共和国民法典》

第七百六十一条 保理合同是应收账款债权人将现有的或者将有的应收账款转让给保理人，保理人提供资金融通、应收账款管理或者催收、应收账款债务人付款担保等服务的合同。

第七百六十六条 当事人约定有追索权保理的，保理人可以向应收账款债权人主张返还保理融资款本息或者回购应收账款债权，也可以向应收账款债务人主张应收账款债权。保理人向应收账款债务人主张应收账款债权，在扣除保理融资款本息和相关费用后有剩余的，剩余部分应当返还给应收账款债权人。

第七百六十八条 应收账款债权人就同一应收账款订立多个保理合同，致使多个保理人主张权利的，已经登记的先于未登记的取得应收账款；均已经登记的，按照登记时间的先后顺序取得应收账款；均未登记的，由最先到达应收账款债务人的转让通知中载明的保理人取得应收账款；既未登记也未通知的，按照保理融资款或者服务报酬的比例取得应收账款。

规范解读

1. 保理的担保功能

《民法典担保制度司法解释》第66条主要规定了有追索权的保理纠纷的诉讼参与人。保理合同，是指债权人与保理商之间签订的，约定将现在或将来的、基于债权人与债务人订立的销售商品、提供服务、出租资产等基础合同所产生的应收账款债权转让给保理商，由保理商向债权人提供融资、销售分户账管理、应收账款催收、资信调查与评估、信用风险控制及坏账担保等至少一项服务的综合性金融服务合同。构成保理法律关系，应当同时具备以下几个基本条件：保理商必须是依照国家规定、经过有关主管部门批准可以开展保理业务的金融机构和商业保理公司；保理法律关系应当以债权转让为前提；保理商与债权人应当签订书面的保理合同；保理商应当提供融资、销售分户账管理、应收账款催收、资信调查与评估、信用风险控制及坏账担保等服务中的至少一项。保理目前在我国区分为银行业保理和商业保理。随着购货商赊销付款逐渐成为主要结算方式，供货商对应收账款的管理和融资需求推动了国内贸易中保理业务的产生和发展。

2. 保理法律关系

保理法律关系，涉及保理商与债权人、保理商与债务人之间不同的法律关系，债权人与债务人之间的基础交易合同是成立保理的前提，而债权人与保理商之间的应收账款债权转让则是保理关系的核心。保理合同必须具备的要素是应收账款债权的转让，没有应收账款的转让就不能构成保理合同。所谓应收账款，是指权利人因提供一定的货物、服务或设施而获得的要求债务人付款的权利以及依法享有的其他付款请求权，包括现有的和未来的金钱债权，但不包括因票据或其他有价证券而产生的付款请求权以及法律、行政法规禁止转让的付款请求权。保理法律关系不同于一般借款关系。保理融资的第一还款来源是债务人支付应收账款，而非债权人直接归还保理融资款。保理法律关系也不同于债权转让关系，保理商接受债务人依基础合同支付的应收账款，在扣除保理融资本息及相关费用后，应将余额返还债权人。

3. 同一应收账款同时存在保理、应收账款质押和债权转让的优先顺序

并不是所有的保理合同都能被归入具有担保功能的非典型担保范围，无追索权保理仅仅是保理人为赚取应收账款与保理融资款之间的差价而受让应收账款，不具有担保功能，因此，并不属于《民法典担保制度司法解释》第四部分关于非典型担保的内容。保理合同的担保功能主要体现在有追索权的保理，根据《民法典》第766条的规定，在有追索权的保理中，保理人可以向应收账款债权人主张返还保理融资款本息或者回购应收账款债权，也可以向应收账款债务人主张应收账款债权；保理人向应收账款债务人主张应收账款债权，在扣除保理融资款本息和相关费用后有剩余的，剩余部分应当返还给应收账款债权人。可见，在有追索权的保理中，应收账款虽然名义上已经转让给保理人，但其目的在于担保保理人对应收账款债权人所享有的保理融资款本息。可见有追索权的保理与应收账款质押一样，其功能都是为了担保债权的实现。正因如此，与同一应收账款可能发生多次质押或者多次转让一样，同一应收账款也可能发生多重保理。对此，《民法典》第768条规定："应收账款债权人就同一应收账款订立多个保理合同，致使多个保理人主张权利的，已经登记的先于未登记的取得应收账款；均已经登记的，按照登记时间的先后顺序取得应收账款；均未登记的，由最先到达应收账款债务人的转让通知中载明的保理人取得应收账款；既未登记也未通知的，按照保理融资款或者服务报酬的比例取得应收账款。"尽管《民法典担保制度司法解释》第66条针对的是就同一应收账款订立多个保理合同的情形，考虑到实践中也可能发生就同一应收账款同时存在保理、应收账款质押或者债权转让的情形，故上述规则应类推于就同一应收账款同时存在保理、应收账款质押或者债权让与的场合。

4. 应收账款债权人向债务人主张债务的法律基础

应收账款债权人向保理人返还保理融资款本息或者回购应收账款债权后，保理人脱离了对应收账款的联系。事实上应收账款又从保理人所有的状态，恢复到应收账款债权人所有的情况，应收账款债务人自应向债权人履行应收账款债务。

适用难点

目前我国理论界和实务界对保理合同的性质存有较大的分歧。在司法实践中，保理合同纠纷案件所列的案由并不统一，实践中有借款合同纠纷、金融借款合同纠纷、债权转让纠纷和保理合同纠纷等案由，这反映了保理合同法律关系的复杂性以及实务界对保理合同法律性质认知的模糊性。从国内外相关的法律理论以及实践来看，目前关于保理合同的法律性质有着不同的观点和学说，主要有债权让与说、债权质押说、委托代理说等，我国理论界和实务界目前还提出了混合合同说。保理合同法律性质的确定，关系到法律对保理业务的规则设计，对保障司法机关准确适用法律有重要意义。保理法律关系的实质是应收账款债权转让，涉及三方主体和两个合同，这与单纯的借款合同有显著区别，故不应将保理合同简单视为借款合同。在保理合同纠纷对应的案由方面，最高人民法院已将此纳入新修订的案由规定中，其位于新的案由规定合同纠纷项下第 113 个。应注意的是，实务中确实有部分保理商与交易相对人虚构基础合同，以保理之名行借贷之实。对此，应查明事实，从是否存在基础合同、保理商是否明知虚构基础合同、双方当事人之间实际的权利义务关系等方面审查和确定合同性质。如果确实是名为保理、实为借贷的，仍应当按照借款合同确定案由并据此确定当事人之间的权利义务。[①] 2020 年 12 月 14 日，最高人民法院审判委员会第 1821 次会议通过的《最高人民法院关于修改〈民事案件案由规定〉的决定》，对《民事案件案由规定》进行了修改。按照这一规定，新设保理合同纠纷这一案由，厘清了实践中存在的混乱情况。

保理业务由应收账款转让和保理两部分组成，主要呈现两种诉讼类型：一是保理商以收回保理融资款为主要目的，起诉债权人和债务人或者仅起诉

① 参见杨临萍：《关于当前商事审判工作中的若干具体问题》，载杜万华主编、最高人民法院民事审判第一庭编：《民事审判指导与参考》（总第 64 辑），人民法院出版社 2016 年版，第 77 页。

债务人。此时，保理商的法律地位是应收账款债权受让人，基于基础合同的债权转让而主张债务人偿还应收账款，以及因债务人不能偿还时债权人依约所应承担的回购义务，案件审理的重点是基础合同应收账款的偿还。二是保理商仅因保理合同的签订、履行等起诉债权人，例如要求支付保理费用等，案件审理的重点是保理合同的履行。如前所述，在有追索权的保理中，保理人可以向应收账款债权人主张返还保理融资款本息或者回购应收账款债权，也可以向应收账款债务人主张应收账款债权。保理人行使诉权并没有先后顺序的要求，保理人可以任意起诉应收账款债务人或者债权人。因此，《民法典担保制度司法解释》第66条明确规定，在有追索权的保理中，保理人以应收账款债权人或者应收账款债务人为被告提起诉讼，法院应予受理。而对于保理人一并起诉应收账款债权人和应收账款债务人的情况，根据《民法典担保制度司法解释》第66条的规定，法院可以受理。这似乎也侧面回应了为何在最终的司法解释中，删去了征求意见稿中“有追索权的保理中，应收账款债权人和债务人承担连带责任”的规定。毕竟应收账款债权人和债务人与保理人的法律关系不同，支付价款的法律基础也不同。从诉讼法的角度可以合并审理，但似乎不能以存有一个相同的基础合同就应当承担连带法律责任。而对一并起诉应收账款债权人和应收账款债务人的情况应如何处理，二者是承担连带责任或者分担责任，或者其他可能，实践中争议较大，还有赖于在实践中进行探索。

类案指引

1. 四川浩普瑞新能源材料股份有限公司与深圳阜鼎汇通商业保理有限公司、荆州市沃特玛电池有限公司、贺天江其他合同纠纷案[①]

法院认为：首先，《商业保理业务合同》《应收账款转让协议》《应收账款转让通知书》系各方当事人的真实意思表示，且于法无悖，故依法成立有效，各方当事人理应恪守。因深圳阜鼎汇通在保理融资到期后，

① 参见上海金融法院（2019）沪74民终418号民事判决书。

未足额收回应收账款，故其有权按照涉案《商业保理业务合同》的约定行使追索权。上诉人四川浩普瑞虽辩称其向深圳阜鼎汇通背书转让涉案三张电子商业承兑汇票的行为应视为履行了清偿保理融资款的义务，但因系争交易各方并未约定交付票据后基础债权即消灭，深圳阜鼎汇通亦未实现票据付款请求权，表明其未能收回四川浩普瑞转让的应收账款，故其有权在既享有保理融资款追索权又享有票据追索权的情形下择一行使，主张保理融资款追索权。其次，深圳阜鼎汇通为实现本案债权支出律师费15万元，符合《商业保理业务合同》的约定，由四川浩普瑞承担。另外，深圳阜鼎汇通受偿后，不影响四川浩普瑞基于其与荆州市沃特玛的基础债权债务关系主张相关权益。最后，深圳阜鼎汇通已撤回对深圳沃特玛行使追索权的诉讼，上诉人四川浩普瑞无证据证明深圳阜鼎汇通与深圳沃特玛达成庭外和解，因此，深圳阜鼎汇通不存在两次诉讼重复获益的行为。判决驳回上诉，维持原判。

❖ ❖ ❖ ❖ ❖ ❖ ❖ ❖ ❖

2. 珠海华润银行股份有限公司与江西省电力燃料有限公司合同纠纷案①

裁判要旨：有追索权的保理业务所包含的债权转让合同的法律性质并非纯正的债权让与，而应认定为是具有担保债务履行功能的间接给付契约。间接给付，学说上又称为新债清偿、新债抵旧，或为清偿之给付。根据民法基本原理，间接给付作为债务清偿的方法之一，是指为清偿债务而以他种给付代替原定给付的清偿，并不具有消灭原有债务的效力，在新债务履行前，原债务并不消灭，只有当新债务履行且债权人的原债权因此得以实现后，原债务才同时消灭。

法院认为：案涉《国内保理业务合同》第40条约定："如发生买方/债务人明确表示或以自己行为表明将拒绝支付全部或部分的应收账款等情形的，珠海华润银行有权立即向广州大优公司追索尚未收回的应收账

① 参见最高人民法院（2017）最高法民再164号民事判决书。

款，有权从广州大优公司在珠海华润银行开立的账户上扣收其应付给其银行的款项。”根据双方在《国内保理业务合同》中的约定和间接给付的法理，珠海华润银行本应先向江西燃料公司求偿，在未获清偿时，才能够向广州大优公司主张权利。追索权的功能相当于广州大优公司为江西燃料公司的债务清偿能力提供了担保，这一担保的功能与放弃先诉抗辩权的一般保证相当。

五、让与担保

相关法条

《最高人民法院关于适用〈中华人民共和国民法典〉有关担保制度的解释》

第六十八条 债务人或者第三人与债权人约定将财产形式上转移至债权人名下，债务人不履行到期债务，债权人有权对财产折价或者以拍卖、变卖该财产所得价款偿还债务的，人民法院应当认定该约定有效。当事人已经完成财产权利变动的公示，债务人不履行到期债务，债权人请求参照民法典关于担保物权的有关规定就该财产优先受偿的，人民法院应予支持。

债务人或者第三人与债权人约定将财产形式上转移至债权人名下，债务人不履行到期债务，财产归债权人所有的，人民法院应当认定该约定无效，但是不影响当事人有关提供担保的意思表示的效力。当事人已经完成财产权利变动的公示，债务人不履行到期债务，债权人请求对该财产享有所有权的，人民法院不予支持；债权人请求参照民法典关于担保物权的规定对财产折价或者以拍卖、变卖该财产所得的价款优先受偿的，人民法院应予支持；债务人履行债务后请求返还财产，或者请求对财产折价或者以拍卖、变卖所得的价款清偿债务的，人民法院应予支持。

债务人与债权人约定将财产转移至债权人名下，在一定期间后再由债务人或者其指定的第三人以交易本金加上溢价款回购，债务人到期不履行回购义务，财产归债权人所有的，人民法院应当参照第二款规定处理。回购对象自始不存在的，人民法院应当依照民法典第一百四十六条第二款的规定，按照其实际构成的法律关系处理。

第六十九条　股东以将其股权转移至债权人名下的方式为债务履行提供担保，公司或者公司的债权人以股东未履行或者未全面履行出资义务、抽逃出资等为由，请求作为名义股东的债权人与股东承担连带责任的，人民法院不予支持。

《中华人民共和国民法典》

第四百零一条　抵押权人在债务履行期限届满前，与抵押人约定债务人不履行到期债务时抵押财产归债权人所有的，只能依法就抵押财产优先受偿。

第四百二十八条　质权人在债务履行期限届满前，与出质人约定债务人不履行到期债务时质押财产归债权人所有的，只能依法就质押财产优先受偿。

《最高人民法院关于审理民间借贷案件适用法律若干问题的规定》

第二十三条　当事人以订立买卖合同作为民间借贷合同的担保，借款到期后借款人不能还款，出借人请求履行买卖合同的，人民法院应当按照民间借贷法律关系审理。当事人根据法庭审理情况变更诉讼请求的，人民法院应当准许。

按照民间借贷法律关系审理作出的判决生效后，借款人不履行生效判决确定的金钱债务，出借人可以申请拍卖买卖合同标的物，以偿还债务。就拍卖所得的价款与应偿还借款本息之间的差额，借款人或者出借人有权主张返还或者补偿。

第六十九条　股东以将其股权转移至债权人名下的方式为债务履行提供担保，公司或者公司的债权人以股东未履行或者未全面履行出资义务、抽逃出资等为由，请求作为名义股东的债权人与股东承担连带责任的，人民法院不予支持。

《最高人民法院关于适用〈中华人民共和国公司法〉若干问题的规定（三）》

第二十六条　公司债权人以登记于公司登记机关的股东未履行出资义务

为由，请求其对公司债务不能清偿的部分在未出资本息范围内承担补充赔偿责任，股东以其仅为名义股东而非实际出资人为由进行抗辩的，人民法院不予支持。

名义股东根据前款规定承担赔偿责任后，向实际出资人追偿的，人民法院应予支持。

《全国法院民商事审判工作会议纪要》（2019 年）

71.［让与担保］债务人或者第三人与债权人订立合同，约定将财产形式上转让至债权人名下，债务人到期清偿债务，债权人将该财产返还给债务人或第三人，债务人到期没有清偿债务，债权人可以对财产拍卖、变卖、折价偿还债权的，人民法院应当认定合同有效。合同如果约定债务人到期没有清偿债务，财产归债权人所有的，人民法院应当认定该部分约定无效，但不影响合同其他部分的效力。

当事人根据上述合同约定，已经完成财产权利变动的公示方式转让至债权人名下，债务人到期没有清偿债务，债权人请求确认财产归其所有的，人民法院不予支持，但债权人请求参照法律关于担保物权的规定对财产拍卖、变卖、折价优先偿还其债权的，人民法院依法予以支持。债务人因到期没有清偿债务，请求对该财产拍卖、变卖、折价偿还所欠债权人合同项下债务的，人民法院亦应依法予以支持。

规范解读

1. 让与担保与财产转让

《民法典担保制度司法解释》第 68 条是有关让与担保的效力以及权利人如何实现权利的规定。让与担保，是指债务人或者第三人为担保债务的履行，将标的物转移给债权人，当债务得不到履行时，债权人可就标的物优先受偿的担保形式。在让与担保法律关系中，受让标的物所有权的债权人是实质意义上的担保权人，亦即名义上的受让人；将标的物所有权转移给债权人的债务人或第三人是实质上的担保人，亦即名义上的转让人。根据标的物的不同，让与担保包括动产让与担保、股权让与担保以及不动产让与担保等类型。让与担保，对于债务人来说，融资灵活、交易成本低；对于债权人来说，风险低。因此，在担保实践中得到日益广泛的应用。让与担保虽在表面上有所有权转让的事实行为，但其与财产权转让的性质却大不相同。财产权转让的目的是使用或收益，而让与担保的设置目的是为另一主合同提供履约担保。受让人无须支付受让财产权的对价，且受让人虽表面上具有财产权，但在债务清偿期届满前不得处分。

2. 让与担保的基本特征

让与担保与抵押、质押等典型担保物权亦有区别。对于已经完成财产权利变动公示的让与担保可以参照动产质押、不动产抵押以及股权质押处置。虽然名为所有权，但是实为担保物权。根据“举重以明轻”原则，将登记的所有权或者股权解释为担保物权，并不存在损害相对人利益的情况，因此参照民法典关于担保物权的有关规定就该财产优先受偿，在价值上并无不妥。

让与担保有以下特征：第一，设定让与担保时，债务人或者第三人需将标的物所有权转移给债权人，债权人成为形式上的所有人。第二，债务人履行债务后，债权人应返还标的物所有权。第三，为使担保人保持对担保标的物的使用效益，债权人往往与担保人签订标的物的借用或租赁合同，由担保人使用担保标的物。第四，在债务得不到履行的情况下，债权人不能取得担保物所有权，而能就担保物参照民法典关于担保物权的有关规定就该财产优先受偿。

3. 让与担保的三种情形

《民法典担保制度司法解释》第 68 条分以下三种情形对让与担保作出规定：

第一，让与担保在实践中的典型表现形式为，债务人或者第三人与债权人约定将财产形式上转移至债权人名下，债务人不履行到期债务，债权人有权对财产折价或者以拍卖、变卖该财产所得价款偿还债务。此时，人民法院应当认定该约定有效，且如果当事人已经完成财产权利变动的公示，债务人不履行到期债务，债权人请求参照民法典关于担保物权的有关规定就该财产优先受偿的，人民法院应予支持。

第二，债务人或者第三人与债权人约定将财产形式上转移至债权人名下，债务人不履行到期债务，财产归债权人所有的，人民法院应当认定该约定无效，但是不影响当事人有关提供担保的意思表示的效力。如果当事人已经完成财产权利变动的公示，债务人不履行到期债务，债权人请求对该财产享有所有权的，人民法院不予支持；但是，债权人请求参照民法典关于担保物权的规定对财产折价或者以拍卖、变卖该财产所得的价款优先受偿的，人民法院应予支持。

第三，实践中当事人经常约定将财产转移至债权人名下，一定期间后再由债务人或者第三人溢价回购，如果债务人未履行回购义务，财产归债权人所有。此种约定符合让与担保的特征，应当参照本解释关于让与担保的规定处理。但是，如果经审查当事人约定的回购标的自始不存在，由于缺乏担保财产，应当依照《民法典》第 146 条第 2 款的规定，按照实际构成的法律关系处理。此外，为了保障债务人的履行债务后的财产取回权，或让与担保权人怠于行使权利而导致的债务人利益受损的情形，本条文规定了债务人履行债务后请求返还财产，或者请求对财产折价或者以拍卖、变卖所得的价款清偿债务的，人民法院应予支持。

4. 股权让与担保的对外效力

《民法典担保制度司法解释》第 69 条主要规定了股权让与担保的对外效力。股权让与担保属于让与担保的一种形式，指的是债务人或者第三人为担保债务的履行，将其股权转移至债权人名下并完成变更登记，在债务人不履行到期债务时，债权人可就股权折价后的价款受偿的一种担保。由于受传统民法中通谋虚伪意思表示说、物权法定说、流质契约说等学说的影响，过去学术界对于股权让与担保的效力存在不同的声音。随着实践的发展和认识的深化，股权让与担保合同有效说渐成主流。该学说认为，股权让与担保并未违反法律、行政法规的强制性规定，依法应当认定为合同有效。然而，在股权让与担保的对外效力上仍然存在一些不统一的认识。公司的组织性以及股权的复合性决定股权让与担保不仅涉及设定股权让与担保的股东及其债权人利益，还涉及目标公司及其债权人利益。实践中，常常出现被登记为名义股东的债权人是否须对原股东出资不足或者抽逃出资的行为承担连带责任的争议。对这个问题的处理涉及股权让与担保中的债权人是否取得股东身份的认识。如果认定债权人是股东，其在转让人未履行或未全面履行出资义务的情况下，需要与转让人一起承担连带责任。如果认定债权人不是股东，即经由股权让与担保安排而受让目标公司股权的股东仅为名义股东。基于股权让与担保的目的，其并不取得股东资格，非真正意义上的股东，其不应对目标公司的债务承担责任。首先，从让与的目的来看，债权人是为了债权的担保。担保物权是以确实优先支配担保物的交换价值为内容，以确保债权实现为目的的定限物权。担保物权不重在对担保物的直接支配，而重在对担保物的交换价值的直接支配。受让人不享有股东权利，不取得股东资格。其次，应从股权转让的程序来看，根据《公司法》第 71 条的规定，有限责任公司股权转让，其他股东享有优先购买权。公司在申请工商登记机关办理股东变更登记时，也需提交其他股东放弃优先购买权的材料。因而，在让与人进行股权让与担保操作时，一般均需向公司披露，否则无法完成工商变更登记。在让与人向公司与股东披露其“名为股权转让、实为股权让与担保”的操作方式和目的后，即便股东名册进行了记载、工商进行了变更登记，受让人仍然不享有股东资格。最后，审查股权的转让是否支付了相应的对价、有无其他的主债权债务关系、是否存在回购条款等。

实践中，认定债权人为股东的观点还常常引用《公司法解释（三）》第 26 条“公司债权人以登记于公司登记机关的股东未履行出资义务为由，请求其对公司债务不能清偿的部分在未出资本息范围内承担补充赔偿责任，股东以其仅为名义股东而非实际出资人为由进行抗辩的，人民法院不予支持”的规定。基于该条规定，股权让与担保作为登记于公司登记机关的股东，应对公司债务不能清偿的部分在未出资本息范围内承担补充赔偿责任。然而需要注意的是，该条文适用的是名义股东与实际出资人签订股权代持协议，由名义股东行使股权，实际出资人享受投资收益的情形，即隐名投资协议关系。名义股权人事实上是行使了股东权利，并与公司对出资义务进行了约定，各方间的权责是较为平衡的，因此其不得以与实际出资人的隐名投资协议来对抗公司的债权人。而在股权代持协议中，基于担保目的和实际操作情形，股东的债权人虽然形式上受让了公司的股权，但该受让行为非真正意义上的股权转让，其并不行使股东权利，其他股东对此亦是知晓的。在不负有对公司出资义务的情况下，不应依据《公司法解释（三）》第 18 条的规定承担连带责任。

适用难点

1. 让与担保合同效力与物权效力的区分

让与担保的公示、破产程序中的让与担保及让与担保的清算制度，均需要实践中进一步探索。让与担保具有物权效力的前提是，当事人已经完成了财产权利变动的公示，形式上已经将财产转让至债权人名下。如果没有完成权利的公示，没有交付或者登记，只是签订了让与担保协议，只产生合同的效力。从让与担保实现方式看，可以分为归属清算型让与担保和变价清算型让与担保。为保护债务人以及其他利害关系人的权益，《民法典担保制度司法解释》第 68 条第 2 款明确规定，债权人直接取得所有权的约定系无效的。

2. 股权让与担保适用中的难点

《民法典担保制度司法解释》第 69 条更注重对双方当事人真实意思的探寻，而不能简单地以债权人被登记为股东，来确定其应当承担的出资责任。要平衡好尊重商事外观主义与保护股权让与担保权人的利益，注意与《公司法解释（三）》第 26 条的区别。

股东以将其股权转移至债权人名下的方式为债务履行提供担保，可能包括两种情形。一种是将这种让与担保的真实意思告知公司和其他股东，另一种是没有将让与担保的真实意思告知公司和其他股东。如果让与人告知了，就是让与担保，受让人仅仅是名义股东。如果让与人只是表达了让与的意思，而没有表达担保的意思，受让人就有可能行使股东权利，特别是参与重大决策的权利。

在公众公司中，股权具有市场价格，在一定程度上相对容易确定，但是也面临股权价格可能在短时间内发生较大波动，股权清算时间点的确定问题。而有限责任公司的股权因其不存在市场公开价格，如果双方能就股权价格达成合意的，当然更好。此时，因为是事后达成协议，不存在违反流质条款的问题。如果双方不能就价格达成协议，只能通过变卖、拍卖等方式确定股权的价格，从而可能涉及老股东的优先购买权问题。

类案指引

1. 曾福元与湖南新国置业发展有限公司合同纠纷案[①]

法院认为：债务人与债权人订立合同，约定由债务人将其特定财产形式上转移至债权人名下，作为债务人履行债务之担保，债务清偿后，债权人将该特定财产之所有权返还给债务人，债务人到期没有清偿债务，债权人可以对特定财产进行拍卖、变卖、折价以偿还债权的，应当认定合同有效。曾福元与新国公司成立借贷法律关系后另行以《商品房买卖合同》办理预购商品房预告登记之行为，实质构成让与担保合同法律关系。除符合《合同法》第52条规定的合同无效情形外，应当依法认定新类型担保合同有效；符合物权法有关担保物权规定的，还应当依法认定其物权效力。本案中，就设立让与担保合同行为的法律效力而言，让与担保虽非物权法规定的有名担保，但现行法律并未明确规定禁止该类型担保方式，且其亦属在法理以及司法实践中得到广泛确认的非典型担保。故在让与担保合同本身不违反法律、行政法规效力性强制性规定的情形下，依契约自由原则以及原因行为与物权变动行为相区分原则，应予承认设立让与担保的合同效力。同时，就转移担保物所有权的物权行为而言，债权人与债务人双方虽因缺乏让渡担保物所有权的真实合意，债权人不得基此主张享有担保物的所有权。但若担保物已经实际交付予债权人或担保物已经变更登记至债权人名下，完成了财产权利变动公示，则根据“举重以明轻”的解释规则，否认债权人的所有权人地位，有限度承认让与担保的担保物权效力，支持债权人关于将担保物拍卖、变卖、折价所得价款优先受偿的权利，既系对当事人意思自治的尊重，亦未对债务人之其他债权人利益造成损害，体现了衡平双方利益的让与担保合同的核心价值。

① 参见最高人民法院（2019）最高法民再304号民事判决书。

2. 黑龙江闽成投资集团有限公司与西林钢铁集团有限公司、刘志平民间借贷纠纷案[①]

法院认为：民间借贷合同是否已成立、生效并全面实际履行，应从签约到履约两方面来判断，出借人应举示借款合同、银行交易记录、对账记录等证据证明，且相关证据应能相互印证，当事人以签订股权转让协议方式为民间借贷债权进行担保，此种非典型担保方式为让与担保。在不违反法律、行政法规效力性强制性规定的情况下，相关股权转让协议有效。签订股权让与担保协议并依约完成股权登记变更后，因借款人未能按期还款，当事人又约定对目标公司的股权及资产进行评估、抵销相应数额债权、确认此前的股权变更有效，并实际转移目标公司控制权的，应认定此时当事人就真实转让股权达成合意并已实际履行。以此为起算点一年以后借款人才进入重整程序，借款人主张依破产法相关规定撤销该以股抵债行为的，不应支持。对于股权让与担保是否具有物权效力，应以是否已按照物权公示原则进行公示作为核心判断标准。在股权质押中，质权人可就已办理出质登记的股权优先受偿。在已将作为担保财产的股权变更登记到担保权人名下的股权让与担保中，担保权人形式上已经是作为担保标的物的股权的持有者，其就作为担保的股权所享有的优先受偿权利，更应受到保护，原则上享有对抗第三人的物权效力。当借款人进入重整程序时，确认股权让与担保权人享有优先受偿的权利，不构成《企业破产法》第16条规定所指的个别清偿行为。以股权设定让与担保并办理变更登记后，让与担保权人又同意以该股权为第三人对债务人的债权设定质押并办理质押登记的，第三人对该股权应优于让与担保权人受偿。

---

① 参见最高人民法院（2019）最高法民终133号民事判决书。

3. 田桂川、河南省太行置业有限公司与公司有关的纠纷案[①]

法院认为：股权让与担保从形式上看表现为股权转让，但与股权转让比较，二者的性质有别，不可混淆。从合同目的看，股权转让是当事人出于转让股权目的而签订的协议，转让人的主要义务是转让股权，受让人的主要义务是支付股权转让款。而股权让与担保目的在于为主债务提供担保，受让人通常并不为此支付对价。因此，认定一个协议是股权让与担保还是股权转让，不能仅仅看合同的形式和名称，而要探究当事人的真实意思表示。如果当事人的真实意思是通过转让股权的方式为主合同提供担保，则此种合同属于让与担保合同，而非股权转让合同。在已经完成股权变更登记的情况下，可以参照最相近的担保物权的规定，认定其物权效力。在主债务期限届满后仍未履行的情况下，名义上的股权受让人对变价后的股权价值享有优先受偿权，但原则上无权对股权进行使用收益，不能享有《公司法》规定股东所享有的参与决策、选任管理者、分取红利等权利。

六、保证金

相关法条

《最高人民法院关于适用〈中华人民共和国民法典〉有关担保制度的解释》

第七十条 债务人或者第三人为担保债务的履行，设立专门的保证金账户并由债权人实际控制，或者将其资金存入债权人设立的保证金账户，债权人主张就账户内的款项优先受偿的，人民法院应予支持。当事人以保证金账户内的款项浮动为由，主张实际控制该账户的债权人对账户内的款项不享有优先受偿权的，人民法院不予支持。

在银行账户下设立的保证金分户，参照前款规定处理。

当事人约定的保证金并非为担保债务的履行设立，或者不符合前两款规

① 参见最高人民法院（2019）最高法民申6422号民事裁定书。

定的情形，债权人主张就保证金优先受偿的，人民法院不予支持，但是不影响当事人依照法律的规定或者按照当事人的约定主张权利。

新旧变化

《担保法司法解释》第 85 条规定："债务人或者第三人将其金钱以特户、封金、保证金等形式特定化后，移交债权人占有作为债权的担保，债务人不履行债务时，债权人可以以该金钱优先受偿。"《民法典担保部分司法解释》（征求意见稿）第 68 条第 1 款事实上是在《担保法司法解释》第 85 条的基础上，删去了"封金"这一形式而形成的。与此相比，《民法典担保制度司法解释》第 70 条有以下变化：第一，未再沿用《担保法司法解释》第 85 条的规定，而是将"债务人以特户、封金、保证金等形式特定化移交债权人占用"限缩为"资金存入债务人或债权人设立的保证金账户"的形式，将其他非通过银行保证金账户（包括银行账户下设立的保证金分户）的方式实现的，交由民法典权利质权或动产质权予以规范。第二，明确了债务人不得以保证金账户内的款项浮动为由，否认债权人对保证金账户享有优先受偿权。第三，增加规定了"当事人约定的保证金并非为担保债务的履行设立"的债权人主张的保证金优先受偿不予支持的内容。

规范解读

《民法典担保制度司法解释》第 70 条主要规定保证金质押。动产质押的原则是质物仅转移占有，而不转移所有权。金钱货币属于特殊动产，与普通动产不同，货币所有与占有合而为一，货币的占有人视为货币的所有人。司法实践中对金钱能否作为质权的标的物有两种不同的意见。一种意见认为，质权的特点在于出质人不丧失对质物的所有权，而货币作为种类物，转移占有即转移所有权。因此，金钱不能作为质物。另一种意见认为，金钱作为质权的标的物，可以采用某种特殊方式，例如将一定金额的货币以专户存入银行，这时货币的所有权并未转移，没有违背质押的性质。《民法典担保制度司法解释》第 70 条即以第二种观点为基础展开，并将"债务人以特户、封金、保证金等形式特定化移交债权人占用”限缩为“资金存入债务人或债权人设立的保证金账户”的形式，即以保证金账户的形式限制债权人对货币的所有，而仅保持在控制的程度。

保证金质押是实务中常用的担保方式。实践中，存在当事人通过交付保证金或者将保证金存入特定账户来提供担保的情形。归结起来，大体有三种情形：一是债务人或者第三人设立专门的保证金账户并由债权人实际控制。二是债务人或者第三人将其资金存入债权人设立的保证金账户。三是在银行账户下设立的保证金分户。解释认为只要是设立了专门的保证金账户，并且债权人实际控制该账户，债权人就对账户内的资金享有优先受偿权。当事人以保证金账户内的资金浮动为由，主张实际控制该账户的债权人对账户内的资金不享有优先受偿权的，人民法院不予支持。

保证金质押的生效需要满足两个条件：首先，资金存入专门的保证金账户。这是保证金质押特定化的要求。我国《人民币银行结算账户管理办法》规定客户在银行开户的类型包括：基本存款账户、一般存款账户、临时存款账户以及专用存款账户。该办法第 13 条规定：“专用存款账户是存款人按照法律、行政法规和规章，对其特定用途资金进行专项管理和使用而开立的银行结算账户……”为担保目的而在银行开立保证金账户，即可采用专用存款账户形式。当事人将保证金账户区别于出质人的一般结算账户，使该账户资金独立于出质人的其他财产，即构成保证金质押的“特定化”。其次，债权人实际控制。存款货币虽然不能以动产占有的方式进行移交控制，但实践中往往通过如下方式实现控制的转移：即当事人与存款银行签订账户监管协议，约定账户内资金除非依照质权人的指令，否则不得对账户内资金进行操作。同时，账户密码由质权人设定或将预留的印鉴交给质权人占有。

就表述规范而言，担保物权公示方式为登记与占有两种。但从财产性质来看，担保物权人无法对无形财产实施物理形态的占有，关于控制公示的方式是现代化的担保法制针对银行账户等无形财产的公示而采用，从上位概念而言，其仍属于占有，本条文将其表述为控制，而不是征求意见稿中的占有，显然更为妥当。

适用难点

对“债权人实际控制”的理解，存在争议，需要进一步明确及细化。从解释适用看，实际控制不能从狭义上理解为直接占有人，只要债权人通过特定的法律关系占有保证金或对保证金账户具有控制力，均可认定为实际控制。

此外，《民事诉讼法》第227条规定的执行异议制度对保证金质押制度具有加持作用。依照《民事诉讼法解释》第465条的规定，“案外人对执行标的享有足以排除强制执行的权益的，裁定中止执行”。换句话说，质押权人若能够获得《民法典担保制度司法解释》第70条保证金账户质押制度的保护，其权利即具有了《民法典》所规定的优先性，即可通过执行异议程序阻却一般债权人提出的对保证金账户强制执行的申请。

类案指引

1. 邵阳县农村信用合作联社（以下简称邵阳县信用联社）诉李爱军、湖南大富投资担保有限公司（以下简称大富公司）案外人执行异议之诉案①

法院认为：保证金质权作为一种担保物权，根据物权法定原则，其设立需具备以下条件：保证金质权的设立以存在生效的质权合同为前提；保证金质权自出质人交付保证金时设立；作为保证金质押物的金钱必须特定化；质权与其担保的债权同时存在。所谓特定化应是指所涉金钱专款专用，只用于为合同约定的债务提供担保，不得用于其他用途。但是特定化不等于固定化，保证金账户内的资金因为所担保的债权金额发生变化而随之变化，或者因为实现担保权而发生变化，不影响金钱特定化的形式，也不影响保证金账户的性质。1018账户系保证金账户，账户上资金已经特定化为大富公司提供担保的债务的保证金，并已列入邵阳县信用联社内部账，目前还存在大富公司担保的到期未还债务，依照《担

① 参见湖南省高级人民法院（2014）湘高法民一终字第198号民事判决书。

保法司法解释》第85条关于"债务人或者第三人将其金钱以特户、封金、保证金等形式特定化后，移交债权人占有作为债权的担保，债务人不履行债务时，债权人可以以该金钱优先受偿"的规定，邵阳县信用联社在大富公司提供担保的债务范围内对账户内资金享有优先受偿权，即1018账户内资金应优先偿还大富公司担保的债务，在主债务消灭之前，一审法院不得因其他无优先权的债务扣划该账户内的资金。邵阳县信用联社请求停止扣划该账户内资金的理由成立，予以支持。

❖ ❖ ❖ ❖ ❖ ❖ ❖ ❖ ❖

2. 青岛银行股份有限公司德州分行与中国建筑一局（集团）有限公司案外人执行异议纠纷案[①]

法院认为：《担保法司法解释》第85条规定，债务人或者第三人将其金钱以特户、封金、保证金等形式特定化后，移交债权人占有作为债权的担保，债务人不履行债务时，债权人可以以该金钱优先受偿。本案的焦点问题是，法院对被执行人担保保证金账户进行冻结并部分扣划是否侵害了异议人的优先受偿权。被执行人德州唐人公司与异议人青岛银行德州分行于2014年7月10日签订《商品房销售贷款合作协议》约定，德州唐人公司在青岛银行德州分行处开立"担保保证金专户"。保证金账户内的资金，依照青岛银行德州分行发放贷款的比例而定，此担保的保证期限为该银行每笔个人房屋贷款发放之日起至德州唐人公司协助银行将借款人所购房产办妥正式抵押登记手续之日止。根据该约定，案涉保证金专户的担保功能期限是办理正式抵押手续，因此，该期限之前，执行法院只能对账户进行冻结，但不能扣划。超过该期限后，担保功能丧失，执行法院可以进行扣划。根据德州唐人公司向法院提交的《德州唐人中心青岛银行按揭客户已出不动产证可释放贷款保证金明细》，截至2021年2月5日，已与青岛银行德州分行办妥正式抵押登记手续的购房户为89户，涉及保证金共计1,541,200元。青岛银行德州分行对89

① 参见山东省高级人民法院（2021）鲁执异34号民事裁定书。

笔保证金中的34笔保证金共计469,571元没有异议，故法院于2021年1月21日通过网络查控系统对担保保证金专户内的存款共计扣划366,961元，未超过双方认可的已丧失担保功能保证金的范围，亦未侵害异议人的优先受偿权，并无不当。

专题十一

担保诉讼程序

一、担保合同纠纷的诉讼管辖

相关法条

《最高人民法院关于适用〈中华人民共和国民法典〉有关担保制度的解释》

第二十一条 主合同或者担保合同约定了仲裁条款的，人民法院对约定仲裁条款的合同当事人之间的纠纷无管辖权。

债权人一并起诉债务人和担保人的，应当根据主合同确定管辖法院。

债权人依法可以单独起诉担保人且仅起诉担保人的，应当根据担保合同确定管辖法院。

《最高人民法院关于适用〈中华人民共和国担保法〉若干问题的解释》(已废止)

第一百二十九条 主合同和担保合同发生纠纷提起诉讼的，应当根据主合同确定案件管辖。担保人承担连带责任的担保合同发生纠纷，债权人向担保人主张权利的，应当由担保人住所地的法院管辖。

主合同和担保合同选择管辖的法院不一致的，应当根据主合同确定案件管辖。

规范解读

《民法典担保制度司法解释》第 21 条是关于担保纠纷诉讼管辖的规定，与其来源《担保法司法解释》第 129 条相比较而言，并无实质性修改，仅是增加了仲裁条款优先的规定。对于《民法典担保制度司法解释》第 21 条的理解，主要从以下几个方面着手：首先，规定了仲裁约定优先规则。此规则实际上在《民事诉讼法》及其司法解释中早有规定。仲裁和人民法院审判属于解决纠纷的不同形式，当事人协议约定了仲裁的，人民法院不再对纠纷享有管辖权；当事人向人民法院起诉的，人民法院不予受理。只有当出现仲裁条款或者仲裁协议不成立、无效、失效、内容不明确无法执行的情况，人民法院才有管辖权。人民法院在当事人针对管辖权问题进行诉辩时，应重点审查仲裁条款、仲裁协议的效力，一旦认定仲裁条款、仲裁协议系当事人真实意思表示，则不应受理原告的起诉。其次，管辖也遵从担保从属性的规定。由于担保的功能在于保障主债权，因此在管辖方面，也是遵从担保从属性的。因此，债权人一并起诉债务人和担保人的，应当根据主合同确定管辖法院。债权人依法可以单独起诉担保人且仅起诉担保人的，应当根据担保合同确定管辖法院。

适用难点

从上述规定可知，根据主合同确定管辖是基本原则，只有在债权人仅起诉保证人时，才可以根据担保合同确定管辖。因此，担保合同管辖的确定，受债权人选择权的影响。首先，无论是连带责任保证还是一般保证，如果债权人选择共同诉讼模式，同时起诉债务人和保证人，则此时管辖依据主合同确定。其次，如果在连带责任保证中，债权人选择仅起诉保证人，由于此时债务人不是诉讼当事人，主合同纠纷并未纳入诉讼，管辖仅需要依据保证合同确定即可。此时需要注意的是，在一般保证中，如果债权人单独起诉保证人，人民法院应该予以释明，如果债权人仍然拒绝追加债务人，则法院可以根据《民法典担保制度司法解释》第 26 条之规定裁定驳回起诉。

另外，有效的仲裁协议排除法院管辖。依照《民事诉讼法》第 124 条之规定，双方当事人达成书面仲裁协议的不得向人民法院起诉，人民法院应告知原告向仲裁机构申请仲裁；当事人在合同中没有约定仲裁条款或者事后没有达成书面仲裁协议的，可以向人民法院起诉。没有仲裁协议但是坚持起诉的，裁定不予受理。同时，在人民法院首次开庭前，被告以有书面仲裁协议为由对受理民事案件提出异议的，人民法院应当进行审查。经审查符合下列情形之一的，人民法院应当裁定驳回起诉：（1）仲裁机构或者人民法院已经确认仲裁协议有效的；（2）当事人没有在仲裁庭首次开庭前对仲裁协议的效力提出异议的；（3）仲裁协议符合《仲裁法》第16条规定且不具有《仲裁法》第17条规定情形的。

风险防范

从风险防控角度看，合同双方当事人有必要争取有利于自己的管辖法院。理由如下：（1）可以减少自己一方时间、人力、财力（如差旅费，律师费）的投入；（2）可以一定程度上减少潜在地方保护主义的干扰；（3）便利于案件的胜诉和胜诉后的执行等事宜。在担保合同纠纷中，这一点尤其需要注意，因为按照管辖从属性的基本要求，担保合同的管辖不仅受担保合同本身约定的影响，也可能受主合同约定管辖的影响，还受债权人诉讼模式选择的影响。①

类案指引

1. 中泰信用担保有限公司与中国银行股份有限公司湖北省分行、武汉道博股份有限公司借款担保合同纠纷案②

裁判要旨：借款合同的借款人和担保人住所地不一致，借款合同和担保合同选择管辖法院亦不一致，应根据主合同确定管辖。

法院认为：银行依其与实业公司所签借款合同请求该公司偿还贷款，同时依据其与担保公司所签保证合同请求担保公司承担连带保证责任，故本案借款合同是确定各方借款担保法律关系的主合同，保证合同是确定各方借款担保法律关系的从合同。依《民事诉讼法》的相关规定，对

① 关于主从合同纠纷中的管辖问题，微信公众号“法海奔奔”有专门的论述可以参照。

② 参见最高人民法院（2006）民二终字第233号民事判决书。

法人或其他组织提起的民事诉讼，应由被告住所地人民法院管辖，由于本案实业公司与担保公司住所地不一致，依《担保法司法解释》第129条的规定，因主合同和担保合同发生纠纷提起诉讼的，在主合同和担保合同选择管辖的法院不一致的情况下，应依主合同确定案件管辖。故本案应根据借款合同中被告实业公司住所地确定案件管辖。保证合同约定的“债权人所在地”法院虽非《民事诉讼法》直接规定的管辖地，但因本案债权人系贷款方银行，而根据《最高人民法院关于如何确定借款合同履行地问题的批复》（法复〔1993〕10号）中有关“除当事人另有约定外，应确定贷款方所在地为合同履行地”的规定，可确定双方在保证合同中的管辖约定在本案中实际指向的是合同履行地法院，该选择符合《民事诉讼法》规定。故本案应驳回担保公司的管辖异议。

❖ ❖ ❖ ❖ ❖ ❖ ❖ ❖ ❖

2. 景德镇市焦化煤气总厂与中国长城资产管理公司南昌办事处（以下简称长城资产公司南昌办事处）借款合同纠纷案件管辖权异议案①

法院认为：长城资产公司南昌办事处持有中国银监会江西监督局颁发的《金融许可证》，并向江西省工商局办理了工商登记。根据《最高人民法院关于审理涉及金融资产管理公司收购、管理、处置国有银行不良贷款形成的资产的案件适用法律若干问题的规定》第1条规定，长城资产公司南昌办事处具备诉讼主体资格。本案系办事处与陶瓷公司之间成立的资金拆借合同关系，属于借款合同纠纷。根据《民事诉讼法》关于“因合同纠纷提起的诉讼，由被告住所地或者合同履行地人民法院管辖”的规定，以及《最高人民法院关于如何确定借款合同履行地问题的批复》关于贷款方所在地为合同履行地的规定，本案贷款方及借款方住所地均在江西省境内，故江西省高级人民法院受理该案符合法律规定。煤气厂是上述借款合同的连带责任保证人，根据《担保法司法解释》第129条第1款关于“主合同和担保合同发生纠纷提起诉讼的，应当根据

① 参见最高人民法院（2006）民二终字第170号民事判决书。

主合同确定案件管辖。担保人承担连带责任的担保合同发生纠纷，债权人向担保人主张权利的，应当由担保人住所地的法院管辖”的规定，本案亦应由江西省高级人民法院管辖。故裁定驳回陶瓷公司的管辖异议。

二、保证债务的停止计息

相关法条

《最高人民法院关于适用〈中华人民共和国民法典〉有关担保制度的解释》

第三条　当事人对担保责任的承担约定专门的违约责任，或者约定的担保责任范围超出债务人应当承担的责任范围，担保人主张仅在债务人应当承担的责任范围内承担责任的，人民法院应予支持。

担保人承担的责任超出债务人应当承担的责任范围，担保人向债务人追偿，债务人主张仅在其应当承担的责任范围内承担责任的，人民法院应予支持；担保人请求债权人返还超出部分的，人民法院依法予以支持。

第二十二条　人民法院受理债务人破产案件后，债权人请求担保人承担担保责任，担保人主张担保债务自人民法院受理破产申请之日起停止计息的，人民法院对担保人的主张应予支持。

《中华人民共和国企业破产法》

第四十六条　未到期的债权，在破产申请受理时视为到期。附利息的债权自破产申请受理时起停止计息。

第五十八条　依照本法第五十七条规定编制的债权表，应当提交第一次债权人会议核查。

债务人、债权人对债权表记载的债权无异议的，由人民法院裁定确认。

债务人、债权人对债权表记载的债权有异议的，可以向受理破产申请的人民法院提起诉讼。

规范解读

一直以来，关于担保债务是否停止计息，争议较大。实际上，这属于立法规定粗陋导致的司法实践的争议，因为《企业破产法》第46条第2款仅规定了附利息的债权自破产申请受理时起停止计息，而未规定保证人的债务是否停止计息。司法实践中，形成了“停息”和“不停息”两种针锋相对的观点。支持停息的观点认为，在主债务停止计息的情况下，从债务也应当停止计息，否则就会出现从债务大于主债务的情况，这是不符合从属性规则的。支持不停息的观点认为，停止计息是立法对进入破产程序的债务人所作的特别规定，而保证担保的保证人并未进入破产程序，所以对其债务不应当停止计息。

上述两种观点的差异在于一种坚持适用担保从属性，继而得出要停息的结论；一种坚持不适用担保从属性，继而得出不停息的结论。实际上，就担保合同和主合同之间的关系，立法例上向有从属性和独立性两种安排，前者侧重于保全债权实现的功能，后者则顾及担保权利的流通和投资功能。[①] 我们的整体担保体系，属于更传统的从属性观点，而且这种从属性的观点在民法典中得到了强化。在我国《担保法》第5条第1款以及《物权法》第172条第1款的基础上，《民法典》第388条第1款和第682条第1款分别规定“担保合同是主债权债务合同的从合同”以及“保证合同是主债权债务合同的从合同”，将担保合同的从属性定为明文。在解释上，“担保合同从属于主债权债务合同”与“保证债权或担保物权从属于主债权”应属同义，但后者更为严谨。甚至可以说，担保从属性已经从理论属性上升为法律规则继而成为裁判规则。

关于担保债务是否停息的问题。以担保从属性作为工具论证保证债务是否停止计息是不合理的，因为担保从属性的对象是主债权和担保债务，而不是主债权是否停止计息。这种观点混淆了主债权的特定化和从属性的关系。实际上，任何担保的发生都以主债权的确定为前提，在主从关系的担保中，

---

① 参见刘得宽：《民法诸问题与新展望》，中国政法大学出版社2002年版，第399～400页。

先确定主债权是前提，从属性自然要求从债权不得超过主债权。因此，《企业破产法》第46条第2款的作用在于确定主债权，只有先停止计息才能达到确定主债权的效果，确定后的主债权方能适用从属性的理论明确保证债务的范围。

在破产领域，担保从属性是存在例外的，其具体体现在如下法条中：《企业破产法》第124条规定，在债务人破产时，对于债权人通过破产程序未能实现的债权，保证人仍然承担清偿责任；《企业破产法》第92条第3款规定，债权人对保证人享有的权利不受重整计划或和解协议的影响；《企业破产法司法解释（三）》第5条规定，债权人向债务人、保证人均申报全部债权的，从一方破产程序中获得清偿后，其对另一方的债权额不作调整，但债权人的受偿额不得超出其债权总额；《九民纪要》第31条规定，保证人承担保证责任后，不得再向和解或重整后的债务人行使求偿权。这些规定都说明在债务人企业破产、重整、和解程序中，保证债务的范围或数额可以例外地大于主债务。这也是《民法典担保制度司法解释》第22条备受诟病的主要原因。

适用难点

担保责任本质上系担保人替债务人承担责任，担保人承担担保责任后可以向债务人追偿。如果担保人承担的责任范围大于债务人所应承担责任的范围，或者针对担保责任约定专门的违约责任，那么担保人承担责任后，因为违反担保的从属性，超出部分将无法向债务人追偿。有鉴于此，《民法典担保制度司法解释》第3条明确规定，担保责任超出主债务范围的，担保人对超出部分不承担责任。担保人承担的责任超出债务人应当承担的责任范围，担保人向债务人追偿，债务人主张仅在其应当承担的责任范围内承担责任的，人民法院应予支持；担保人请求债权人返还超出部分的，人民法院依法予以支持。具体应该注重加强以下几个方面的理解与适用：

首先，正确识别担保债务大于主债务的具体表现形式。最为常见的是，针对担保责任约定专门的违约责任，如在主合同中约定保证人与债务人承担连带责任，同时又在保证合同中约定，如果保证人未依约履行保证责任，则还要从逾期之日起另行支付逾期付款违约金。从实际情况来看，保证人不仅需要支付债务人因违约而支付的违约金，还要支付自己违约所要支付的违约金，其结果是，如果说债务人违约只需要承担日万分之五的违约金，而保证人则要承担日万分之十的违约金。还有一种情形是，抵押合同中约定，一旦债务人不履行到期债务，债权人除了有权实现抵押权外，还可以请求抵押人承担因主债务人违约而产生的一定数额的违约金。其结果是抵押人除了需要承担抵押责任外，还要承担违约责任，而抵押责任的启动，本来就是以债务人不履行债务为前提的，前述约定不适当地加重了担保人的责任。此外，实践中担保责任的数额高于主债务、担保责任约定的利息高于主债务利息、担保责任的履行期先于主债务履行期届满，都是担保范围超过主债务范围的体现。

其次，准确理解债务人仅在其应当承担的责任范围内承担责任的抗辩。在委托关系中，受托人在办理委托事务时，因自己的过错给委托人造成的损失应负赔偿责任。具体到保证人接受委托担任保证人，在其履行保证义务过程中的过错主要表现在，因故意或者过失而未能行使主债务人享有抗辩权，所造成的损失，是由于未能行使主债务人的抗辩权而造成不应有的履行（如主债务本身不成立）或者超过应有范围的履行（如主债务人本未违约，但保证人却支付了违约金），这种过失的结果，是使这些费用不能构成必要费用的支出，保证人对此无追偿权，只能自负其责。

最后，担保人请求债权人返还超出部分的理由。曾经有观点认为，担保从属性的规定属于法律的禁止性规定，违反从属性的规定担保合同无效，同时对于担保合同范围是否超过主债权，法院不依职权审查。但这种观点与法院应该依职权审查合同效力的观点相违背，会造成理论的困扰。实际上，担保人之所以可以向债权人要求返还超过主债权的部分，法理基础在于不当得利更为恰当，至于已经承担了担保责任的担保人是否主张不当得利，属于其意思自治的范畴。

风险防范

从风险防控角度来看，担保人在签订担保合同时，应该注意主合同的担保范围。尽管按照相关规定，担保人承担担保责任后可以根据不当得利向债权人要求返还，但毕竟属于事后救济，续行要求债权人返还的请求甚至诉讼必然付出一定的成本，防患于未然应该是法律风险防控的第一要务。

类案指引

1. 浙商金汇信托股份有限公司（以下简称金汇信托公司）与浙江三联集团有限公司（以下简称三联集团公司）、三联控股集团有限公司、马文生、楼娟珍、金华市华源置业有限公司金融借款合同纠纷案①

裁判要旨：主债务人进入破产程序后，主债务停止计息，保证债务亦应停止计息。

法院认为：关于马文生、楼娟珍的保证责任范围问题。本案中金汇信托公司的债权范围因主债务人三联集团公司进入破产重整程序而确定为254,867,898.2元。马文生、楼娟珍作为保证人，基于保证债务的从属性，其所承担的债务范围不应大于主债务人。故原审判决在确认金汇信托公司对三联集团公司的债权利息计算截至2015年8月17日人民法院受理破产重整申请之日止的同时，判令保证人马文生、楼娟珍在2015年8月18日之后继续按年利率24.4%向金汇信托公司继续支付利息至实际清偿之日止，明显缺乏法律依据。

❖ ❖ ❖ ❖ ❖ ❖ ❖ ❖ ❖

2. 中国光大银行股份有限公司嘉兴分行（以下简称光大银行嘉兴分行）与被申请人上海华辰能源有限公司、海丰华城能源有限公司、蔡成化保证合同纠纷案②

裁判要旨：根据《担保法》第5条第1款规定，担保合同是主合同

① 参见最高人民法院（2018）最高法民再19号民事判决书。
② 参见最高人民法院（2019）最高法民申6453号民事裁定书。

的从合同。担保人承担的担保责任范围不应当大于主债务是担保从属性的必然要求。《企业破产法》第46条第2款规定，人民法院裁定受理主债务人破产申请后，主债务停止计息。根据担保从属性的原则，担保人的担保责任应以主债务为限，故担保债务亦应停止计息。另外，从担保制度体系来看，其不仅规定了保证人的代偿义务，保障债权人的合法权益，同时也规定了保证人的追偿权，兼顾保证人的合法权益。破产案件受理后对主债权停止计息，债权人受损的仅是利息损失。如果对保证债务不停止计息，将影响保证人的追偿权，对保证人较为不公。

法院认为：根据一审、二审查明的事实，截至2016年7月1日，中嘉华宸能源有限公司尚欠借款本金189,631,878.25元及利息229,138.52元。案涉债务的保证人天津物产化轻公司于2016年12月29日付款104,197,288.37元。虽然光大银行嘉兴分行与天津物产化轻公司达成《协议书》中明确天津物产化轻公司自愿支付"利息4,170,321.06元"。但因中嘉华宸能源有限公司被裁定破产后，主债务已停止计息，在天津物产化轻公司付款之时，中嘉华宸公司欠付的利息仅为229,138.52元。《合同法司法解释（二）》第21条规定："债务人除主债务之外还应当支付利息和费用，当其给付不足以清偿全部债务时，并且当事人没有约定的，人民法院应当按照下列顺序抵充：（一）实现债权的有关费用；（二）利息；（三）主债务。"据此，一审、二审判决保证人天津物产化轻公司的还款在清偿利息后剩余款项充抵本金，并无不当。

三、债务人破产时债权人主张权利的方式

相关法条

《最高人民法院关于适用〈中华人民共和国民法典〉有关担保制度的解释》

第二十三条 人民法院受理债务人破产案件，债权人在破产程序中申报债权后又向人民法院提起诉讼，请求担保人承担担保责任的，人民法院依法予以支持。

担保人清偿债权人的全部债权后，可以代替债权人在破产程序中受偿；在债权人的债权未获全部清偿前，担保人不得代替债权人在破产程序中受偿，但是有权就债权人通过破产分配和实现担保债权等方式获得清偿总额中超出债权的部分，在其承担担保责任的范围内请求债权人返还。

债权人在债务人破产程序中未获全部清偿，请求担保人继续承担担保责任的，人民法院应予支持；担保人承担担保责任后，向和解协议或者重整计划执行完毕后的债务人追偿的，人民法院不予支持。

规范解读

当债务人进入破产程序后，债权人如何主张权利，《民法典担保制度司法解释》第 23 条进行了明确规定。

首先，可以同时申报债权和对保证人提起诉讼。人民法院受理债务人破产案件，债权人在破产程序中申报债权后又向人民法院提起诉讼，请求担保人承担担保责任的，人民法院依法予以支持。《担保法司法解释》第 44 条规定，保证期间，人民法院受理债务人破产案件的，债权人既可以向人民法院申报债权，也可以向保证人主张权利。债权人申报债权后在破产程序中未受清偿的部分，保证人仍应当承担保证责任。债权人要求保证人承担保证责任的，应当在破产程序终结后 6 个月内提出。

其次，禁止债权人双重受偿。担保人清偿债权人的全部债权后，可以代替债权人在破产程序中受偿；在债权人的债权未获全部清偿前，担保人不得代替债权人在破产程序中受偿，但是有权就债权人通过破产分配和实现担保债权等方式获得清偿总额中超出债权的部分，在其承担担保责任的范围内请求债权人返还。《九民纪要》第 31 条规定，破产程序终结前，已向债权人承担了保证责任的保证人，可以要求债务人向其转付已申报债权的债权人在破产程序中应得清偿部分。

适用难点

关于保证人追偿权的行使问题。保证人承担的保证责任并不具有终局性，其承担担保责任后享有对债务人的追偿权。《民法典》第700条规定，保证人承担保证责任后，除当事人另有约定外，有权在其承担保证责任的范围内向债务人追偿。同时，《民法典》第699条规定，同一债务有两个以上保证人的，保证人应当按照保证合同约定的保证份额，承担保证责任；没有约定保证份额的，债权人可以请求任何一个保证人在其保证范围内承担保证责任。

在保证人破产程序中，当债权人选择向保证人的破产管理人申报保证债权，保证人被确定应当承担保证责任的，保证人的管理人可以就保证人实际承担的清偿额向主债务人或其他债务人行使求偿权，其他债务人包括其他的共同保证人。管理人可以向主债务人追偿保证人承担的全部保证责任，向共同保证人按照我国《担保法》第12条的规则，追偿相应份额的保证责任。为保障保证人追偿权的实现，赋予其提前开展追偿工作的权利，因为在保证人破产的情形下，追偿额的实现是为了保证人的全体债权人利益的考量。《民法典担保制度司法解释》第23条第3款规定的保证人确定应当承担保证责任的时点，应当以保证人的债权人会议已经核查，法院对此裁定确认的时点为准。保证人的管理人实际是否已经向保证债权人清偿债权，并不影响追偿的开展，但作为追偿额计算基础的保证责任，需要待普通破产债权清偿比例明确后才能确定。

关于保证人破产时的债权申报。《企业破产法司法解释（三）》第4条规定，保证人被裁定进入破产程序的，债权人有权申报其对保证人的保证债权。主债务未到期的，保证债权在保证人破产申请受理时视为到期。一般保证的保证人主张行使先诉抗辩权的，人民法院不予支持，但债权人在一般保证人破产程序中的分配额应予提存，待一般保证人应承担的保证责任确定后再按照破产清偿比例予以分配。保证人被确定应当承担保证责任的，保证人的管理人可以就保证人实际承担的清偿额向主债务人或其他债务人行使求偿权。

关于上述规定的理解，应该注意：首先，保证人不因其破产而免除保证责任，债权人有权在保证人的破产程序中申报债权，适用《民法典担保制度司法解释》第22条停止计息；其次，保证人破产而主债务未到期时，保证债权加速到期；再次，一般保证人不得在其破产程序中对债权人行使先诉抗辩权，但债权人的分配额应当予以提存，待主债务到期后根据主债务人的清偿情况再决定实际分配；最后，保证人在其破产程序中承担责任后，保证人的管理人享有对主债务人或其他债务人的求偿权。

类案指引

许昌宇美发制品有限公司（以下简称宇美公司）与许昌万隆发饰品有限公司（以下简称万隆公司）等保证合同纠纷案①

裁判要旨：在破产程序中，债权人向管理人申报债权的，不影响其向连带责任保证人主张权利。

法院认为：关于债务人恒源公司破产程序尚未终结，在债权人中原银行已经申报债权并得以确认的情况下，债权人能否起诉连带责任保证人问题。《担保法司法解释》第44条规定："保证期间，人民法院受理债务人破产案件的，债权人既可以向人民法院申报债权，也可以向保证人主张权利。债权人申报债权后在破产程序中未受清偿的部分，保证人仍应当承担保证责任。债权人要求保证人承担保证责任的，应当在破产程序终结后六个月内提出。"根据上述规定，债权人既可以向人民法院申报债权，也可以向保证人主张权利，二者之间并不存在冲突，债务人破产不应当构成债权人向保证人主张权利的程序障碍。该条规定的"应当在破产程序终结后六个月内提出"，指的是债权人向保证人主张权利的最后期限，即债权人在破产程序终结后超过6个月提出权利主张的，人民法院不予支持。因此，从该条规定的内容分析无法得出债权人在破产程序终结前不得向保证人主张权利的意思。具体到本案，虽然债务人

① 参见最高人民法院（2020）最高法民申1676号民事裁定书。

恒源公司破产程序尚未终结，中原银行在申报了债权情况下又向宇美公司、万隆公司、赵见栓、李红平等连带责任保证人主张保证责任并不违反法律规定。

关于债权人中原银行已经申报债权，各保证人的追偿权或求偿权能否实现的问题。虽然根据《企业破产法》以及《担保法》的有关规定，在债权人已经申报债权且保证人未清偿债务的情况下，保证人不能以求偿权申报债权。但《全国法院破产审判工作会议纪要》第31条规定："破产程序终结前，已向债权人承担了保证责任的保证人，可以要求债务人向其转付已申报债权的债权人在破产程序中应得清偿部分。破产程序终结后，债权人就破产程序中未受清偿部分要求保证人承担保证责任的，应在破产程序终结后六个月内提出。保证人承担保证责任后，不得再向和解或重整后的债务人行使求偿权。"从该会议纪要的规定来看，已向债权人承担了保证责任的保证人，可通过申请转付相应清偿份额的方式实现权利救济，并非再审申请人所称的其求偿权或追偿权已无法实现。

关于债权人中原银行应否按照破产重整计划放弃对担保人的追偿问题。债权人设立担保旨在使债务人的保证人和其他连带债务人在债务人无力清偿，尤其是破产时承担责任。如因债权人在重整计划中不得已减免债务人的部分债务、变更清偿条件，便相应减轻保证人和其他连带债务人的责任，这与设立担保的宗旨相违背。重整计划依法定多数同意即可通过，经人民法院裁定批准的重整计划对债务人和全体债权人，均有约束力。部分不同意的债权人也要受重整计划约束，如其债权设有保证担保，在他们不同意重整计划的情况下将债务人的保证人和其他连带债务人的责任也随之减免，不尽合理。《企业破产法》第92条第3款规定："债权人对债务人的保证人和其他连带债务人所享有的权利，不受重整计划的影响"，即不因重整计划中对债权人的债权数额、清偿条件的调整而受到影响，仍应按照原有数额和条件进行清偿，该重整计划的效力不及于债务人的保证人和其他连带债务人，其不能以重整计划来对抗债权人的权利主张。虽然《许昌恒源发制品股份有限公司债权人重整计划（草案）》规定：“债权人应在重整计划批准生效后放弃对担保人的追索……”但该重整计划草案经人民法院审查后强制批准，中原银行并未参与表决，且在许昌市中级人民法院（2015）许中法破字第5—28号民事裁定书中写明了“经本院审查发现，该重整计划草案中的个别条款存在合法性争议，但是并不能否定重整计划草案的整体效力，对于上述个别条款应根据相关法律规定和当事人自愿原则在重整计划执行中予以处理”。因此，作为连带责任保证人的再审申请人不能以重整计划草案来对抗债权人的主张。

四、保证人不能预先行使追偿权的法律后果

相关法条

《最高人民法院关于适用〈中华人民共和国民法典〉有关担保制度的解释》

第二十四条　债权人知道或者应当知道债务人破产，既未申报债权也未通知担保人，致使担保人不能预先行使追偿权的，担保人就该债权在破产程序中可能受偿的范围内免除担保责任，但是担保人因自身过错未行使追偿权的除外。

《中华人民共和国民法典》

第三百九十二条　被担保的债权既有物的担保又有人的担保的，债务人不履行到期债务或者发生当事人约定的实现担保物权的情形，债权人应当按照约定实现债权；没有约定或者约定不明确，债务人自己提供物的担保的，债权人应当先就该物的担保实现债权；第三人提供物的担保的，债权人可以就物的担保实现债权，也可以请求保证人承担保证责任。提供担保的第三人承担担保责任后，有权向债务人追偿。

第七百条　保证人承担保证责任后，除当事人另有约定外，有权在其承担保证责任的范围内向债务人追偿，享有债权人对债务人的权利，但是不得损害债权人的利益。

《最高人民法院关于适用〈中华人民共和国担保法〉若干问题的解释》（已废止）

第四十五条 债权人知道或者应当知道债务人破产，既未申报债权也未通知保证人，致使保证人不能预先行使追偿权的，保证人在该债权在破产程序中可能受偿的范围内免除保证责任。

《中华人民共和国企业破产法》

第五十一条 债务人的保证人或者其他连带债务人已经代替债务人清偿债务的，以其对债务人的求偿权申报债权。

债务人的保证人或者其他连带债务人尚未代替债务人清偿债务的，以其对债务人的将来求偿权申报债权。但是，债权人已经向管理人申报全部债权的除外。

规范解读

虽然保证人向债权人承担保证责任是其依保证合同所应承担的义务，但是保证人对债权人承担保证责任毕竟是代主债务人履行债务，保证人是为了主债务人的利益而遭受的损失，从公平和等价交换原则出发，应当赋予保证人向主债务人追偿的权利。保证人要行使追偿权，应当具备以下条件：第一，保证人已向债权人承担了全部或者部分保证责任。第二，债务人因保证人承担保证责任而全部或者部分免责。第三，保证人未放弃追偿权。第四，保证人的追偿权的范围只能在其承担保证责任的范围内。

如果债务人尚未代替债务人清偿债务的，保证人可以根据《企业破产法》第 51 条第 1 款的规定，以其对债务人的将来求偿权申报债权。在这种情况下，债务人的保证人尽管尚未代替债务人向债务人的债权人清偿债务，但是，这种清偿义务是可预期的，一旦债务人的债权人要求，债务人的保证人就得承担相应的保证责任。因此，尽管债务人的保证人尚未代替债务人清偿债务，也有权申报债权，依照破产程序行使权利，从而最大限度地弥补将来的损失。这一规定也与担保法的规定相衔接，依据《担保法》第 32 条规定，人民法院受理债务人破产案件后，债权人未申报债权的，保证人可以参加破产财产分配，预先行使追偿权。

《企业破产法》第 51 条第 2 款还规定，如果债权人已经向管理人申报全部债权的，保证人不得向债务人申报债权。之所以作这样的规定，是因为债权人既然已经向管理人全额申报债权，则应当理解为该债权人已经放弃了要求债务人的保证人清偿债务的权利。如果允许保证人在债权人向管理人全额申报债权的情况下，同时向管理人申报债权，则同样一份债权在破产程序中申报两遍，其可能获得的清偿比例将是其他同类债权的两倍。这对其他同类性质的债权来说显然是不公平的。

适用难点

《企业破产法》第 51 条第 2 款规定，债务人的保证人或者其他连带债务人尚未代替债务人清偿债务的，以其对债务人的将来求偿权申报债权。但是，债权人已经向管理人申报全部债权的除外。但是，如果因为债权人的过错而致使保证人没能参加破产程序，保证人是否仍然要承担保证责任。

根据《企业破产法》的相关规定，人民法院受理债务人破产的案件后，人民法院将要发出通知或者公告告知债权人，债权人应当在收到人民法院受理破产案件的通知后 1 个月内，未收到通知的债权人应当自公告之日起 3 个月内，向人民法院申报债权。因此，从逻辑上说债权人应当首先了解到债务人破产的情况。同时，由于债权人与债务人之间具有因合同而产生的债权债务关系，作为债权人也理应随时注意债务人的情况，敦促债务人及时履行债务，从而最先了解债务人破产的情况。

从另一角度来看，债务人进入破产程序，作为债权人本应以自己对主债务人的债务总额为破产债权，加入破产程序中，并获得部分清偿，以减少可能由保证人履行的义务，同时，因其加入破产程序系自己主张自己的债权，可以使主债务诉讼时效及保证责任期间作用消灭乃至时效发生中断，在破产程序终结后，债权人亦可就未能从破产程序获得清偿的部分债权，要求保证人履行。因此，一般地说，债权人有义务了解主债务人是否破产的情况，在破产程序开始时，有义务参加破产程序。即使他不参加破产程序，亦应及时通知保证人，以使保证人及时了解主债务人的破产情况，能够预先行使自己将来的求偿权，将其作为破产债权申报，加入破产程序。保证人虽可以将求偿权为破产债权，加入破产程序，但这单纯是一种权利，保证人并无义务了解主债务人是否破产，也无义务必须参加破产程序，其是否参加破产程序对他人的利益并无实际影响。

如果债权人既不加入破产程序，又不通知保证人，则可能使本来可以从破产程序中获得的部分清偿落空，使保证人本应减少的义务未能减少，并且保证人本可以通过加入破产程序使其求偿权获得的部分满足也不能实现，因此，在这种情况下，债权人无权就可能由破产程序获得清偿的部分，要求保证人履行。

类案指引

四川汇宇实业有限公司（以下简称汇宇公司）与天津中车投资租赁有限公司（以下简称中车公司）等保证合同纠纷案[①]

裁判要旨：债权人既未申报债权，又未通知保证人，导致保证人不能预先行使追偿权的，保证人在该债权在破产程序中可能受偿的范围内免除该保证责任。

法院认为：既然保证合同有效，汇宇公司自然应当承担保证责任。但本案中，主债务人华通公司已经破产。从《担保法司法解释》第44条至第46条的规定看，在主债务人破产的情况下，债权人实现债权的方式有两种：要么在破产程序中申报债权，就破产程序中未受偿的部分，在破产程序终结后6个月内再请求保证人承担责任；要么不申报债权，直接向保证人主张权利。在后一情形下，债权人应当通知保证人，由保证人去申报债权，预先行使追偿权。债权人既未申报债权，又未通知保证人，导致保证人不能预先行使追偿权的，保证人在该债权在破产程序

① 参见最高人民法院（2018）最高法民终619号民事判决书。

中可能受偿的范围内免除该保证责任。本案中，中车公司已经在破产程序中申报了债权，只能就破产程序中未受清偿的部分请求保证人承担保证责任。

五、担保物权的实现程序

相关法条

《最高人民法院关于适用〈中华人民共和国民法典〉有关担保制度的解释》

第四十五条　当事人约定当债务人不履行到期债务或者发生当事人约定的实现担保物权的情形，担保物权人有权将担保财产自行拍卖、变卖并就所得的价款优先受偿的，该约定有效。因担保人的原因导致担保物权人无法自行对担保财产进行拍卖、变卖，担保物权人请求担保人承担因此增加的费用的，人民法院应予支持。

当事人依照民事诉讼法有关“实现担保物权案件”的规定，申请拍卖、变卖担保财产，被申请人以担保合同约定仲裁条款为由主张驳回申请的，人民法院经审查后，应当按照以下情形分别处理：

（一）当事人对担保物权无实质性争议且实现担保物权条件已经成就的，应当裁定准许拍卖、变卖担保财产；

（二）当事人对实现担保物权有部分实质性争议的，可以就无争议的部分裁定准许拍卖、变卖担保财产，并告知可以就有争议的部分申请仲裁；

（三）当事人对实现担保物权有实质性争议的，裁定驳回申请，并告知可以向仲裁机构申请仲裁。

债权人以诉讼方式行使担保物权的，应当以债务人和担保人作为共同被告。

规范解读

1. 担保物权的约定实现程序

担保物权的约定实现程序，是指当事人就担保物权的实现进行了相应的约定，在担保物权实现的条件成就后，担保物权人与担保人按照该约定对担保财产进行变价并优先受偿的程序。

担保物权的约定实现程序充分尊重了当事人的意思自由，有利于当事人根据自己的意愿采取最符合自身利益的担保物权实现方法。因此，担保物权的约定实现程序具有效率高、时间短的优势。我国《民法典》有限度地允许当事人约定担保物权的实现程序。《民法典》第 410 条规定："债务人不履行到期债务或者发生当事人约定的实现抵押权的情形，抵押权人可以与抵押人协议以抵押财产折价或者以拍卖、变卖该抵押财产所得的价款优先受偿。协议损害其他债权人利益的，其他债权人可以请求人民法院撤销该协议。抵押权人与抵押人未就抵押权实现方式达成协议的，抵押权人可以请求人民法院拍卖、变卖抵押财产。抵押财产折价或者变卖的，应当参照市场价格。"第 436 条第 2 款、第 3 款规定："债务人不履行到期债务或者发生当事人约定的实现质权的情形，质权人可以与出质人协议以质押财产折价，也可以就拍卖、变卖质押财产所得的价款优先受偿。质押财产折价或者变卖的，应当参照市场价格。"第 453 条规定："留置权人与债务人应当约定留置财产后的债务履行期限；没有约定或者约定不明确的，留置权人应当给债务人六十日以上履行债务的期限，但是鲜活易腐等不易保管的动产除外。债务人逾期未履行的，留置权人可以与债务人协议以留置财产折价，也可以就拍卖、变卖留置财产所得的价款优先受偿。留置财产折价或者变卖的，应当参照市场价格。"《民法典担保制度司法解释》第 45 条第 1 款规定："当事人约定当债务人不履行到期债务或者发生当事人约定的实现担保物权的情形，担保物权人有权将担保财产自行拍卖、变卖并就所得的价款优先受偿的，该约定有效。因担保人的原因导致担保物权人无法自行对担保财产进行拍卖、变卖，担保物权人请求担保人承担因此增加的费用的，人民法院应予支持。"这就是说，首先，当事人既可以提前在担保合同中就担保物权的实现作出约定，也可以在担保物权实现条件成就时再行协商约定。其次，本款只是认可了当事人对债务人不履行到期债务或者发生当事人约定的实现担保物权的情形，担保物权人将担保财产自行拍卖、变卖并就所得的价款优先受偿的约定的效力，没有规定担保物权人有权将担保财产进行折价的约定的效力。这是因为，折价的约定容易出现损害担保人的情形，并且在担保合同中当事人约定折价很可能出现流押或流质。最后，所谓“因担保人的原因导致担保物权人无法自行对担保财产进行折价或者拍卖、变卖”，是指由于担保人不按照与债权人的约定将担保财产变价甚至恶意阻挠，以致当事人约定的担保物权实现程序无法正常进行。

2. 担保物权的法定实现程序

在我国法律上，担保物权的法定实现程序分为非讼程序与诉讼程序。

第一，非讼程序。如果担保物权人与担保人未能就担保物权的实现达成协议，且对于担保物权没有实质性争议，则依据《民法典》第 410 条第 2 款的规定，抵押权人可以请求人民法院拍卖、变卖抵押财产。

所谓“请求人民法院拍卖、变卖抵押财产”指的就是我国《民事诉讼法》第十五章“特别程序”中第七节“实现担保物权案件”程序，该程序性质上属于非讼程序。

第二，诉讼程序。如果当事人对实现担保物权有“实质性争议”的，那么就不能适用非讼程序，担保物权人就必须先通过民事诉讼程序来解决存在争议的权利义务关系。依据《民事诉讼法解释》第 372 条的规定，人民法院审查后，当事人对实现担保物权无实质性争议且实现担保物权条件成就的，裁定准许拍卖、变卖担保财产；当事人对实现担保物权有部分实质性争议的，可以就无争议部分裁定准许拍卖、变卖担保财产；当事人对实现担保物权有实质性争议的，裁定驳回申请，并告知申请人向人民法院提起诉讼。该条中所谓“实质性争议”应当理解为实体权利义务的争议。《民法典担保制度司法解释》第 45 条第 2 款与《民事诉讼法解释》第 372 条基本一致，但是其解决的是在担保合同中约定仲裁条款的情形下，如何适用非讼程序和诉讼程序实现担保物权的具体问题。依据《民法典担保制度司法解释》第 45 条第 3 款的规定，债权人以诉讼方式行使担保物权的，应当以债务人和担保人作为共同被告。

适用难点

关于所有权保留中的担保物权的实现程序。为了确保出卖人保留的所有权发挥其担保价款债权实现的功能，《民法典》第 642 条第 1 款不仅规定了出卖人可以取回标的物的几种情形，而且于该条第 2 款规定在发生出卖人可以取回标的物的情形下，出卖人可以与买受人协商取回标的物；协商不成的，可以参照适用担保物权的实现程序。对此，有一种意见认为，在当事人就出卖人取回标的物协商不成的情形下，出卖人只能请求参照担保物权的实现程序，申请人民法院拍卖、变卖标的物并就所得价款受偿。《民法典》第 642 条第 2 款规定的“可以”不能理解为“只能”，因此，在当事人不能协商取回标的物时，《民法典》实际上一方面允许当事人通过非讼程序实现担保物权，另一方面也允许出卖人通过诉讼取回标的物。

问题在于，如果出卖人不通过非讼程序实现担保物权，而是径行通过诉讼请求取回标的物，是否存在损害买受人利益的可能？从实际情况来看，出卖人不能通过协商一致取回标的物，往往是因为买受人已经支付了大部分价款，且标的物的价值又超过买受人欠付的价款及其他费用，买受人担心出卖人取回标的物后自己无力依据《民法典》第 643 条进行回赎，而出卖人又不以合理价格转卖标的物并将超过欠付价款及其他费用的部分返还自己，将导致买受人的利益受到损害。为了避免上述情形的发生，如果出卖人不通过非讼程序请求人民法院拍卖、变卖标的物并以所得价款受偿，而是以诉讼的方式请求取回标的物，则应根据买受人是否提出抗辩或者反诉来审理案件。如果出卖人虽然有权取回标的物，但买受人反诉请求出卖人将标的物价值超过欠付价款及其他费用的部分予以返还，或者出卖人虽然有权取回标的物，但买受人抗辩标的物的价值大于欠付价款及其他费用，请求人民法院拍卖、变卖标的物，则人民法院对于买受人的主张应一并予以处理。

当然，无论是出卖人通过协商还是诉讼取回标的物，根据《民法典》第 643 条的规定，买受人有权在合理期间回赎标的物。买受人在放弃回赎权的情形下，也有权请求出卖人以合理价格转卖标的物并将超过买受人欠付价款及其他费用的部分予以返还。如果出卖人不以合理价格转卖标的物并将超过买受人欠付价款及其他费用的部分返还给买受人，买受人也仍然有权请求参照担保物权的实现程序，申请人民法院拍卖、变卖标的物。

类案指引

宁安合作联社东京城信用社与天福利亨公司民间借贷纠纷案①

裁判要旨：实现担保物权非讼特别程序尚未执行终结，一方当事人不得针对同一法律关系，提起诉讼要求对抵押物优先受偿。

法院认为：信用社提起的本案民间借贷纠纷，与开发公司作为申请人先行提起的申请实现担保物权案，均系针对信用社对开发公司享有的同一借款债权。前案系当事人通过非讼程序实现担保物权，而本案系当事人通过诉讼程序请求对抵押物优先受偿以实现担保物权。尽管本案诉请与前案申请并不完全重合，但争议法律关系同一，且均系为实现担保物权。《民事诉讼法》第 196 条规定了“申请实现担保物权”特别程序（非诉程序），在第 197 条规定了该特别程序与通过诉讼程序实现担保物权的程序衔接。依前述两条法律规定，申请实现担保物权，由担保物权人以及其他有权请求实现担保物权的人依《物权法》等法律，向担保财产所在地或担保物权登记地基层法院提出；法院受理申请后，经审查，符合法律规定的，裁定拍卖、变卖担保财产，当事人根据该裁定可向法院提起诉讼。据此，在借款担保法律关系中的一方当事人已通过非讼程序申请实现担保物权情况下，只有其申请被法院裁定驳回，或申请实现担保物权的非讼案件已执行完毕，债权人还存在尚未清偿债权的，当事人才可就同一借款担保法律关系另行向法院提起诉讼。若申请实现担保物权非诉案件生效民事裁定准许拍卖、变卖抵押财产优先偿还借款债务，且该非诉案件正在执行过程中，实现担保物权范围尚未最终确定，则债权人不得就同一借款担保法律关系再行提起诉讼，主张对抵押物优先受偿。本案中，因法院裁定准许拍卖、变卖开发公司所有的房产偿还案涉

① 参见最高人民法院（2018）最高法民终 562 号民事裁定书。

欠款及利息，该裁定现已生效并在执行过程中，故信用社不得针对同一借款担保法律关系，诉请对抵押物优先受偿。在裁定执行终结后，信用社可就其未实现债权另行提起诉讼。

专题十二

刑民交叉及其他常见担保问题

一、刑民交叉问题

相关法条

《最高人民法院关于审理民间借贷案件适用法律若干问题的规定》

第八条 借款人涉嫌犯罪或者生效判决认定其有罪，出借人起诉请求担保人承担民事责任的，人民法院应予受理。

第十二条 借款人或者出借人的借贷行为涉嫌犯罪，或者已经生效的裁判认定构成犯罪，当事人提起民事诉讼的，民间借贷合同并不当然无效。人民法院应当依据民法典第一百四十四条、第一百四十六条、第一百五十三条、第一百五十四条以及本规定第十三条之规定，认定民间借贷合同的效力。

担保人以借款人或者出借人的借贷行为涉嫌犯罪或者已经生效的裁判认定构成犯罪为由，主张不承担民事责任的，人民法院应当依据民间借贷合同与担保合同的效力、当事人的过错程度，依法确定担保人的民事责任。

规范解读

1. 担保人承担民事责任的两种类型

《民间借贷司法解释》第 8 条中的“担保人承担民事责任”，有两层含义。一是担保人承担担保责任，二是担保人承担赔偿责任。《民间借贷司法解释》第 12 条再次明确“依据民间借贷合同与担保合同的效力、当事人的过错程度，依法确定担保人的民事责任”。借款人或者出借人的借贷行为涉嫌犯罪或者已经生效的裁判认定构成犯罪，借款合同并不当然无效，担保合同也不当然无效。借款合同是否有效，要根据民法的相关规定予以判断。如果借款合同无效，作为从合同的担保合同也无效。担保人有过错的承担赔偿责任，没有过错的则不承担赔偿责任。

2. 刑民交叉中合同效力的学术争议

近几年，与涉嫌诈骗、合同诈骗、票据诈骗、集资诈骗、非法吸收公众存款等犯罪有关的民商事案件的数量有所增加，出现了一些新情况和新问题。对于刑民交叉中的合同效力，一直存在两种观点：“有效说”和“无效说”。

“有效说”更多是突出民法与刑法的不一致，主要观点如下：其一，民法与刑法分属于不同的部门法，两者的立法理念和法律责任的承担方式都不同。合同属于民商事法律的范畴，对涉罪合同不应一味地否定其效力。① 民法有自身的规则，合同的效力如何认定，应当以民法为依据。民事行为与犯罪行为存在交叉时，要根据刑事犯罪的性质以及该犯罪行为与合同行为的关系来确定合同效力。② 其二，从保护债权人的利益角度出发，肯定民事法律行为的效力，认定涉罪合同有效能够维护市场诚信，符合民法中的诚实、守信、公平、公正原则，有利于维护合法债权人的权益。③ 其三，从犯罪嫌疑人的责任承担方面考虑，认定合同无效对于惩罚罪犯没有任何作用，甚至会减轻罪犯的法定责任。④

“无效说”更多是突出民法与刑法的一致性，主要观点如下：其一，合同的成立要以双方当事人真实的意思表示为基础，涉嫌非法集资犯罪的合同，一方当事人的目的是侵害对方的合法权益，没有成立真实合同的意思表

---

① 参见詹巍：《论商事裁判中刑民交叉案件的犯罪构成与合同效力认定》，载《法治研究》2016 年第 6 期。

② 参见沈芳君：《构成非法吸收公众存款罪的民间借贷及其担保合同效力》，载《人民司法》2010 年第 22 期。

③ 参见崔永峰、李红：《非法吸收公众存款犯罪中民间借贷合同效力之认定》，载《中国检察官》2012 年第 2 期。

④ 参见刘宪权、翟寅生：《刑民交叉案件中刑事案件对民事合同效力的影响研究——以非法集资案件中的合同效力为视角》，载《政治与法律》2013 年第 10 期。

示。[①] 其二，从维护法秩序一致的角度说，应当保持法的同一性，否定涉罪合同的效力能够保证民事与刑事程序对同一法律事实的案件给予一致性的评价，认定涉罪合同有效与犯罪构成的判定之间存在冲突。[②] 其三，当事人的行为一旦达到了构成犯罪的程度，就属于刑法规制的范围，当事人的行为触犯了《刑法》的强制性规定，根据《合同法》的规定应认定合同无效。[③]

比较现实的选择是，针对具体问题具体分析。在审理涉罪民刑交叉案件时，应当以"法秩序的统一"为原理来探究合同效力。由于刑法和民法的目的具有十分大的差异，两者的法律评价就必然存在一定程度的疏离，有时甚至是相反的结果。在法秩序统一原理的指引下，处理刑民关系的案件时，要看某一行为在民事上是否合法，如果在民事上是合法的，便可以排除犯罪的存在。[④] 刑法上不能将行政法或者民法上认为合法的行为，认定为犯罪行为；民法性或者公法性的许可能够排除行为的违法性。[⑤] 无论是民事违法、行政违法或是刑事违法，作为其上位的违法性的判断应当是统一的，但是在保护法益这一根本目的同一的前提下，仍应当承认不同的法律部门有其不同的功能、不同的政策考量。[⑥] 不同部门法对同一行为的法律评价不同，对同一概念的解释技术不同，因此在认定刑民交叉案件的合同效力时，应当采纳"违法相对论"的观点，树立整体主义的法治观。

3. 民刑并行的适用情形

"先刑后民原则"并非法定原则，任何一部法律并未对这一原则作出明确规定。实行"先刑后民"有一个条件：只有符合《民事诉讼法》第 150 条规定，即"本案必须以另一案的审理结果为依据，而另一案尚未审结的"，才"先刑后民"。不符合《民事诉讼法》第 150 条规定的，应"刑民

---

① 参见雷新勇：《涉经济犯罪的合同效力问题——兼论刑民交织案件的处理》，载《人民司法》2014 年第 7 期。

② 参见姚辉等：《涉犯罪合同效力问题研究》，载《法学杂志》2017 年第 3 期。

③ 参见程宏：《刑民交叉案件中合同效力的认定》，载《学术探索》2010 年第 2 期。

④ 参见陈兴良：《刑民交叉案件的刑法适用》，载《法律科学（西北政法大学学报）》2019 年第 2 期。

⑤ 参见周光权：《非法倒卖转让土地使用权罪研究》，载《法学论坛》2014 年第 5 期。

⑥ 参见童伟华：《日本刑法中违法性判断的一元论与相对论述评》，载《河北法学》2019 年第 11 期。

并行”审理。先刑后民并非审理民刑交叉案件的基本原则，而只是审理民刑交叉案件的一种处理方式。民事诉讼和刑事诉讼在价值取向、诉讼目的、诉讼原则、证据认定标准、责任构成要件等方面均存在较大的差异，刑事法律关系与民商事法律关系、刑事责任与民事责任是完全异质的两种法律关系和法律责任，两者不能互相替代，因此，一般而言，民刑交叉案件遵循分别受理、分别审理原则，即如果其存在民商事法律关系又存在刑事法律关系，则应分别作为民商事案件、刑事案件受理、审理。[①]《最高人民法院关于在审理经济纠纷案件中涉及经济犯罪嫌疑若干问题的规定》（法释〔1998〕7号）第1条规定：“同一公民、法人或其他经济组织因不同的法律事实，分别涉及经济纠纷和经济犯罪嫌疑的，经济纠纷案件和经济犯罪嫌疑案件应当分开审理。”该条就确立了民刑分开审理的原则。

《九民纪要》第128条规定：“同一当事人因不同事实分别发生民商事纠纷和涉嫌刑事犯罪，民商事案件与刑事案件应当分别审理，主要有下列情形：（1）主合同的债务人涉嫌刑事犯罪或者刑事裁判认定其构成犯罪，债权人请求担保人承担民事责任的；（2）行为人以法人、非法人组织或者他人名义订立合同的行为涉嫌刑事犯罪或者刑事裁判认定其构成犯罪，合同相对人请求该法人、非法人组织或者他人承担民事责任的；（3）法人或者非法人组织的法定代表人、负责人或者其他工作人员的职务行为涉嫌刑事犯罪或者刑事裁判认定其构成犯罪，受害人请求该法人或者非法人组织承担民事责任的；（4）侵权行为人涉嫌刑事犯罪或者刑事裁判认定其构成犯罪，被保险人、受益人或者其他赔偿权利人请求保险人支付保险金的；（5）受害人请求涉嫌刑事犯罪的行为人之外的其他主体承担民事责任的。审判实践中出现的问题是，在上述情形下，有的人民法院仍然以民商事案件涉嫌刑事犯罪为由不予受理，已经受理的，裁定驳回起诉。对此，应予纠正。”

根据《九民纪要》第128条第1项的规定，主合同的债务人涉嫌刑事犯罪或者刑事裁判认定其构成犯罪，债权人请求担保人承担民事责任的，法

---

① 参见最高人民法院民事审判第二庭编著：《〈全国法院民商事审判工作会议纪要〉理解与适用》，人民法院出版社2019年版，第650页。

院应当受理。这里的担保人，包括人保情形下的保证人和物保情形下的担保人。因刑事诉讼与民事诉讼的当事人并不相同，前者为刑事被告人，后者为刑事被告人外的第三人即担保人，因此不存在两种诉讼审理的法律事实同一、民事诉讼能够被刑事诉讼吸收问题，故人民法院应当受理民事案件。此外，刑事诉讼法及其诉讼法解释关于刑事诉讼追赃、退赔措施，附带民事诉讼均不能解决保证责任承担、第三人提供的物的担保优先受偿问题，故有必要通过民事诉讼程序分案审理来解决。①

适用难点

1. 借款人涉嫌或被刑事裁判认定为非法吸收公众存款罪时的担保人责任

借款人涉嫌非法吸收公众存款罪，担保人的责任如何认定？民间借贷的借款人在订立借款合同时，很难认定当事人在合同订立时，借款人主观上存在非法集资之目的。非法吸收公众存款罪是指非法吸收公众存款或者非法变相吸收公众存款，扰乱金融秩序的行为。非法吸收公众存款罪本质在于行为人的借款行为扰乱了金融秩序，行为人的借款行为是面向不特定的社会公众。很多民间借贷行为由少到多不断积累才构成非法吸收公众存款罪。该罪所侵犯的客体是国家的金融管理制度，财产权这一客体并未被包含在内。行为人所实施的每一起吸收存款的行为，在民事法律关系层面，其性质仍属民间借贷法律关系，属于正常的债权债务关系，并不触犯刑法。只不过当每一起借贷的金额、笔数、对象达到一定规模构成营业的状态时，② 就不再是单纯的民间借贷，而成为一种为谋取利益的商事经营活动，③ 因该行为扰乱了正常的金融秩序，而受到刑法的处罚。从这一层面上，该行为并没有危害到

---

① 参见最高人民法院民事审判第二庭编著：《〈全国法院民商事审判工作会议纪要〉理解与适用》，人民法院出版社 2019 年版，第 651 ~652 页。

② 根据《最高人民法院关于审理非法集资刑事案件具体应用法律若干问题的解释》第 3 条之规定，个人非法吸存数额 20 万元以上或吸存对象 30 人以上、单位吸存数额 100 万元以上或吸存对象 150 人以上的，以及个人非法吸存给存款人造成直接经济损失 10 万元以上、单位吸存给存款人造成直接经济损失 50 万元以上的，应追究刑事责任。

③ 参见崔永峰、李红：《非法吸收公众存款犯罪中民间借贷合同效力之认定》，载《中国检察官》2012 年第 2 期。

国家利益以及社会公共利益。因此，该规定属于法律强制性规定中的管理性规范，而非效力性规范，涉非法吸收公众存款罪的民间借贷合同应当认定有效。因此，民间借贷涉嫌或构成非法吸收公众存款罪，合同一方当事人可能被追究刑事责任的，并不当然影响民间借贷合同以及相对应的担保合同的效力。在“吴国军诉陈晓富、王克祥及德清县中建房地产开发有限公司民间借贷、担保合同纠纷案”[①] 中，法院的裁判理由中就论述了非法吸收公众存款罪的立法目的，清楚界定非法吸收公众存款的行为属于管理性强制性规定的范围，区分了民事、刑事的调整范围，为此类涉罪合同效力的认定指明方向。

实践中，借款人涉嫌或被刑事裁判认定为集资诈骗罪时，很多法院裁判借款合同和担保合同均为有效。如在“吴国军诉陈晓富、王克祥及德清县中建房地产开发有限公司民间借贷、担保合同纠纷案”[②] 中，法院认为，从维护诚信原则和公平原则的法理上分析，将与非法吸收公众存款罪交叉的民间借贷合同认定为无效会造成实质意义上的不公，造成担保人以无效为由抗辩其担保责任，即把自己的担保错误作为自己不承担责任的抗辩理由，这更不利于保护不知情的债权人。涉嫌非法吸收公众存款的犯罪嫌疑人（或被告人、罪犯）进行民间借贷时，往往由第三者提供担保，且多为连带保证担保。债权人要求债务人提供担保人，这是降低贷款风险的一种办法。保证人同意提供担保，应当推定为充分了解行为的后果。若因债务人涉嫌非法吸收公众存款而认定借贷合同无效，主合同无效前提下的担保合同也应当无效，保证人可以免除担保责任。债权人旨在降低贷款风险的努力没有产生任何效果，造成事实上的不公。因此，对于王克祥和中建公司的抗辩理由，法院不予支持。

实践中，也有不少的案例，裁判非法吸收公众存款罪涉及的借款合同和担保合同均定性为无效。如在“沙志远与高德军、陈守民民间借贷纠纷

---

① 参见吴国军诉陈晓富、王克祥及德清县中建房地产开发有限公司民间借贷、担保合同纠纷案判决书，载《最高人民法院公报》2011 年第 11 期。

② 参见吴国军诉陈晓富、王克祥及德清县中建房地产开发有限公司民间借贷、担保合同纠纷案判决书，载《最高人民法院公报》2011 年第 11 期。

案"[①] 中，法院认为，在刑民交叉时，对于涉及非法吸收公众存款等犯罪，原审法院认定本案借贷关系中所涉主合同无效符合相关法律规定，法院予以支持。担保人的过错责任是体现在对出借人的责任承担上的减轻，其承担的是对出借人损失的部分赔偿义务，因此，上诉人高德军、陈守民在担保合同上的签字行为，即应视为其承担赔偿义务的过错情形，故法院对上诉人认为其在担保过程中无过错的上诉主张不予支持。在"王树中、阜阳市华骏汽车销售服务有限公司保证合同纠纷案"[②] 中，法院认为，诉争的借款已被生效刑事判决认定为李群非法吸收公众存款犯罪事实的构成部分，相应借款合同应为无效。涉案担保合同作为借款合同的从合同，亦属无效。华骏公司作为企业法人、程裕宽作为企业经营者，在与李群经济往来中，参与购买承兑汇票，对李群买卖承兑汇票、募集资金行为的违法性亦应知晓，但仍为李群向王树中借款提供担保，对借款合同、担保合同的无效具有过错，应对案涉债务在李群不能清偿部分的 1/3 范围内承担民事责任。

2. 借款人涉嫌或被刑事裁判认定为集资诈骗罪时的担保人责任

集资诈骗罪，是指以非法占有为目的，使用诈骗方法非法集资，数额较大的行为。实践中，《民法典》之前，认定集资诈骗罪中的民间借贷合同无效的主要依据《合同法》第 52 条第 3 项规定"以合法形式掩盖非法目的"。《民法典》第 146 条第 1 款规定："行为人与相对人以虚假的意思表示实施的民事法律行为无效。"以合法形式掩盖非法目的，是指行为人通过行为外观或形式上合法来掩饰或隐藏其非法的行为目的与缔约内容。隐匿行为在外观上观察是符合法律的，行为人的行为就是希望通过形式上合法从而掩盖当事人真实的非法目的。非法集资的民间借贷合同，借款人通过虚伪的意思表示，诱使债权人作出错误的意思表示，欺诈债权人签订借贷合同，从而达到其非法占有的目的。只要订立合同时各方具有真实的意思表示，并且不违反法律和行政法规中的效力性强制性规定，就应当确认合同有效。涉嫌集资诈骗犯罪的刑民交叉案件中，借款合同的效力应当根据民事法律规范进行认

---

① 参见江苏省连云港市中级人民法院（2015）连民终字第 02712 号民事判决书。

② 参见安徽省高级人民法院（2016）皖民终 675 号民事判决书。

定。虽然诈骗行为是性质最恶劣的欺诈，但应当认定涉案合同为可撤销合同，而不是绝对无效，被欺诈一方不主张撤销合同，那么借款合同仍为有效。

实践中，在借款人涉嫌或被刑事裁判认定为犯集资诈骗罪时，很多法院裁判借款合同和担保合同均为有效。如在“王亚梅与陈琦、吴剑影民间借贷纠纷案”[①] 中，法院认为，吴剑影被认定构成集资诈骗罪，并不影响案涉借款合同和抵押担保合同的效力。吴剑影为表示其履行案涉借款合同的诚意，特以王亚梅自有房屋为陈琦的债权提供抵押担保，且王亚梅在吴剑影和陈琦签订借款合同的同时，以担保人身份在案涉借款合同上签字后，其在通辽市房产管理局办理了抵押登记。案涉借款合同和抵押担保合同均系各方当事人的真实意思表示，且不违反现行法律、行政法规的强制性规定。故案涉借款合同和抵押担保合同均合法有效，王亚梅应依法履行抵押担保义务。

实践中，也有不少的案例，裁判集资诈骗罪涉及的借款合同和担保合同均定性为无效。如在“李铁军、陈建利民间借贷纠纷案”[②] 中，法院认为，本案的借款人皇甫军显犯集资诈骗罪，已被魏都区人民法院刑事判决确认。本案借款合同因借款人触犯刑法，借款人皇甫军显以合法形式掩盖非法目的，破坏市场经济，本案借款合同无效。因借款合同无效，作为从合同的担保合同亦无效。担保人疏于审查借款人皇甫军显集资诈骗的目的，在担保书上签字、按印，具有过错，应在债务人皇甫军显不能清偿部分的1/3 内承担民事责任。在“朱国良与杭州隆泰羊毛衫有限公司、周仁爱民间借贷纠纷案”[③] 中，法院认为，案涉借条所记载的周红雅借款行为在生效刑事判决中已经得到完整评价，出借人朱国良为集资诈骗犯罪行为的被害人，案涉借款为犯罪人周红雅集资诈骗犯罪事实的一部分，也即相应借条的出具系周红雅的诈骗犯罪手段之一。案涉借款合同因违反法律的强制性规定而无效，主合同无效而导致担保合同无效。周仁爱提供担保的行为客观上增强了周红雅采

---

① 参见内蒙古自治区高级人民法院（2017）内民再 340 号民事判决书。
② 参见河南省许昌市中级人民法院（2020）豫 10 民终 184 号民事判决书。
③ 参见浙江省高级人民法院（2017）浙民申 1752 号民事裁定书。

用诈骗手段与朱国良进行资金交易的信用程度，与朱国良在本案中因周红雅清偿不能所形成的损失存在因果联系，故周仁爱对此存有过错。

3. 有参考意义的地方规定

2016 年 7 月 27 日印发的《四川省高级人民法院关于审理民间借贷纠纷案件若干问题的指导意见》第 11 条规定："借款人因借贷行为涉嫌犯罪，出借人单独起诉借款人的，人民法院不予受理；出借人单独起诉担保人的，人民法院应予受理；出借人同时起诉担保人和借款人的，人民法院应告知出借人将借款人涉嫌犯罪的线索、材料移交给公安或者检察机关。出借人坚持起诉借款人和担保人，且符合《中华人民共和国民事诉讼法》第一百一十九条规定的受理条件的，人民法院应予受理。人民法院受理后，应裁定驳回出借人对借款人的起诉，并将线索、材料移送公安或检察机关；人民法院应继续审理出借人对担保人的诉求。案件进入诉讼程序后，如因借款人涉嫌犯罪导致民间借贷案件基本事实无法查清，或担保人是否涉嫌犯罪需以借款人涉嫌犯罪一案的审理结果为依据，人民法院可以裁定中止审理民间借贷案件……"

2014 年 11 月 6 日发布的《江苏省高级人民法院关于民间借贷中刑民交叉问题的纪要》规定："人民法院在受理、审理、执行民间借贷纠纷案件中，发现当事人涉嫌非法集资等刑事犯罪的，要依照最高人民法院《关于在审理经济纠纷案件中涉及经济犯罪嫌疑若干问题的规定》以及最高人民法院、最高人民检察院、公安部《关于办理非法集资刑事案件适用法律若干问题的意见》的有关规定，根据具体情况分别予以处理：（一）对于公安机关、人民检察院、人民法院正在侦查、起诉、审理的非法集资刑事案件，有关单位或者个人就同一事实向人民法院提起民事诉讼的，人民法院应当不予受理，并将有关材料移送公安机关或者检察机关。（二）人民法院在审理或执行民事案件过程中，发现当事人有非法集资犯罪嫌疑的，或者对相关公安机关、检察机关的通报或移送建议，经审查认为确属涉嫌犯罪的，应当裁定驳回起诉或中止执行，并及时将有关材料移送公安机关或者检察机关。（三）审判监督程序中，当事人以案件涉嫌非法集资犯罪为由申请再审的，经审查认为在原审法院作出生效民事裁判前，侦查机关已对涉案的同一事实立案侦查的，应当裁定再审并驳回起诉；经审查认为在原审法院作出生效民事裁判后，侦查机关才对涉案的同一事实立案侦查的，应当中止执行，对申请再审案件按内部结案处理。（四）借款人因涉嫌非法集资犯罪被侦查机关立案侦查，出借人起诉担保人要求承担保证责任的，按照上述三项的规定处理。（五）借款人的借款行为已经被人民法院生效判决认定构成非法集资犯罪，出借人起诉保证人要求承担保证责任的，人民法院应当认定相应的借款合同和担保合同无效，并依据《中华人民共和国担保法》第五条的规定确定担保人的民事责任。"

2013 年 10 月 28 日发布的《浙江省高级人民法院、浙江省人民检察院、浙江省公安厅关于当前办理集资类刑事案件适用法律若干问题的会议纪要(三)》第 10 条规定："审慎认定刑民交叉情形下民间借贷合同和担保合同的效力。审理民间借贷纠纷案件时，如果相关刑事判决已经生效，且讼争借款已被刑事裁判认定为非法集资犯罪事实的，为避免刑事、民事判决矛盾冲突，原则上应认定借贷合同无效。根据担保法的精神，涉及非法集资类犯罪的借贷合同无效的，担保合同一般应认定为无效。担保人承担的责任应根据案件实际情况按以下原则区别对待：（一）刑事被告人以其实际控制的财产为非法集资提供担保的，一般不认定出借人对担保财产享有优先受偿权。（二）第三人提供担保的，可依照担保法司法解释第八条的规定，在主合同无效导致担保合同无效的情形下，根据担保人的过错使其在债务人不能清偿债务的三分之一限额内承担责任。（三）第三人提供担保，担保人属于明知借款人从事非法集资，或存在其他严重过错导致担保合同无效的，担保人的连带赔偿责任可不受前述三分之一限额责任的限制。构成共犯的，还应依法承担刑事责任。"

2012 年 3 月 7 日公布的《广东省高级人民法院民二庭关于民商事审判实践中有关疑难法律问题的解答意见》第 6 条第 6 项规定："在审理民刑交叉案件中，涉及刑事上构成诈骗罪、罪犯所签订的民商事合同是否有效问题的案件较多……应以是否损害国家利益、合同相对人或其工作人员是否知道或者应当知道对方从事诈骗犯罪行为为标准进行划分，区别情况认定民商事合同的效力。如果因欺诈行为签订的民事合同损害国家利益，则无论合同相对人是否知道诈骗行为，均应……认定合同无效。如果诈骗行为人以欺诈、胁迫的手段使合同相对人在违背真实意思的情况下订立合同，但不涉及损害国家利益的问题，合同相对人或其工作人员不知道对方从事诈骗犯罪行为，更没有参与诈骗犯罪的，则属于……可撤销的情形，作为受损害方的合同相对人有权请求人民法院或者仲裁机构变更或者撤销合同，由受欺诈方，即合同相对人决定是否申请撤销因罪犯欺诈行为而签订的合同，受欺诈方不主张撤销的，合同可认定有效，因为在这种情形下，合同相对人没有过错，其善意利益应得到保护。如果合同相对人或其工作人员知道或者应当知道对方从事诈骗犯罪行为，甚至参与诈骗犯罪的，那么合同相对人就不具善意利益……对该单位与合同相对人之间签订的合同应当认定无效。”

类案指引

1. 中国中轻国际控股公司（以下简称中轻公司）与中国远大集团有限责任公司进出口代理合同纠纷案[①]

法院认为：刑事责任和民事责任在保护法益、证明标准、归责原则、责任形式等方面均存在不同。刑事判决认定的事实在民商事领域的法律效力，应根据民商事法律规定进行认定。尽管签订案涉《代理协议》等行为被认定为诈骗行为，构成合同诈骗罪，但在民商事领域，并不当然导致合同无效。案涉《代理协议》在效力上应认定为可撤销合同。在撤销权人中轻公司不行使撤销权的情形下，该合同应认定有效。刑事责任的承担并不能否定民事责任的承担，刑事案件没有执行终结也并不影响民事案件的受理和审理。为避免双重受偿，可在执行中对于刑事追赃与民事责任，依据实体责任的认定进行综合处理。

① 参见最高人民法院（2017）最高法民申1914号民事裁定书。

2. 西藏昌源矿业有限公司（以下简称昌源公司）与西藏厚坤矿业有限公司（以下简称厚坤公司）保证合同纠纷案①

法院认为：《还款计划及担保书》是主债务人孙某某涉嫌诈骗被公安机关立案侦查期间，昌源公司自愿为债务人孙某某可能涉嫌诈骗的债务提供担保的合同。对此，昌源公司是明知的，亦系其真实意思表示。孙某某从厚坤公司借款行为是否构成犯罪，并不影响孙某某与厚坤公司及昌源公司之间《还款计划及担保书》的效力。公安机关对孙某某涉嫌诈骗的刑事案件侦查终结与否，并不影响本案所涉担保合同纠纷案件的继续审理，因此本案不存在法定中止审理的情形。

❖ ❖ ❖ ❖ ❖ ❖ ❖ ❖ ❖

3. 大连俸旗投资管理有限公司（以下简称俸旗公司）与中国外运辽宁储运公司（以下简称辽宁储运公司）、大连港湾谷物有限公司（以下简称大连谷物公司）企业借贷纠纷案②

法院认为：俸旗公司作为委托方，辽宁储运公司作为受托方，双方之间的动产监管法律关系与俸旗公司和大连谷物公司双方之间的债权债务及担保法律关系，不仅主体不同，权利义务关系不同，而且并非基于同一法律事实。因此，大连谷物公司及其法定代表人是否基于借款及担保事实涉嫌经济犯罪与本案审理的动产质押监管合同关系并无同一性，本案作为民事案件应当继续审理。

❖ ❖ ❖ ❖ ❖ ❖ ❖ ❖ ❖

4. 贵州银行股份有限公司贵阳友谊支行（以下简称贵州银行友谊支行）与贵州曾氏金满地科技有限公司盘县分公司（以下简称曾氏金满地公司）金融借款合同纠纷案③

法院认为：当事人间的借款合同与抵押合同、保证合同纠纷，因基于相同事实的曾氏金满地公司、罗志宏、邱新满、符纪卫、李立建等以

① 参见西藏自治区高级人民法院（2015）藏法民二终字第12号民事判决书。该案系最高人民法院商事审判参考性案例。

② 参见最高人民法院（2016）最高法民终650号民事判决书。

③ 参见最高人民法院（2018）最高法民申882号民事裁定书。

购买原材料为由，与贵州银行友谊支行签订《流动资金借款合同》、《抵押合同》及《保证合同》，涉嫌骗取贷款犯罪，已经由检察机关起诉至法院审理。至于申请人对被申请人李献忠等的担保责任追究，可待刑事案件终审后依法另行提起诉讼。

❖ ❖ ❖ ❖ ❖ ❖ ❖ ❖ ❖

5. 黄振辉、王华栋民间借贷纠纷案①

法院认为：黄振辉作为担保人在借条上签名，亦应当清楚其可能产生的法律后果和应当承担的责任。虽然诉争借款汇入陈智峰系列诈骗所使用的账户，并且陈智峰已经因刑事诈骗犯罪被追究刑事责任，但尚无证据证明本案民间借贷法律关系的各方当事人涉嫌参与陈智峰刑事诈骗犯罪，本案借款虽涉及诈骗犯罪，但当事人之间所签订的民间借贷合同及保证合同系当事人的真实意思表示，不违反法律法规的强制性规定，应认定为合法有效。

❖ ❖ ❖ ❖ ❖ ❖ ❖ ❖ ❖

6. 赵建兵与张光星、黄雪琴等保证合同纠纷案②

法院认为：民间借贷行为构成犯罪，债权人起诉要求担保人承担责任的，借款合同及担保合同并不因行为涉及或构成犯罪而当然无效。被上诉人张光星、黄雪琴以虚构借款用途向上诉人赵建兵等人借款，并向上诉人赵建兵等人出具借条，后因被上诉人张光星、黄雪琴无力偿还巨额债务投案自首，其行为经山丹县人民法院审理认为二被上诉人构成诈骗罪，并依法追究刑事责任。但现并无证据证明被上诉人张光星、黄雪琴与上诉人赵建兵之间存在共同欺诈或上诉人赵建兵事先知道或应当知道被上诉人张光星、黄雪琴将借款用于违法犯罪活动等行为。从双方借款合同的签订及履行情况看，上诉人赵建兵作为受欺诈一方，并未申请撤销，故借款合同关系应认定为有效。被上诉人张仲腾、丁秀兰在被上

① 参见福建省高级人民法院（2016）闽民终679号民事判决书和最高人民法院（2019）最高法民申2442号民事裁定书。

② 参见甘肃省张掖市中级人民法院（2019）甘07民终328号民事判决书。

诉人张光星、黄雪琴向上诉人赵建兵借款时出具《担保承诺书》，应认定该承诺系其真实意思表示，不存在法律、行政法规规定的无效情形，故依据《担保法》第19条、第26条规定被上诉人张仲腾、丁秀兰应依法承担连带保证责任。

❖ ❖ ❖ ❖ ❖ ❖ ❖ ❖ ❖

7. 长春市中小企业融资担保有限公司（以下简称长春担保公司）与扶余市农村信用合作联社（以下简称扶余信用社）保证合同纠纷案①

法院认为：麦达斯轻合金作为主合同债务人涉嫌刑事犯罪，签订保证合同中的长春担保公司董事长戴君亦涉嫌刑事犯罪，但长春担保公司作为法人单位并未涉嫌犯罪。故本案符合民商事案件与刑事案件分别审理的情形，长春担保公司请求驳回扶余信用社起诉或中止审理本案，法院不予支持。

❖ ❖ ❖ ❖ ❖ ❖ ❖ ❖ ❖

8. 中国农业银行股份有限公司岫岩满族自治县支行（以下简称农行岫岩支行）与兰翎、鞍山万兴隆岩田木业有限公司（以下简称岩田木业公司）借款、抵押合同纠纷案②

法院认为：因该《固定资产借款合同》的形成过程中，农行岫岩支行工作人员存在犯骗取贷款罪、单位行贿罪和非法发放贷款罪及受贿罪，双方当事人明显以合法形式掩盖非法目的，侵犯了国家的金融制度，构成犯罪，依据《合同法》第52条第3项的规定关于“以合法形式掩盖非法目的”的规定，农行岫岩支行与岩田木业公司签订的《固定资产借款合同》应当认定无效。因涉案借款主合同应当认定无效，根据《担保法》第5条规定关于“担保合同是主合同的从合同，主合同无效的，担保合同无效”的规定，与涉案固定资产借款合同配套的兰翎与农行岫岩支行签订的《抵押合同》为从合同，亦应认定无效。根据最高人民法院《关于适用〈中华人民共和国担保法〉若干问题的解释》第8条的规定，

---

① 参见吉林省高级人民法院（2020）吉民终111号民事判决书。

② 参见最高人民法院（2013）民二终字第51号民事判决书。

农行岫岩支行主张兰翎承担涉案固定资产借款损失，应当举证证明兰翎存在过错。农行岫岩支行的工作人员滥用职权违法发放贷款造成损失，其在没有证明兰翎参与了犯罪或者对该犯罪行为知情并仍然提供抵押担保的情况下，要求兰翎承担民事责任没有法律依据。

二、担保类型识别问题

相关法条

《最高人民法院关于适用〈中华人民共和国担保法〉若干问题的解释》

第十二条　法定代表人依照民法典第五百五十二条的规定以公司名义加入债务的，人民法院在认定该行为的效力时，可以参照本解释关于公司为他人提供担保的有关规则处理。

第三十六条　第三人向债权人提供差额补足、流动性支持等类似承诺文件作为增信措施，具有提供担保的意思表示，债权人请求第三人承担保证责任的，人民法院应当依照保证的有关规定处理。

第三人向债权人提供的承诺文件，具有加入债务或者与债务人共同承担债务等意思表示的，人民法院应当认定为民法典第五百五十二条规定的债务加入。

前两款中第三人提供的承诺文件难以确定是保证还是债务加入的，人民法院应当将其认定为保证。

第三人向债权人提供的承诺文件不符合前三款规定的情形，债权人请求第三人承担保证责任或者连带责任的，人民法院不予支持，但是不影响其依据承诺文件请求第三人履行约定的义务或者承担相应的民事责任。

《中华人民共和国民法典》

第五百五十二条　第三人与债务人约定加入债务并通知债权人，或者第三人向债权人表示愿意加入债务，债权人未在合理期限内明确拒绝的，债权人可以请求第三人在其愿意承担的债务范围内和债务人承担连带债务。

第六百九十七条　债权人未经保证人书面同意，允许债务人转移全部或者部分债务，保证人对未经其同意转移的债务不再承担保证责任，但是债权人和保证人另有约定的除外。

第三人加入债务的，保证人的保证责任不受影响。

《全国法院民商事审判工作会议纪要》（2019 年）

91. ［增信文件的性质］信托合同之外的当事人提供第三方差额补足、代为履行到期回购义务、流动性支持等类似承诺文件作为增信措施，其内容符合法律关于保证的规定的，人民法院应当认定当事人之间成立保证合同关系。其内容不符合法律关于保证的规定的，依据承诺文件的具体内容确定相应的权利义务关系，并根据案件事实情况确定相应的民事责任。

规范解读

1. 保证与债务加入的区分

第一，从属性的差异。一般认为，保证具有从属性，这种从属性体现于成立、移转、内容、消灭等各个方面。[①] 而债务加入仅于产生上具有从属性，自加入债务之时起，债务加入人负担的债务即与原债务各自独立发展，因而债务加入具有相当程度的独立性。[②] 因此，第三人愿意承担的债务内容是具有从属性的债务还是与原债务具有同一性的债务，就成为区分保证和债务加入的重要标准。

司法实务中，对于保证和债务加入区分的最关键因素，则在于文义，因为意思表示必借助语言表述，文义往往成为进入意思表示意义世界的第一道关口。[③] 通常情况下，明确的措辞足以反映表意人的内心真意。特别是在相关协议、承诺函系法律专业人士协助起草的场合，尤其应坚持文义优先。合同中如果出现“保证”等文字表述的，一般应认定为保证；出现“债务加入”等文字表述的，一般应认定为债务加入。

第二，目的之差异。保证是为他人债务提供担保，债务加入是为自身创

① 参见高圣平：《担保法论》，法律出版社 2009 年版，第 86 页。
② 参见黄立：《民法债编总论》，中国政法大学出版社 2002 年版，第 626 页。
③ 参见朱庆育：《民法总论》（第 2 版），北京大学出版社 2016 年版，第 227 页。

设债务。因此，保证人只是保证合同的当事人而非主合同当事人，只有当债务人不履行到期债务或者发生当事人约定的情形时，债权人才可以向保证人主张权利。但在债务加入中，债务人将部分债务转移给第三人但并不退出其与债权人之间的债的关系，第三人依其与债务人的债务承担合同，成为新债务人，加入债的关系与原债务人共同对债权人承担连带责任。在个案中，如果通过文义解释无法识别债务加入与保证，则应根据二者的本质区别，综合个案全部案情探求当事人之真意。比如，在义务履行时出现关于义务履行顺序的表达，也就是通常所说的补充性，则一般可以认定为保证之一般保证。如果债务人履行债务并不以债务人届期未履行为前提，而是直接表明第三人代替债务人履行，则可以直接认定为债务加入。

第三，责任轻重的差异。从制度设置来看，债务加入的责任明显重于保证。首先，保证有保证期间，这种保证人友好型的制度设置，赋予了保证人免除保证责任的机会，但债务加入没有；其次，保证人享有追偿权，其追偿权得到法定代位权的保障，但债务加入没有；最后，一般保证人享有先诉抗辩权带来的顺序利益，但债务加入没有。区别的实践意义主要体现在：在合同无效的情况下，债务加入的合同无效，债务加入人与原债务人一般承担同样的缔约过失责任；而连带保证，在主合同无效的情况下，保证合同也无效，担保人有过错的，其承担的赔偿责任不应超过债务人不能清偿部分的1/3。

从《民法典》第686条的规定来看，担保制度设置的立法倾向上已由注重对债权人的保护向平衡保护债权人和担保人转变。在无法作出有说服力的合同解释的情况下，应向责任较轻的方向进行推定。在债务加入和保证无法区分时，应该推定为保证。

2. 关于增信措施性质的识别

实践中，一些民事主体为规避法律关于提供担保须经公司决议等限制，采取向债权人提供差额补足、流动性支持等类似承诺文件作为增信措施。增信措施，简单地说，就是增加信用或者信用增级的措施，从而提高债务履行能力。如为某一债务增加保证担保，或者增加债务人；债务人或第三人为某一债务提供抵押、质押等物的担保。广义上，任何有助于提高债务人履行债务能力即增强债务人的信用的措施，都属于增信措施。《九民纪要》曾对营业信托纠纷中增信文件的性质的认定作出了规定。但是，这一规定适用范围仅限营业信托纠纷，且没有区分债务加入和保证，而这也是实践中争议最大的问题之一。《民法典担保制度司法解释》针对《九民纪要》存在的问题进行了修正完善。总体来看，第三人提供的上述承诺文件在法律性质上应根据其内容进行解释，可区分为三种情形：

第一，如果承诺文件具有提供担保的意思表示，债权人请求该第三人承担保证责任的，人民法院应当依照保证的有关规定处理。此时，第三人究竟是承担一般保证的保证责任还是承担连带责任保证的保证责任，须根据前述解释规则进行认定，在无法依解释规则得出结论时，应推定为一般保证。

第二，第三人在承诺文件中具有加入债务或者具有与债务人共同承担债务等意思表示的，人民法院应当认定为《民法典》第 552 条规定的债务加入。第三人的意思难以解释为是债务加入还是保证时，从民法典平衡保护债权人与担保人的立场出发，应当推定为保证。是一般保证还是连带责任保证，亦应先通过解释当事人的意思表示来确定。只有在无法通过解释规则确定时，才推定为一般保证。

第三，如果第三人提供的承诺文件既无提供担保的意思表示，也没有加入债务的意思表示，但承诺文件约定了第三人的义务或者责任，则债权人请求第三人依据承诺文件的内容履行义务或者承担相应责任的，人民法院应予支持。

适用难点

1. 保证人的法定代位权与追偿权

债务加入下承担人的债务，是与原债务并立的自己债务；而保证债务则为保证他人的债务，是附属于主债务的债务。承担人承担债务后，无权向债务人追偿。保证人承担保证责任后，有权向债务人追偿。《民法典》第 700 条规定：“保证人承担保证责任后，除当事人另有约定外，有权在其承担保证责任的范围内向债务人追偿，享有债权人对债务人的权利，但是不得损害债权人的利益。”该条中的“债权人对债务人的权利”，学理上称为“法定代位权”。保证人承担保证责任后，对债务人享有追偿权。同时，被清偿的债权本应归于消灭，但法律拟制债权继续存在，承担保证责任的保证人取得法定代位权，其唯一的目的在于保障保证人向债务人追偿。这种权利虽被称为“法定代位权”，但其实质是债权的法定转移，是依据清偿代位而获得的。因此，追偿权是法定代位权产生的前提和基础，决定了后者是否成立。换言之，法定代位权从属于追偿权，其目的是强化追偿权，追偿权不存在，则法定代位权也不产生；追偿权实现后，被移转的债权也告消灭。这也是比较法上往往先规定追偿权，后规定法定代位权的原因。可见，正因为两者的目的相同，故其构成要件完全一致。这些权利包括但不限于债权人对债务人享有的抵押权、支付本息请求权、支付违约金请求权。

2. 意思表示不明的推定

最高人民法院曾经认为，承担人承担债务的意思表示不够明确，则应从保护债权人利益的立法目的出发，认定为并存的债务承担。在“中国信达资产管理公司石家庄办事处（信达公司）与中国—阿拉伯化肥有限公司（化肥公司）、河北省冀州市中意玻璃钢厂（玻璃厂）借款担保合同纠纷案”① 中，最高人民法院在说理部分指出：“无论是保证人的增加还是债务人的增加，二者在案件性质上并无不同，只是合同性质上有所不同：保证系从合同，保证人系从债务人，是为他人债务负责；并存的债务承担系独立的合同，承担人系主债务人之一，是为自己的债务负责，也是单一债务人增加为二人以上的共同债务人。判断一个行为究竟是保证，还是并存的债务承担，应根据具体情况确定。如承担人承担债务的意思表示中有较为明显的保证含义，可认定为保证；如没有，则应从保护债权人利益的立法目的出发，认定为并存的债务承担。”最高人民法院民事审判第二庭主编《〈全国法院民商事审判工作会议纪要〉理解与适用》指出：“如果当事人的意思表示内容符合法律关于保证的特征的，人民法院应当认定当事人之间成立保证合同关系；其内容不符合法律关于保证特征的，依据承诺文件的具体内容确定相

---

① 参见最高人民法院（2005）民二终字第200号民事判决书。

应的权利义务关系，即债务加入。”①《民法典》立法倾向上已由对债权人的倾斜保护向债权人和担保人的利益平衡转变，推定为一般保证就是立法的新变化。因此，《民法典担保制度司法解释》第 36 条第 3 款规定，在无法作出有说服力的合同解释的情况下，应向责任较轻的方向进行推定，即推定为保证。

3. 信托文件中的增信文件

在信托业务中，很多金融机构在投资各类资产管理产品时，往往要求产品发行人或者实际用资人在出现约定的条件时，能够提供资信等级较高的第三方承诺代为履行金融产品的回购义务、补足金额或提供流动性支持，以提高其信用等级，减轻金融机构作为投资人的交易风险。与代为履行回购义务的承诺相比，差额补足义务的约定更为多元化。较为典型的第三方向信托公司承诺为：“若融资方不依约回购信托公司持有的特定资产收益权，则由其承担按照约定价格回购的义务。”实践中，还存在由第三方如融资人的大股东或控制人为其出具“原意为融资人履行合同提供流动性支持”等义务内容不甚明确的增信文件。②

在认定增信文件中的意思表示，应当注意以下几个问题：第一，必须坚持文义优先原则。特别是在相关协议、承诺函系法律专业人士协助起草的场合，尤其应坚持文义优先。第二，判断第三人愿意承担的债务内容与原债务是否具有同一性。第三，判断当事人关于义务履行顺位的真实意思。当增信文件中出现以债务人到期不履行义务作为增信机构履行义务的前提约定时，尚不能单独以此约定认定是否构成保证。当然，如果第三人履行债务并不以债务人届期未履行为前提，而是直接表明第三人代替债务人履行，则可以直接认定为债务加入。③

---

① 最高人民法院民事审判第二庭编著：《〈全国法院民商事审判工作会议纪要〉理解与适用》，人民法院出版社 2019 年版，第 478 页。

② 参见最高人民法院民事审判第二庭编著：《〈全国法院民商事审判工作会议纪要〉理解与适用》，人民法院出版社 2019 年版，第 479 页。

③ 参见最高人民法院民事审判第二庭编著：《〈全国法院民商事审判工作会议纪要〉理解与适用》，人民法院出版社 2019 年版，第 479 页。

类案指引

1. 中国城市建设控股集团有限公司（以下简称中城建公司）与安信信托股份有限公司（以下简称安信公司）营业信托纠纷案①

裁判要旨：在当事人意思表示不明时，应斟酌具体情事综合判断。如果主要为原债务人的利益而承担债务，可以认定为保证。如果承担人有直接和实际的利益时，可以认定为债务加入。

法院认为：《承诺函》系中城建公司的单方允诺，该承诺经安信公司接受，双方达成合意，中城建公司就河南中城建公司向安信公司支付案涉回购总价款的义务，构成债务加入。《转让及回购合同》签订同日，中城建公司向安信公司出具《承诺函》，约定为保障安信公司实现《转让及回购合同》项下全部股权收益权回购价款及回购溢价款，如河南中城建公司不回购安信公司的股权收益权，则由中城建公司回购。从该约定中可知，中城建公司在河南中城建公司未付款或者安信公司按照约定未获得回购总价款时，即负有回购义务，并不以强制执行河南中城建公司无效果为前提。即中城建公司不享有先诉抗辩权，其在责任承担上不具有顺位性。故中城建公司关于其与安信公司之间成立一般保证法律关系的上诉主张，不能成立。鉴于中城建公司基于何种目的负担回购义务、是否具有实际利益，其是否向河南中城建公司享有求偿权及求偿范围如何，均不甚清晰，难以径直认定成立连带责任保证。综上所述，综合判断《承诺函》的出具过程及约定内容，认定中城建公司构成债务加入更为适宜。

2. 云南旺立达矿业有限公司等与昌吉市益安煤矿企业（以下简称益安煤矿）借贷纠纷上诉案②

裁判要旨：在双方约定不明的情况下，应结合合同目的、承担人与

① 参见最高人民法院（2018）最高法民终867号民事判决书。

② 参见最高人民法院（2014）民二终字第138号民事判决书。

合同利益的关联程度综合考虑约定的性质。

法院认为：关于李俊生承诺承担连带还款责任如何认定的问题。《借款合同》第4条约定“益安煤矿的委托经办人李俊生和益安煤矿的其他股东均对益安煤矿的上述借款承担连带还款责任”，但并未明确李俊生是基于何种身份承担还款责任。益安煤矿向中翔集团借款2000万元系用于煤矿改造事宜，李俊生作为益安煤矿的实际出资人和控制人，与益安煤矿的经营行为和实际收益存在利害关系，其亦直接参与了本案所涉益安煤矿股权转让和借款过程，并直接向中翔集团支付了200万元款项。李俊生在《借款合同》中承诺的对益安煤矿借款承担连带还款责任，不仅是为了益安煤矿的利益而承担责任，其对此亦有直接和实际的利益。因此，李俊生在《借款合同》中作出的还款承诺更符合债务加入的特征。

❖ ❖ ❖ ❖ ❖ ❖ ❖ ❖ ❖

3. 张刚良与张成双借款合同纠纷再审案[①]

裁判要旨：案涉《还款计划保证协议书》虽名含“保证”字样，但名不符文，性质不是保证，而是债务加入。

法院认为：从《还款计划保证协议书》文义来看，案涉4300万元系张成双的借款，张成双承诺偿还，经张刚良同意，张成双只需还款3300万元，其中1000万元以案涉丹凤朝阳房地产项目的房产抵偿，抵偿后张成双还需还款2300万元。张成双以自己的名义另行向张刚良出具债务凭据并承诺由其偿还，张刚良同意张成双承担还款责任。然而，双方没有约定午时阳光公司脱离债权债务关系，张刚良没有明确表示免除午时阳光公司的还款义务，也没有其他证据或行为表明张刚良同意由张成双独立承担午时阳光公司的债务，故本案应认定为并存式债务承担。张成双作为借款合同外的第三人向张刚良承诺承担午时阳光公司的债务，其行为并非创设新的债权债务关系，而是加入午时阳光公司与张刚良之

---

① 参见最高人民法院（2019）最高法民再316号民事判决书。

间原有的债权债务关系中。《还款计划保证协议书》约定的内容并非担保法意义上的保证，张成双与午时阳光公司之间是并存式债务承担中共同债务人的关系。

❖ ❖ ❖ ❖ ❖ ❖ ❖ ❖ ❖

4. 博尔建设集团有限公司与伍华军、孙某等合同纠纷案[①]

裁判要旨：公司债务加入适用公司担保决议的相关法律程序。

法院认为：关于当事人签订的债务加入协议性质如何认定。王俊以博尔金湖分公司名义向债权人伍华军表示加入涉案债务，并签订债务加入协议书，应参照公司为他人提供担保的有关规则处理。在签订债务加入协议时，王俊并未得到博尔建设公司授权，被上诉人也无证据证明博尔金湖分公司为王俊的债务提供担保，是得到上诉人同意的，故当事人签订的担保合同（债务加入协议）应属无效。

三、借新还旧问题

相关法条

《最高人民法院关于适用〈中华人民共和国民法典〉有关担保制度的解释》

第十六条　主合同当事人协议以新贷偿还旧贷，债权人请求旧贷的担保人承担担保责任的，人民法院不予支持；债权人请求新贷的担保人承担担保责任的，按照下列情形处理：

（一）新贷与旧贷的担保人相同的，人民法院应予支持；

（二）新贷与旧贷的担保人不同，或者旧贷无担保新贷有担保的，人民法院不予支持，但是债权人有证据证明新贷的担保人提供担保时对以新贷偿还旧贷的事实知道或者应当知道的除外。

主合同当事人协议以新贷偿还旧贷，旧贷的物的担保人在登记尚未注销的情形下同意继续为新贷提供担保，在订立新的贷款合同前又以该担保财产

① 参见江苏省淮安市中级人民法院（2018）苏08民终2929号二审民事判决书。

为其他债权人设立担保物权，其他债权人主张其担保物权顺位优先于新贷债权人的，人民法院不予支持。

《全国法院民商事审判工作会议纪要》（2019 年）

57. ［借新还旧的担保物权］贷款到期后，借款人与贷款人订立新的借款合同，将新贷用于归还旧贷，旧贷因清偿而消灭，为旧贷设立的担保物权也随之消灭。贷款人以旧贷上的担保物权尚未进行涂销登记为由，主张对新贷行使担保物权的，人民法院不予支持，但当事人约定继续为新贷提供担保的除外。

新旧变化

《担保法司法解释》第 39 条规定，主合同当事人双方协议以新贷偿还旧贷，除保证人知道或者应当知道的外，保证人不承担民事责任。新贷与旧贷系同一保证人的，不适用前款的规定。与该条相比，《民法典担保制度司法解释》第 16 条存在如下变化：

一是扩张了担保主体范围。《民法典担保制度司法解释》第 16 条对借新还旧的担保主体予以了扩张，担保人既包括《担保法司法解释》第 39 条规定的保证人、《九民纪要》第 57 条规定的担保物权人，也包括其他非典型担保人，即《民法典担保制度司法解释》第 16 条的规定对各类担保情形均能适用。

二是明确了除外情形。《担保法司法解释》第 39 条仅规定“除保证人知道或者应当知道的外”，《民法典担保制度司法解释》第 16 条则规定“债权人有证据证明新贷的担保人提供担保时对以新贷偿还旧贷的事实知道或者应当知道的除外”，即明确了新贷的担保人原则上不需要承担责任，除非知道或者应当知道存在借新还旧，该事实的举证责任在于债权人，且新贷的担保人知道或者应当知道的时间点为提供担保时。

三是厘清了担保物权的效力。借款人与贷款人订立借款合同，将新贷用于归还旧贷，旧贷因清偿而归于消灭。基于担保的从属性，旧贷消灭，旧贷上的担保亦随之消灭，且不以担保物权的登记是否注销而变化；即使旧贷物的担保登记尚未注销，旧贷担保人原则上也无须承担担保责任。此外，《民法典担保制度司法解释》第 16 条第 2 款明确了各债权人的担保物顺位利益，规定了旧贷的物的担保人在登记尚未注销的情形下同意继续为新贷提供担保，在订立新的贷款合同前，又以该担保财产为其他债权人设立担保物权，新贷债权人对于担保物权的顺位优先于其他债权人。

规范解读

所谓借新还旧，又称以贷还贷，是指债权人与债务人在旧的贷款尚未清偿的情况下，再次签订贷款合同，以新贷出的款项清偿部分或者全部旧的贷款的行为。[①] 借新还旧是各类金融机构就问题资产采取的常见的处置手段之一。实践中，一些金融机构为了消灭逾期贷款，采取各种清收活动，但是某些逾期贷款由于各种原因，不能立即偿还，如果采取展期的方式处理，因该笔款项的贷出时间较早，仍属于陈年贷款，账面上不好看，因此采取借新还旧的方式来处理这类贷款。[②]

《民法典担保制度司法解释》第 16 条规定的借新还旧存在两个构成要件：一是客观上存在借新还旧的行为；二是主观上借款人和出借人存在借新还旧的合意。就客观行为而言，借新还旧的形式多样，最典型的即是贷款人出借新贷后，借款人立即偿还旧贷的情形。此外，实践中还存在第三人向旧贷债务人提供过桥贷款清偿旧债，旧贷债权人驱使第三人外的其他主体作为出借人与债务人签订借款合同，但实际借款由旧贷债权人向债务人发放，债务人再行向第三人归还过桥资金；[③] 借款人取得新贷后用于解付信用证，其性质与借新还旧无本质差异，新债中的款项并不实际支付给借款人，而是直接用以冲抵旧债；[④] 当事人虽未直接进行借新还旧的行为，但通过“贷款不

---

① 参见高圣平：《担保法前沿问题与判解研究》（第 4 卷），人民法院出版社 2019 年版，第 101 页。

② 参见最高人民法院民事审判第二庭编著：《〈全国法院民商事审判工作会议纪要〉理解与适用》，人民法院出版社 2019 年版，第 354 页。

③ 参见最高人民法院（2014）民申字第 1124 号民事裁定书。

④ 参见最高人民法院（2014）民提字第 136 号民事判决书。

用，等待扣划”的方式，实际将新贷用以归还旧贷[1]等情形。因此，只要当事人的行为本质上与借新还旧情形相符即可适用该规则，无须拘泥于借新还旧的具体表现形式。就借款人和出借人的主观意思而言，《民法典担保制度司法解释》第16条规定“主合同当事人协议以新贷偿还旧贷”，故该规则的适用须借款人和出借人就借新还旧的意思达成一致意见。在“李建民与陈永刚借款合同纠纷案”[2] 中，最高人民法院指出，即使该笔借款属于以新还旧，但并非主合同双方当事人协议以新还旧，原判决在未对该以新还旧是否属于主合同双方当事人的合意进行审查的情况下，仅依据该笔借款系以新还旧，认定陈永刚因此免责属于适用法律错误。因此，即使借款人和出借人存在借新还旧的表象，但若双方未就借新还旧达成合意，则仍不适用。

适用难点

1. 新贷偿还旧贷的性质

新贷偿还旧贷本质上是新的债权债务关系产生而使旧的债权债务关系同步消灭，其性质上属于债的内容的更新，债之同一性发生变更，双方当事人对旧的合同履行完毕，已经消灭，只不过又新签订一个合同。实践中，与债的更新容易混淆的一个概念是债的变更。债的变更是指在债成立后、完全履行前，当事人协议变更标的物、履行方式、履行期限等内容。在债的更新，新债成立，旧债消灭，债失其同一性，新旧两债分别为独立之债；而在债的变更，变更后的债并不失其同一性，仍为同一个债。

从借新还旧的产生背景来看，尽管借旧还新能变相起到金融机构贷款展期的目的，但从法律视角分析，二者的性质和法律后果截然不同。贷款展期的性质即是上述的债之变更，是当事人就变更债的履行期限达成协议，变更前后的两债属于同一个债。依据《民法典》第695条第2款的规定：“债权人和债务人变更主债权债务合同的履行期限，未经保证人书面同意的，保证期间不受影响。”因此，在保证担保情形下，当事人就变更履行期限达成协

---

① 参见最高人民法院（2014）民提字第137号民事判决书。

② 参见最高人民法院（2018）最高法民再218号民事判决书。

议的，保证人仍应承担保证责任，只是未经保证人书面同意的，保证期间不因履行期限的变化而变化。在第三人提供物的担保情形，《民法典担保制度司法解释》第20条规定，法院在审理第三人提供的物的担保纠纷案件时，可以适用《民法典》第695条第1款等关于保证合同的规定。依据《民法典》第695条第1款的规定，债的履行期限变更，提供物上担保的第三人仍应承担担保责任。据此，贷款展期的，担保并不消灭；而在借新还旧情形，基于借新还旧性质上属于债的更新，旧债消灭后，从属于旧债的担保亦随之消灭。

2. 担保人的责任认定

依据《民法典担保制度司法解释》第16条的规定，担保人的责任可区别以下三种情形处理：

第一，新贷和旧贷的担保人为同一人。当新贷和旧贷的担保人为同一人时，债权人请求新贷的担保人承担担保责任的，人民法院应予支持。在该情形下，新贷担保人在知晓旧贷无法偿还的情况下仍对新贷予以担保，表明担保人对新贷的担保风险已有充分认知，并自愿承担风险，法律理应充分尊重当事人的意思自治，不应干预。此外，新贷担保人所承担的担保风险并未因借新还旧而增加，新贷担保人因新贷而增加的担保风险与因旧贷消灭而降低的担保风险相互抵销，故此情形下的新贷担保人无须受到特殊保护，其仍应对新贷承担担保责任。[①] 在"辽宁盛嘉钢构彩板工程有限公司与沈阳恒信担保有限公司追偿权纠纷案"[②] 中，法院认为，借款人与贷款人订立新的借款合同，将新贷用于归还旧贷，旧贷因清偿而消灭，为旧贷设立的担保物权也随之消灭，但当事人约定继续为新贷提供担保，虽未继续办理抵押登记，但不能免除其担保责任的承担。

第二，旧贷有担保，新贷无担保。当担保人对旧贷有担保而对新贷无担保时，债权人请求旧贷的担保人对新贷承担担保责任的，人民法院不予支持。基于前述借新还旧性质上属于债的更新，新贷成立后旧贷消灭，负担于

---

① 参见马捷、宋滕昊：《〈民法典担保解释〉第16条评注："借新还旧"的担保规则》，载微信公众号"金杜研究院"2021年1月11日。

② 参见辽宁省沈阳市中级人民法院（2019）辽01民申852号民事裁定书。

旧贷上的担保随之消灭，旧贷的担保人自然无须承担新贷的担保责任。

第三，新贷有担保，旧贷无担保。当担保人对新贷有担保而对旧贷无担保时，债权人请求新贷的担保人对新贷承担担保责任的，人民法院不予支持，但是债权人有证据证明新贷的担保人提供担保时对借新还旧的事实知道或者应当知道的除外。在借新还旧情形下，新贷担保人承担的风险显著高于一般借款关系中的担保人。具体而言，一般借款关系中的借款人实际取得了合同约定的款项，担保人承担的是借后还款的风险；借新还旧的债务人往往是在旧贷尚未清偿或无法按时清偿的情况下，通过签订新贷以还旧贷，还旧的目的与将借款用于投资、生产等可能会为债务人带来经济收益存在本质不同，借款人在借新还旧中并未实际取得合同约定的款项。“还旧”只是帮助债务人缓解时间上的压力，故为新贷提供担保的风险自然大于一般的借款。因此，在旧贷无担保而新贷有担保时，为保障担保人的合法权益，有必要课以债权人告知义务，债权人应当举证证明其已告知新贷的担保人借新还旧的事实或者能够证明新贷的担保人提供担保时知道或者应当知道借新还旧的事实，否则担保人无须承担担保责任。在“中国农业银行股份有限公司博尔塔拉分行与新疆新诚基饮服培训商贸有限责任公司金融借款合同纠纷案”①中，法院认为，农行阿拉山口支行与新诚基公司签订《最高额抵押合同》时并未告知新诚基公司关于天任公司借新还旧的事实，农行博州分行亦没有证据证明新诚基公司系在知道或应当知道天任公司借新还旧的情形下自愿提供抵押，这无疑会影响新诚基公司在提供抵押时对担保风险的预期判断，加重其担保责任，进而导致不公平的结果，根据《担保法司法解释》第 39 条的规定，新诚基公司应免予承担担保责任。

3. “借新还旧”时的担保物权效力

在借新还旧情况下，对于旧贷上的担保物权能否继续作为新贷的担保物权，即旧贷上的担保物权效力能否自发延续至新贷，存在不同观点。一种观点认为，旧贷的担保物权尚未进行涂销登记，应当继续有效；另一种观点认为，基于担保的从属性，旧贷消灭，其上的担保原则上随之消灭，除非当事

---

① 参见最高人民法院（2014）民提字第 136 号民事判决书。

人愿意继续为新贷提供担保。[①]《民法典担保制度司法解释》第16条和《九民纪要》第57条均采取了后一种观点。旧贷消灭后，担保物权随之消灭，担保人有权请求登记机关注销登记。而登记的注销并非担保物权消灭的要件，在登记注销前，如果贷款人以旧贷上的担保物权尚未注销登记为由，主张对新贷行使担保物权的，人民法院不予支持。如果旧贷的担保物权人同意继续为新贷提供担保的，则新贷和旧贷的担保人为同一人，根据上述担保人责任认定的规则，担保人无论是否知道借新还旧的事实，均应承担担保责任。

对于借新还旧中贷款人对担保物享有的顺位利益，存在两种观点：一种观点认为，借新还旧属于债的内容的更新，即使新贷和旧贷中的担保物同一，但因旧贷已经消灭，从属于旧贷的担保物权自然消灭，新贷的担保顺位应以新贷成立后新的担保物权登记时间为准，如果该物在新担保物权登记前存在劣后于旧贷顺位的债权人，则此类债权人的担保顺位应当提前。另一种观点则认为，借新还旧的目的在于以特殊的方式变向对贷款展期，且在借新还旧的实践操作中，金融机构在与债务人再次签署贷款和担保合同的同时，会对于担保物权的相关登记申请延期，而非注销登记后重新办理登记，这样的做法虽在一定程度上违背了借新还旧债务更新的法律性质，但在实务中更具可操作性，也更简洁便利。[②] 通过这种方式，贷款人对于担保物的登记一直未注销，担保顺位不发生变化。最高人民法院在《民法典担保部分司法解释》（征求意见稿）中并未明确表态，而是同时保留了两种不同的表述，即“当事人约定物的担保人继续为新贷提供担保，但在订立新的贷款合同前又以该担保物为其他债权人设定担保物权，其他债权人主张其担保物权顺位优先于新贷债权人的，人民法院不予支持。【另一种意见】人民法院应予支持”。最高人民法院正式发布的《民法典担保制度司法解释》采纳了第一种表述，认可旧贷物的担保人在登记尚未注销情形下同意继续为新贷提供担

① 参见最高人民法院民事审判第二庭编著：《〈全国法院民商事审判工作会议纪要〉理解与适用》，人民法院出版社2019年版，第354页。

② 参见马捷、宋滕昊：《〈民法典担保解释〉第16条评注：“借新还旧”的担保规则》，载微信公众号“金杜研究院”2021年1月11日。

保的，债权人对担保物享有顺位利益，即债权人可按照旧贷的担保顺位受偿。对于其他债权人来说，其对于担保物享有的顺位也未因借新还旧而减损。

风险防范

《民法典担保制度司法解释》第16条明确了新贷的担保人原则上不承担责任，除非知道或者应当知道存在借新还旧的事实。因此，对债权人来说，其在与债务人达成借新还旧协议并完成借新还旧的相应行为后，需将借新还旧的事实明确告知新贷的担保人。特别是对于旧贷无担保而新贷有担保的情形，债权人应当履行此项告知义务。如果债权人无法举证证明担保人知道或者应当知道所担保的债权存在借新还旧事实，则新贷的担保人无须承担担保责任，债权人可能因此而面临无法实现债权的风险。

类案指引

1. 福建能源发展有限公司（以下简称能源公司）、福建万新房地产开发有限公司（以下简称万新公司）等与中国农业银行股份有限公司东山县支行金融借款合同纠纷案[①]

裁判要旨：借贷双方协议借新还旧中，担保人系同一人且与借款人有亲属关系，或结合借贷事实对资金用途的知情具有高度可能性的，不能以自己对借新还旧不知情而免除担保责任。

法院认为：根据原审查明，本案中部分贷款经过第三方转账回到能源公司，能源公司又使用该资金偿还了之前的多笔贷款，进而又新贷出资金。整体性看待，存在“还旧、借新、又还旧、又借新”的行为。能源公司向原审法院邮寄提交的《举证清单》所拟证明的事实已为法院所查明。但该行为不违反法律禁止性规定，并不影响《借款合同》的效力。

① 参见最高人民法院（2015）最高法民申字第1309号民事裁定书。

原审法院根据《借款合同》的约定确定能源公司的还款责任并无不当。关于万新公司和刘耀贵的担保责任。根据原审查明，能源公司先拆借资金偿还了万新公司和刘耀贵担保的旧贷，又由万新公司和刘耀贵提供担保借出新贷，并以新贷偿还其他旧贷，循环往复。因此应整体看待借新还旧对担保责任的影响。能源公司等没有充分证据证明存在加重有关担保人责任的情形。原审法院依照《担保法司法解释》第 39 条之规定并结合能源公司借贷事实、担保人的担保情况以及借款人与担保人之间的亲属关系等事实，认定担保人承担担保责任并无不当。

❖ ❖ ❖ ❖ ❖ ❖ ❖ ❖ ❖

2. 辽宁盛嘉钢构彩板工程有限公司与沈阳恒信担保有限公司追偿权纠纷案[①]

裁判要旨：借款人与贷款人订立新的借款合同，将新贷用于归还旧贷，旧贷因清偿而消灭，为旧贷设立的担保物权也随之消灭，贷款人以旧贷上的担保物权尚未进行涂销登记为由，主张对新贷行使担保物权的，不予支持，但当事人约定继续为新贷提供担保，虽未继续办理抵押登记，不能免除其担保责任的承担。

法院认为：《反担保抵押合同》约定，双方就签订的《借款合同》编号：6615010345，被告辽宁盛嘉钢构彩板工程有限公司将其所有的坐落于沈阳经济技术开发区（地号：080705003）土地使用权，作为抵押向原告提供反担保，并已于 2014 年 12 月 11 日办理抵押登记手续，可以确认双方约定了由辽宁盛嘉钢构彩板工程有限公司继续用其已经为编号为 6614000422《借款合同》1500 万元贷款办理反担保抵押登记手续的案涉土地使用权作为本次编号为 6615010345《借款合同》750 万元贷款抵押向被申请人提供反担保。尽管本次反担保并未重新办理抵押登记，但根据申请人提供的本次 750 万元贷款的《借款合同》、借款收据上均载明的借款用途即支付贷款，可以确认申请人本次借款属于借新还旧，

① 参见辽宁省沈阳市人民法院（2019）辽 01 民申 852 号民事裁定书。

通常贷款到期后，借款人与贷款人订立新的借款合同，将新贷用于归还旧贷，旧贷因清偿而消灭，为旧贷设立的担保物权也随之消灭，贷款人以旧贷上的担保物权尚未进行涂销登记为由，主张对新贷行使担保物权的，一般不予支持，但当事人约定继续为新贷提供担保的除外。本案由于申请人与被申请人约定了继续用案涉土地使用权为750万元新贷担保提供反担保，故一审法院对被申请人要求行使反担保物权的主张予以支持并无不当。

❖ ❖ ❖ ❖ ❖ ❖ ❖ ❖ ❖

3. 宁夏圣雪绒国际企业集团有限公司（以下简称圣雪绒企业集团公司）、宁夏圣雪绒房地产开发有限公司（以下简称圣雪绒房地产公司）与中国信达资产管理股份有限公司山西省分公司借款合同纠纷案[①]

裁判要旨：仅凭主合同列明借款用途不能认定保证人对借新还旧的事实知情，债权人如不能直接举证证明“担保人知道或应当知道所担保的债权属于借新还旧”的事实存在，应认定为担保人对“借新还旧”的事实不知情。

法院认为：本案的焦点问题为圣雪绒企业集团公司和圣雪绒房地产公司对案涉主合同贷款系借新还旧的事实是否知道或应当知道。本案的再审申请人圣雪绒企业集团公司、圣雪绒房地产公司系新贷的保证人，并非旧贷的保证人。没有证据证明案涉32号主合同、36号主合同债权人、债务人或其他人将所借款项用于偿还旧贷告知了保证人圣雪绒企业集团公司和圣雪绒房地产公司。虽然32号主合同、36号主合同均列明借款用途为偿还旧贷，但仅凭主合同上列明借款用途不能认定保证人应当对借新还旧的事实是知情的。理由是：（1）案涉保证合同为《最高额保证合同》，其履行方式的特殊性导致除非相关主体主动告知，否则保证人难以及时知晓被担保债权的发生、用途、数额等情况。（2）案涉两份《最高额保证合同》订立时间为2013年5月30日，早于32号主合

① 参见最高人民法院（2018）最高法民申6172号民事裁定书。

同、36号主合同订立的时间，圣雪绒企业集团公司和圣雪绒房地产公司在订立《最高额保证合同》时，客观上无法知道案涉主债权的发生和用途。(3) 案涉《最高额保证合同》也没有相关约定，使保证人圣雪绒企业集团公司和圣雪绒房地产公司有途径了解包括案涉主债权在内的被担保债权的用途。(4) 担保人是否知道或应当知道所担保的债权属于借新还旧，该事实应有直接证据证明，且举证责任在债权人。本案中，债权人在原审和再审申请期间均没有提供证据证明“担保人知道或应当知道所担保的债权属于借新还旧”的事实存在。故原审判决仅基于主合同列明贷款用途为借新还旧，就认定保证人圣雪绒企业集团公司和圣雪绒房地产公司应当知道该事实缺乏事实和法律依据。

附录一

民二庭负责人就《最高人民法院关于适用〈中华人民共和国民法典〉有关担保制度的解释》答记者问[①]

《最高人民法院关于适用〈中华人民共和国民法典〉有关担保制度的解释》（以下简称“担保制度司法解释”）于2020年12月25日最高人民法院审判委员会第1824次会议通过，2020年12月31日公告公布，自2021年1月1日起施行。“担保制度司法解释”公布后，社会反响热烈，社会各界亟待听到对该解释的权威解读。为此，记者采访了最高人民法院民二庭负责人。

问：能否请您简要介绍一下“担保制度司法解释”的起草背景和过程？

答：此次“担保制度司法解释”的起草工作是在民法典颁布实施的大背景下开展和进行的。习近平总书记在中央政治局第二十次集体学习时强调，民法典在中国特色社会主义法律体系中具有重要的地位，是一部固根本、稳预期、利长远的基础性法律，对发展社会主义市场经济、保障人民权益实现、巩固社会主义基本经济制度，都具有重大意义。

为贯彻落实习近平总书记第二十次集体学习时重要讲话精神，最高人民法院及时开展司法解释全面清理工作，把高质量完成司法解释全面清理工作

---

① 载最高人民法院官网：http：//www. court. gov. cn/zixun－xiangqing－284441. html，2021年3月16日最后访问。

作为提高政治能力的重要方面，确保民法典统一正确实施，依法保障人民群众权益。这次对新中国成立以来现行有效的591个司法解释和相关规范性文件进行了全面清理，其中和民法典规定一致的364件，未作修改、继续适用；需要对于名称和部分条款进行修改的共计111件，决定废止的共计116件。根据最高人民法院“统一规划、分批制定、急用先行、重点推进”的原则，制定了与民法典配套的第一期共计7个司法解释，并于2021年1月1日起施行。

本次起草的“担保制度司法解释”就是与民法典配套的第一期制定的7个司法解释中的一部，制定过程中秉承了传承与发展相统一的基本理念。

一方面，通过对包括原担保法司法解释等在内的与担保有关的10个司法解释的梳理，对和民法典不一致的规定予以清理，将其中与民法典规定相一致的部分予以吸收，并在对条款内容进一步改造完善的前提下，纳入本解释中，保持了法律的延续性和稳定性，更加适应新形势下经济社会发展的需求。

另一方面，我们充分考虑民法典对于担保制度进行的修改和增加的规定，为防止民法典实施以后该部分规定在司法实践中认识不一致、裁判尺度不统一，避免先乱后治，力争防患于未然，本解释对于该部分内容进一步明确法律适用的具体规则，保持了法律适用的统一性和严肃性。如民法典修改了担保法关于保证方式推定的规则，在当事人对于保证责任的方式没有约定或者约定不明时，推定为一般保证。实践中，可能会存在将推定规则与解释规则混为一谈的现象，即认为只要当事人没有明确约定连带责任保证，就应认定为一般保证。我们认为，推定规则只有在难以确定保证人真实意思表示的情况下才能适用。

反之，如果可以通过意思表示解释规则，确定当事人承担的是连带责任保证的，就不能简单地根据推定规则将其认定为一般保证。再如价款优先权问题，该制度系民法典增加规定的内容，鉴于这是一项全新的制度，不少人反映理解起来非常困难，为此，我们通过研究相关案例，通过类型化方式描述该制度的交易结构，将该制度区分为两种情形：一是债务人在设定动产浮动抵押后又购入或者承租新的动产时，为担保价款或者租金债权的实现，有关权利人在该动产上依法设定抵押权等担保物权；二是在动产买卖中，买受人通过赊销、融资租赁等方式取得动产后，又以该动产为他人设定担保物权，为担保价款或者租金债权实现，有关权利人在该动产上依法设定担保物权。两种情形中，享有价款优先权的人都包括在动产上设立抵押权或者保留所有权的出卖人、为价款支付提供融资而在该动产上设立抵押权的债权人、以融资租赁方式出租该动产的出租人等情形。

所不同的是，前一情形下的价款优先权，主要适用于浮动抵押场合，解决的是已经设定浮动抵押的中小企业的再融资问题，对抗的是在先设立的浮动抵押权；而后一情形下的价款优先权，适用于动产抵押，是为了解决买受人在该动产上为第三人设定抵押权时如何保护出卖人、出租人等权利人权益的问题，对抗的则是为取得优先权进行抢先登记的权利人。

为确保此次司法解释能够准确聚焦民法典担保制度的适用，我们坚持问题导向和实际需求，努力构建清晰、简明、针对性强的担保制度解释体系。2019 年制定《全国法院民商事审判工作会议纪要》（以下简称《纪要》）时，已经着手准备有关担保制度解释的梳理工作。《纪要》制定过程中，我们参照了民法典草案有关担保制度的规定，将“关于担保纠纷案件的审理”作为《纪要》的重要内容予以规定，在后续的实施过程中取得了很好的社会效果和法律效果。此次司法解释，吸纳改进了《纪要》规定的实践中证明行之有效的部分内容。此外，为确保此次司法解释更加务实管用、更具理论品味、更具国际视野，2020 年初我们组成了专门的研究团队，对担保领域的相关理论和实务问题进行了深入的专题研究，于 6 月初形成初稿。此后，先后在长沙、重庆召开 15 家地方高院有关同志参加的研讨会；利用学员到法官学院培训机会，听取部分参训学员意见；就仓单质押、应收账款质押等问题征求“一行两会”以及包括银行业协会在内的 8 家行业协会意见，就不动产登记事宜拜访了自然资源部不动产登记局并听取其意见，就金融、房地产等相关实务问题听取了全国律协、北京律协等以及房地产协会意见；委托人大法学院等高等院校，多次召开研讨会，听取专家学者意见。我们还书面征求了全国各高院以及我院相关部门的意见，并就相关条文专门征求相关庭室意见；公开征求了包括人大法学院等在内的 9 家法学科研院校意见；

面向社会公开征求意见，共收到有效意见约260件。同时，召开民二庭主审法官会议，对《征求意见稿》进行逐条研究，并将公开征求意见稿以及征求全国人大法工委意见稿发全庭法官征求意见；最高人民法院审判委员会专职委员刘贵祥大法官二十余次带领起草组成员进行逐条研究。除此之外，我们还组织了专门力量，逐条附上典型案例、相关规范以及比较法资料，并对实践中争议比较大的23个条文进行了类案检索。可以说，“担保制度司法解释”是社会各界认真研究、共同努力的结果。

问：能否请您谈谈此次贯穿于“担保制度司法解释”的指导思想是什么？

答：法者，天下之程式，万事之仪表。当前中国进入新发展阶段，贯彻新发展理念和构建新发展格局，主动应对国内外各种挑战，比任何时候都需要发挥法治的引领和保障作用。担保作为一项重要民事法律制度，涉及民事法律体系的各个方面，担保制度的完善对于促进经济发展起着至关重要的作用。在司法解释起草过程中，我们深入学习贯彻习近平法治思想，坚决贯彻习近平总书记系列重要讲话精神，坚持以人民为中心的发展思想，以平等保护当事人合法权益为出发点和落脚点，通过切实规范担保交易秩序，保障债权实现，缓解中小企业融资难融资贵等问题，发挥法治对于经济发展的保障作用，不断增强市场活力和人民群众获得感。

一是尊重立法原意。如对于共同保证，担保人之间是否具有追偿权，不论是民法典制定过程中还是出台后，都存在争议。在此情况下，我们秉持尊重立法原意原则，明确担保人之间原则上不能相互追偿，但是担保人之间约定相互追偿、约定承担连带共同担保，或者虽未作出这样的约定，但是各担保人在同一份合同书上签字、盖章或者按指印或者担保人之间因共同关系而形成连带债务关系的除外，解决了审判实践中的绝大多数问题。对于未办理登记的动产抵押合同的效力、抵押财产转让的法律后果，我们在尊重立法原意基础上，结合可能产生的实践问题进行了规范。

二是坚持问题导向。司法解释规定的担保问题，如公司对外担保、分支机构对外担保、学校医院对外担保、混合担保中担保人有无追偿权、债务人破产时保证债务应否停止计息、如何认识先诉抗辩权、保证合同无效时能否适用保证期间、预告登记的效力、流动质押、仓单质押等问题，几乎全部是长期困扰司法实践的疑难问题。另一方面，对于原担保法司法解释规定的很多制度，尽管从法理上说仍然具有正确性，但考虑到目前已经基本没有异议，秉持问题导向所以未简单地予以沿袭。

三是合理引导预期。针对经济金融领域存在的一些不规范现象，本解释着眼于规范交易行为，对相关问题进行了规范，合理引导社会预期。如针对金融机构分支机构负责人越权提供担保的情形，规定未经金融机构授权，金融机构分支机构对外提供的保函以外的担保无效；针对上市公司违规担保这一资本市场的“顽疾”和“毒瘤”，规定相对人未根据上市公司公开披露的信息与上市公司及其控股子公司签订担保合同的，上市公司不承担任何民事责任。这一规定有利于维护广大股民的合法权利，对于促进股票市场健康发展、增强交易所和上市公司的国际竞争力，意义重大；针对“一单多质”等仓单领域的乱象，规定仓单既可以背书方式进行质押，也可以依法进行登记，并明确保管人的责任。

四是保持司法政策延续性。如关于担保从属性、公司对外担保、共同担保、借新还旧中的担保责任、房地一体抵押等所涉及的具体规则，主要来自《纪要》的相关规定，目的就在于保持司法政策的连续性，稳定社会预期。

五是优化营商环境。世行营商环境评估中的“获得信贷”指标，对应的很多内容涉及担保制度。其中，关于担保财产的概括描述、抵押权及于从物与添附物、担保物权的实现程序等规定，与民法典规定不相冲突，故司法解释予以了规定。

问：“担保制度司法解释”内容非常丰富，能否请您简要介绍一下各部分的重点内容？

答：“担保制度司法解释”共计71个条文，主要包括一般规定、保证、担保物权和非典型性担保四个部分，每一部分都各具亮点，每一条都很重要，下面就各部分的重中之重予以简要说明：

关于一般规定，该部分共有24个条文，分别就适用范围、担保从属性、担保资格、公司对外担保、共同担保、担保无效的法律后果、担保与破产的衔接以及其他问题作出规定。其中，在适用范围上明确了典型担保应适用本解释的规定，非典型性担保中有些合同本身并非担保合同，故此类合同一般不适用本解释，而只有在涉及担保功能发生纠纷时才适用本解释的规定。在担保的从属性上，坚持问题导向，仅对效力、内容上的从属性作出规定。关于公司对外担保的问题，本解释在《纪要》确定的裁判尺度基础上明确，公司的法定代表人违反公司法关于公司对外担保决议程序的规定，超越权限代表公司与相对人订立担保合同，人民法院应当依照民法典第六十一条和第五百零四条等规定视相对人是善意还是非善意处理。对相对人与上市公司签订担保合同的效力和后果进行了特别规定。在共同担保的问题上，秉承了担保人原则上不享有相互追偿权的原则，对于当事人明确约定或者推定当事人具有互相追偿意思表示的情形，本着尊重当事人意思自治的原则，赋予当事人之间相互追偿的权利。

关于保证，该部分共有12个条文，分别就保证类型的识别、一般保证的诉讼当事人、赋予强制执行效力的公证债权文书的效力、依法强制执行仍不能履行债务的标准、共同保证中债权人行使权利的相对效力、最高额保证的保证期间、撤诉是否影响保证期间、保证合同无效时保证期间的效力、与保证期间有关事实的审查、对超过诉讼时效的债务提供保证、增信措施的性质方面做出规定，几乎每一条规定都带有强烈的问题意识，多数规定都是本解释的亮点。其中，在保证类型的识别问题上，区分了推定规则与解释规则，并对非典型保证作出具体规定。对于一般保证的保证期间和诉讼时效如何适用及衔接问题予以明确，并规定人民法院应将保证期间是否经过作为案件基本事实予以查明。对于实践中争议较大的最高额保证的保证期间如何计算问题，结合审判实践经验作出了统一规定。

关于担保物权，该部分共有26个条文，是内容最多的部分，亮点纷呈。其中，以权属不明或者有争议的财产抵押，构成无权处分的，按善意取得处理。关于抵押财产转让问题，对于民法典第406条“当事人另有约定，按照其约定”的法律后果予以明确，并规定了上述约定在登记的情况下才具有对抗效力。在抵押预告登记的效力问题上，明确了不具备办理抵押登记条件的，不享有优先受偿的效力。在权利质押部分，着力解决仓单质押中的“仓单乱象”和应收账款不存在或者虚构应收账款时该如何分配举证责任问题，有利于促进权利质押的规范操作。

关于非典型性担保，该部分共有8个条文，除了对民法典规定的所有权保留、融资租赁、保理作出规定外，还规定了让与担保以及保证金。其中，明确了本解释仅适用于有追索权的保理，为尊重司法实践，规定了人民法院对于保理人一并起诉应收账款债权人和应收账款债务人的可以受理。对于让与担保的识别问题，本解释作出了详细的规定，旨在明确让与担保合同的识别标准，有利于在司法实践中准确把握。

问：“担保制度司法解释”对于优化营商环境有哪些具体的举措和体现？

答：“担保制度司法解释”在优化营商环境问题上有两个方面体现，一是对标世行营商环境指标，二是优化国内营商环境。

一般认为，现代动产担保制度的基本规则包括以下几个方面：一是将不转移占有的动产担保形式作为最基本和最主要的担保形式；二是除典型担保外，担保方式还应包括所有具有担保功能的非典型担保，如让与担保、所有权保留、融资租赁、保理等；三是担保范围应当包括所有的动产和权利；四是担保权通过担保协议设立，允许企业为任何类型的债务设定担保，允许对担保物和担保债务进行概括描述；五是担保资产上的担保权延及可识别的收益、产品和替代品；六是建立统一的公示对抗效力规则，并明确登记是担保权取得对抗第三人效力的主要公示方法；七是建立全国集中统一的登记机构和登记系统，提供电子化的登记公示服务；八是建立统一清晰、可预测的优先权规则；九是建立高效的担保权执行程序，支持庭外执行。世界银行“获得信贷”指标基本采纳了前述观点，将其作为评估动产担保制度的主要依据。

因应世界银行优化营商环境要求，着力构建现代动产担保制度，是民法典的重要内容。本解释的很多条文，都体现了优化营商环境的要求，如第38条至第42条有担保物权的不可分性、抵押权及于从物、抵押权及于添附物、抵押权的物上代位效力的规定，体现的就是担保资产上的担保权延及可识别的收益、产品和替代品这一要求；第 45 条有关担保物权实现程序的规定，体现的是建立高效的担保权执行程序，支持庭外执行这一要求；第 53 条允许对抵押财产进行概括描述，体现了允许对担保物和担保债务进行概括描述的要求；第 54 条关于未办理登记的动产抵押权的效力的规定，体现了建立统一清晰、可预测的优先权规则的要求；有关所有权保留、融资租赁、保理、让与担保等条文的规定，体现了功能主义担保的要求。可以说，优化营商环境是“担保制度司法解释”的重要着力点。

着力缓解中小微企业融资难、融资贵问题，切实规范担保交易秩序，更好发挥物的流转效用，是优化营商环境的重要内容。因缺乏银行可接受的有效担保，是造成中小微企业融资难的重要成因之一。如何寻求新的有效担保方式，规范担保交易秩序，已经成为经济发展中的重要环节。除民法典第 399 条规定的财产不得抵押、第 426 条规定的法律、行政法规禁止转让的动产不得出质外，本解释第 63 条允许以法律、行政法规尚未规定可以担保的财产权利设立担保，并确认了该类合同的效力，以及可以请求按照担保合同的约定折价、变价受偿，丰富了当事人担保的方式和类型；第 55 条明确了质权设立的条件，明确了监管人的责任，有利于规范质押担保时的交易秩序。在非典型担保部分，本解释明确了融资租赁、保理、让与担保等非典型性担保合同的性质，并规定了债权人实现担保物权的方式，丰富了担保交易的类型，拓宽了获得信贷的途径。类似的规定还有很多。作出此类规定的本意也是从服务实体经济的角度出发，预防化解金融交易风险点，促进市场主体规范经营，繁荣社会主义市场经济。

问：最后，请您谈谈“担保制度司法解释”的适用范围和新旧法衔接问题？

答：本解释的适用范围及新旧法衔接问题主要从两个方面考虑，一是适用对象上，因典型担保发生的纠纷属于本解释主要解决的内容，故典型担保纠纷应适用于本解释。非典型性担保中，部分合同本身并非担保合同，且融资租赁、保理等合同类型在民法典合同编典型合同中已有专门的规定，且类似无追索权保理合同等并不具有担保功能，故本解释明确非典型性担保只有在涉及担保功能发生的纠纷，才应适用本解释的有关规定。二是新旧法衔接适用上，因为我院已在《最高人民法院关于适用〈中华人民共和国民法典〉时间效力的若干规定》中既对民法典的施行问题作出了一般规定，又对“民法典施行前成立的保证合同”当事人对保证期间约定不明确或者对保证期间没有约定如何处理等作出具体规定，故本解释不再规定新旧法的适用问题。

附录二

最高人民法院关于适用《中华人民共和国民法典》有关担保制度的解释

（2020年12月25日最高人民法院审判委员会第1824次会议通过
2020年12月31日公布　法释〔2020〕28号
自2021年1月1日起施行）

为正确适用《中华人民共和国民法典》有关担保制度的规定，结合民事审判实践，制定本解释。

一、关于一般规定

第一条　因抵押、质押、留置、保证等担保发生的纠纷，适用本解释。所有权保留买卖、融资租赁、保理等涉及担保功能发生的纠纷，适用本解释的有关规定。

第二条　当事人在担保合同中约定担保合同的效力独立于主合同，或者约定担保人对主合同无效的法律后果承担担保责任，该有关担保独立性的约定无效。主合同有效的，有关担保独立性的约定无效不影响担保合同的效力；主合同无效的，人民法院应当认定担保合同无效，但是法律另有规定的除外。

因金融机构开立的独立保函发生的纠纷，适用《最高人民法院关于审理独立保函纠纷案件若干问题的规定》。

第三条 当事人对担保责任的承担约定专门的违约责任，或者约定的担保责任范围超出债务人应当承担的责任范围，担保人主张仅在债务人应当承担的责任范围内承担责任的，人民法院应予支持。

担保人承担的责任超出债务人应当承担的责任范围，担保人向债务人追偿，债务人主张仅在其应当承担的责任范围内承担责任的，人民法院应予支持；担保人请求债权人返还超出部分的，人民法院依法予以支持。

第四条 有下列情形之一，当事人将担保物权登记在他人名下，债务人不履行到期债务或者发生当事人约定的实现担保物权的情形，债权人或者其受托人主张就该财产优先受偿的，人民法院依法予以支持：

（一）为债券持有人提供的担保物权登记在债券受托管理人名下；

（二）为委托贷款人提供的担保物权登记在受托人名下；

（三）担保人知道债权人与他人之间存在委托关系的其他情形。

第五条 机关法人提供担保的，人民法院应当认定担保合同无效，但是经国务院批准为使用外国政府或者国际经济组织贷款进行转贷的除外。

居民委员会、村民委员会提供担保的，人民法院应当认定担保合同无效，但是依法代行村集体经济组织职能的村民委员会，依照村民委员会组织法规定的讨论决定程序对外提供担保的除外。

第六条 以公益为目的的非营利性学校、幼儿园、医疗机构、养老机构等提供担保的，人民法院应当认定担保合同无效，但是有下列情形之一的除外：

（一）在购入或者以融资租赁方式承租教育设施、医疗卫生设施、养老服务设施和其他公益设施时，出卖人、出租人为担保价款或者租金实现而在该公益设施上保留所有权；

（二）以教育设施、医疗卫生设施、养老服务设施和其他公益设施以外的不动产、动产或者财产权利设立担保物权。

登记为营利法人的学校、幼儿园、医疗机构、养老机构等提供担保，当事人以其不具有担保资格为由主张担保合同无效的，人民法院不予支持。

第七条 公司的法定代表人违反公司法关于公司对外担保决议程序的规定，超越权限代表公司与相对人订立担保合同，人民法院应当依照民法典第六十一条和第五百零四条等规定处理：

（一）相对人善意的，担保合同对公司发生效力；相对人请求公司承担担保责任的，人民法院应予支持。

（二）相对人非善意的，担保合同对公司不发生效力；相对人请求公司承担赔偿责任的，参照适用本解释第十七条的有关规定。

法定代表人超越权限提供担保造成公司损失，公司请求法定代表人承担赔偿责任的，人民法院应予支持。

第一款所称善意，是指相对人在订立担保合同时不知道且不应当知道法定代表人超越权限。相对人有证据证明已对公司决议进行了合理审查，人民法院应当认定其构成善意，但是公司有证据证明相对人知道或者应当知道决议系伪造、变造的除外。

第八条 有下列情形之一，公司以其未依照公司法关于公司对外担保的规定作出决议为由主张不承担担保责任的，人民法院不予支持：

（一）金融机构开立保函或者担保公司提供担保；

（二）公司为其全资子公司开展经营活动提供担保；

（三）担保合同系由单独或者共同持有公司三分之二以上对担保事项有表决权的股东签字同意。

上市公司对外提供担保，不适用前款第二项、第三项的规定。

第九条 相对人根据上市公司公开披露的关于担保事项已经董事会或者股东大会决议通过的信息，与上市公司订立担保合同，相对人主张担保合同对上市公司发生效力，并由上市公司承担担保责任的，人民法院应予支持。

相对人未根据上市公司公开披露的关于担保事项已经董事会或者股东大会决议通过的信息，与上市公司订立担保合同，上市公司主张担保合同对其不发生效力，且不承担担保责任或者赔偿责任的，人民法院应予支持。

相对人与上市公司已公开披露的控股子公司订立的担保合同，或者相对人与股票在国务院批准的其他全国性证券交易场所交易的公司订立的担保合同，适用前两款规定。

第十条 一人有限责任公司为其股东提供担保，公司以违反公司法关于公司对外担保决议程序的规定为由主张不承担担保责任的，人民法院不予支持。公司因承担担保责任导致无法清偿其他债务，提供担保时的股东不能证明公司财产独立于自己的财产，其他债权人请求该股东承担连带责任的，人民法院应予支持。

第十一条 公司的分支机构未经公司股东（大）会或者董事会决议以自己的名义对外提供担保，相对人请求公司或者其分支机构承担担保责任的，人民法院不予支持，但是相对人不知道且不应当知道分支机构对外提供担保未经公司决议程序的除外。

金融机构的分支机构在其营业执照记载的经营范围内开立保函，或者经有权从事担保业务的上级机构授权开立保函，金融机构或者其分支机构以违反公司法关于公司对外担保决议程序的规定为由主张不承担担保责任的，人民法院不予支持。金融机构的分支机构未经金融机构授权提供保函之外的担保，金融机构或者其分支机构主张不承担担保责任的，人民法院应予支持，但是相对人不知道且不应当知道分支机构对外提供担保未经金融机构授权的除外。

担保公司的分支机构未经担保公司授权对外提供担保，担保公司或者其分支机构主张不承担担保责任的，人民法院应予支持，但是相对人不知道且不应当知道分支机构对外提供担保未经担保公司授权的除外。

公司的分支机构对外提供担保，相对人非善意，请求公司承担赔偿责任的，参照本解释第十七条的有关规定处理。

第十二条 法定代表人依照民法典第五百五十二条的规定以公司名义加入债务的，人民法院在认定该行为的效力时，可以参照本解释关于公司为他人提供担保的有关规则处理。

第十三条 同一债务有两个以上第三人提供担保，担保人之间约定相互追偿及分担份额，承担了担保责任的担保人请求其他担保人按照约定分担份额的，人民法院应予支持；担保人之间约定承担连带共同担保，或者约定相互追偿但是未约定分担份额的，各担保人按照比例分担向债务人不能追偿的部分。

同一债务有两个以上第三人提供担保，担保人之间未对相互追偿作出约定且未约定承担连带共同担保，但是各担保人在同一份合同书上签字、盖章或者按指印，承担了担保责任的担保人请求其他担保人按照比例分担向债务人不能追偿部分的，人民法院应予支持。

除前两款规定的情形外，承担了担保责任的担保人请求其他担保人分担向债务人不能追偿部分的，人民法院不予支持。

第十四条 同一债务有两个以上第三人提供担保，担保人受让债权的，人民法院应当认定该行为系承担担保责任。受让债权的担保人作为债权人请求其他担保人承担担保责任的，人民法院不予支持；该担保人请求其他担保人分担相应份额的，依照本解释第十三条的规定处理。

第十五条 最高额担保中的最高债权额，是指包括主债权及其利息、违约金、损害赔偿金、保管担保财产的费用、实现债权或者实现担保物权的费用等在内的全部债权，但是当事人另有约定的除外。

登记的最高债权额与当事人约定的最高债权额不一致的，人民法院应当依据登记的最高债权额确定债权人优先受偿的范围。

第十六条 主合同当事人协议以新贷偿还旧贷，债权人请求旧贷的担保人承担担保责任的，人民法院不予支持；债权人请求新贷的担保人承担担保责任的，按照下列情形处理：

（一）新贷与旧贷的担保人相同的，人民法院应予支持；

（二）新贷与旧贷的担保人不同，或者旧贷无担保新贷有担保的，人民法院不予支持，但是债权人有证据证明新贷的担保人提供担保时对以新贷偿还旧贷的事实知道或者应当知道的除外。

主合同当事人协议以新贷偿还旧贷，旧贷的物的担保人在登记尚未注销的情形下同意继续为新贷提供担保，在订立新的贷款合同前又以该担保财产为其他债权人设立担保物权，其他债权人主张其担保物权顺位优先于新贷债权人的，人民法院不予支持。

第十七条 主合同有效而第三人提供的担保合同无效，人民法院应当区分不同情形确定担保人的赔偿责任：

（一）债权人与担保人均有过错的，担保人承担的赔偿责任不应超过债务人不能清偿部分的二分之一；

（二）担保人有过错而债权人无过错的，担保人对债务人不能清偿的部分承担赔偿责任；

（三）债权人有过错而担保人无过错的，担保人不承担赔偿责任。

主合同无效导致第三人提供的担保合同无效，担保人无过错的，不承担赔偿责任；担保人有过错的，其承担的赔偿责任不应超过债务人不能清偿部分的三分之一。

第十八条 承担了担保责任或者赔偿责任的担保人，在其承担责任的范围内向债务人追偿的，人民法院应予支持。

同一债权既有债务人自己提供的物的担保，又有第三人提供的担保，承担了担保责任或者赔偿责任的第三人，主张行使债权人对债务人享有的担保物权的，人民法院应予支持。

第十九条 担保合同无效，承担了赔偿责任的担保人按照反担保合同的约定，在其承担赔偿责任的范围内请求反担保人承担担保责任的，人民法院应予支持。

反担保合同无效的，依照本解释第十七条的有关规定处理。当事人仅以担保合同无效为由主张反担保合同无效的，人民法院不予支持。

第二十条 人民法院在审理第三人提供的物的担保纠纷案件时，可以适用民法典第六百九十五条第一款、第六百九十六条第一款、第六百九十七条第二款、第六百九十九条、第七百条、第七百零一条、第七百零二条等关于保证合同的规定。

第二十一条 主合同或者担保合同约定了仲裁条款的，人民法院对约定仲裁条款的合同当事人之间的纠纷无管辖权。

债权人一并起诉债务人和担保人的，应当根据主合同确定管辖法院。

债权人依法可以单独起诉担保人且仅起诉担保人的，应当根据担保合同确定管辖法院。

第二十二条 人民法院受理债务人破产案件后，债权人请求担保人承担担保责任，担保人主张担保债务自人民法院受理破产申请之日起停止计息的，人民法院对担保人的主张应予支持。

第二十三条 人民法院受理债务人破产案件，债权人在破产程序中申报债权后又向人民法院提起诉讼，请求担保人承担担保责任的，人民法院依法予以支持。

担保人清偿债权人的全部债权后，可以代替债权人在破产程序中受偿；在债权人的债权未获全部清偿前，担保人不得代替债权人在破产程序中受偿，但是有权就债权人通过破产分配和实现担保债权等方式获得清偿总额中超出债权的部分，在其承担担保责任的范围内请求债权人返还。

债权人在债务人破产程序中未获全部清偿，请求担保人继续承担担保责任的，人民法院应予支持；担保人承担担保责任后，向和解协议或者重整计划执行完毕后的债务人追偿的，人民法院不予支持。

第二十四条 债权人知道或者应当知道债务人破产，既未申报债权也未通知担保人，致使担保人不能预先行使追偿权的，担保人就该债权在破产程序中可能受偿的范围内免除担保责任，但是担保人因自身过错未行使追偿权的除外。

二、关于保证合同

第二十五条 当事人在保证合同中约定了保证人在债务人不能履行债务或者无力偿还债务时才承担保证责任等类似内容，具有债务人应当先承担责任的意思表示的，人民法院应当将其认定为一般保证。

当事人在保证合同中约定了保证人在债务人不履行债务或者未偿还债务时即承担保证责任、无条件承担保证责任等类似内容，不具有债务人应当先承担责任的意思表示的，人民法院应当将其认定为连带责任保证。

第二十六条 一般保证中，债权人以债务人为被告提起诉讼的，人民法院应予受理。债权人未就主合同纠纷提起诉讼或者申请仲裁，仅起诉一般保证人的，人民法院应当驳回起诉。

一般保证中，债权人一并起诉债务人和保证人的，人民法院可以受理，但是在作出判决时，除有民法典第六百八十七条第二款但书规定的情形外，应当在判决书主文中明确，保证人仅对债务人财产依法强制执行后仍不能履行的部分承担保证责任。

债权人未对债务人的财产申请保全，或者保全的债务人的财产足以清偿债务，债权人申请对一般保证人的财产进行保全的，人民法院不予准许。

第二十七条 一般保证的债权人取得对债务人赋予强制执行效力的公证债权文书后，在保证期间内向人民法院申请强制执行，保证人以债权人未在保证期间内对债务人提起诉讼或者申请仲裁为由主张不承担保证责任的，人民法院不予支持。

第二十八条 一般保证中，债权人依据生效法律文书对债务人的财产依法申请强制执行，保证债务诉讼时效的起算时间按照下列规则确定：

（一）人民法院作出终结本次执行程序裁定，或者依照民事诉讼法第二百五十七条第三项、第五项的规定作出终结执行裁定的，自裁定送达债权人之日起开始计算；

（二）人民法院自收到申请执行书之日起一年内未作出前项裁定的，自人民法院收到申请执行书满一年之日起开始计算，但是保证人有证据证明债务人仍有财产可供执行的除外。

一般保证的债权人在保证期间届满前对债务人提起诉讼或者申请仲裁，债权人举证证明存在民法典第六百八十七条第二款但书规定情形的，保证债务的诉讼时效自债权人知道或者应当知道该情形之日起开始计算。

第二十九条 同一债务有两个以上保证人，债权人以其已经在保证期间内依法向部分保证人行使权利为由，主张已经在保证期间内向其他保证人行使权利的，人民法院不予支持。

同一债务有两个以上保证人，保证人之间相互有追偿权，债权人未在保证期间内依法向部分保证人行使权利，导致其他保证人在承担保证责任后丧失追偿权，其他保证人主张在其不能追偿的范围内免除保证责任的，人民法院应予支持。

第三十条 最高额保证合同对保证期间的计算方式、起算时间等有约定的，按照其约定。

最高额保证合同对保证期间的计算方式、起算时间等没有约定或者约定不明，被担保债权的履行期限均已届满的，保证期间自债权确定之日起开始计算；被担保债权的履行期限尚未届满的，保证期间自最后到期债权的履行期限届满之日起开始计算。

前款所称债权确定之日，依照民法典第四百二十三条的规定认定。

第三十一条 一般保证的债权人在保证期间内对债务人提起诉讼或者申请仲裁后，又撤回起诉或者仲裁申请，债权人在保证期间届满前未再行提起诉讼或者申请仲裁，保证人主张不再承担保证责任的，人民法院应予支持。

连带责任保证的债权人在保证期间内对保证人提起诉讼或者申请仲裁后，又撤回起诉或者仲裁申请，起诉状副本或者仲裁申请书副本已经送达保证人的，人民法院应当认定债权人已经在保证期间内向保证人行使了权利。

第三十二条 保证合同约定保证人承担保证责任直至主债务本息还清时为止等类似内容的，视为约定不明，保证期间为主债务履行期限届满之日起六个月。

第三十三条 保证合同无效，债权人未在约定或者法定的保证期间内依法行使权利，保证人主张不承担赔偿责任的，人民法院应予支持。

第三十四条 人民法院在审理保证合同纠纷案件时，应当将保证期间是否届满、债权人是否在保证期间内依法行使权利等事实作为案件基本事实予以查明。

债权人在保证期间内未依法行使权利的，保证责任消灭。保证责任消灭后，债权人书面通知保证人要求承担保证责任，保证人在通知书上签字、盖章或者按指印，债权人请求保证人继续承担保证责任的，人民法院不予支持，但是债权人有证据证明成立了新的保证合同的除外。

第三十五条 保证人知道或者应当知道主债权诉讼时效期间届满仍然提供保证或者承担保证责任，又以诉讼时效期间届满为由拒绝承担保证责任或者请求返还财产的，人民法院不予支持；保证人承担保证责任后向债务人追偿的，人民法院不予支持，但是债务人放弃诉讼时效抗辩的除外。

第三十六条 第三人向债权人提供差额补足、流动性支持等类似承诺文件作为增信措施，具有提供担保的意思表示，债权人请求第三人承担保证责任的，人民法院应当依照保证的有关规定处理。

第三人向债权人提供的承诺文件，具有加入债务或者与债务人共同承担债务等意思表示的，人民法院应当认定为民法典第五百五十二条规定的债务加入。

前两款中第三人提供的承诺文件难以确定是保证还是债务加入的，人民法院应当将其认定为保证。

第三人向债权人提供的承诺文件不符合前三款规定的情形，债权人请求第三人承担保证责任或者连带责任的，人民法院不予支持，但是不影响其依据承诺文件请求第三人履行约定的义务或者承担相应的民事责任。

三、关于担保物权

（一）担保合同与担保物权的效力

第三十七条 当事人以所有权、使用权不明或者有争议的财产抵押，经审查构成无权处分的，人民法院应当依照民法典第三百一十一条的规定处理。

当事人以依法被查封或者扣押的财产抵押，抵押权人请求行使抵押权，经审查查封或者扣押措施已经解除的，人民法院应予支持。抵押人以抵押权设立时财产被查封或者扣押为由主张抵押合同无效的，人民法院不予支持。

以依法被监管的财产抵押的，适用前款规定。

第三十八条 主债权未受全部清偿，担保物权人主张就担保财产的全部行使担保物权的，人民法院应予支持，但是留置权人行使留置权的，应当依照民法典第四百五十条的规定处理。

担保财产被分割或者部分转让，担保物权人主张就分割或者转让后的担保财产行使担保物权的，人民法院应予支持，但是法律或者司法解释另有规定的除外。

第三十九条 主债权被分割或者部分转让，各债权人主张就其享有的债权份额行使担保物权的，人民法院应予支持，但是法律另有规定或者当事人另有约定的除外。

主债务被分割或者部分转移，债务人自己提供物的担保，债权人请求以该担保财产担保全部债务履行的，人民法院应予支持；第三人提供物的担保，主张对未经其书面同意转移的债务不再承担担保责任的，人民法院应予支持。

第四十条 从物产生于抵押权依法设立前，抵押权人主张抵押权的效力及于从物的，人民法院应予支持，但是当事人另有约定的除外。

从物产生于抵押权依法设立后，抵押权人主张抵押权的效力及于从物的，人民法院不予支持，但是在抵押权实现时可以一并处分。

第四十一条 抵押权依法设立后，抵押财产被添附，添附物归第三人所有，抵押权人主张抵押权效力及于补偿金的，人民法院应予支持。

抵押权依法设立后，抵押财产被添附，抵押人对添附物享有所有权，抵押权人主张抵押权的效力及于添附物的，人民法院应予支持，但是添附导致抵押财产价值增加的，抵押权的效力不及于增加的价值部分。

抵押权依法设立后，抵押人与第三人因添附成为添附物的共有人，抵押权人主张抵押权的效力及于抵押人对共有物享有的份额的，人民法院应予支持。

本条所称添附，包括附合、混合与加工。

第四十二条 抵押权依法设立后，抵押财产毁损、灭失或者被征收等，抵押权人请求按照原抵押权的顺位就保险金、赔偿金或者补偿金等优先受偿的，人民法院应予支持。

给付义务人已经向抵押人给付了保险金、赔偿金或者补偿金，抵押权人请求给付义务人向其给付保险金、赔偿金或者补偿金的，人民法院不予支持，但是给付义务人接到抵押权人要求向其给付的通知后仍然向抵押人给付的除外。

抵押权人请求给付义务人向其给付保险金、赔偿金或者补偿金的，人民法院可以通知抵押人作为第三人参加诉讼。

第四十三条 当事人约定禁止或者限制转让抵押财产但是未将约定登记，抵押人违反约定转让抵押财产，抵押权人请求确认转让合同无效的，人民法院不予支持；抵押财产已经交付或者登记，抵押权人请求确认转让不发生物权效力的，人民法院不予支持，但是抵押权人有证据证明受让人知道的除外；抵押权人请求抵押人承担违约责任的，人民法院依法予以支持。

当事人约定禁止或者限制转让抵押财产且已经将约定登记，抵押人违反约定转让抵押财产，抵押权人请求确认转让合同无效的，人民法院不予支持；抵押财产已经交付或者登记，抵押权人主张转让不发生物权效力的，人民法院应予支持，但是因受让人代替债务人清偿债务导致抵押权消灭的除外。

第四十四条 主债权诉讼时效期间届满后，抵押权人主张行使抵押权的，人民法院不予支持；抵押人以主债权诉讼时效期间届满为由，主张不承担担保责任的，人民法院应予支持。主债权诉讼时效期间届满前，债权人仅对债务人提起诉讼，经人民法院判决或者调解后未在民事诉讼法规定的申请执行时效期间内对债务人申请强制执行，其向抵押人主张行使抵押权的，人民法院不予支持。

主债权诉讼时效期间届满后，财产被留置的债务人或者对留置财产享有所有权的第三人请求债权人返还留置财产的，人民法院不予支持；债务人或者第三人请求拍卖、变卖留置财产并以所得价款清偿债务的，人民法院应予支持。

主债权诉讼时效期间届满的法律后果，以登记作为公示方式的权利质权，参照适用第一款的规定；动产质权、以交付权利凭证作为公示方式的权利质权，参照适用第二款的规定。

第四十五条 当事人约定当债务人不履行到期债务或者发生当事人约定的实现担保物权的情形，担保物权人有权将担保财产自行拍卖、变卖并就所得的价款优先受偿的，该约定有效。因担保人的原因导致担保物权人无法自行对担保财产进行拍卖、变卖，担保物权人请求担保人承担因此增加的费用的，人民法院应予支持。

当事人依照民事诉讼法有关“实现担保物权案件”的规定，申请拍卖、变卖担保财产，被申请人以担保合同约定仲裁条款为由主张驳回申请的，人民法院经审查后，应当按照以下情形分别处理：

（一）当事人对担保物权无实质性争议且实现担保物权条件已经成就的，应当裁定准许拍卖、变卖担保财产；

（二）当事人对实现担保物权有部分实质性争议的，可以就无争议的部分裁定准许拍卖、变卖担保财产，并告知可以就有争议的部分申请仲裁；

（三）当事人对实现担保物权有实质性争议的，裁定驳回申请，并告知可以向仲裁机构申请仲裁。

债权人以诉讼方式行使担保物权的，应当以债务人和担保人作为共同被告。

（二）不动产抵押

第四十六条 不动产抵押合同生效后未办理抵押登记手续，债权人请求抵押人办理抵押登记手续的，人民法院应予支持。

抵押财产因不可归责于抵押人自身的原因灭失或者被征收等导致不能办理抵押登记，债权人请求抵押人在约定的担保范围内承担责任的，人民法院不予支持；但是抵押人已经获得保险金、赔偿金或者补偿金等，债权人请求抵押人在其所获金额范围内承担赔偿责任的，人民法院依法予以支持。

因抵押人转让抵押财产或者其他可归责于抵押人自身的原因导致不能办理抵押登记，债权人请求抵押人在约定的担保范围内承担责任的，人民法院依法予以支持，但是不得超过抵押权能够设立时抵押人应当承担的责任范围。

第四十七条 不动产登记簿就抵押财产、被担保的债权范围等所作的记载与抵押合同约定不一致的，人民法院应当根据登记簿的记载确定抵押财产、被担保的债权范围等事项。

第四十八条 当事人申请办理抵押登记手续时，因登记机构的过错致使其不能办理抵押登记，当事人请求登记机构承担赔偿责任的，人民法院依法予以支持。

第四十九条 以违法的建筑物抵押的，抵押合同无效，但是一审法庭辩论终结前已经办理合法手续的除外。抵押合同无效的法律后果，依照本解释第十七条的有关规定处理。

当事人以建设用地使用权依法设立抵押，抵押人以土地上存在违法的建筑物为由主张抵押合同无效的，人民法院不予支持。

第五十条 抵押人以划拨建设用地上的建筑物抵押，当事人以该建设用地使用权不能抵押或者未办理批准手续为由主张抵押合同无效或者不生效的，人民法院不予支持。抵押权依法实现时，拍卖、变卖建筑物所得的价款，应当优先用于补缴建设用地使用权出让金。

当事人以划拨方式取得的建设用地使用权抵押，抵押人以未办理批准手续为由主张抵押合同无效或者不生效的，人民法院不予支持。已经依法办理抵押登记，抵押权人主张行使抵押权的，人民法院应予支持。抵押权依法实现时所得的价款，参照前款有关规定处理。

第五十一条 当事人仅以建设用地使用权抵押，债权人主张抵押权的效力及于土地上已有的建筑物以及正在建造的建筑物已完成部分的，人民法院应予支持。债权人主张抵押权的效力及于正在建造的建筑物的续建部分以及新增建筑物的，人民法院不予支持。

当事人以正在建造的建筑物抵押，抵押权的效力范围限于已办理抵押登记的部分。当事人按照担保合同的约定，主张抵押权的效力及于续建部分、新增建筑物以及规划中尚未建造的建筑物的，人民法院不予支持。

抵押人将建设用地使用权、土地上的建筑物或者正在建造的建筑物分别抵押给不同债权人的，人民法院应当根据抵押登记的时间先后确定清偿顺序。

第五十二条 当事人办理抵押预告登记后，预告登记权利人请求就抵押财产优先受偿，经审查存在尚未办理建筑物所有权首次登记、预告登记的财产与办理建筑物所有权首次登记时的财产不一致、抵押预告登记已经失效等情形，导致不具备办理抵押登记条件的，人民法院不予支持；经审查已经办理建筑物所有权首次登记，且不存在预告登记失效等情形的，人民法院应予支持，并应当认定抵押权自预告登记之日起设立。

当事人办理了抵押预告登记，抵押人破产，经审查抵押财产属于破产财产，预告登记权利人主张就抵押财产优先受偿的，人民法院应当在受理破产申请时抵押财产的价值范围内予以支持，但是在人民法院受理破产申请前一年内，债务人对没有财产担保的债务设立抵押预告登记的除外。

（三）动产与权利担保

第五十三条 当事人在动产和权利担保合同中对担保财产进行概括描述，该描述能够合理识别担保财产的，人民法院应当认定担保成立。

第五十四条 动产抵押合同订立后未办理抵押登记，动产抵押权的效力按照下列情形分别处理：

（一）抵押人转让抵押财产，受让人占有抵押财产后，抵押权人向受让人请求行使抵押权的，人民法院不予支持，但是抵押权人能够举证证明受让人知道或者应当知道已经订立抵押合同的除外；

（二）抵押人将抵押财产出租给他人并移转占有，抵押权人行使抵押权的，租赁关系不受影响，但是抵押权人能够举证证明承租人知道或者应当知道已经订立抵押合同的除外；

（三）抵押人的其他债权人向人民法院申请保全或者执行抵押财产，人民法院已经作出财产保全裁定或者采取执行措施，抵押权人主张对抵押财产优先受偿的，人民法院不予支持；

（四）抵押人破产，抵押权人主张对抵押财产优先受偿的，人民法院不予支持。

第五十五条 债权人、出质人与监管人订立三方协议，出质人以通过一定数量、品种等概括描述能够确定范围的货物为债务的履行提供担保，当事人有证据证明监管人系受债权人的委托监管并实际控制该货物的，人民法院应当认定质权于监管人实际控制货物之日起设立。监管人违反约定向出质人或者其他人放货、因保管不善导致货物毁损灭失，债权人请求监管人承担违约责任的，人民法院依法予以支持。

在前款规定情形下，当事人有证据证明监管人系受出质人委托监管该货物，或者虽然受债权人委托但是未实际履行监管职责，导致货物仍由出质人实际控制的，人民法院应当认定质权未设立。债权人可以基于质押合同的约定请求出质人承担违约责任，但是不得超过质权有效设立时出质人应当承担的责任范围。监管人未履行监管职责，债权人请求监管人承担责任的，人民法院依法予以支持。

第五十六条 买受人在出卖人正常经营活动中通过支付合理对价取得已被设立担保物权的动产，担保物权人请求就该动产优先受偿的，人民法院不予支持，但是有下列情形之一的除外：

（一）购买商品的数量明显超过一般买受人；

（二）购买出卖人的生产设备；

（三）订立买卖合同的目的在于担保出卖人或者第三人履行债务；

（四）买受人与出卖人存在直接或者间接的控制关系；

（五）买受人应当查询抵押登记而未查询的其他情形。

前款所称出卖人正常经营活动，是指出卖人的经营活动属于其营业执照明确记载的经营范围，且出卖人持续销售同类商品。前款所称担保物权人，是指已经办理登记的抵押权人、所有权保留买卖的出卖人、融资租赁合同的出租人。

第五十七条　担保人在设立动产浮动抵押并办理抵押登记后又购入或者以融资租赁方式承租新的动产，下列权利人为担保价款债权或者租金的实现而订立担保合同，并在该动产交付后十日内办理登记，主张其权利优先于在先设立的浮动抵押权的，人民法院应予支持：

（一）在该动产上设立抵押权或者保留所有权的出卖人；

（二）为价款支付提供融资而在该动产上设立抵押权的债权人；

（三）以融资租赁方式出租该动产的出租人。

买受人取得动产但未付清价款或者承租人以融资租赁方式占有租赁物但是未付清全部租金，又以标的物为他人设立担保物权，前款所列权利人为担保价款债权或者租金的实现而订立担保合同，并在该动产交付后十日内办理登记，主张其权利优先于买受人为他人设立的担保物权的，人民法院应予支持。

同一动产上存在多个价款优先权的，人民法院应当按照登记的时间先后确定清偿顺序。

第五十八条　以汇票出质，当事人以背书记载“质押”字样并在汇票上签章，汇票已经交付质权人的，人民法院应当认定质权自汇票交付质权人时设立。

第五十九条　存货人或者仓单持有人在仓单上以背书记载“质押”字样，并经保管人签章，仓单已经交付质权人的，人民法院应当认定质权自仓单交付质权人时设立。没有权利凭证的仓单，依法可以办理出质登记的，仓单质权自办理出质登记时设立。

出质人既以仓单出质，又以仓储物设立担保，按照公示的先后确定清偿顺序；难以确定先后的，按照债权比例清偿。

保管人为同一货物签发多份仓单，出质人在多份仓单上设立多个质权，按照公示的先后确定清偿顺序；难以确定先后的，按照债权比例受偿。

存在第二款、第三款规定的情形，债权人举证证明其损失系由出质人与保管人的共同行为所致，请求出质人与保管人承担连带赔偿责任的，人民法院应予支持。

第六十条 在跟单信用证交易中，开证行与开证申请人之间约定以提单作为担保的，人民法院应当依照民法典关于质权的有关规定处理。

在跟单信用证交易中，开证行依据其与开证申请人之间的约定或者跟单信用证的惯例持有提单，开证申请人未按照约定付款赎单，开证行主张对提单项下货物优先受偿的，人民法院应予支持；开证行主张对提单项下货物享有所有权的，人民法院不予支持。

在跟单信用证交易中，开证行依据其与开证申请人之间的约定或者跟单信用证的惯例，通过转让提单或者提单项下货物取得价款，开证申请人请求返还超出债权部分的，人民法院应予支持。

前三款规定不影响合法持有提单的开证行以提单持有人身份主张运输合同项下的权利。

第六十一条 以现有的应收账款出质，应收账款债务人向质权人确认应收账款的真实性后，又以应收账款不存在或者已经消灭为由主张不承担责任的，人民法院不予支持。

以现有的应收账款出质，应收账款债务人未确认应收账款的真实性，质权人以应收账款债务人为被告，请求就应收账款优先受偿，能够举证证明办理出质登记时应收账款真实存在的，人民法院应予支持；质权人不能举证证明办理出质登记时应收账款真实存在，仅以已经办理出质登记为由，请求就应收账款优先受偿的，人民法院不予支持。

以现有的应收账款出质，应收账款债务人已经向应收账款债权人履行了债务，质权人请求应收账款债务人履行债务的，人民法院不予支持，但是应收账款债务人接到质权人要求向其履行的通知后，仍然向应收账款债权人履行的除外。

以基础设施和公用事业项目收益权、提供服务或者劳务产生的债权以及其他将有的应收账款出质，当事人为应收账款设立特定账户，发生法定或者约定的质权实现事由时，质权人请求就该特定账户内的款项优先受偿的，人民法院应予支持；特定账户内的款项不足以清偿债务或者未设立特定账户，质权人请求折价或者拍卖、变卖项目收益权等将有的应收账款，并以所得的价款优先受偿的，人民法院依法予以支持。

第六十二条 债务人不履行到期债务，债权人因同一法律关系留置合法占有的第三人的动产，并主张就该留置财产优先受偿的，人民法院应予支持。第三人以该留置财产并非债务人的财产为由请求返还的，人民法院不予支持。

企业之间留置的动产与债权并非同一法律关系，债务人以该债权不属于企业持续经营中发生的债权为由请求债权人返还留置财产的，人民法院应予支持。

企业之间留置的动产与债权并非同一法律关系，债权人留置第三人的财产，第三人请求债权人返还留置财产的，人民法院应予支持。

四、关于非典型担保

第六十三条 债权人与担保人订立担保合同，约定以法律、行政法规尚未规定可以担保的财产权利设立担保，当事人主张合同无效的，人民法院不予支持。当事人未在法定的登记机构依法进行登记，主张该担保具有物权效力的，人民法院不予支持。

第六十四条 在所有权保留买卖中，出卖人依法有权取回标的物，但是与买受人协商不成，当事人请求参照民事诉讼法“实现担保物权案件”的有关规定，拍卖、变卖标的物的，人民法院应予准许。

出卖人请求取回标的物，符合民法典第六百四十二条规定的，人民法院应予支持；买受人以抗辩或者反诉的方式主张拍卖、变卖标的物，并在扣除买受人未支付的价款以及必要费用后返还剩余款项的，人民法院应当一并处理。

第六十五条 在融资租赁合同中，承租人未按照约定支付租金，经催告后在合理期限内仍不支付，出租人请求承租人支付全部剩余租金，并以拍卖、变卖租赁物所得的价款受偿的，人民法院应予支持；当事人请求参照民事诉讼法“实现担保物权案件”的有关规定，以拍卖、变卖租赁物所得价款支付租金的，人民法院应予准许。

出租人请求解除融资租赁合同并收回租赁物，承租人以抗辩或者反诉的方式主张返还租赁物价值超过欠付租金以及其他费用的，人民法院应当一并处理。当事人对租赁物的价值有争议的，应当按照下列规则确定租赁物的价值：

（一）融资租赁合同有约定的，按照其约定；

（二）融资租赁合同未约定或者约定不明的，根据约定的租赁物折旧以及合同到期后租赁物的残值来确定；

（三）根据前两项规定的方法仍然难以确定，或者当事人认为根据前两项规定的方法确定的价值严重偏离租赁物实际价值的，根据当事人的申请委托有资质的机构评估。

第六十六条 同一应收账款同时存在保理、应收账款质押和债权转让，当事人主张参照民法典第七百六十八条的规定确定优先顺序的，人民法院应予支持。

在有追索权的保理中，保理人以应收账款债权人或者应收账款债务人为被告提起诉讼，人民法院应予受理；保理人一并起诉应收账款债权人和应收账款债务人的，人民法院可以受理。

应收账款债权人向保理人返还保理融资款本息或者回购应收账款债权后，请求应收账款债务人向其履行应收账款债务的，人民法院应予支持。

第六十七条 在所有权保留买卖、融资租赁等合同中，出卖人、出租人的所有权未经登记不得对抗的“善意第三人”的范围及其效力，参照本解释第五十四条的规定处理。

第六十八条 债务人或者第三人与债权人约定将财产形式上转移至债权人名下，债务人不履行到期债务，债权人有权对财产折价或者以拍卖、变卖该财产所得价款偿还债务的，人民法院应当认定该约定有效。当事人已经完成财产权利变动的公示，债务人不履行到期债务，债权人请求参照民法典关于担保物权的有关规定就该财产优先受偿的，人民法院应予支持。

债务人或者第三人与债权人约定将财产形式上转移至债权人名下，债务人不履行到期债务，财产归债权人所有的，人民法院应当认定该约定无效，但是不影响当事人有关提供担保的意思表示的效力。当事人已经完成财产权利变动的公示，债务人不履行到期债务，债权人请求对该财产享有所有权的，人民法院不予支持；债权人请求参照民法典关于担保物权的规定对财产折价或者以拍卖、变卖该财产所得的价款优先受偿的，人民法院应予支持；债务人履行债务后请求返还财产，或者请求对财产折价或者以拍卖、变卖所得的价款清偿债务的，人民法院应予支持。

债务人与债权人约定将财产转移至债权人名下，在一定期间后再由债务人或者其指定的第三人以交易本金加上溢价款回购，债务人到期不履行回购义务，财产归债权人所有的，人民法院应当参照第二款规定处理。回购对象自始不存在的，人民法院应当依照民法典第一百四十六条第二款的规定，按照其实际构成的法律关系处理。

第六十九条 股东以将其股权转移至债权人名下的方式为债务履行提供担保，公司或者公司的债权人以股东未履行或者未全面履行出资义务、抽逃出资等为由，请求作为名义股东的债权人与股东承担连带责任的，人民法院不予支持。

第七十条 债务人或者第三人为担保债务的履行，设立专门的保证金账户并由债权人实际控制，或者将其资金存入债权人设立的保证金账户，债权人主张就账户内的款项优先受偿的，人民法院应予支持。当事人以保证金账户内的款项浮动为由，主张实际控制该账户的债权人对账户内的款项不享有优先受偿权的，人民法院不予支持。

在银行账户下设立的保证金分户，参照前款规定处理。

当事人约定的保证金并非为担保债务的履行设立，或者不符合前两款规定的情形，债权人主张就保证金优先受偿的，人民法院不予支持，但是不影响当事人依照法律的规定或者按照当事人的约定主张权利。

五、附　　则

第七十一条 本解释自 2021 年 1 月 1 日起施行。

后　记

习近平总书记指出，《民法典》颁布实施，并不意味着一劳永逸解决了民事法治建设的所有问题，仍然有许多问题需要在实践中检验、探索，还需要不断配套、补充、细化。《民法典》对担保制度高度重视，其中担保物权制度共有 72 个条文，保证制度有 22 个条文，所有权保留制度有 3 个条文，融资租赁制度有 36 个条文，保理制度有 9 个条文，共计 142 个条文，超过《民法典》全部条文的九分之一。然而，这些条款如不加以解释、则不足以解决实践中的复杂问题。最高人民法院 2020 年 12 月 25 日颁布了《民法典担保制度司法解释》共计 71 个条文。《民法典担保制度司法解释》是对《民法典》的解释，其自身也面临着再次解释问题。如何准确把握担保领域的新旧变化，科学解释担保条款的规范意旨，妥当解决司法适用中的难点疑点，成为实务界面临的重大问题。

为此，我们编写了《民法典担保制度司法解释适用指南：专题解读·适用难点·风险防范·类案指引》。解决复杂问题，最简单的办法，就是类型化，担保规范的解释同样如此。根据担保实践问题的相似性，本书共分 12 个专题，包括担保从属性专题、共同担保专题、公司担保专题、无效担保合同专题、保证合同专题、担保物权效力专题、不动产抵押专题、动产担保专题、权利担保专题、非典型担保专题、担保诉讼程序专题、刑民交叉及其他常见担保问题专题。每个专题都包括“相关法条”“规范解读”“适用难点”“类案指引”四个部分，一些专题还包括“新旧变化”“风险防范”等。

本书由精通担保理论和实务的学者、法官、律师和公司法务官等精心撰写。从学历结构看，参编本书的 17 人中，13 人具有法学博士学位，8 人从事过法学博士后研究。从工作经历看，参编本书的 17 人中，9 人是法官，3 人是公司法务，2 人是高校教师，1 人是律师，2 人是研究生。本书追求高品质和实用性，突出司法适用中的真问题，定位于担保基本法理研习必备的工具书，定位于担保法律风险防范必备的指引书，定位于担保纠纷诉讼代理和司法裁判必备的参考书。民事担保与商事担保，典型担保与非典型担保，人的担保与物的担保，法定担保与意定担保，不动产担保与动产担保，占有型担保与非占有型担保，有体物担保与无体物担保，公司担保与个人担保，组成了庞大的担保法律规范体系。在进行规范解读时，我们自觉采用文义解释、体系解释和目的解释等法解释学的方法，力争准确把握立法原意。在阐释适用难点时，我们坚持从实践出发的导向，全面总结实践中的争议点，并提前研判可能发生的各种纠纷类型。此外，在总结风险防范时，我们采用预防法学的思维，尽可能提醒可能发生的各种担保法律风险，引导企业事前采取适当的防范措施。为此，我们精心挑选了法律适用正确、说理透彻、具有类案指引意义的典型案例。

本书由原中国应用法学研究所副所长、最高人民法院资深高级法官，武汉大学特聘教授、博士生导师曹守晔先生审稿并撰写绪论。本书由郑州大学法学院副教授、中国应用法学研究所博士后申惠文担任主编，由厦门海事法院高级法官、中国应用法学研究所博士后陈延忠，中国投融资担保股份公司法律合规部总经理、中国融资担保行业协会法律委员会主任、中国应用法学研究所博士后龙云丽，重庆市第一中级人民法院法官助理、中国应用法学研究所博士后王晓利担任副主编。本书各专题的具体分工如下：

专题一 龙云丽（中国投融资担保股份公司法律合规部总经理，中国融资担保行业协会法律委员会主任，中国应用法学研究所博士后）

专题二 何建（上海市第一中级人民法院高级法官，中国应用法学研究所博士后）、王晓翔（上海市第一中级人民法院法官助理，复旦大学法学博士）

专题三第一节、第二节 乔娇（浙江省高级人民法院法官助理，中国人民大学法学博士）

专题三第三节 方斯远（华东政法大学法律学院副教授，中国应用法

学研究所博士后）、黄子晋（暨南大学法学院硕士生）

专题三第四节　方斯远（华东政法大学法律学院副教授，中国应用法学研究所博士后）、王尚瑄（暨南大学法学院硕士生）

专题四　申惠文（郑州大学法学院副教授，河南省法学会民法学研究会副会长兼秘书长，中国应用法学研究所博士后）

专题五　王晓利（重庆市第一中级人民法院法官助理，中国应用法学研究所博士后）

专题六　范一（上海市高级人民法院高级法官，上海财经大学法学博士生）

专题七　史智军（北京市第三中级人民法院高级法官，北京师范大学法学博士）

专题八　唐豪臻［阅霆信息技术（上海）有限公司法务经理，中国应用法学研究所博士后］

专题九　任容庆（北京蔚来律师事务所律师，中国应用法学研究所博士后）

专题十　陈延忠（厦门海事法院高级法官，中国应用法学研究所博士后）、胡伟峰（厦门海事法院法官，法学硕士）

专题十一　刘禹涵（西南政法大学民商法学院讲师，西南政法大学法学博士）

专题十二第一节　申惠文（郑州大学法学院副教授，河南省法学会民法学研究会副会长兼秘书长，中国应用法学研究所博士后）

专题十二第二节　王晓利（重庆市第一中级人民法院法官助理，中国应用法学研究所博士后）

专题十二第三节　王晓翔（上海市第一中级人民法院法官助理，复旦大学法学博士）

担保不仅是一种制度，更是一种文化。担保让交易各方更容易达成共识，提高了交易的效率，促进了财富的创造，让经济生活更美好！《民法典》及《民法典担保制度司法解释》是中国人独立自主起草的，表达了中国人对担保问题的世界观和方法论，展示了中国担保的制度自信和文化自信。从担保法律规范中，可以品味出中国人的个人观、团体观、财产观、契约观、社会观和国家观等。因此，担保法律规范的解释与适用，要注意情理法的交融平衡，做到以法为据、以理服人、以情感人，既要义正词严讲清法理，又要循循善诱讲明事理，还要感同身受讲透情理。

编　者

2021 年 4 月

图书在版编目(CIP)数据

民法典担保制度司法解释适用指南：专题解读·适用难点·风险防范·类案指引／申惠文主编. -- 北京：法律出版社，2021
ISBN 978-7-5197-5532-4

Ⅰ. ①民… Ⅱ. ①申… Ⅲ. ①担保法-法律解释-中国②担保法-法律适用-中国 Ⅳ. ①D923.25

中国版本图书馆CIP数据核字(2021)第066148号

民法典担保制度司法解释适用指南：
专题解读·适用难点·风险防范·类案指引
MINFADIAN DANBAO ZHIDU SIFA JIESHI SHIYONG ZHINAN: ZHUANTI JIEDU · SHIYONG NANDIAN · FENGXIAN FANGFAN · LEIAN ZHIYIN

申惠文 主编
陈延忠　龙云丽　王晓利 副主编

责任编辑 李　群　陈昱希
装帧设计 汪奇峰

出版 法律出版社
总发行 中国法律图书有限公司
经销 新华书店
印刷 三河市龙大印装有限公司
责任校对 晁明慧　王　皓
责任印制 张建伟

编辑统筹 法规出版分社
开本 710毫米×1000毫米　1/16
印张 28
字数 384千
版本 2021年5月第1版
印次 2021年5月第1次印刷

法律出版社／北京市丰台区莲花池西里7号(100073)
网址／www.lawpress.com.cn
投稿邮箱／info@lawpress.com.cn
举报维权邮箱／jbwq@lawpress.com.cn
销售热线／400-660-8393
咨询电话／010-63939796

中国法律图书有限公司／北京市丰台区莲花池西里7号(100073)
全国各地中法图分、子公司销售电话：
统一销售客服／400-660-8393/6393
第一法律书店／010-83938432/8433　西安分公司／029-85330678　重庆分公司／023-67453036
上海分公司／021-62071639/1636　深圳分公司／0755-83072995

书号：ISBN 978-7-5197-5532-4　**定价**：98.00元